张禹 / 著

# 世界历史六千年

SIX THOUSAND YEARS OF WORLD HISTORY

社会科学文献出版社
SOCIAL SCIENCES ACADEMIC PRESS (CHINA)

# 序

美国当代著名全球史学家斯塔夫里阿诺斯在其《全球通史》中说，在过去的4000多年中，中国人在欧亚大陆的最东端发展起来一个独特的、自治的社会。尽管当葡萄牙人1514年出现在东南海面上时，中国人开始了与西方的频繁交往，但是中国人对"外部世界毫无兴趣"，"对欧洲和欧洲人一无所知"。直到19世纪的三次灾难性战争，才使之受到了巨大的刺激，迫使中国人打开大门，重新评价自己的传统文明，"其结果是入侵与反入侵的连锁反应；它产生了一个新中国，产生了至今震撼着远东和全球的影响"。（〔美〕S.L.斯塔夫里阿诺斯：《全球通史：1500年以后的世界》，上海社会科学院出版社，1992，第465页）。今天我们看到，改革开放以来，特别是进入21世纪以来，中国融入世界的脚步在不断加快，中国融入世界的程度也越来越深，中国对世界的影响在不断地扩大。在这一背景下，在这个全球史真正形成的时代，如何用宏观的视野了解中华文明的过去，尤其用中国人的角度、中国的历史观和文化观，去了解过去世界各种文明的兴衰起落就显得尤为重要。因为，历史是我们最好的老师，人类的现在是什么，只有过去才能告诉你。因为，历史就是"现在与过去之间永无休止的问答交谈"（〔英〕爱德华·卡尔：《历史是什么》，商务印书馆，1981，第28页）。

张禹先生的著作正是这样一本恰逢其时、我们所需要的书。更值得敬佩的是，张禹先生并不是一个专业的历史工作者，而是历史的业余爱好者。读过这本近40万字的沉甸甸的历史著作，我在其中发现了以下几个显著的特点，现不揣浅陋，提供给读者诸君。

第一，本书具有博大的宏观视野，是一部世界历史的全景图。近代以来，从宏观角度研究世界历史，一直是黑格尔、马克思、斯宾格勒、汤因比等著名学者孜孜不倦所做的工作。当代英国的著名历史学家杰弗里·巴勒克拉夫，在其所著的《当代史学的主要趋势》一书中，把英国学者汤因比的《历史研究》和美国学者斯塔夫里阿诺斯的《全球通史》等而视之，认为它们分别代表了两个时代，前者是第二次世界大战前后的时代，是思辨的历史体系的最后一部代表性著作，后者是20世纪70、80年代以来，用全球观点并囊括全球文明进行编写世界史的代表性著作。显然，从本书的谋篇布局来看，是沿着当代全球史的编写思路进行的，是一种全景式展示性的著作，不仅视野庞大，而且所不同的是，本书所采取的文明视野，是具有中国特色的，不仅加入了中国历史的大量内容，而且还囊括了大量南亚、中亚、西亚甚至南美洲文明的历史，可以说，是一部站在东方角度看世界的历史全景图。

第二，本书具有总体历史的视野，是一部世界历史的断面图。现代的法国年鉴学派被称为是总体历史学派的开创者。当代西方的思辨史学认为，问题的关键不在于人们如何创造历史而在于人们如何书写历史。意大利学者克罗齐说"一切历史都是当代史"，都是当代人对过去的理解。英国学者科林伍德说"一切历史都是思想史"，因为"事实是神圣不可侵犯的，意见却是不受拘束的"（〔英〕爱德华·卡尔：《历史是什么》，商务印书馆，1981，第5页），因为历史中被注入了历史学家的思想。年鉴学派不仅注重历史的选择和意义，而且给我们提供了观察这种意义的方法。在年鉴学派的代表人物布罗代尔看来，历史运动有着三个不同的层次：在表层，是属于短时段的事件史；在中层，是以较慢速率变动的局势史；在深层，是以世纪量度的长时段的结构史。这就是构成历史速率三种基本单位的长时段、中时段、短时段，分别代表了结构的变化、周期性的波动和短时段的"事件"。而从本书的谋篇布局来看，我从中不仅似乎找到了法国年鉴学派的影子，而且作者更为大胆，以千年的变化为结构单位，分别以文明的晨曦、国家的兴起、春秋的烽火、帝国的荣耀、陆地与海洋和殖民的世界六个断面单位，描述了世界历史的大的切面，同时以"事件"相串，以千年寄语和千年历史纵横的方式进行总结，从而给我们带来了世界历史前所未有的整体性。

第三，本书具有比较的视野，是一部世界历史的相互联系图。本书几乎涉及了人类有史以来所创造的所有大的文明体系。全球史家斯塔夫里阿诺斯曾经把人类的历史分为古代文明时期（前3500年到前1000年）、古典文明时期（前1000年到公元500年）、中世纪文明时期（公元500年到1500年）和1500年以后的世界。而本书不仅在所有的历史时段都有对当时文明的总结，而且把所有文明体系直接放在一起进行描述，甚至直接地进行对比研究，让读者能够更清楚地了解当时世界各个部分之间的关系。比如在古代文明时期，也就是本书的国家的兴起部分，有"少康中兴与古巴比伦王朝称雄两河"的文章；在本书的春秋的烽火部分，有"盘庚迁殷与犹太人出逃埃及的世界"；在古典文明时期，也就是本书的帝国的荣耀部分，有"大秦的统一与后亚历山大帝国时代"；在中世纪文明时期，也就是本书的陆地与海洋部分，有"蒙元帝国的衰亡与奥斯曼帝国崛起"，等等。我们发现，本书所有的描述都是中外同时进行的，这无疑加深了我们对世界相互联系的认知。

第四，本书具有独特的编排体例，严谨的历史考证，内容浓缩、图文并茂，是一部别具一格的全球史著作。与所有的历史著作不同，本书既不是国别史的简单相加，也不是线性的历史排列，而是以"事件"串起来的世界史。本书用40多篇文章，数百件重大事件，将世界历史有机地串在了一起，从而既实现了对几乎所有重大历史事件的时空定位，又使每篇文章都能够单独成篇，极大地方便了读者阅读。本书考证严密、史实全面、叙事有序、富有思想。而且，本书的每篇文章在保持高强度信息量的同时，也在追求言简意赅，不着废话，达到历史的高度浓缩。另外，为进一步方便读者阅读，在每篇文章中，作者还标注了当时的重大历史事件，使我们能够更加有效和直观地阅读。

第五，本书具有独特的中国视野，是一部中国人看待全球文明发展的路线图，这也是本书的最大特色。我们说本书是一部东方人看待全球的世界全景图，尤其是中国人看待世界的全景图，这其中的体现有三个方面：一是在于本书的历史发展线索，是以中国历史的发展为主线进行的；二是本书是在中华文明与世界其他文明的比较中、在阐述中国与世界的联系中完成的；三是本书是以中国人的天下观、文化观、历史观来理解这个世界的，例如对远古大洪水的描述，对世界奇迹的评论，对农业文明、海洋文明、游牧民族文明的理解，等等，不一而足。不仅可以帮助中国人理解世界，也可以帮助世界理解中国。

当然，本书也有瑕疵。例如本书前重后轻，在描述古代世界时用笔较多，而在描述近代以后的世界时则着墨较少。再如本书信息集中，言简意赅，但也因此导致阅读时少了轻松感。当然瑕不掩瑜，本书还是非常值得推荐给大家的。相信所有读过此书的人，一定会对我们所面临的这个世界有更多的了解和认识。

刘笑盈　历史学博士
中国传媒大学新闻学教授、博导，国际新闻研究所所长
2016年10月于北京定福庄

# 目　录

**001　前言**

　　河流与山脉　文明的起点与边界　　　　　　　　*002*

**005　第一个千年　文明的晨曦**

　　城的困惑、铜的尴尬与文字的争议　　　　　　　*007*
　　三皇之神农与神灵时代的农耕文明　　　　　　　*017*
　　五帝之黄帝王朝与走向统一的世界　　　　　　　*024*
　　千年纵横之人类文明源头的大洪水　　　　　　　*032*

**037　第二个千年　国家的兴起**

　　华夏的开端与人类大迁徙中的世界　　　　　　　*039*
　　少康中兴与古巴比伦王朝称雄两河　　　　　　　*045*
　　商汤灭夏与希腊米诺斯文明的神秘　　　　　　　*050*
　　千年纵横之那些消失了的古老文明　　　　　　　*059*

**065** 第三个千年　**春秋的烽火**

| | |
|---|---|
| 盘庚迁殷与犹太人出逃埃及的世界 | **067** |
| 西周之武王伐纣与迈锡尼文明消失 | **073** |
| 西周之烽火戏诸侯与亚述帝国扩张 | **081** |
| 东周之春秋五霸与波斯帝国的崛起 | **088** |
| 东周之战国七雄与世界的希腊时代 | **096** |
| 千年纵横之世界奇迹创造时的世界 | **105** |

**115** 第四个千年　**帝国的荣耀**

| | |
|---|---|
| 大秦的统一与后亚历山大帝国时代 | **117** |
| 西汉的崛起与古罗马共和国的扩张 | **126** |
| 西汉开拓西域与古罗马帝国的本质 | **135** |
| 东汉复兴与基督教兴起之耶稣蒙难 | **145** |
| 东汉衰亡与五贤帝时代的罗马帝国 | **155** |
| 魏蜀吴三国鼎立与波斯的萨珊王朝 | **164** |
| 五胡十六国的混乱与印度笈多王朝 | **173** |
| 南北朝并立与法兰克王国领航西欧 | **182** |
| 隋王朝的统一与拜占庭帝国的雄心 | **192** |
| 史诗般的大唐与阿拉伯帝国的崛起 | **202** |
| 千年纵横之并不存在的古罗马帝国 | **215** |

**223** 第五个千年　**陆地与海洋**

| | |
|---|---|
| 大唐与黑衣大食中亚交锋时的世界 | **225** |
| 唐王朝的没落与维京海盗肆虐欧洲 | **234** |
| 五代十国与日耳曼人复活罗马帝国 | **243** |

| 宋辽对峙与阿拉伯塞尔柱突厥时代 | *253* |
| 偏安一隅的南宋与欧洲十字军东侵 | *264* |
| 蒙古人的征服与埃及马穆鲁克王朝 | *275* |
| 蒙元帝国的衰亡与奥斯曼帝国崛起 | *287* |
| 郑和下西洋与开启海洋时代的欧洲 | *298* |
| 明朝的衰落与西班牙哈布斯堡王朝 | *311* |
| 满人入关与三十年战争前后的欧洲 | *325* |
| 康熙大帝与太阳王路易十四的雄心 | *338* |
| 千年纵横之漠北草原上西行的族群 | *350* |

**357　第六个千年　殖民的世界**

| 雍正王朝与德意志人的普鲁士时代 | *359* |
| 锁国的乾隆与美利坚合众国的建立 | *370* |
| 中英鸦片战争与日不落的大英帝国 | *383* |
| 中日甲午战争与被列强瓜分的世界 | *398* |
| 中华民国与第一次世界大战的世界 | *414* |
| 六千年纵横之延续至今的中华文明 | *429* |

**439　　主要参考文献**

**441　　后　记**

# 前　言

　　河流孕育了人类文明。人类文明的历史也如长河一般穿越5000多年时空浩荡至今。

　　中华文明、古印度文明、两河文明和古埃及文明无疑是人类文明历史长河中最早、最大的分支，我们现在的很多方面都可以从中追溯到历史的源头。

　　古希腊文明在两河文明和尼罗河文明滋润下产生，虽然不能与四大文明并列且屡经浮沉，却是欧洲大陆文明最早的曙光。古罗马文明作为其继承者，不但奠定了欧洲现代文明的基石，而且使欧洲拉开了大航海时代的序幕，鸣响了工业文明的汽笛，直至将人类带入信息文明的当今时代。

　　当其他三大文明先后成为历史的记忆，当玛雅和亚特兰蒂斯等无数细小文明支流或被忽略，或成为传说，或迄今仍不为人知，只有中华文明作为唯一的幸存者顽强奔流至今。

　　本书以百年为主要时间剖面，透过一个个熠熠生辉的历史瞬间，总览人类5000多年文明历史长河的全貌。

# 河流与山脉　文明的起点与边界

人类文明的形成是一个从迁徙到定居的过程。

在人类起源的一百多万年之后，现代人祖先在寻找充足的水源和食物的过程中不断提高着生存技能，逐渐在江河边聚集、定居，形成部落、族群，并随着游牧族群的持续迁入和本身的快速发展，在约1万年前创造出最早的农业文明。在公元前的世界里，农业文明构成了人类文明的主要篇章，在其后的1000多年间通过对游牧族群的影响将人类文明扩展到更广阔的陆地空间，更在其后的1000多年里驰骋于辽阔的海洋，最终将人类带入工业文明和信息文明时代。在这个过程中，不同文明中心及其相互间的碰撞创造了人类文明的全部篇章，河流也因此成为人类文明的起点。

在欧亚非大陆上，中华文明、古印度文明、两河文明和尼罗河文明沿着北纬30度线自东向西依次排列，与他们并存的是八条闻名世界的江河。

在东亚，发源于世界之巅东侧的黄河（5464公里）和长江（6300公里），在青藏高原和蒙古高原的共同簇拥下，在太平洋西海岸的冲积平原上，一起营造了中华文明的摇篮。黄河中下游的仰韶、龙山、大汶口和马家窑等文化遗址，长江中下游地区的大溪、屈家岭、石家河、崧泽和良渚等文化遗址共同构成了中华文明的雏形。黄河文明在很长时间里曾是中华文明的代称，但随着近年来大量人类早期文明遗址在南面的长江流域和北面的辽河流域被发现，人们对中华文明有了更全面的认识，所以人们现在更多的是用中华文明来概括我们文明的多数部分，而中华文明也在对更多周边文化的吸收和融合中变得多姿多彩，成为中华民族永远的自豪。

在南亚，发源于世界之巅西南的恒河（2510公里）和印度河（2900公里），沿喜马拉雅山脉分别向西南和东南奔流形成两大冲积平原。丰沛的雪水和充足的阳光使那里成为世界上最富庶的地方之一，也造就了光辉灿烂的古印度文明。1992年，人们在印度河岸边考古发现了约产生于公元前2300年的哈拉巴文化遗址。这使古印度文明在时间上能够实至名归地与其他三大文明并驾齐驱。由于恒河在后期承载了更多古印度文明的特质，现在人们描述古印度文明时常常将恒河文明和印度河文明混用。古印度文明的骄傲现在由印度、巴基斯坦、孟加拉和斯里兰卡四国共享了。

在西亚，发源于土耳其高原的幼发拉底河（2800公里）和底格里斯河（1950公里），相互依傍着向东南奔流，并最终汇聚成阿拉伯河，流入波斯湾，联手灌溉了被称作"新月沃土"的美索不达米亚平原，共同孕育了两河文明，以至于《圣经》把他们称作从伊甸园里流出的河流。两河文明有着苏美尔文明、美索不达米亚文明和古巴比伦文明等众多别称。但由于古巴比伦王国并不是文明的开端，新老巴比伦王国只是这一文明的很小组成部分，美索不达米亚文明也只是一个有限的地理概念，因此只有两河文明才能够最大限度地包涵那里的文明。现在的伊拉克是两河文明的核心地区，但东边伊朗高原的波斯人和西北土耳其高原的赫梯人等也都为美索不达米亚文明做出了巨大贡献，而无休无尽的战争和碎片化的文明使那里长期成为世界的焦点。

在北非，发源于埃塞俄比亚高原的青尼罗河和发源于东非高原的白尼罗河，在喀土穆共同汇聚成世界上最长的河流——尼罗河（6670公里），向北奔流进入地中海。尼罗河周期性泛滥带来的肥沃土壤不但在撒哈拉沙漠东北面形成了一条"绿色走廊"，更在其下游的三角洲地区孕育出惊艳的古埃及文明。虽然现在只剩下沙海间迷一样的金字塔，但它是埃及人永远独享的瑰宝。至于尼罗河与古埃及文明，就像古老埃及谚语中说的那样"埃及就是尼罗河"，两者没有任何区别。

当人类感谢河流赐予我们生命和文明的同时，塑造了河流的山脉却曾经是文明的边界，毕竟对文明之初的人类来说，它们是难以逾越的天堑。人类古代文明因此也在山脉的分隔下相对独立地发展。

号称世界屋脊的喜马拉雅山脉理所当然地成为中华文明和古印度文明的天然屏障。直到依靠佛祖的力量，中华文明才有了一些古印度文明的符号。直到蒙古大军横扫欧亚大陆，西方世界才真正感受到东方文明的力量。

伊朗高原同样是两河文明和古印度文明的天然边界。直到波斯帝国时期，两者才开始真正的接触；直到亚历山大大帝东征时期，两者才发生大规模的交流。

阿拉伯高原的高度虽然不足以彻底隔断两河文明与尼罗河文明的联系，但两者还是彼此独立地诞生，并在极长的时间里保有自己独特的个性。

随着人类文明的不断发展，山脉所形成的边界逐渐模糊不清。尼罗河文明和两河文明最早发生了相互作用，并共同促进了地中海文明的诞生和发展，直至被后者所泯灭。古印度文明的早期曾神秘消亡，后随着雅利安人的侵入而再生。只有中华文明在高山、高原和大海的环抱下，在其他三大文明早早地消失于历史长河之后，至今依然从容地迈着自己坚定前行的脚步。

世界历史
六千年

———

SURVEY
THE
WORLD

# 第一个千年
（公元前 3300 年至前 2300 年）

## 文明的晨曦

| | |
|---|---|
| 城的困惑、铜的尴尬与文字的争议 | 007 |
| 三皇之神农与神灵时代的农耕文明 | 017 |
| 五帝之黄帝王朝与走向统一的世界 | 024 |
| 千年纵横之人类文明源头的大洪水 | 032 |

# 世界历史
# 六千年

SURVEY
THE
WORLD

伴随着文字、金属和城市的出现,人类文明在这个千年渐具雏形。尽管一定存在更多的起点,但只有中华文明、古印度文明、两河文明和尼罗河文明被世人所公认。其间,中华文明既有炎黄大战蚩尤以及五帝传说的虚幻,亦有大量考古发现的真实。两河文明则因苏美尔人发明的灌溉农业而蜚声世界,但由于特殊地理位置以及部落式城邦间的无尽征战,早早地留下了外来者的烙印。大金字塔无疑是尼罗河文明的铁证,但除了纳尔迈石板的原始以及孟斐斯帝国的牵强,人们对其了解甚少。古印度文明更是除了人们近代发现的哈拉巴文明遗址别无其他任何信息。

# 城的困惑、铜的尴尬与文字的争议

文明之初的世界，人类祖先在仅仅依靠狩猎和采摘植物果实为生的时候与动物没有根本区别。当为获得更多果实而逐渐开始种植植物的时候，人类祖先开始告别蛮荒。城市的建造、金属工具的使用和文字的出现则成为人类早期文明形成的重要标志。

对成熟果实的等待使人类祖先开始选择定居。水之滨、河之畔因良好的收获吸引了更多人类祖先的到来，原始的村落开始出现。聚集在一起的人们通过协作更好地利用水源，发明灌溉技术，收获更多的果实。为储存和保护收成，人类祖先用泥土或树木在聚居地周围建造起保护性围墙，形成最早的"城"。后来，"城"因能够为货物交换提供固定场所和保护而逐渐增加了"市"的功能。人类文明因"城市"的出现而加速发展。在对更便捷、坚固工具的追求中，人类开始锤炼相对柔软的天然金属块，后发明了金属冶炼技术，完成了发展史上的一次历史性跨越，进入人类文明的"铜石并用时代"。而人与人之间日益频繁的交流则使"象形文字"从原始图画中分化出来，并逐渐发展成熟，成为人类文明最耀眼的光芒。

城：由于人类早期城市几乎全部埋没在历史的尘埃中，直到近代，随着考古学的发展，一个个尘封的遗迹才得以重见天日，让世人在唏嘘文明发展艰辛的同时，感佩祖先所创造的奇迹。

在东亚，中华文明城市的雏形至少可以追溯到公元前7000年，其中，长江中下游的彭头山文化遗址（约公元前7000年至前6300年）已有成排的房屋、夯土的高台、环城的壕沟；黄河下游的后李文化遗址（约公元前6500年至前5500年）除房址、壕沟、灰坑外，还发现了排列整齐的墓葬群。黄河上中游的仰韶文化（公元前5000年至前3000年）范围更广、遗址更多。迄今为止，中华文明已知最早兼具"城"和"市"功能的是湖南澧县至少形成于公元前4000年前的城头山文化遗址。它被认为是长江流域古代经济文化的中心。城墙、城门设施、环城壕、护城河、宽阔的城中大道和大片不同时期的台基式房屋建筑基础，证明其已属于"城"的范畴。设施齐全的制陶作坊和大量的陶鬶、陶甗、温锅等酒肆用具证明其已具有"市"的属性。发掘出的6500年前世界上最早的水稻田，彻底否定了"中国水稻传自南亚"的说法。两座完整祭坛和众多的祭祀坑证明了原始宗教活动的存在。

在南亚，古印度文明的城市没有雏形时期的遗址被发现。1922年被发现的哈拉巴文化遗址（公元前3000年至前1750年）是其早期文明的全部，且已经具备完善的城市功能。以哈拉巴为中心的200余处大小城镇遗址，西起伊朗边境，东近德里，北及喜马拉雅山麓，南临阿拉伯海，占地约130万平方公里。其中，哈拉巴与摩亨佐·达罗两处城市遗址，街道布局整齐，纵横相交，房屋一般用砖建造，有的包括许多大厅和房间，有的两层建筑甚至有良好的排水设备。

在西亚，两河文明的早期城市形态多被发现于北部丘陵山区，包括耶莫文化（始于公元前8000年左右）、哈逊纳文化（始于公元前4300年左右）和哈雷夫文化（始于公元前4300年）等，且在时间和空间上存在一定的连续性，其后扩展到两河流域，至欧贝德文化时期（公元前5000年左右）功能完备的城市逐渐形成，发展出苏美尔文明。其中较著名的是埃利都文化遗址（公元前4300年至前3500年），城中居民居住在用泥土和芦苇筑成的小屋里，泥砖神庙建筑在高大土台基上，反映出氏族社会内部的分化。值得一提的是，地中海沿岸的杰里科在公元前8000年就已建有石头城墙，由于地处人类迁移的十字路口且拥有稳定水源，虽在数千年里数度兴废，但

## 城的困惑、铜的尴尬与文字的争议

(公元前 33 世纪前后)

### 北非古埃及文明

城市：迄今发现最早的城市是约建于公元前 3000 年的孟斐斯，更早的大型城市遗址迄今还没有被人们发现。

金属：在约公元前 4000 年的塔萨·巴达里文化墓葬中发现了铜针和铜珠。

文字：已经不再使用。象形文字 1472 年被发现，1900 年被破译；1798 年被发现、1822 年被破译、专家认为迈尔奈纳石板上的象形文字约刻写于公元前 3100 年。

### 西亚两河文明

城市：约始建于公元前 4300 年的埃利都文化遗址是其早期著名城市之一。

金属：大量约公元前 5000 年的青铜器使两河文明成为世界上最早使用金属的文明。

文字：已经不再使用。楔形文字 1472 年被发现，1900 年被破译；依据神话传说，人们推测其约形成于公元前 3100 年。

### 南亚古印度文明

城市：约始建于公元前 3000 年的哈拉巴文明遗址城市道规划异常整齐。

金属：哈拉巴文明遗址曾出土大量小型青铜器，说明其金属使用已经达到相当高的水平。

文字：无法确认。该遗址曾出土大量刻有类似文字图案的印章，但迄今仍无法破译。

### 东亚中华文明

城市：形成于约公元前 4000 年的湖南澧县城头山遗址具备了完善的城市功能。

金属：形成于约公元前 3100 年的马家窑遗址曾出土前 2700 年的铜刀。

文字：唯一延续至今的文字。商代甲骨文 1899 年被发现，后被破译；目前，人们已发现年代较其更早的甲骨文。

至今仍是西亚重要的政治经济文化中心。但从严格意义上讲，无论是杰里科还是埃利都都还只能称作聚居地。两河文明最早的城市通常认为是乌鲁克（公元前3500年至前3100年）。但人们对其了解更多也只是来源于1000多年后才出现的史诗《吉尔伽美什》，其中提到了长达10公里的城墙、多层的建筑、庙宇、国王、妓女、商人和美酒。

在北非，尼罗河文明的建筑艺术在公元前2600年左右达到了第一个巅峰，那就是举世闻名的"大金字塔"。如果以此为节点，尼罗河文明在城市建造或者说建筑方面必然有过长期的积累和实践。但遗憾的是，迄今关于尼罗河早期城市的情况一直模糊不清，"无城"也成为古埃及文明给人们留下的最大困惑。另一个困惑是，从目前的考古发现看，尼罗河文明的新石器时代只能上推到公元前4500年的塔萨·巴达里文化，比中华文明和两河文明都晚很多。而从公元前4500年开始出现文明的痕迹，到公元前2600年建造出大金字塔，尼罗河文明仅用了2000余年的时间就完成了对其他文明的超越。因此有人认为，尼罗河文明的创造者是西亚移民与北非土著融合形成的，其文明根源于两河文明。事实上，在公元前3000年左右的孟斐斯城（原名白城，古埃及王朝的第一座都城）出现之前，古埃及人一直以一种被称作"诺姆"的社会形式生存，草和黏土建造的房屋聚集在一起，构成早期城市的雏形。与城市形成鲜明对比的是，古埃及的墓葬遗址却异常丰富，几乎所有早期文化遗址都是以墓葬为主要内容的。这也成为此后尼罗河文明的标志性特质——视死如生。造成尼罗河文明困惑的外因可能是尼罗河的周期性泛滥，在这一点上，与被河水吞没的古印度早期文明极其相似。河流在孕育人类文明的同时，也对人类文明不断进行着洗涤，甚至淘汰。

铜：黄金是人类最早发现并使用的金属，但因数量太少且质地过于柔软而一直被作为饰品金属使用。经过无数次的尝试，人类最终选择了硬度相对较大且较易加工的天然铜块作为加工金属工具的首选，后又发明出铜冶炼技术，最终将人类带入"铜石并用时代"，成为人类早期文明的另一标志。

在东亚，如果说"无城"一直是尼罗河文明的困惑，那么"无铜"则曾经是中华文明的尴尬。中华文明虽然后来创造出了人类历史上最灿烂的青铜文明，但极少有早期"铜"的考古发现，以至于影响了其是人类早期古代文明之一的历史地位。1923年，在甘肃东乡县"马家窑文化遗址"出土的一把长12.5厘米的青铜刀，在很长时间里被认为是中华文明最早的青铜铸器，经北京钢铁学院冶金研究所鉴定铸造于公元前2700年，但这只说明中华文明当时已经掌握了铜冶炼技术；由于一直没有出土过更早的铜器，有人甚至提出过中国金属冶炼技术源自西方的说法。直至1972年，人们在陕西临潼姜家寨遗址（公元前4600年至前4400年）发现了用天然铜块加工成的黄铜片和黄铜管等金属物，才弥补了中华文明铜使用历史中最重要的一环。尽管如此，当时铜的更广泛冶炼和使用并没有被发现。

在南亚，古印度文明早期的一切依然只能从哈拉巴文化遗址（公元前3000年至前1750年）中寻找，因为它是古印度早期文明的唯一见证者。遗址中出土的大量青铜器，说明当时古印度文明已经熟练地掌握了青铜冶炼工艺。这也从另一个角度说明古印度文明当时已经发展到一定的高度。

在西亚，两河文明铜器使用的骄傲历史与其得天独厚的自然条件有关。东北部的伊朗高原和西北部的土耳其高原都蕴藏着储量丰富的铜矿。两河文明在哈夫雷文化时期已经进入铜石并用时代，那里的人们已经使用天然铜块制造的铜器了；至乌鲁克时期，已开始大量打制金银器皿，制造矛、棍棒头等铜制武器。这说明两河文明已经掌握了较为成熟的铜冶炼技术，并有较多的实际应用。

在北非，尼罗河文明在塔萨·巴达里文化时期（公元前5000年至前4000年）进入铜石并用时代，曾在墓葬中出土了一些铜念珠和针状物等。但与中华文明相似，青铜（铜锡合金）冶炼技术直到公元前 16 世纪才开始广泛应用。

总之，在公元前 3300 年前后，各大文明相继掌握青铜冶炼技术，完成了人类文明标志之一的创造。尽管两河文明在金属工具使用中起步最早，但青铜文明的终极辉煌则是由中国人在 1000 多年后的商周时期创造的。

文字：伴随着城市的出现、金属工具的使用，人类各主要文明的文字也逐渐形成，尽管过程极其漫长，但大都经历了从最早记述事件的图画，到固化成象形文字，到抽象成古典文字，再到进一步简化、分化和发展出当今各式各样文字，乃至消亡的发展过程。其中，固化的象形文字才是人们通常所说的"文字"。自从有了象形文字，人类才最终完成了文明全部要素的创造。但在通过文字来界定文明起点的过程中，国际史学界没有采用一致的标准，由此也引发了不同文明起源时间的纷争。

在西亚，两河文明的象形文字很早就出现了，但直至公元前 2500 年左右，两河文明才演变出相对成熟的古典文字——楔形文字。目前已发现大量刻有楔形文字的泥板，年代多在公元前 2000 年左右。通过对这些刻有楔形文字泥板的研究，人们逐渐了解了两河文明有比公元前 2500 年更早的历史。根据成文于公元前 2004 年的苏美尔人史诗《恩美卡与阿拉塔之王》的记载，约 1000 年前，聪明的乌鲁克国王恩美卡用写有文字的泥板，向邻国索要建筑宫殿的材料，且这样（使用文字）的事情从未遇见。西方学者据此认定两河文明文字形成的时间在公元前 3100 年左右。在这里，依据传说得到的时间，成为两河文明文字和文明的起点。

在北非，尼罗河文明的古埃及象形文字曾经在极长的历史时间内被广泛使用。最初，人们认为记载尼罗河文明最早的象形文字是"纳尔迈石板"。它是一件盾形石刻，因其上的所谓"王宫大门"里刻有一只鲶鱼和一个凿子，通常被合在一起念作"纳尔迈"而得名。"纳尔迈石板"存在的年代被专家鉴定为公元前 3100 年左右。石板正面的中央雕刻着一位戴高帽子的人，正在敲打戴矮帽子的人。专家们将其解读为上埃及对下埃及的征服。正面的右上角是一只鹰或隼被认为是代表法老的保护神荷鲁斯。其右脚踢着一个人的脑袋，左脚则踩在六根尼罗河三角洲的植物上。正面的最上方有两个人面牛头的图形，中间是所谓的王宫。正面的最下方则描述了两个人逃走的情形，隐喻下埃及人战败逃跑。石板的反面有一头牛正在冲撞一面城墙，中间部分描述一场交战的情景，上方右侧有两排仰卧的人群，代表被杀死的下埃及人。一位王者站立于左上方注视这一情景。这位王者也因这块石板被称作"纳尔迈"。此后，纳尔迈的名字在更多文物上被发现。1995年出土的另一块石板上，刻有第1王朝诸王的名字，其中纳尔迈的名字排在首位。因此，刻有古埃及最早象形文字的"纳尔迈石板"也一直被视为上下埃及统一的证据。又由于在埃及正式历史记载中，美尼斯是第一位统一埃及的法老，所以人们一直认为"纳尔迈"就是美尼斯，"纳尔迈石板"记载的是美尼斯统一埃及的过程。但1987年，德国考古队在一座据称公元前3150年的古墓中发现并复原了几百块骨片，从中发现了大量的古埃及象形文字。由此，尼罗河文明文字的出现时间也被前推了50年。在这里，最早象形文字的存在时间成为尼罗河文明文字和文明的起点。

在南亚，古印度文明的早期文字是一个谜团。哈拉巴文明城市遗址曾出土大量刻有似乎是文字的图章，并因此证明了古印度早期文明的存在。但其他的一切都是空白。因为那些图章上的所谓文字都太短，最多只有20字左右，且缺少对照材料而至今无法破解。在这里，类似文字的符号的存在时间成为古印度文明文字和文明的起点。

在东亚，对中华文明文字产生的时间一直存在着极大争议。国外学者普遍认为公元前1300年左右的商代甲骨文是中国最早的文字，并据此将公元前1600年建立的商王朝作为中华文明的起点，将夏王朝以及之前炎黄二帝全部视为传说。对于这一点，包括文字大师周有光先生在内的许多国内学者虽有异议，但因缺乏反驳依据而无可奈何、不得不接受，甚至转述"中华文明文字较两河文明和尼罗河文明文字的产生晚了2000余年"的观点（周有光《世界文字发展史》），尽管事实并非如此。如果按照两河文明以传说为依据的标准，传说早在黄帝时期，史官仓颉便完成了中华文明文字的创造。如此，中华文明汉字形成的时间应该是公元前2600年左右。这与两河文明楔形文字成熟的时间相差无几。如果按照尼罗河文明以"纳尔迈石板"上的象形文字为依据的标准，我国宁夏大麦地岩画（公元前5000年）中已经出现了具备象形文字特点的2000多个图案和符号，稍晚的半坡村遗址（公元前4800年至前4300年）也出土了具有明确意义的陶文。中华文明文字形成的时间至少是在公元前4300年以前。如果按照印度河文明以无法解读且散乱图章为依据的标准，我国有太多考古发现中的各种无法解读的符号，一定会将中华文明文字产生的时间前推得更远。即便单就甲骨文而言，殷商甲骨文已经是相当成熟的古代文字，已经进入文字发展的第三个阶段了，在其之前一定存在更古老的象形文字阶段，只是人们还没有发现而已，或者已经发现而没有将他们联系在一起。事实上，人们已在山东龙山文化遗址中发现了公元前2500年左右的甲骨文，与楔形文字成熟的时间也基本相同。

尽管存在上述争议，所有文明文字的产生在一点上具有共性，那就是与文明之初的其他事物一样，文字的产生也被归功于某个神一般的人物，或干脆就是神灵的杰作。

在中华文明中，仓颉造字是一个广为熟知的传说。据说仓颉是黄帝时的史官。他夜观天象，日察山川，从鸟兽痕迹和草木形状中吸取灵感，"始作书契，以代结绳"。传说仓颉造字成功的那一天，"天雨粟，鬼夜哭"。因为有了文字，人类可更好地传达心意、记载事情，自然值得庆贺。但也因为有了文字，民智日开，民德日离，欺伪狡诈、争夺杀戮由此而生，天下从此永无太平日子，连鬼也不得安宁，所以鬼都惊恐地哭泣了。但一句"天雨粟，鬼夜哭"与其说是对旧事的传说，不如说是对人类命运的预言更为恰当。

在两河文明中，创造文字的功劳被赋予了一位国王。在史诗《恩美卡与阿拉塔之王》中，这位被后人称作恩美卡的聪明"国王"用写在泥板上的文字向邻国索要建筑材料。此说虽不足为信，但两河文明文字使用的最初记载居然与贪婪和争夺相伴而生，岂不正应了"鬼夜哭"的预言。

在尼罗河文明中，智慧之神图特是象形文字的发明者，被称为"神圣文字之主"。其形象是鹭首人躯，左手持笔、右手持供书写用的木板，头上戴新月冠，是神的代言人和史官。古埃及文字因此也被称为"圣书字"。仅从这个传说看来，在尼罗河文明中，文字的产生倒真的有几分"天雨粟"的吉祥之意。

文字与文明的联系是如此紧密，以至于他们有着相同的命运：相伴而生，又相伴而去。

古印度文明那些印章上的所谓文字虽不知何物，但无疑是最早消失的。至少在公元前2000年以前，那些印章便早已和古印度早期文明一起沉入河底了。其后，雅利安人开始侵入印度河流域，创造出梵文，后梵文逐渐成为古印度文明后期的主要文字，古印度文明之火被再度点燃。但物是人非，现在已经少有人认识梵文了。不过，托佛祖庇佑，菩萨、菩提、涅槃、觉悟、禅定、刹那等词语倒是为中华文明增添了许多色彩。

两河文明的楔形文字在很长的时间里都发挥着实用作用，直至公元前1500年左右开始被古巴比伦文字取代。随着波斯帝国在公元前330年被亚历山大大帝灭亡，两河文明迅速坠入了深渊，楔形文字的使用也受到了希腊文化的巨大冲击。至公元1世纪，楔形文字彻底消亡，两河文明也彻底画上了句号。直到19世纪，楔形文字才被陆续破解。

尼罗河文明的古埃及象形文字也经历了与楔形文字相似的命运。从公元前525年被波斯国王冈比西斯入侵，到公元前30年成为古罗马共和国的一个行省，古埃及王朝在连续打击下彻底灭亡。经过连续的波斯化、希腊化和罗马化，象征古埃及文明的象形文字也如同两河文明的楔形文字一样，逐步丧失了生存空间。至公元前4世纪末，埃及祭司曼涅托只能用希腊文完成《埃及史》一书了。由此可见这一过程的彻底和残酷。公元4世纪还有极少数人能够读懂古埃及象形文字。此后就无人能识了。直到1798年，拿破仑远征埃及，随从破解了一块同时刻有古埃及象形文字、阿拉伯草书和希腊文的黑色玄武石碑，古埃及象形文字之谜才逐步被解开。

与上述三大文明和他们文字命运不同的是，汉字与中华文明一起不断发展，并顽强地走到了今天，成为中华文明最具代表性的符号，闪烁着智慧的光芒。

纵观人类文明之初的世界，城市的建造、金属工具的使用和文字的出现在加速社会分工的同时，也促进了人的等级分化。其中，掌握更多狩猎、农耕、建筑、金属制造和文字等生产生活技能或者知识的人，逐渐成为劳动、生产和生活的指挥者——部落首领。阶级在领导和被领导的过程中开始出现，社会的生产效率也因之大大提高。尽管尼罗河文明存在着"无城"的困惑、古印度文明的文字无人能识、中华文明存在着"无铜"的尴尬和"文字"界定标准的争议，人类古代四大文明还是以十分相近的脚步，即在公元前3300年前后集体完成了文明要素的创造。

# 三皇之神农与神灵时代的农耕文明

公元前3000年前后的世界，东亚神农部落由于掌握了先进的生产技术而成为中华文明最早的部落联盟首领。西亚由于来历不明的苏美尔人大规模地采用灌溉技术而掀开两河文明的篇章。北非也在对河水的开发利用中实现了尼罗河文明的首次统一。但由于文字、书写工具，乃至语言都还处于萌芽阶段，后人只能从传说中想象和推测那个充满神灵的时代。

公元前3000年前后的东亚，神农部落居于中华文明的主体地位，神农氏也因此享有"三皇"的荣耀。

中国人经常用"自从盘古开天地，三皇五帝到如今"来浓缩中华文明的历史。"自从盘古开天地"给出了中国古人心中世界的时间起点和空间范围。"到如今"则充分体现了中国人对于夏王朝之后中华文明的熟知和自信。而两者之间的一切就全交由"三皇五帝"来总领了，也可理解为是对中华文明孕育过程的总括。"三皇五帝"四个字是如此精炼和经典，以至于经常给人们造成一种"似知非知"的困惑。尽管如此，"三皇五帝"还可以再进一步细分为"三皇"和"五帝"两部分，代表着两个不同的历史阶段。

"三皇"实际上总括的是早期中华文明的孕育过程，作为一个历史阶段，始于盘古开天地，终于公元前2600年左右的"涿鹿之战"。"三皇"之说最早见于《周礼·春官·外史》，后衍生了很多种版本，如"燧人、伏羲、神农"说、"伏羲、女娲、神农"说等。这些说法的最大共性是将中华文明在孕育过程中取得的标志性成就全部归功于"三位"神话了的人物。其中的"三"在中国传统文化中是个"极数",代表数量众多,"三皇"因此可以解读为中华文明是由无数古代先人共同创造的。而关于"三皇"的不同版本则是从不同角度描述了这一创造的过程,以及不同神灵专有的贡献。

在位列"三皇"的众多神灵中,女娲与伏羲无疑处于最高层级。其中,女娲地位又略高于伏羲,是继盘古之后的创世纪式神灵。无论是用泥土创造人类,还是与伏羲结合创造人类,女娲都代表了早期人类对生命的崇拜和敬畏,从中也可依稀看出母系社会的痕迹。伏羲则更多地被后人赋予了"男性"的特征,既有与女娲共同创造人类的至尊地位,也有教会人类结绳为网、捕鱼、打猎、驯养动物,创"伏羲八卦",制"琴"作"曲"等多种开创上古文明的功绩,因此也可看作古代人类智慧的创造者。

有些神灵之所以能够位列"三皇"则是由于某一个具体方面的贡献,当然,这些贡献对早期人类文明的形成都具有巨大意义。传说燧人氏教会了人类"钻木取火"、烤制食物的方法,人类开始与动物有了本质的区别,人类文明才得以孕育。传说有巢氏教会了人类构木为巢,以避野兽,从此人类告别穴居开始巢居生活。与女娲同时代的还有"火神"祝融和"水神"共工。虽然,祝融曾在高山之巅演奏使百姓"群情振奋"的乐曲,共工也曾教化人类治理水患,但两者之间的"水火不容"导致了一场几乎毁灭人类的激烈冲突。由于支撑"天"的"不周山"被盛怒下的共工撞断,人类不得不靠"女娲(炼五彩石)补天"才得以延续。当然,这两位大神出现在"三皇"中,也可理解为古人对灾难事件的记忆和对未知自然的敬畏。

在所有曾位列"三皇"的神灵中,神农氏和轩辕氏最为特殊,既是神灵也是部落的名称,两者又有高下和先后之分。神农氏几乎出现在了所有提法中,就连女娲和伏羲也无法比拟。这与他曾经"尝百草之实,察酸苦之味,教民食五谷"有极大关系。毕竟,"民以食

# 三皇之神农与神灵时代的农耕文明

（公元前 30 世纪前后）

## 北非古埃及文明

传说：

尼罗河神奥西里斯被其弟赛特暗杀，肢体被撒到各地。其妻子后来找回残骸并使之复活，成为主宰未来世界的冥王神。

史实：

这一时期在尼罗河沿岸曾存在过十多个部落，后来逐渐在兼并战争中形成北南两大集群。公元前 3100 年左右，上埃及首领征服下埃及，完成了尼罗河文明的统一，建都孟斐斯城。

## 西亚两河文明

传说：

著名史诗《吉尔伽美什》的主人公是一位半人半神的国王，天空、空气、大地和水四位神灵在其多神崇拜中居于主导地位。

史实：

这一时期的苏美尔文明灌溉农业已经相当发达。人口数千的"城市"约 12 个，其中知名的有埃利都、基什、拉伽什、乌鲁克等。

## 南亚古印度文明

传说：

没有记载。

史实：

目前人们对古印度文明的了解还仅限于印度河沿岸约始建于公元前 3000 年的两座相距 600 公里且被乡村环绕的中心城市，统称哈拉巴文明。如果其真实存在必定有相当高的生产力水平支撑。

## 东亚中华文明

传说：

位列三皇的伏羲女娲是中华人文始祖；神农和轩辕亦位列其中。

史实：

约公元 5000 年前后神农部落发源于中国西北黄土高原，后向东迁至中原地区成为中华文明最早的部落联盟首领。

公元前 3000 年前后，神农部落首领称炎帝。

公元前 3000 年前后，黄河上游的轩辕和黄河下游的蚩尤两大族群亦相继崛起。

为天"是亘古不变的铁律。"神农"的称谓已经远远超出尊敬的范畴。虽然农业绝对不会是某个神灵（神农氏）发明的，但某个远古部族（神农氏部族）曾经掌握较先进的农业生产技术是极有可能的。这时的"神农"已经具化成神农部族首领并可代代相传的寄名称谓。因掌握了先进的农业生产技术，神农氏部族逐渐繁荣强大起来，直至号令周边其他部族。传说神农氏曾因掌握先进石质工具生产技术的"斧""遂"两个部落"不供"，"乃伐"，而"万国定"，由此成为中华文明最早的部落联盟首领，如果按照西方史书中常用的说法，也可称作"众王之王"。从这一传说中，我们已经能够看到社会分工和原始易货贸易的雏形。

轩辕氏能够位列"三皇"主要是由于轩辕部落对后世中华文明的影响，尤其是在黄帝时期成为神农之后的"众王之王"。对于轩辕部落取代神农部落的这一过程，司马迁在《史记》开篇之作《五帝本纪》有如下描述："轩辕之时，神农氏世衰。诸侯相侵伐，暴虐百姓，而神农氏弗能征。于是轩辕乃习用干戈，以征不享，诸侯咸来宾从。"这时的轩辕已经是我们常说的黄帝了。结合对黄帝出现历史时间的考证，轩辕部落崛起的时间大致在公元前3000年。而"诸侯相侵伐""诸侯咸来宾从"等描述则说明当时的中华大地已经是部落林立了。公元前4000年起大量出现的"城市"遗址为这一说法提供了佐证。

从神农氏"万国定"到"世衰"，其客观历史背景应当是中华文明发展的一个重要历史阶段，即人类开始以部族的形态进行社会化发展，直至在公元前3000年前后创造出早期中华文明的雏形。而为这一过程提供支撑的是神农，是农业生产技术的快速发展。

公元前3000年前后的南亚，古印度人开始建造古印度文明的唯一标志——哈拉巴文明遗址。如果考古学家对这一废墟的时间判断是对的，那么可以肯定其背后必然有高度发达的农业作为支撑，尽管现在人们对当时古印度文明的认知几乎只有想象。

公元前 3000 年前后的西亚，苏美尔人成为两河文明的主体，而苏美尔文明也成为两河文明最早的篇章。

虽然迄今为止人们对苏美尔人的来历困惑不已，但可以肯定的是活跃于两河流域下游的苏美尔人掌握了当时两河文明最先进的文明成就，尤其是在金属冶炼方面。虽然两河流域的北部富含铜矿，但与锤炼天然铜块相比，铜的冶炼则不仅仅是技术上的进步，更是文明的跨越式发展。公元前 3000 年左右，苏美尔人已经能够冶炼合金，制造更坚固的青铜犁了。苏美尔人另一项伟大创造是实行了大规模灌溉工程。由此，人类开始摆脱河水的制约和对雨水的依赖，极大地促进了农业生产发展，并最终推动了文明的快速进步。据西方学者考证，公元前 3000 年的苏美尔人已经建造了大约 12 个人口数千的"城市"，尽管称其为部落也无不可，知名的有埃利都、基什、拉伽什、乌鲁克等。作为重要的易货贸易中心，这些城市对整个两河文明的发展产生了重大影响。成书于公元前 2000 年前后的《吉尔伽美什》是关于两河文明的著名史诗，主人公是一位半人半神的国王，其中就有对乌鲁克古城繁荣的描绘。对神灵的崇拜是所有远古先民的共同特征。苏美人几乎崇拜大自然中的一切神灵。与中华文明的"三皇"相似，有四位神灵在苏美尔人的众神中居于主导地位，分别是天空、空气、大地和水。从类型上看，苏美尔人创造的是"城邦文明"，即文明以众多彼此相对独立的部落或城市的形式存在。从生活的区域上看，苏美尔人仅占据了两河流域的一小部分。与中华文明当时的情形相似，在其周边同时生活着其他众多发展水平相对落后的部族。而在更广阔区域和时间内的部族或民族迁徙，最终使依靠农业发展起来的苏美尔人"城邦文明"仅持续了三百余年便被外族入侵终结和取代了。

公元前 3000 年前后的北非，上下埃及的统一成为尼罗河文明真正的起点。早期的统一是其区别于其他文明的独有特质。东西为沙漠、南面是瀑布、北面是地中海的天然地理条件，使古埃及文明在统一后的数百年间免遭外族侵扰，从而能够为大金塔的建造进行充足的物资和技术储备。

"法老"虽然后来在古埃及史中类似于中国的"天子"或"皇帝"，但最初只是对统治者居住场所的称谓，意思是"大房子"，直到公元前1500年左右才正式成为统治者的称号。公元前4世纪的古埃及学者曼涅托把埃及历史分为古王国、中王国、新王国三个时期，以及不同时期的不同王朝。后人在其基础上补充了早王朝时期（公元前3100至前2686年）历史，包括第1和第2两个王朝及10多位法老。

早王朝时期尼罗河文明的很多东西都是后人推测的。按照一些学者的说法，古埃及人是北非与西亚移民融合形成的，是他们将灌溉技术和轮子等带到了尼罗河流域；这大概与尼罗河文明中金属、城市两大要素的出现时间较晚有很大关系；即便是文字也仅依靠"纳尔迈石板"才提前到公元前3100年左右。相对于前期的空白和缓慢，之后500年左右便巍然耸立在埃及吉萨高原上的大金字塔显得那么突兀。尽管如此，尼罗河文明的农业在上下埃及统一前已经得到了较快发展。人类逐渐聚居形成的十多个部落在长期的兼并战争中，沿狭长的尼罗河形成北南两个部落集群，也就是人们所常说的上下埃及。公元前3100年左右，尼罗河谷的上埃及首领征服尼罗河三角洲的下埃及，完成了尼罗河文明的统一，并在两者的边界建立了都城（白城），即孟斐斯城。对尼罗河水的开发利用是尼罗河文明早早实现统一的内在动力，毕竟像"坎儿井"那样庞大的引水灌溉工程不是某几个人或者某几个部族能够独立完成的。

长期以来，"纳尔迈石板"一直被视为上下埃及统一的直接证据。又由于在埃及正式历史记载中，美尼斯是第一位法老，所以人们一直认为"纳尔迈石板"记载的是美尼斯统一埃及的过程，而与"纳尔迈石板"同时发现的刻有蝎子图案的权杖则被人们忽略了。直到1986年，人们在另一处更早的遗址中发现了一只玛瑙雕成的蝎子，并大胆推断那是蝎子王的坟墓，才联想起"纳尔迈"可能并不是美尼斯而是蝎子王，并进一步猜测蝎子王早在美尼斯之前就曾经试图或已经统一了埃及。美尼斯只是一位继任者或者说真正在古埃及实行统一管理的第一任法老。在其他传说中，尼罗河之神奥西里斯在其妻子的辅佐下一度统治埃及，后被其弟弟赛特暗杀、肢解，尸体被撒到了埃及各地。他的妻子从埃及各地寻回了丈夫的尸体，然后拼凑起来并使之复活，成为未来世界的主宰——冥王神。这应该是古埃及法老们崇尚制作木乃伊，渴望像尼罗河水潮起潮落一般永生的重要原因。而奥西里斯的儿子——鹰神荷鲁斯，虽然失去一只眼睛，最终还是击败了叔父赛特。重新继承王位的传说不但强调了统治者的唯一性，而且强调了法老是神的化身。与这种观点相对应，古埃及王朝每一次主神的变换带来的都是王朝的动荡乃至更迭。

  纵观公元前 3000 年前后的世界，随着适应和改造环境能力的提高，人口增长成为人类文明发展的推动力。当农业生产技术因人类的需求而取得突破性发展的时候，原始人类的狩猎和采集生活方式开始发生分化。一部分人在继续驯化动物的过程中延续了传统狩猎习惯，并在不断迁徙中缓慢发展，直至最终成为游牧文明的主体；但大部分人选择了承载力更大且稳定的农耕方式。随着农耕文明的发展，人类文明的形态开始从无形向有形过渡。基本生活物资交换促进了原始贸易的发展和社会分工的出现，各类神王传说的背后则是阶级分化的影子。社会分工和阶级出现是文明的另外两大标志。在农耕文明快速发展并成为人类早期文明主体的同时，发展缓慢的游牧文明却对农耕文明整个发展过程施加着影响，直至工业革命将两者一起终结。虽然两河文明和尼罗河文明的主体来历不明，但人们可以肯定那是人类迁徙的结果，且规模在当时必然已经十分庞大。而与迁徙和发展相伴的必然是因争夺生存空间而爆发的冲突。从那时起，人类文明发展已经充满了战争的硝烟。

# 五帝之黄帝王朝与走向统一的世界

公元前2600年前后的世界，东亚中华文明在炎黄二帝战胜蚩尤后奠定了大一统的基调，南亚古印度文明在留下了城市遗址后因消失而中断，西亚两河文明在苏美尔人被外族入侵后结束了第一阶段的历史，而北非的尼罗河文明在统一带来的和平中完成了最伟大的创造——大金字塔。

公元前2600年前后的东亚，中华文明因"涿鹿之战"完成了"三皇"和"五帝"的时代交替。在"和炎帝""诛蚩尤"之后，黄帝开启了中华文明的"五帝时代"。而炎帝只是依靠"三皇"神农氏一脉的盛名，才列在黄帝之前成为炎黄子孙的共同祖先。

万余年前的中国西北高原雨量充沛水草茂盛，是中国古代农耕文明的重要发源地。因而，人们有理由推测，掌握当时最先进农业生产技术的神农部落也发源于此（与之相对应是始于公元前5000年的陕西、山西和河北北部的半坡文化遗址），后逐渐号令天下。但随着黄土高原环境的逐渐恶化，中华文明的中心开始向东转移。司马迁的一句"神农世衰"应当是这一转移的起因和结果。与此同时，轩辕部落群崛起于山西、河南，东夷和九黎部落群崛起于河北、山东。关于炎帝和黄帝之间的关系，一直有"炎黄同源，但兴盛早晚有别"的说法。《国语·晋语》记载："昔少典娶于有蟜氏，生黄帝、炎帝。黄帝以姬水成，炎帝以姜水成。成而异德，故黄帝为姬，炎帝为姜。"

公元前2600年左右，黄河流域三大部落联盟之间的生存扩张已成水火不容之势。"诸侯相侵伐，暴虐百姓，而神农氏弗能征"，此时神农部落的首领已被称作"炎帝"，轩辕和东夷两大部落群首领则分别被称作"黄帝"和"蚩尤"。以"炎帝"和"黄帝"为首的两大邻近部落联盟率先进行了"阪泉之战"，结果是黄帝"三战，然后得其志"，成功降服"炎帝"。其后"蚩尤作乱，不用帝命"。于是黄帝"乃征师诸侯，与蚩尤战于涿鹿之野"，在诛杀蚩尤后，征服四方，彻底取代了神农氏的部落联盟首领地位，而且被诸侯尊为"天子"。其后400余年，黄帝的后代沿袭了"天子"的称号，因此有人将这一时期称作"黄帝王朝"。"五帝"之说首见于《史记》，指的"黄帝王朝"五个相继为帝的首领——黄帝、颛顼、帝喾、尧、舜。参照"夏商周断代工程"，"黄帝王朝"应截止于公元前2070年夏王朝建立。

　　中华文明习惯于将一切文明发展的成就归功于某位伟大的帝王。这种对帝王的偏爱极大地限制了中国史学家研究的视角。由于没有相对清晰、完整的社会发展背景作为支撑，"黄帝王朝"的一切似乎都只能是传说，这不仅使中华文明的早期历史饱受国外的质疑，也使当今国人对自己的文明充满疑虑，甚至丧失了民族自信和面对未来的勇气。那句国人曾经引以为傲的"五千年文明"也显得那么苍白无力。"黄帝王朝"的提法虽不多见，但给人们认识中华文明提供了一个全新的角度，认定标准相较于尼罗河文明的"美尼斯统一上下埃及、开创法老时代"说法也不为过，只不过缺少一些带有想象力的考古支撑罢了。

　　虽然中国自古就有"拜祖到新郑，祭祖到黄陵"的说法，但今河南新郑（古称有熊）只是目前学术界公认的黄帝出生地而已。司马迁在《史记》中提到的黄帝"邑于涿鹿之阿"，也只是说曾在此建城。黄帝所封官职都用云来命名，如军队号称云师。由于要定期巡察疆域，且没有任何一个地方能够长时间为其庞大的军队提供充足给养，所以黄帝没有固定的住处，总是"迁徙往来无常处，以师兵为营卫"。正因为此,"黄帝王朝"是一个没有都城的文明。舜帝继位天子之事也间接证明这一点。据称舜帝曾"之中国,践天子位焉"。这里的"之"是去的意思,"中国"仅指的是国家的中心位置,但没有具体地点。

虽然没有固定的都城,但"黄帝王朝"的统治地区已经囊括了当今的中原及周边地区。城市的大量出现则是这一时期中华文明的一大特征,且建筑艺术都达到了相当高度。河南王城岗城遗址呈长方形,分为东、西两城,仅西城的南墙与西墙就长达90多米。淮阳平粮台城遗址呈方形,占地3万多平方米,南北开有城门。甘肃天水大地湾遗址曾发掘出一座面积270平方米的王宫型建筑;室内面积150平方米,平地起建,木骨泥墙,多种柱础支撑,三开门、带檐廊,处理过的地面硬似水泥。湖北屈家岭文化遗址的房屋一般双间或多间,甚至有多达二三十间成排相连,较大的房间带有隔墙形成里外套间,地面多进行防潮处理;其中青龙泉遗址的一座双间式大房子,南北总长14米,东西宽5.6米,室内面积合计70多平方米。江西九江的山背遗址已经出现了套间的建筑形制。在"黄帝王朝"核心区域的外围,东北辽宁的牛河梁遗址曾因出土了"玉猪龙"而闻名世界。该遗址东西长约10000米、南北长约5000米,在连绵起伏的山冈上有规律地分布着女神庙、祭坛和积石冢群,组成一个规模宏大且独立于居住区以外的史前祭祀遗址群。东南地区则存在着广东石峡文化,西南地区则存在着西藏卡若文化等。所有这些都使"黄帝时万诸侯"成为可能,也间接证明了"黄帝王朝"的真实性。

"黄帝王朝"的经济文化已得到初步发展,社会开始呈现较显著的父系特征。五帝中的第二位颛顼曾下令女子给男人让道,明确了男女地位的高下;第五位舜同时娶了尧帝的两个女儿——娥皇和女英,成为一夫多妻制的开始。但在同时代考古发现的遗址中,大都发现了有独立的生产工具、粮瓮、粮窖、灶塘的成排小房间,说明

# 五帝之黄帝王朝与走向统一的世界

（公元前 26 世纪前后）

## 中南美洲古文明

约公元前 25 世纪，南美秘鲁一带开始出现查文文化。

## 北非古埃及文明

在此前后出现的古埃及文明也常被称作孟斐斯帝国。

约公元前 2686 年，尼罗河文明进入已具有中央集权形态延续且 500 余年的古王国时期。

约公元前 2598 年继位的法老胡夫，与其子、孙夫后建造了三座大金字塔。

在此之后，古埃及文明开始走向分裂。

## 西亚两河文明

推测：

约公元前 3000 年起，大量游牧族群迁徙到这里。

考古：

约公元前 2600 年，拉伽什和乌玛两个城邦之间爆发冲突，后经另一个城邦调停并达成和解，并立著名的鹫碑为证。

公元前 2369 年前后，闪米特人中的一支建立阿卡德王国，统一了包括苏美尔人在内的幼发拉底河谷地区。

## 南亚古印度文明

传说：

没有记载。

史实：

只有哈拉巴文明遗址。

## 东亚中华文明

传说：

约公元前 2600 年前后，轩辕部落联合炎帝部落在涿鹿之战中击败蚩尤领导的东夷部落联盟，建立黄帝王朝。

袭约 500 余年的黄帝王朝，前后历黄帝、颛顼、帝喾和舜，共"五帝"。

史实：

前 26 世纪前后，大量中华文明文化遗址开始在北至辽河，南括江南，西达西南，东抵大海的广阔区域内出现。

当时社会总体上采用的是一夫一妻制度，而墓葬遗址中随葬品的悬殊则表明贫富分化开始出现。养蚕、舟车、文字、音律、医学、算数都已发明。浙江湖州的钱山漾遗址不但出土了残绢片和丝、麻织品，而且发现了纺轮、网坠等纺织工具。良渚文化遗址则以手工玉器制作最具特色。江苏武进寺墩遗址的一座男性墓葬，随葬玉器有百余件，单是玉琮就有三十三件、玉璧十数件，还有玉钺及玉刀等；浙江杭州市余杭区反山遗址的一处墓葬，随葬玉器有五十余件，雕工精美，形制诡奇。当然，彩陶业的高度发达是那个时代世界各主要文明共有的特征。

为管理好庞大但又松散的王朝，黄帝曾设"置左右大监"，协助他督察各诸侯国，成为国家管理机构的雏形。尧帝时期设立了九位高级官员，包括司空、后稷、司徒、共工、士、朕虞、秩宗、典乐和纳言；将全国化为十二州，设立州长，称为方伯，确立了王朝管理的基本框架，使中华文明的多民族共存成为可能。"炎黄"两大部落集团在吸纳部分战败的蚩尤部落后，共同组成中华民族的主要部分，即便是两千年后活跃于塞北草原的匈奴人也自称"轩辕氏"的后代。而蚩尤的其他部落在尧、舜、禹时期被称作"三苗"，在中原王朝的连续打击下被迫多次大规模地南迁和西迁，并逐渐演化出若干民族，其中一部分至今仍保持着苗族的称谓，中华民族也因此百花齐放。从那时起，中华文明的中原地区高潮时对外辐射、低潮时吸纳百川，奠定了中华文明大一统的基调。公元前 2070 年，禹的儿子"启"夺位建"夏"，中华文明正式进入奴隶制社会的家天下时代。

公元前 2600 年前后的南亚，古印度文明虽然没有中华文明的丰富内涵，却有着城市建筑的骄傲。在印度河沿岸相距 600 多公里的地方，曾挖掘出两座公元前 2500 年左右的城市遗址群，被合称哈拉巴文化。两个遗址的共同点是规模宏大且规划整齐，有高大的城墙和塔楼，以及人们推测出的浴池、谷仓、作坊、会议厅等公共设施，甚至包括带茅厕、排水道的"楼房"。尽管这些在今日的印度都难以想象，但砖砌的建筑是真实存在的，以及青铜工具、武器和刻有符号的印章等。

由于哈拉巴文明遗址与其他同时代文明的极大反差，人们不得不对其时间断代表示怀疑。毕竟人们对当时除此之外的古印度文明一无所知，没有任何考古证据和传说作为补充。哈拉巴文明遗址在存在时间上显得那么突兀和怪异，以至于说其是某座被洪水淹没的近代城市也似有可能。但不管历史的真相究竟如何，古印度早期文明确实在公元前1750年之后突然消失得干干净净，直至吠陀时代的到来。

公元前2600年前后的西亚，苏美尔人的"城邦式文明"在战乱中也迎来了第一次统一，只不过这次统一是由外族入侵完成的。

在两河流域的下游曾同时存在着众多苏美尔人城邦。每个城邦以数个小的农耕部落围绕一个拥有城墙的中心城区构成。各城邦之间为争夺奴隶、土地和水源而征战不断，所以城墙在当时的地位非常重要。其中，拉伽什、乌玛和乌鲁克三个城邦之间的征战与炎黄和蚩尤之间的战争很相似。公元前2600年，拉伽什和乌玛两个城邦之间爆发冲突，后在另一个城邦的调停下达成和解并立碑为证。公元前2500年，乌玛城毁掉界碑，再次侵入拉伽什城，但被击退，两者又重新立碑。这一史实是西方学者从著名的"鹫碑"上解读出来的。约公元前2500年起，苏美尔人开始把芦苇削成三角形在黏土上压写楔形文字。公元前2378年，在乱战中仅剩下3600余名公民的拉伽什城一度重新振兴，但不久被乌玛城和乌鲁克城联军灭亡。之后，乌玛城与中华文明的黄帝部落相似，又战胜了曾经的盟友乌鲁克城及乌尔城等其他一些城邦，大有一统两河下游、称霸苏美尔之势。但螳螂捕蝉黄雀在后，一个更庞大的身躯出现在苏美尔人的北部。公元前2369年前后，阿卡德人战胜乌玛城，并统一了包括苏美尔人在内的幼发拉底河谷地区（史称巴比伦尼亚），建立起统一的阿卡德王国。

事实上，早在苏美尔人创造城邦文明的同时，在其周边就同时居住着许多其他的部落。东面有伊朗高原上的库提人、加喜特人，河谷地区的埃兰人；西面有阿摩利人、阿拉美亚人、迦南人和希伯来人；北部有亚述人、苏里人和胡里特人，以及阿卡德人等。其中，阿卡德人是来自阿拉伯半岛的"闪米特人"，大约在公元前3000年迁徙到两河流域。

阿卡德王国是西亚第一个统一的国家，国王萨尔贡一世自称"天下四方之王"。阿卡德王国的势力一度北至土耳其高原、东至伊朗高原、西抵地中海、南至波斯湾。但从公元前2190年起，阿卡德人在两河流域的统治地位被东部的库提人取代。在这期间，苏美尔人城邦也纷纷起来反抗阿卡德人和库提人的统治。公元前2113年左右，乌尔城邦统一了两河流域南部，建立"乌尔第三王朝"。

公元前2600年前后的北非，尼罗河文明在统一带来的稳定中登上了文明的最高峰，建造了至今令世人叹为观止的大金字塔。

约公元前2686年，尼罗河文明结束了"早王朝时期"的模糊不清，进入延续500余年的"古王国时期"，在时间上大体与中华文明的"黄帝王朝"相当，包括第3至第6王朝，每个王朝又有数量不等的法老。古王国时期的尼罗河文明逐步建立起了相对完整的中央集权体制，由法老任命的"州长"等掌管地方日常事务。统一带来的高效使尼罗河文明的灌溉农业、造船业和手工业都得到了极快的发展。加之相对稳定的外部环境，尼罗河文明在这一时期积累了巨额的财富。但灵魂不灭的观念将古王国时期的尼罗河文明推向了深渊。早在第2王朝时期，法老们已经开始为自己建造不朽的梯形陵墓，储存用盐水、香料、膏油、麻布等泡制成的干尸，只不过当时的规模都不大。第3王朝时的阶梯形陵墓虽已高达57米，但相较于第4王朝（公元前2613至前2494年）的大金字塔只能是小巫见大巫。法老胡夫公元前2598年继位后，动用10万名民夫、耗时30年，用230万块重达2.5吨的石块建成了高146.6米、底边230米见方的"胡夫金字塔"。紧随其后，胡夫的儿子和孙子又相继修建了规模略小的哈夫拉和孟卡拉两座金字塔，三者一起被专称为"大金字塔"。

尼罗河文明之所以能够完成如此浩大的工程与自然条件有极大关系。尼罗河的周期性泛滥使法老们能够在不从事农业生产的旱季，集中全国的力量建造大金字塔这样的大型工程。但法老的专制和惊人的财力、物力消耗，最终激化了社会矛盾。到第4王朝末期，古王国时期的古埃及中央集权被严重削弱。各州的州长和寺庙的僧侣利用民众的不满，纷纷乘机扩大自己的势力，脱离中央政府的控制。法老权力衰微，以致此后的所有法老都再也无力建造大型的金字塔了。从第5王朝（约公元前2494至前2350年）起，地方州长开始世袭，地方权力落入家族手中。至第6王朝（公元前2350至前2200年）末期，尼罗河文明的第一次统一在地方割据中名存实亡。尽管如此，空前绝后的大金字塔成了尼罗河文明永恒的丰碑。

纵观公元前2600年前后的世界，迈向统一的人类文明在最初的起步阶段已经表现出鲜明的个性。其中，建筑材料的选择使中华文明开始具有与其他文明不同的外在表象。相对优越的自然生存条件使中华文明习惯于省工省力的土木结构建筑，但因此注定了使用寿命的不能长久，以至于黄帝王朝没能在历史上留下更多的痕迹，也为后人通过考古再现他的辉煌制造了极大的障碍。这一特点一直延续到了近代。古印度早期文明虽然昙花一现，甚至可以被认为是脆弱的，但砖砌的城市留下了永恒的谜团。两河文明虽然在开放的环境中不断迷失，但砖石结构形成的文明堆积使其在传说中无比灿烂。尼罗河早期文明更是通过石砌大金字塔确立了无与伦比的地位。虽然如此，在即将到来的大洪水时代，只有中华文明经受住了历史的考验。

# 千年纵横之人类文明源头的大洪水

从傍水而居发展出最早的农耕文明，到逐水而生发展出游牧文明，到踏浪而行发展出海洋文明，到依靠蒸汽的力量进入工业时代，人类前进的每一个脚步都深深地留下了水的印记。

水在养育人类的同时，也是人类生存的最大威胁，尤其是当人类文明还十分弱小的洪荒年代，无数弱小的萌芽被洪水扼杀了，迄今不为所知。即便一些已经发展到相当高度的文明（如古印度的早期文明）在大洪水面前也难逃厄运。因此几乎所有文明中都有关于大洪水的传说，从中我们至今依然能够切实感受到远古人类的恐惧和无助。在中国，大洪水仿佛将整个世界带到了末日："往古之际，四极废，九州裂，天不兼覆，地不周载，火燃炎而不灭，水浩洋而不息。"而在古代美洲人的眼里，"天接近了地，一天之内，所有的人都灭绝了，山也隐没在了洪水之中……"。当大洪水来临的时候，作为两河文明先驱的苏美尔人"只有居住在山上和逃到山上的才得以生存"。在其他传说中，人们"……拼命地逃跑……他们爬上了房顶，但房子塌毁了，将他们摔在地上。于是，他们又爬到了树顶，但树又把他们摇落下来。人们在洞穴里找到了避难的地点，但因洞窟塌毁而失去了生命。人类就这样彻底灭绝了"。由于时间过于久远，人类文明晨曦中所发生的一切对今天的人们来说都已经成为模糊的记忆了。但有一点是绝对可以肯定的，大洪水没有终结人类文明前行的脚步。

黄帝王朝末期，一场"怀山襄陵"（《史记》）的大洪水席卷了中原大地，并由此引出了一个悲壮的故事，也造就了一代伟大的帝王。关于"鲧"受命治理水患的传说有很多版本。其中之一就是鲧本为天神，因不忍看到天帝用大洪水惩罚人类的罪恶而偷盗了天帝的宝物"息壤"，试图用"堵水"的方法治理水患，但没有成功并被天帝责罚在羽山自杀，尸体三年不腐。当另一位天神剖开了鲧的肚子时，"禹"呐喊而出，子承父业继续治理水患。禹吸取了父亲失败的教训，用神斧劈开龙门和伊阙，凿通积石山和青铜峡，采用"疏水"的方法，将洪水引入大海，终于治水成功；并因此继立为天子，建立夏朝。在此传说中，禹成为鲧的再生和自我救赎。

其他古代文明中，能够与大禹治水媲美的传说恐怕只有诺亚方舟的故事了，且大洪水都是从天而降，只不过一个缘于天帝对人类罪恶的愤怒，一个缘于上帝对人类不敬的惩罚。在《圣经》中，上帝把生的机会只留给了笃信上帝的诺亚一家。根据上帝的指示，诺亚建造了一艘方形巨船躲避水患，同时从人间每种生物中都挑选一对，以便于物种的延续。当大洪水吞噬一切并退去后，诺亚一家以及被他们拯救的其他生物成为新世界的开始。在此传说中，人们更多感受到的是对上帝的敬畏。相似的传说也存在于《古兰经》中，间接证明了伊斯兰教与犹太教和基督教的历史渊源。

抛弃对上天或上帝旨意的猜测，两个传说最大的不同是对待大洪水的方式。在大禹治水的传说中，无论是鲧还是他的儿子禹，在大洪水来临的时候，都采取了主动的姿态，试图通过治理水患，从根本上解决问题。只不过，鲧虽然盗窃了天帝的"息壤"也没能"堵水"成功，以至不得不自杀谢罪。而在诺亚方舟的神话中，以诺亚一家为代表的人类只是被动地躲避水患。两者的不同，实际上已经反映了不同文明间的内在差异——稳定和飘忽。而这一差异性特征，在那以后不同文明的发展过程中表现得愈发明显，直至成为决定中华文明与其他文明差异的根本。

治理水患从根本上来说,可以理解为中华文明对土地的眷恋。只有彻底治理水患,人们才能保住自己的家园,守住根的故乡。而这种行为则可以理解为对稳定的追求。事实也证明了这一点,中华文明"稳定"地走了5000多年。只不过这种"稳定"对于文明发展影响的弊端直到数千年后才显现出来。在治理水患成功带来的稳定中,中华文明创造了前期的繁荣,也预伏了后期的自闭。

躲避水患虽然从表面上看是一种被动的行为,但也可以理解为一种对生命的珍惜:留住生命,留住希望。虽然这种被动的行为使文明在早期发展得较为缓慢,但为他们今后在文明的飘忽中发现新大陆埋下了伏笔。那个被鸽子衔来的橄榄枝,与其说是大洪水退去的信号,不如说是来自全新生存空间的召唤。

历史的发展完全证明了上述的推论。尽管拥有数千年的灿烂,中国人再也没有把自己的文明向原本的空间之外推出一步,大禹划分的九州成为我们永远的家园。虽然一度在文明的发展上落后近千年,但欧洲人最终将自己的生存空间扩展到美洲,乃至整个世界。而我们曾以为傲的九州则数次面临被瓜分的危险。一场大洪水折射出的是不同文明稳定与飘忽的宿命。

对于两者的真实性,学者们无论是从发生的时间还是从发生的规模上都给了多种答案。大禹面对的大洪水无论是传说还是史实都已经证明实际上就是黄河的泛滥。至于发生的时间,从公元前2070年"夏"王朝建立来推断,应当是公元前2100年前后的事情。至于洪水的规模,按《史记》所言"洪水滔天,浩浩怀山襄陵",即"洪水滔天,浩浩荡荡,包围了高山,漫上了丘陵",虽然笼统但相比现代洪水的情况,应该是比较真实可信的。

"诺亚方舟"中的大洪水则充满争议,即便《圣经》对于基督徒来说是不容置疑的经典。2010年,一支探险队称其在土耳其东部高山上发现了诺亚方舟的残骸。通过碳元素鉴定，他们认为遗迹可溯至公元前2800年前。这个时间也正是圣经中所提诺亚方舟的年代。这一时间界定极易吸引人们的目光，毕竟这与大禹治水的时间极其接近，也与人类已知文明的发展脚步暗合。但问题出在发现诺亚方舟的地点上。如果那场大洪水真的曾经达到海拔4000余米的高度，那么几乎可以肯定足以淹没整个欧亚大陆，甚至整个世界。且如果如《圣经》所言"大水漫过高山，且持续了150天"，所有陆生动物和植物都将死亡。仅从当今世界生命的多样性能够得到延续的角度来看，这样的大洪水也应该绝对没有发生过，当然也就不会有停泊在海拔4000米的诺亚方舟了。更何况，人类文明是在积淀数万年的基础上才刚刚诞生，仅数十年便从头来过绝无可能，即使是上帝也会觉得麻烦。如果《圣经》记载的大洪水确实发生过，唯一的解释是夸张了大洪水的规模，为的是充分彰显上帝的力量。

从地域的角度讲，诺亚方舟的故事应当为两河文明及其周边的人类所共有。毕竟基督教的前身犹太教诞生于地中海东岸的巴勒斯坦地区，后来才扩展到欧洲。事实上，无论是"诺亚方舟"的故事，还是带领犹太人逃离埃及的"摩西"出生经历，在更早的两河文明神话传说中都能找到原始的版本。从中，人们可以看到两河文明对周边文化发展的巨大影响。

古埃及人没有得到"诺亚方舟"的帮助，因为他们在文明之初就早已适应尼罗河洪水的定期泛滥了。而古印度早期文明则没有那么幸运，既没有得到上天的帮忙，也没有出现拯救世界的英雄，最终被大洪水中断了文明的脚步。毕竟让偌大的文明能够消失得未留下任何痕迹，恐怕只有滔天的洪水才能够做得如此彻底。同样的原因，2000多年后昙花一现的中南美洲玛雅文明也极有可能是被大洪水摧毁的。

从两个传说中，在看到不同文明差异的同时，人们更应该注意到大自然的力量，毕竟天帝和上帝都只是大自然的化身。虽然至今关于大洪水发生的时间和规模还存在诸多争论，但人们有理由相信，人类早期文明的发展受自然环境的制约极大。正是自然环境的某种突变，才造成了公元前2000年前后欧亚大陆核心地带神秘的人类大迁徙。而这种迁徙不但加速了人类生活方式的改变，更加速了人类文明的发展脚步。

世界历史
六千年

SURVEY
THE
WORLD

# 第二个千年
(公元前 2300 年至前 1300 年)

# 国家的兴起

| 华夏的开端与人类大迁徙中的世界 | **039** |
| 少康中兴与古巴比伦王朝称雄两河 | **045** |
| 商汤灭夏与希腊米诺斯文明的神秘 | **050** |
| 千年纵横之那些消失了的古老文明 | **059** |

# 世界历史六千年

SURVEY THE WORLD

伴随着生产力水平的不断提高，国家形态在这个千年开始出现。中华文明在大禹建夏后有了华夏文明的别称，青铜器的硕大则成为殷商文明的荣耀。而伴随着雅利安和闪米特族群的世界性迁徙，古印度文明终于迎来了新的主人，虽然雅利安人的影响还只限于南亚次大陆北部；两河文明则先后被闪米特人和雅利安人所主宰，其中既有古巴比伦王国的骄傲，亦有赫梯人帝国铁器的寒光。尼罗河早期文明在分裂以及外族入侵中衰落，直至统一、强大的底比斯帝国成为埃及法老时代的骄傲。相比之下，神话般的古希腊早期文明则是人类文明史中最美轮美奂的篇章。

# 华夏的开端与人类大迁徙中的世界

公元前 21 世纪前后的世界，人类的第一次世界性迁徙波及亚非欧三大陆，闪米特人率先从阿拉伯半岛沙漠边缘北上，雅利安族群稍后从欧亚大陆中部草原南下。在这过程中，东亚的中华文明在战胜大洪水后迎来了一个全新的王朝——夏。南亚的古印度文明在此前后极长的时间里没有留下任何印记，成为史学界最大的谜团。西亚的两河文明易主，北非的尼罗河文明一度中断，欧洲文明的曙光则在地中海沿岸升起。

公元前 21 世纪前后的东亚，"夏"在中国近代正统史学中被称为中国历史上第一个奴隶制王朝。根据"夏商周断代工程"的成果，夏朝建立的时间被确定为公元前 2070 年，禹是第一位天子。因禹在治水的过程中被舜赐名"夏后氏"，其所在部落得名"夏后"，故所建王朝被称作"夏朝"。

在受舜命治水的过程中，禹就以都城为中心，将"黄帝王朝"划分为五类区域，中心方圆 500 里以内为"甸服"，归天子直接管理；往外 500 里为"侯服"，由诸侯管理；再往外 500 里为"绥服"，要求为天子提供保护；再往外 500 里为"要服"，要求和平相处、遵守王法；再往外 500 里为"荒服"，即为天子守卫远边的荒远地区，为蛮族和化外之民。再往外就什么也不管了。这一形制无疑是非常稳定的统治结构。据此测算，黄帝王朝和夏朝的面积约 300 万平方公里。禹继位天子后，分天下为九州，令九州贡献青铜，铸造九鼎，将全国九州的名山大川、奇异之物镌刻于九鼎之身，以一鼎象征一州，并将九鼎集中于夏王朝都城。九州因此成为中国的代名词，成为王权至高无上、国家统一昌盛的象征。八年后，禹在涂山召开诸侯大会，前来祝贺的有"万国"（《左传》）。禹杀死了迟到的防风氏（《竹书纪年》），进一步树立了天子的权威。

关于禹的儿子启继承天子之位、破坏禅让制度的说法并不准确，准确的说法应该是恢复了"黄帝王朝"初期父子相传的古老制度。而且，禹最初也曾将天子之位禅让给曾随自己治水并发明了凿井方法的伯益，但在这之前"以启为吏"，给予了启很高的职位，致使启在伯益接受禅让时已经拥有很强的实力，并得到了许多诸侯的拥戴。伯益虽然一度囚禁了启，但启却逃脱了。最终，启率部攻打并杀掉了伯益，成为天子。西方的有扈氏起兵反抗，但被启"剿绝"。随后，启召集诸侯举行盛大的"钧台之享"，"所以示诸侯礼也，诸侯所由用命也"，在奠定夏朝统治基础的同时，正式确立了王朝世袭制度，彻底宣告了中国原始社会的终结，完成了由"公天下"向"家天下"的彻底转变。

夏后氏部落本是众多炎黄部落中的一支。夏朝建立后，夏也就成了其境内各族的统称；又因夏朝相对于周边地区拥有发达的文化，服饰华彩，而又得名"华"。因此，汉代之前中原各族已经有了"诸华""诸夏"的称谓。"华夏"两字合用最早见于周朝的《尚书·周书·武成》，"华夏蛮貊，罔不率俾"。意思是说"无论中原的华夏族还是偏远的少数民族，没有不顺从（周武王）的"。汉代以后，华夏常代指汉族，后来更进一步成为中国的代称。

当东亚开启"华夏文明"的时候，两河文明、古印度文明和尼罗河文明正从早期的灿烂中衰落。

公元前21世纪前后的南亚，由于迄今没有这一时期的考古发现，人们只能猜想那些古代城市遗址的创造者正在不知何时回归的原始状态中等待雅利安入侵者的到来。

公元前21世纪前后的西亚，两河文明遭到外敌的持续入侵。约

# 华夏的开端与人类大迁徙中的世界

（公元前 21 世纪前后）

**中南美洲古文明**

秘鲁查文文化在此间缓慢独立发展。

**南欧古希腊文明**

约公元前 2000 年，向南迁徙的雅利安族群中的一支来到爱琴海西北岸定居。

约公元前 2000 年，向北迁徙的闪米特族群中的一支在地中海东岸定居。

**北非古埃及文明**

公元前 2200 年后，被称作孟斐斯帝国的统一古埃及早期王朝名实俱亡。

公元前 2040 年，尼罗河中游的底比斯帝国王重新统一埃及，建立第 11 王朝。

**西亚两河文明**

公元前 2113 年，阿卡德王国的霸主地位被苏美尔人乌尔第三王朝取代。

公元前 2006 年，两河文明在苏美尔人唯一的王朝乌尔第三王朝灭亡后分裂割据。

约公元前 2000 年，向南迁徙的雅利安族群的一支在两河流域北部定居，后建立赫梯帝国。

约公元前 2000 年，向北迁徙的闪米特族群的一支在两河流域南部定居，后建立古巴比伦王国。

**南亚古印度文明**

传说：

没有记载。

推测：

约公元前 2000 年，向南迁徙的雅利安族群一支进入印度半岛北部。

哈拉巴文明此后不久消失得没有任何痕迹。

**东亚中华文明**

传说：

大禹接替父亲鲧治理黄河水患，三过家门而不入。

受让天下后，划分天下为九州，铸九鼎；召开涂山大会，杀迟到防风氏以立威。

史实：

公元前 2070 年，禹建立奴隶制夏王朝。

其子夏启在禹死后夺位，定世袭制，开启中华文明家天下时代。

公元前2191年，来自伊朗高原的库提人摧毁了闪米特人的阿卡德王国。约公元前2113年，乌尔城邦统一两河流域南部，建立"乌尔第三王朝"。现代西方学者将几个古巴比伦时期（300年后）的抄本残片称作《乌尔纳姆法典》，并认为它是世界上现存已知的最早法典。残片中"神明在众人中选择了他（乌尔纳姆）"一语成为两河流域的君权神化的开端。乌尔第三王朝是一个制度较完善的奴隶制国家。奴隶数量高峰时达到全国人口的1/3，另外还有大量破产的自由民。而王室占有了全国约60%的土地，神庙已经也成为王室的私有财产。这一畸形的社会结构最终导致阶级和社会矛盾的激化。公元前2006年，乌尔第三王朝在埃兰人（东部伊朗一带）和阿摩利人（从阿拉伯半岛迁徙来的闪米特人）的东西夹击下灭亡了。乌尔第三王朝是苏美尔人在持续分裂和屡遭外侵后仅有的一次真正统一，也是苏美尔文明的最后荣光。随着它的灭亡，两河文明再次陷入割据和战乱。

公元前21世纪前后的北非，尼罗河文明因建造大金字塔而陷入分裂割据的状态，地方官纷纷称王，以至于在曼涅托的《埃及史》中同时存在过8、9、10三个由不同部落分别建立的王朝。此时，所有王朝的统治者还没被称作法老。公元前2040年，尼罗河中游的底比斯国王重新统一整个埃及，建立第11王朝，但底比斯城仍然不足以取代孟斐斯地位。

与两河文明、古印度文明和尼罗河文明衰落相伴而行的是公元前21世纪前后的人类世界性大迁徙。这次世界性大迁徙主要由两大族群发起，一支是来自欧亚大陆中部草原的雅利安人，一支是来自阿拉伯半岛沙漠的闪米特人。两者通常被认为是游牧民族，人们对于他们的起源几乎一无所知，甚至在他们的出发之地也没有发现多少文明的痕迹，而且这种以部落为单位的迁徙没有任何既定的目标。事实上，早在公元前3000年，这种迁徙在两河流域已经小规模地悄然开始了，建立阿卡德王国的就是闪米特人中的一支，只不过这种迁徙在公元前2000年前后规模变得非常庞大。人们现在只能从他们几个代表性分支的迁徙时间、方向和影响，来大体了解这次世界性迁徙的概貌。

源自阿拉伯半岛的闪米特人由于地理位置最初都只能向北迁徙，只是在到达了两河流域上游后才有了东西方向的选择；其中又以东支的"阿摩利人"和西支的"犹太人""喜克索斯人"最为著名。东支的阿摩利人到达两河流域中游的时候，苏美尔人的"乌尔第三王朝"正在衰落。阿摩利人和东部伊朗高原的埃兰人一道将"乌尔第三王朝"灭亡，彻底终结了两河文明的苏美尔人时代。阿摩利人则在百多年后建立了闻名世界的古巴比伦王国。西支的犹太人和喜克索斯人在约公元前2000年前后，从两河流域向西迁徙到迦南（今巴勒斯坦地区）。其后，喜克索斯人于公元前1674年侵入埃及北部，在肢解了底比斯王朝后，建立了喜克索斯人的古埃及王朝。公元前1650年，部分犹太人也因饥荒在亚伯拉罕的带领下逃往埃及，一度在同族庇护下生活，但在同族被驱逐后被迫出逃埃及。

源自欧亚大陆中部大草原的雅利安人迁徙略晚于闪米特人，最初也都是向南，后也形成了向西、向南和向东的三大分支。向西的雅利安人大约在公元前2000年来到了爱琴海岸边。数百年后，在两河文明和尼罗河文明的共同影响下，在爱琴海西边的希腊半岛和众多岛屿上发展出爱琴文明也被称古希腊早期文明。向南的雅利安人后在爱琴海东边的土耳其半岛上建立了著名的赫梯帝国。向东的雅利安人大约在公元前2000年开始进入印度河流域。此时的古印度文明已经消失了。赶着牛群的雅利安人在印度北部定居下来，并最终创造了新的古印度文明，当然也包括臭名昭著的种姓制度。

值得一提的是亚述人以及他们所建立的亚述帝国。亚述人几乎是一夜间出现在两河流域北方的。有人认为，亚述人是雅利安人、闪米特人和苏美尔人混合而成的。亚述人在赫梯帝国建立不久也在其东方建立了自己的帝国，后在赫梯帝国衰落后称霸两河流域。

纵观公元前21世纪前后的世界，人类文明发展的历程由于这次世界性迁徙而发生了重大变化。古印度文明、两河文明和尼罗河文明第一次被紧密地联系在一起，或被中断或成为一种全新的文明。因之产生的古希腊早期文明虽然昙花一现，却成为古希腊后期城邦文明的先祖，其影响一直持续了4000余年。而中华文明则由于地理位置的因素，加上青藏高原和帕米尔高原的阻隔，长期游离于世界文明中心之外，并因此发展出独有的灿烂文化。

# 少康中兴与古巴比伦王朝称雄两河

公元前 19 世纪前后的世界，东亚的中华文明在"嫦娥奔月"和"少康中兴"的传说中开始绽放青铜器的光芒，南亚的古印度文明依稀可闻的只有雅利安人牧歌的嘹亮，西亚的古巴比伦王国在辉煌中成为两河文明的代称，北非的尼罗河文明在喜克索斯人的入侵中充满了被分裂和奴役的悲伤；而在美丽的爱琴海边，全新的古希腊文明正在积蓄神奇的力量。

公元前 19 世纪前后的东亚，夏朝很早便失去了禹"三过家门而不入"的实干精神。曾经充满激情的启，也在武力夺取王位后沉溺于享乐，甚至作乐舞《九韶》以自娱。启的儿子太康更是荒唐，居然数月打猎不归，以至于被有穷部落的首领后羿所驱逐。后羿先是立太康之弟仲康为天子，自己幕后掌权，又在仲康死后赶跑仲康之子相，自己当了天子，并因此有了"太康失国""后羿代夏"等典故。传说中能够射落九个太阳的后羿虽然箭术精绝，但在齐家和治国上都了无是处：先是传说被老婆偷了西王母给的长生不老丹药，后被部将寒浞夺了天下。而寒浞则被曾逃亡的相的儿子少康击败，夏朝也得以重新延续。少时颠沛流离的少康关心生产、治理水患，使社会生产得到较快发展，史称"少康中兴"。

按照夏朝前几任天子的关系推算，"少康中兴"的时间大约在公元前 1900 年。少康死后，其子杼在诸侯的支持下成功击败东夷部族，领导夏朝进入了一段平稳发展时期。现在的河南偃师"二里头遗址"是少康中兴之后夏朝的都城。遗址中不但有中国最早的宫殿建筑群，而且有大量手工作坊，且出土大量青铜、玉器、骨器和陶器制品，表明中华文明在夏朝时期农业和手工业等已经相当发达。

公元前 19 世纪前后的南亚，古印度早期文明已经彻底地消失了，不再存在任何文明的遗迹。只有似乎完全回归到了原始状态的古印度人，好奇地观望赶着牛群、唱着歌从中亚草原迁徙而来的雅利安人，并等待被统治的命运。

公元前 19 世纪前后的西亚，两河文明因古巴比伦王国的出现而光辉灿烂。来自阿拉伯半岛的阿摩利人于公元前 2006 年参与摧毁"乌尔第三王朝"之后，约在公元前 1894 年乘苏美尔人混乱之机，在两河流域中游建立了古巴比伦王国。但在最初的百余年里，古巴比伦只是一个默默无闻的弱小城邦，甚至经常屈人之下，直到出现了一位伟大的国王——汉谟拉比（公元前 1792 年至前 1750 年）。汉谟拉比登上王位后采取远交近攻、各个击破的策略，逐一征服了两河中游的城邦，最后又灭掉了曾经的最强大的盟友——马里王国，基本统一了除北部亚述人外的两河流域。大权独揽的汉谟拉比自称天神的后代，建立了强大的中央政权和常备军，委派地方官吏，开凿运河、发展农业，使古巴比伦王国得以被梁启超列为"四大文明古国"之一。由于此时两河文明的楔形文字已经相当成熟，所以后人得以欣赏汉谟拉比最伟大的成就——《汉谟拉比法典》。目前，刻有这部法典的两米高黑色玄武岩巨石仍在卢浮宫内展出。《汉谟拉比法典》曾被后来崛起的赫梯、亚述、新巴比伦等国沿用，并对西方法律文化有着极大的影响。古巴比伦王国时代的大量的史诗、神话等同样被也称作西方文明的摇篮。"诺亚方舟"等故事就有着古巴比伦神话的身影。但文明十字路口的特殊地理位置也注定了两河文明中从未停止过战火。伟大的立法者汉谟拉比死后，古巴比伦王国的继任者们无力保全王国的荣光。公元前 1595 年，古巴比伦王国一度被赫梯人灭亡。其后虽经本族和外族重建过两次，但古巴比伦王国最终在公元前 729 年前后彻底消失了。

# 少康中兴与古巴比伦王朝称雄两河

（公元前19世纪前后）

**中南美洲古文明**

秘鲁查文文化在此期间缓慢独立发展。

**南欧古希腊文明**

公元前19世纪前后，雅利安后裔在爱琴海克里特岛发展出米诺斯文明。

**北非古埃及文明**

前1800年前后，埃及陷入混乱，底比斯国王偏居南部，为外敌入侵提供契机；前1786年，闪米特人的一支喜克索斯人侵入埃及北部，建立第15、16王朝。

考古：

《伊普味陈辞》残片记载了暴乱发生时的情形。

**西亚两河文明**

传说：

开始诺亚方舟神话。

史实：

前1894年，被称作阿摩利人的一支闪米特人在两河流域中游建立巴比伦王国；

前1792年，汉谟拉比继承王位，其颁布《汉谟拉比法典》。目前，刻有法典全文的黑色玄武岩巨石收藏在法国卢浮宫。

约公元前19世纪前后雅利安后裔在土耳其半岛西端组成部落联盟后发展成为赫梯帝国。

**南亚古印度文明**

传说：

没有记载。

史实：

模糊不清。

**东亚中华文明**

传说：

因后羿篡夏而有"后羿射日"和"嫦娥奔月"的美丽传说。

史实：

前1900年后，夏朝光后经历太康失国，后羿代夏，直至少康中兴，约前1750年，夏朝在河南偃师建造都城，今人称之为"二里头遗址"。

公元前 19 世纪前后的北非，尼罗河文明遭受了内外双重打击。内部奴隶、贫民和手工业者起义不断。在残存的古埃及诗歌《伊普味陈辞》中，起义者占领首都，逮捕国王，杀死官吏，还把以前被国王、贵族和富人所霸占的土地和牲畜还给穷人，中央政权瘫痪，国家陷入分裂。在短短 150 多年里先后出现过 60 多个国王的第 13 王朝（公元前 1786 年至前 1633 年）实际上已经不能再称之为王朝了，只能算是一个混乱的历史阶段，内部的混乱为外敌的入侵提供了机会。公元前 1786 年，喜克索斯人从巴勒斯坦地区侵入埃及，"烧毁城市、毁灭神庙，用残酷的手段对待所有本地人，杀死一些人并将他们的妻子和孩子变成奴隶"（曼涅托的《埃及史》）。喜克索斯人甚至在埃及北部建立了自己的第 15、16 王朝，并迫使同时残存在南部的埃及底比斯第 13、14 王朝纳贡。有文献记载，喜克索斯人曾派人去南部的底比斯要求埃及人改变对阿蒙神的信仰，甚至要求制止底比斯荷塘里河马的鸣叫，因为那些叫声在 700 里外的喜克索斯人王宫都能听到。喜克索斯人的王朝在鼎盛时期地域大致包含大半个埃及及叙利亚和巴勒斯坦等地。但勇武强悍的喜克索斯人似乎与后羿相似，在管理国家方面毫无建树。他们在埃及的短暂统治只是在促进文明交流和传播方面发挥了一定作用；将两河文明的马匹、战车及其他战争手段带入埃及，为后来底比斯帝国的最终崛起提供了技术支持，促使分裂和积弱的埃及在反抗侵略上达成共识并再次走向统一。而喜克索斯人在逃离埃及时也将尼罗河文明的成果传到地中海沿岸，对包括古希腊文明在内的诸多文明形成产生了巨大的影响。

如果从更宏观的角度看，尼罗河文明所发生的一切只是开始于公元前 21 世纪前后的人类大迁徙的影响之一。虽然没有像闪米特人那样早早地就对古老文明造成了巨大冲击，但雅利安人正在创造一种新的文明，并在数百年后带来更大、更深远影响。

公元前 19 世纪前后的爱琴海东岸，雅利安人已经建立了以哈图什为中心的小国，并逐渐形成统一的联盟，直至成为后来称霸两河流域的赫梯帝国。而在此之前他们甚至劫掠了辉煌一时的古巴比伦王国。

公元前19世纪前后的南欧，迁徙到爱琴海克里特岛上的雅利安人正在通过海上贸易吸收两河和尼罗河文明精华，开始孕育一种充满商业和艺术气息的全新文明——米诺斯文明。

纵观公元前19世纪前后的世界，当中华文明在"少康中兴"中期待"殷商青铜文明"辉煌的时候，当古印度早期文明在原始状态下期待浴火重生的时候，当两河文明的古巴比伦王国光照世界的时候，当尼罗河文明在分裂的屈辱中期待底比斯帝国的时候，雅利安人和闪米特人的崛起，无疑为人类古代文明增添了新的血液，使人类文明的历史长河更加波澜壮阔，人类文明的巨变也将在200年后开始。

# 商汤灭夏与希腊米诺斯文明的神秘

公元前17世纪前后的世界，东亚的中华文明在"商汤灭夏"中拉开了全新的历史画卷，来到印度河畔不久的雅利安人开始为古印度文明的再生默默地耕耘，西亚的两河文明由于古巴比伦王国被赫梯人灭亡而陷入沉寂，北非的尼罗河文明在成功驱逐喜克索斯人后迎来了底比斯帝国的崛起，雅利安人则在爱琴海中创造着米诺斯文明的神秘。

公元前17世纪前后的东亚，"中兴"一词虽然是"褒义"，却意味着其前后的衰败以及对王朝某些阶段的否定。"少康中兴"后的夏朝虽然有过一个平稳发展时期，但继任者们无疑再次忘却了"太康失国"之痛。据说禹在世的时候曾命人发明了一种神奇的饮品——酒。在品尝过酒的甘美之后，禹曾留下了这样的警言："酒太好了。正因为如此，后世一定有人为了它家破人亡。"并下令禁酒。但他的后代们显然忘记了他的警告，国家则在天子们的享乐中逐渐走向衰亡。据说，夏朝最后一位天子桀贪杯好色、暴虐无道、宠信奸佞。于是，无辜的"妹喜"和酒分别成了亡国的红颜和祸水。面对忠臣的劝告，夏桀曾狂言："太阳灭亡，我才会灭亡。"后羿唯一留下的那个太阳自然是不会灭亡的，立国400多年的夏王朝却真的在公元前1600年灭亡了。

"商"原为夏朝的诸侯。桀在位之时，夏朝国势渐衰、社会矛盾尖锐。商部落首领汤趁机任用贤臣伊尹和仲虺为左右相，积极治国。从《诗·商颂·长发》中的："相土烈烈，海外有截"一句可知，当时商的势力范围或已经扩张到辽东半岛。此后，商部族以亳（今河南商丘）为根据地，逐渐兼并周边小国和部落，削弱了夏天子的势力；最后联合其他诸侯国，共同举兵讨伐夏桀。在著名的《汤誓》中，商汤怒斥"夏氏有罪，予畏上帝，不敢不正"，成为中国最早讨伐君主的檄文，并在"鸣条山战役"中取得灭夏的决定性胜利。传说，在庆功大会上，三千诸侯共同推选商汤为天子，商汤推辞三次后才正式登基。而当时流传的一句"天命玄鸟，降而生商"使诸侯诛杀天子的商代夏成了天意。传说夏朝灭亡后，部分逃亡的夏人渡海到达美洲，开创了中南美洲文明，而证据是当地人与华人相似的面貌和对玉的同样崇拜。

　　商朝在国家管理体制上较夏朝更加完善，不但有"内服"和"外服"的管理体制之分，而且"内服"的官员通常叫尹，辅佐商王处理国家大事，如成汤时的伊尹、仲虺，武丁时的师班、傅说等；尹以下设有管理各种具体事务的专职官员；"外服"的诸侯称侯伯，负有防、进贡、纳税和征伐的义务。也有商王派驻地方的督官，如管理农田种植的叫"甸"，管理畜牧的叫"牧"。商王朝在军事方面建有常备军，在法律方面制定了"五刑"。数量众多的奴隶是商朝"奴隶社会"的典型特征，并有"众""工""刍""妾""奚""仆"等具体职责划分。人祭也是商代的一大特征且数量很大，侯家庄殷墟大墓中殉葬者就约400人。总体而言，商王朝已经进入发达的奴隶社会。

　　尽管如此，商王朝的前期统治却是相当脆弱。包括"盘庚迁殷"在内的六迁都城和前期诸王埋葬地点的至今不详便是最大的证明。其中第一种可能就是王权交替的混乱。商王朝虽然也是一家之天下，但一家之内谁该为王并没有明确的说法，传弟、传子的情况交替发生。商朝王族支系茂盛，于是便常因争夺王位而引发内乱。据称，从第11位国王（仲丁）到第19位国王（阳甲），前后五代人共出了9位国王；多次发生"弟子或争相代立"的情况，史称"九世之乱"。在这种情况下，迁都可能是新国王希望得到全新开始的无奈选择。也正是汲取了这一教训，后取代商王朝的周王朝创造了以嫡长子继承制为核心的封建宗法制度。第二种可能是外部侵扰。夏朝灭亡后，大量夏人或北逃，或南避，并没有完全纳入商朝的管理之下。据史书记载，一部分夏人在灭国后向北方迁移，成为匈奴人的祖先，当时被称作"鬼方"。另外，在商的西部还存在很多其他的游牧部族。这些部族都持续不断地对商王朝进行袭扰，也可能是商人频繁迁都的一个原因。第三种可能是人们常说的洪水泛滥。毕竟在商人建立王朝以前，他们的先祖们为逃避黄河水患，就曾八迁"王"城。第四种可能是土地不能负担急剧增长的人口所致，这种说法常见于正史。

公元前1600年上演的"商汤灭夏"本质上还只是中华文明的内部更迭，其他三大文明则由昔日迁徙的民族——闪米特人和雅利安人的各个分支轮流扮演着主角。只不过在此期间的闪米特人已经没有了汉谟拉比时代的骄傲，雅利安人的影响则迅速扩大。东支的雅利安人在南亚荒芜的土地上开始创造全新的古印度文明，南支的雅利安人开始在两河流域建立赫梯帝国，西支的赫梯人在爱琴海上创造出米诺斯文明。与之相反，东支闪米特人的古巴比伦王国一度被赫梯人灭亡，西支闪米特人中的喜克索斯人被逐出埃及，只留下犹太人陷入无边的苦难。

公元前17世纪前后的南亚，古印度文明在消失数百年后获得了再生，只不过这次的再生是由迁徙而来的东支雅利安人在歌声中完成的。公元前1500年前后，赶着牛群来到南亚的东支雅利安人征服了那里的原始土著部落，引领古印度文明进入"早期吠陀时代"。

东支的雅利安人来到南亚次大陆后以农牧业为主，是个热爱歌唱的部族；在他们的歌声中充满了对阳光、雨水、夜神、朝霞等大自然的赞美，以及对酒神、战神等各种神灵的崇拜。公元前1200年之后编纂的《梨俱吠陀》是一部雅利安人来到南亚次大陆后的诗歌总

# 商汤灭夏与希腊米诺斯文明的神秘
（公元前17世纪前后）

## 中南美洲古文明

秘鲁查文文化在此期间缓慢独立发展。

约公元前16世纪，墨西哥尤卡坦半岛一带出现以巨石头像闻名的奥尔梅克文化。在其东南，玛雅文明也开始形成。

## 南欧古希腊文明

传说：

克诺索斯迷宫、牛头怪兽

史实：

公元前16世纪，迈锡尼文明在希腊半岛南端逐渐形成；

约前1450年迈锡尼文明取代米诺斯文明。

## 北非古埃及文明

前1650年，犹太人随克索斯人来到埃及；

前1570年底比斯王国驱逐喜克索斯人重新统一且强盛500余年。

## 西亚两河文明

考古：

赫梯人最早学会铸造和大规模使用铁质兵器。

史实：

约公元前17世纪，赫梯人组成城邦联盟，在公元前16世纪"铁利乎改革"后称雄西亚。

前1550年，古巴比伦王国在都城被赫梯人劫掠后衰落，只能偏居两河南部，米坦尼王国乘机称雄两河北部；约前1400年被赫梯人灭亡，中亚述王述王国趁机崛起。

## 南亚古印度文明

约公元前16世纪，印度半岛进入因史诗诗而得名的前吠陀时代，历史模糊不清。

## 东亚中华文明

传说：

夏桀王文武双全，但荒淫无度，暴虐无道。王后妹喜因之成为"红颜祸水""倾国倾城"第一例证。

"天命玄鸟，降而生商"使商代夏成为天命。

史实：

前1600年，商汤在"鸣条山之战"中灭夏，商朝初期王权更替无序，无固定都城。

集。人们因此将其中描绘的历史称作"吠陀时代",并分"前吠陀时代"(公元前1500年至前900年)和"后吠陀时代"(公元前900年至前600年)两个阶段。"早期吠陀时代"的古印度文明以部族之间的征战为主要内容。氏族部落开始贫富分化,出现了祭祀集团和武士集团。"吠陀时代"之后,雅利安人才正式在南亚次大陆创造出具有国家形态的古印度文明。在向阶级社会过渡的过程中,雅利安人创造了著名的"种姓制度",作为区分与非雅利安人的界限,并以此为基础衍生了婆罗门、刹帝利、吠舍和首陀罗(被征服者)四大种姓阶层,后又经历错综复杂的演变,发展成为近代的印度种姓制度。

公元前17世纪前后的西亚,两河地区主要存在四股势力,东部伊朗的胡里特人、南部的巴比伦王国、西北土耳其高原的赫梯人和北部的亚述人。

古巴比伦王国一度是唯一霸主,但巴比伦城在公元前1595年前后被赫梯人劫掠,王国因之走向衰落。东部的胡里特人乘机控制了北部的亚述人,在两河流域北部建立起"米坦尼王国",与南部的巴比伦王国共存。赫梯人在劫掠巴比伦城之后,国王铁列平进行了有名的"铁列平改革",其中最重要的一条为避免王权交替可能带来的混乱,确立了长子优先,无长子归次子,无子归女婿的王位继承顺序;其次是将土地分为"国王土地"和"公共土地",并给官员、将军、工匠等发放报酬。在此基础上,铁列平建立了一支与商王朝一样数量庞大的军队,并依靠最先发明和使用铁器的优势,开始在两河流域建立显赫一时的赫梯帝国,但一度败于北非的底比斯帝国并臣服于该帝国。公元前1400年,赫梯帝国击败米坦尼王国,夺取了底比斯帝国在西亚的部分领地,与之争夺地中海东岸的霸权;鼎盛时期几乎占据了连接欧亚大陆的整个土耳其高原,而且居高而下称霸两河流域。后来,亚述人乘机灭掉了衰落中的米坦尼王国,并开始崛起,后又逐步形成与赫梯人东西对峙的局面。而古巴比伦王国则在两河南部残存。

公元前17世纪前后的北非，尼罗河文明进入包含18、19和20三个王朝的新王国时期（公元前1570年至前1086年），并在军事、政治、经济和文化等方面达到鼎盛，史称"埃及帝国"或"底比斯帝国"。

底比斯帝国的崛起始于对喜克索斯人的驱逐。南部底比斯的第17王朝在公元前1570年前后，经过一系列战争成功地驱逐了喜克索斯人，并在第18王朝时期进行了迅速的扩张。其中，著名的图特摩斯三世（公元前1504年至前1450年在位）在经过了30多年的等待之后，从古埃及第一位卓有成就的女法老手中继承王位，后通过数百场战争创造了底比斯帝国的辉煌。在向北的扩张过程中，他击溃了以卡叠什为首的地中海东岸各城邦联军，迫使米坦尼王国臣服，令亚述和巴比伦王国与其交好。在帝国的南方，他将埃及边境推进到了尼罗河第四瀑布以外。但随着帝国一起扩张的是祭司们的权力，他们和传统贵族联合起来对抗法老。在这种情况下，法老阿蒙霍特普四世在新兴军事贵族的支持下，大胆地进行了宗教改革，试图通过将埃及的主神由"阿蒙神"改为"阿吞神"来削弱祭祀和寺庙的权力，为此甚至将自己的名字也改为"埃赫那吞"。但其死后，其子图坦卡蒙立即与传统宗教势力达成妥协，恢复了阿蒙神在埃及的地位。图坦卡蒙猝死后，法老的地位被军队首领篡夺，埃及宗教改革彻底失败，由之带来的混乱使底比斯帝国在地中海东岸的大量领地被新兴的赫梯帝国攫取。两者之间的战争最终将两大文明带入了下一个千年。

战争掠夺给底比斯帝国带来了惊人的财富。法老们开始迷恋在峭壁上开挖墓穴，这也成为底比斯帝国与孟斐斯帝国的最大区别。在举世闻名的国王山谷中，曾先后埋葬过40多位国王，其中就包括著名的法老图坦卡蒙（公元前1334年至前1323年在位）。从这位毫无建树但死后被戴上黄金面具的法老陵墓中，人们挖掘出数量惊人的奇珍异宝，不由不使人们对底比斯帝国的富有充满了想象。

伴随着两河文明和尼罗河文明的巨变，夹在两者之间的一块弹丸之地，在此后3000多年里集中了世界上最密集的战火，这就是地中海东岸的巴勒斯坦及周边地区，一首延续3000多年的悲歌也从那时唱起。公元前2000年后，从两河流域向地中海东岸迁徙的西支闪米特人中包括了喜克索斯人和犹太人两大族群。喜克索斯人存在的时间虽然短暂，但毕竟曾经建立过自己的王朝。与之相比，犹太人的命运则极其坎坷。虽然圣经旧约中声称"流淌着奶和蜜"的迦南（今巴勒斯坦地区）是上天赐予犹太人的，但在犹太人到达之前就已经有土著迦南人在那里生活了。迁徙而来的犹太人在与迦南人争夺生存空间的战争中并没有取得优势，双方一直处于敌对状态。公元前1650年前后，一部分犹太人因饥荒从巴勒斯坦地区逃到了埃及北部，那里正处于与其同根的喜克索斯人统治之下，犹太人因此得以在后者的庇护下度过了一段短暂而快乐的时光，人口迅速增长。但当喜克索斯人在公元前1570年左右被底比斯帝国驱逐后，犹太人也开始遭到埃及人的无情迫害，直至公元前1280年在摩西带领下出逃埃及，重新回到巴勒斯坦地区。

当犹太人在新生的尼罗河文明中遭受苦难的时候，一个全新的文明——米诺斯文明（古希腊早期文明之一）在爱琴海克里特岛上开始形成。

公元前17世纪前后的爱琴海，迁徙到克里特岛上的西支雅利安人，在融合了闪米特人和西亚土著人的血统和文化后，已经能够熟练地冶炼金属、建造城市，与其他文明地区之间的贸易是他们生存的主要手段。这首先应当归功于他们在两河文明和尼罗河文明的迁徙经历。通过贸易，米诺斯文明积累了大量的财富，并以精美的王宫建筑、壁画及陶器、工艺品等闻名世界。

关于米诺斯文明曾有这样一个传说。国王的妻子因与公牛私通生下一个牛头怪物。国王在无奈之下命工匠造一个迷宫——克诺索斯迷宫来囚禁这个怪物，并要求当时臣服于米诺斯的雅典城邦（迈锡尼文明时期）定期进贡童男童女供怪物享用。后来，雅典王子提修斯决心独闯迷宫、为民除害。因为爱上了提修斯，米诺斯国王的女儿送给他一团线球和一柄魔剑，帮助他成功斩杀怪物。提修斯后来同公主结为夫妻并成为新的国王。1900年，人们在克里特岛挖掘出包括传说中的"克诺索斯迷宫"等众多遗址。

米诺斯文明因移民而产生、因贸易而繁荣、因战争而灭亡。该文明的继任者是迈锡尼文明。事实上，米诺斯文明只是古希腊早期文明的组成部分之一，另一部分则是稍晚发端于希腊半岛南部伯罗奔尼撒半岛的迈锡尼文明。公元前16世纪上半叶，迈锡尼文明在爱琴海西岸形成，著名的"狮子门"遗迹和"黄金面具"是其代表。该文明的创造者是另一支从陆地上迁徙到这里的雅利安人。当然，这个族群在持续数百年的迁徙过程中也进行了复杂的民族融合。因此，无论是米诺斯文明还是迈锡尼文明都是移民产生的文明。

迈锡尼文明在成长的过程中从米诺斯文明那里学到了很多东西，包括金属制造技术、航海技术等。在发展种植业的同时，海上贸易同样是迈锡尼文明财富积累的主要途径，但有时难以将他们与海盗区别开来。迈锡尼人在希腊半岛南部建立了包括雅典在内的很多城市。在此期间，不排除迈锡尼文明曾经臣服于比之更早的米诺斯文明的可能。但最终就像传说中雅典王子成为新的国王一样，迈锡尼文明大约在公元前1450年彻底毁灭了米诺斯文明，甚至在极长的历史时期内，使之只成为一个传说。现在，考古学家们认为极有可能是一场突发的地震使米诺斯文明衰落了，为迈锡尼人提供了机会。不管真实的情况如何，迈锡尼文明自那时起开始成为爱琴海周边地区的领导者。但关于古希腊早期文明依然存在众多的谜团，只有关于该文明的神话故事流传至今。虽然古希腊早期文明的光亮还不足以照亮欧洲，但注定将成为欧洲告别洪荒的开始。

纵观公元前17世纪前后的世界，昔日迁徙部族的定居和扩张给古老文明带来了巨大的冲击，并因此成为人类文明发展的重要节点之一。全新文明的产生注定将在下一个千年改变世界的格局。在一个个王朝此起彼伏、潮起潮落的冲突和巨变中，文明的积累也注定将使人类在下一个千年创造更伟大的辉煌。

# 千年纵横之那些消失了的古老文明

"噫吁嚱！危乎高哉！蜀道之难，难于上青天。蚕丛及鱼凫，开国何茫然！尔来四万八千岁，不与秦塞通人烟……"当人们吟诵李白这首《蜀道难》的时候，一幅关于古蜀国的巍峨画卷也徐徐展开：比上天还难的鸟道，杜鹃哀啼的月夜，劈山开路的壮士，两位远古的人王。但今天，除了依旧艰难的蜀道，人们只能根据蚕丛"教民养蚕"，鱼凫"教民捕鱼"，杜宇"教民务农"，开明"教人治水"等传说中来想象古蜀国的模样了。

事实上在人类历史长河的源头，曾经存在过无数细小的文明支流。只不过由于种种因素其中有很多都没有能够延续下来。如若不是偶然的发现，人们甚至不知道他们的存在。如果说人类古代四大文明照亮了人类历史的灿烂星空，古希腊文明后来居上光彩夺目，那么，那些曾经辉煌却过早消失的文明，则如一颗颗美丽的流星，虽然短暂但亦璀璨明亮。

1929年，四川广汉三星堆的一位农民，在干农活时偶然挖出了大量的玉琮和玉璧。最初，这一发现并没有受到应有的重视，直到大量与中原文化迥异的青铜器和金器在1986年出土才使三星堆遗址上升到了"三星堆文明"的高度。人们开始相信，像黄帝和炎帝一样，传说中的蚕丛和鱼凫作为古蜀国王确有其人。

1839年，美国人约翰·斯蒂芬斯根据前人游记在中南美洲的热带丛林找到了一座巨大的石砌金字塔，并在1841年出版了《中美洲、恰帕斯和尤卡坦纪闻》一书。玛雅文化由此进入人们的视野。随着170多处古代城市遗迹陆续被发现，人们才逐渐意识到中南美洲曾经存在过一个独立发展的全新文明，并将其命名为玛雅文明。

从宏观的角度看，三星堆文明和玛雅文明分别是古蜀文明和中南美洲人类古代文明的组成部分，但两者在其中扮演的角色不同。三星堆文明是古蜀文明的一个发展阶段。而玛雅文明则与其他中南美洲古代文明保持了极大的独立性。

古蜀文明通常认为约开始于公元前2500年、兴盛于公元前2000年，衰落于公元前700年，由成都平原上的宝墩、三星堆和金沙三处文化遗址共同构成。这三处文化遗址不但在时间上相互衔接，而且出土文物也存在传承关系。

大约开始于公元前2500年的宝墩文化是古蜀文明的开始阶段，已经出现了由城墙保护的城市，陶器制造也相当发达。而这一时期，中原地区的"逐鹿之战"刚结束不久，两河文明还没有完成第一次统一，尼罗河文明正在建造闻名后世的大金字塔。

大约出现在公元前2000年的三星堆文化是古蜀文明的兴盛阶段。虽然还没有发现其夏朝时期的文物，但商朝殷墟和周朝周原卜辞中曾有"蜀受年""征蜀""至蜀有事"等记载；不仅为古蜀文明的存在时间提供了直接证据，而且说明其曾长期与中原地区有着密切的联系，包括战争。据称"武王伐纣"曾得蜀人相助。考古挖掘出的大量精美青铜器和金器则说明古蜀文明在此间已经达到了极高的高度。其存在的时间与古希腊早期文明基本一致，消失的命运也极其相似。

大约开始于公元前1300年的金沙文化属于古蜀文明的后期；出土了大量青铜器、金器和玉器。其中，一个外径12.5厘米、重20克的金箔"太阳鸟"更为古蜀文明增加很多文化的内涵。其金属文明足以与同时代两河文明的亚述帝国比肩。公元前700年后，古蜀文明演化成巴国和蜀国，后相继灭亡于秦。

美洲古代人类文明出现的脚步可能与欧亚非大陆基本一致，只不过证据目前还没有被人们发现。按照地域划分，美洲古代文明分为中美洲南部、中美洲中部和中美洲北部三大部分，且由于存在时间和文化上的差异，他们通常被当作独立的文明看待。

中美洲南部秘鲁地区的"查文文化"出现最早。大约在公元前2400年，那里的人们已经开始修建水道，种植红薯和马铃薯。

中美洲北部的"奥尔梅克文化"出现稍晚。大约公元前1500年，人们开始在墨西哥的尤卡坦半岛上建造城市、金字塔和宫殿，发明和使用象形文字，进行玉器雕琢和种植玉米。其出现的时间恰好在中华文明的夏王朝灭亡之后，于是便有人展开了丰富的联想。

中美洲中部危地马拉等地的"玛雅文明"与"奥尔梅克文化"出现的时间大致相同。但直到公元前400年左右，玛雅人才开始建立早期的奴隶制国家，并于公元3~9世纪进入繁盛期。最晚出现的玛雅文明发展速度之快令人们十分惊讶。现在人们常用玛雅文明泛指整个中南美洲古代文明。

流星一般闪过的三星堆文明和玛雅文明是如何消失的一直是史学界未解之谜。

根据《史记》记载，古蜀国在公元前316年被秦惠文王派大将司马错灭掉了。相传为打通艰险的蜀道，秦惠文王答应送5个美女给蜀王。喜出望外的蜀王派了5个大力士开山辟路，打通蜀道来迎接。在回去的路上，5个壮士看见一条大蛇钻入了石洞，便一起抓住蛇的尾巴用力往外拔，以致山崩地裂，5个大力士和5个美女一起被压在了山下。这便是李白《蜀道难》中"地崩山摧壮士死，然后天梯石栈相钩连"的来历。但这只是古蜀文明整体的结局。由于人们至今还没有发现古蜀文明的文字，因此对于其中期的三星堆文明是何时、因何而结束的并不清楚。由于大量的青铜器及其他物品被发现时集中埋在几个大坑里，且损毁严重，人们推测三星堆文明似乎是因为突发的劫难而消亡的。但对于这个突发的劫难是因内部争斗而发，还是外族入侵所致就无从知晓了。

美洲古代的三大文明似乎都是短命的，而且都原因不明。南部秘鲁的"查文文化"大约于公元前500年就突然终止了。北部的墨西哥"奥尔梅克文化"更是在公元前900年左右便突然消失了，也可能迁徙到了其他地区。中部的玛雅文明是最晚消失的。公元10世纪后，由于我们不知道的因素，玛雅人放弃了他们建造的城市、金塔，任凭茂密的热带雨林将它们淹没。公元14~16世纪，整个中、南美洲迎来了短暂的文明复兴。印加人在南部秘鲁建立了"印加帝国"。阿兹特克人在北部墨西哥建立了"阿兹特克"帝国。只有玛雅人依旧沉浸在文明消失的痛苦之中。但使两个复兴了的帝国闻名世界的原因却是西班牙人的入侵，两个文明也因之灭亡。"印加帝国"被掠夺了大量黄金，阿兹特克人更是遭到了血腥屠杀，早已一无所有的玛雅人则成为西班牙殖民者庄园中的苦力。

现在看来，美洲古代文明的短命极可能与该地区频发的自然灾害有关，毕竟那一地区至今依然地震、火山和海啸频发。因为，只有自然灾害才有如此大的能量让几个文明都在极短的时间内消失。没有金属工具的玛雅人在建造巨大的石头金字塔时，极可能将火山爆发形成的坚硬火山岩作为工具。据传为玛雅人所作的关于"2012年世界毁灭"的预言，极有可能是在对地质灾害的恐惧中产生的。对大自然的畏惧反映到秘鲁"查文文化"上，就是神灵几乎都是怒目而视的恐怖形象。

沧海桑田，虽然三星堆文明和玛雅文明都已经成为历史，并留下了无数的谜团，但他们依然在人类文明历史上书就了自己灿烂的篇章。

三星堆文明以器形高大、造型生动、独具一格的青铜器而闻名，包括上千件人头像、人面像、跪坐人像。其中又以立人像、兽面具和神树最为著名。高2.62米、重180多公斤的立人像，体形硕大、造型夸张让今天的艺术家们也自叹不如。宽138厘米、重80多公斤的大型兽面具，似人非人、似兽非兽、大耳高耸、双目前突，令人们情不自禁地联想到那位远古的神王——蚕丛。高384厘米的青铜神树有九个分枝，上立栖鸟、下垂硕果，一条巨龙援树而下，更是为其平添了几分神秘。必须承认，仅就青铜器方面的成就而言，三星堆文明较同时代被称作青铜王朝的周朝毫不逊色。

玛雅文明最大的成就是遍布雨林的废弃城市和风格独特的建筑。其中，由6座巨大的石灰石金字塔神殿和3000余座辅助建筑共同组成的提卡尔遗址是玛雅文明的中心之一。高大的阶梯状金字塔、庙宇宫殿环绕的广场、宽阔的石阶路都让人惊叹不已。而几乎所有建筑都被石刻所装饰。那些融合了蛇、蝙蝠和美洲虎等各种动物的形象只能用奇绝诡异来形容。玛雅文明的另一成就是集象形、会意和形声于一体的文字。玛雅人用他们记载了大量天文和数学知识，以及众多历史事件，当然也包括他们对世界灭亡的恐怖预言。

三星堆文明和美洲古代文明之间最大的联系可能是关于他们祖先都是"夏"人的提法了。有人说古蜀人的祖先是中国中原"夏"人的一支，因战争向西逃难来到蜀地。也有人认为古蜀人是向东迁徙的古"羌"人后代。至于真正的情况恐怕将是一个永远的谜团了。但黄帝娶擅长养蚕的蜀女"嫘祖"为妻、生子蚕丛的传说则为古蜀人的祖先是"夏"人的说法多少提供了些证据。而这种想象力同样将美洲古代文明与华夏文明联系在了一起。有人断言，商朝灭亡后，一部分"夏"人渡海来到了美洲，成为美洲印第安人的祖先。因此，美洲印第安人才在外貌上与我们极其相似，而且有着相似的玉文化；且美洲古代文明恰好在商王朝灭亡之后出现了。对此，我们只能一笑置之。我们虽没有理由相信，但没有证据，也没有必要否定。

无论如何，三星堆文明和玛雅文明还算是幸运的，毕竟现在的人们已经知道了他们的存在，并能够有幸目睹他们的灿烂。而像亚特兰蒂斯文明一样，其他无数人类古代文明的支流只能存在于人们的传说中了。

世界历史
六千年

SURVEY
THE
WORLD

# 第三个千年
（公元前 1300 年至前 300 年）

# 春秋的烽火

| | |
|---|---:|
| 盘庚迁殷与犹太人出逃埃及的世界 | **067** |
| 西周之武王伐纣与迈锡尼文明消失 | **073** |
| 西周之烽火戏诸侯与亚述帝国扩张 | **081** |
| 东周之春秋五霸与波斯帝国的崛起 | **088** |
| 东周之战国七雄与世界的希腊时代 | **096** |
| 千年纵横之世界奇迹创造时的世界 | **105** |

# 世界历史
# 六千年

SURVEY
THE
WORLD

  伴随着国家的扩张,战争成为这个千年的最大特征。中华文明在经历盘庚迁殷、武王伐纣和西周幽王烽火戏诸侯等剧变后,燃起春秋战国的烽火。印度半岛在这个千年后期终于出现了国家,在混战中诞生的孔雀王朝成为古印度文明的全新起点。两河文明在经历众多族群轮番称霸后虽然终于实现了统一,但波斯帝国竟成为其最后的奇迹。当底比斯帝国在外族的持续入侵中土崩瓦解,尼罗河文明只能任由希腊人的托勒密王朝延续法老的高傲。一度消失的古希腊早期文明以城邦的形式再生,不但开启了欧洲的文明之门,更将西方世界带入短暂但影响深远的希腊化时代。

# 盘庚迁殷与犹太人出逃埃及的世界

公元前13世纪前后的世界，中华文明伴随着"武丁中兴"登上了殷商青铜文明的顶峰，古印度文明在雅利安后裔对神灵的赞美声中延续着"前吠陀时代"，两河文明和尼罗河文明在扩张中进行了一场巅峰对决，爱琴海星罗棋布的城邦则成为古希腊早期文明演绎绝美神话的舞台。

公元前13世纪前后的东亚，第20代商王盘庚在公元前1300年不顾贵族和平民反对迁都至"殷"，并进行了一系列改革，抑制贵族，兴修水利，奖励农耕，使衰落的商王朝重现生机。在此后的273年里，商王朝没有再发生迁都的情况，政治、经济和文化得到较快发展；鼎盛时期东临大海，西括陕西，北抵辽东，南越长江，成为当时世界上面积最大的国家。因而后世才有"殷商"之说。而体形硕大、花纹精美的青铜器和记载了大量历史信息的甲骨文，不但成为中华早期文明的重要标志，更成为商王朝留给中华文明和整个世界的两大骄傲。其中又以"后母戊鼎"和刻有"妇好"的甲骨文最为重要，而两者又都与著名的商王武丁有关。传说武丁（公元前1250年至前1192年）是盘庚兄弟之子，年幼时曾与"小人"一起劳作，因而较了解"稼穑之艰难"。武丁即位后四处派人找寻忠良辅佐，终于得到曾经是囚徒的傅说，令其管理天下。随着国力的日益强盛，商王朝开始不断地对外用兵。根据商甲骨文记载，东方的夷方、龙方，南方的虎方，北方的鬼方，西方的羌人，包括后来取代商王朝的周部落都曾经被武丁征讨过。终使商朝"邦畿千里，维民所止，肇域彼四海"(《诗经·商颂》),开创"武丁盛世"。

武丁在位59年,妻子众多,最著名的一位是"妇好"。大量当代考古发现的甲骨文中都有"妇好"的字样,其中最著名的一段是"贞,登妇好三千,登旅万,乎伐[羌]"。大意是商王武丁征发"妇好"本部3000人及其他士兵1万人去征伐羌人。长期以来,人们一直被这段文字的真实性和"妇好"的身份所困惑。1976年,"妇好"的墓葬在河南安阳被发现,不但确切证明了"妇好"是武丁的妻子,而且为武丁盛世的扩张提供了直接证据,更纠正了一个史学界长期以来的错误。众所周知,体型硕大的"后母戊鼎"不但是殷商青铜文化最杰出的代表,更是中国古代文明最重要的标志之一,但曾长期被称作"司母戊(大方)鼎"。在妇好墓中,人们发现了妇好的儿子"辛"为母亲铸造的刻有"后母辛鼎",由此得知"司母戊鼎"应是武丁另一个儿子为他母亲铸造的陪葬品,被称为"后母戊鼎"更为恰当。

公元前13世纪前后的南亚,迁徙到这里的雅利安人似乎并没有遇到多少抵抗,只是尽情地享受对近乎原始的当地土著的杀戮;在夺取统治地位后,开始了以畜牧为主、农业为副的幸福生活,在对自然界神灵的赞歌声中延续着"前吠陀时代"。除此之外,此时的南亚再无古印度文明的任何信息。

公元前13世纪前后的两河文明和尼罗河文明,为争夺中东地区的米坦尼王国西部地区爆发了古老文明中心之间一场著名的战争。挑起这场战争的是法老拉美西斯二世。尼罗河文明在公元前14世纪末步入第19王朝的拉美西斯家族时代。在前后9位被称作拉美西斯的法老中,拉美西斯二世(公元前1304年至前1237年)以长寿、多子、好战和对犹太人的迫害最为著名。早在公元前15世纪,底比斯帝国已经扩张到了迦南(今巴勒斯坦地区),并进一步向北劫掠叙利亚,向东越过幼发拉底河。这一地区当时名义上还处于米坦尼王国的掌控之下,后被赫梯人乘埃及人因宗教改革而衰弱之机侵占。

## 盘庚迁殷与犹太人出逃埃及的世界
（公元前13世纪前后）

**中南美洲古文明**

秘鲁查文文化、奥尔梅克文化和玛雅文化在此期间发展出独特文明。

**南欧古希腊文明**

考古：
"蛮石墙"和"狮子门"是迈锡尼文明"黄金面具"的代表。

史实：
公元前13世纪，迈锡尼文明对外大举扩张，殖民城市遍及爱琴海沿岸。犹太人逃回巴勒斯坦地区，进入"士师时代"。

**北非古埃及文明**

公元前13世纪末，底比斯帝国在贫民起义中没落，外籍雇佣兵开始控制政权。独立完整的尼罗河文明自此不复存在。

**西亚两河文明**

考古：
首次出现以文字记载的"和平条约"。

史实：
公元前13世纪，中亚述短暂称雄两河北部。古巴比伦王国易主后残存于两河流域南部。
前1284年，赫梯帝国与埃及底比斯帝国争夺地中海东岸爆发了"卡叠什"之战。

**南亚古印度文明**

依旧处于前吠陀时代，历史模糊不清。

**东亚中华文明**

考古：
妇好墓葬的发现证实了甲骨文上"贞，登妇好三千，登旅万，乎伐羌"的真实性。

史实：
前1300年，商王盘庚不顾反对迁都殷；
前1250年，商朝因改革开创"武丁盛世"，商王朝"邦畿千里，维民所止，肇域彼四海"。

拉美西斯二世继位后，决心恢复底比斯帝国在叙利亚一带的霸权，于公元前 1284 年亲率 2 万大军、兵分三路远征，向地处西亚南北交通咽喉的"卡叠什城"发起进攻。赫梯帝国在得到消息后，倾举国之力组织起一支同样规模的大军，并成功伏击了拉美西斯二世率领的先头部队，拉美西斯二世后被陆续赶到的援军救出。此后双方又进行了多次不分胜负的交战。公元前 1283 年，双方以文字的形式约定永不再战。目前，该"和平条约"的一个版本用象形文字刻在埃及卡纳克神庙的墙上，另一个用楔形文字刻在了从赫梯族首都废墟中挖掘出的黏土板上，与之齐名的恐怕只有甲骨文上记载的"妇好伐羌"了。首场以和约形式结束的战争应当是"卡叠什之战"，对人类文明的发展意义巨大。

卡叠什之战对于西亚政治格局的最大影响是米坦尼王国的衰亡和亚述人的崛起。卡叠什之战前，两河流域存在着四股主要势力。偏居南部的古巴比伦王国在被赫梯人劫掠后虽然再次重建，但已经物是人非且只能自保，无力对该地区的局势产生影响。北部的亚述人虽曾一度建立早期亚述王国，但后来不得不屈服于横贯东西的米坦尼王国。西部的赫梯帝国依靠先进的铁质武器雄霸土耳其高原、鸟瞰地中海东岸的广大地区。至卡叠什之战爆发时，米坦尼王国也已衰落，东部被重新崛起的亚述人占领，西部也沦为赫梯帝国的附庸。亚述人在吞并米坦尼王国东部后进入中亚述王国时期，在有关法律中已经有自由民妇女出门时必须戴面罩的规定。虽然此时的亚述王国还没有掌握铁器，且实力也无法与赫梯帝国比拟，但还是对赫梯人和埃及人构成了一定的威胁，这也成为双方达成和平协议的外部原因。卡叠什之战后，两河流域呈现赫梯帝国、亚述王国、巴比伦王国三强鼎立的格局，其他无数散居的部族夹杂其间。

卡叠什之战对于北非底比斯帝国也产生了极大影响。虽然帝国的宫殿变得富丽堂皇，但社会矛盾由于连年征战而严重激化，奴隶和下层民众武装起义不断。据《哈里斯大草纸》记载，第 19 王朝末期的政权甚至一度被起义推翻，"埃及的国土，以及所有人，又得听天由命了……土地落入大臣和各城市统治者之手。一个杀一个，不论在贵族之间，或在平民之间。一个名叫伊苏尔的叙利亚人成为首长，迫使全埃及人向他纳贡"。在奴隶起义被镇压之后又爆发了大规模的造墓工匠罢工，第20王朝不得不依靠祭祀集团和外族雇佣兵的力量勉强维持统治。但随着两者势力的急剧膨胀，新王国时期的尼罗河文明再次走向瓦解。而这种对雇佣兵过度依赖的恶习从那时起在埃及延续了3000余年，后来甚至出现了完全由雇佣兵控制的马穆鲁克王朝。从这个意义上讲，独立、完整的尼罗河文明在第20王朝之后不复存在了。

在公元前13世纪前后所有的迁徙族群中，恐怕只有犹太人的命运最为悲惨了。在喜克索斯人被驱逐后，曾被保护的犹太人不断遭到迫害，直至沦为埃及人的奴隶。至拉美西斯二世时期，再也无法忍受压迫的犹太人最终在摩西的带领下，克服重重阻挠逃出埃及，重新回到迦南。而尽管此时埃及人的势力已经撤出了迦南，但上帝已经把"应许之地"安排给了另外一个族群——腓力斯丁人，迦南也因此有了现在的名字"巴勒斯坦"（腓力斯丁人的土地）。逃回巴勒斯坦的犹太人最初只能躲在深山里艰难生活，且分裂成南北两大派别，约12个部落。此后的200余年被称作"士师时代"，一个犹太人从原始部族向奴隶制王国过渡的特殊阶段。每个部落都有一个被尊称为"士师"的首领，除管理日常事务外，主要率领部族进行包括与腓力斯丁人争夺生存空间的对外征战。"那时以色列中没有王，各人任意而行"。从神学角度编写的《士师记》用13位士师的传说概略反映了那个时代犹太人的历史，以及他们被耶和华主导的命运。《士师记》也因此成为旧约以及犹太教的重要组成部分。

公元前13世纪前后的希腊半岛，以"狮子门"为代表，约始建于公元前1300年的蛮石墙城堡是迈锡尼文明建筑的主要特征。这种特征说明了当时战争的频繁和残酷。尽管如此，迈锡尼文明还是依靠贸易积累了巨额的财富。在考古发现的竖井墓葬中发现了大量金银饰品。埃及史料中也发现了该地区生产的香料、油远销北非底比斯帝国的证据，大量的殖民城邦也因他们的征伐而开始在爱琴海沿岸出现，尽管在这个过程中他们极可能扮演过雇佣兵的角色。但沉溺于美酒与金碧辉煌中的他们并不知道一场空前的浩劫将在百多年后将他们彻底埋葬，古希腊早期文明也将被彻底终结并回归原始。

纵观公元前 13 世纪前后的世界，中华文明与其他的文明的差异开始初现。如果以铁器使用来衡量，中华文明的生产力发展水平无疑落后于两河文明；"妇好"墓中虽也发现了大量来自南海的贝币，但其商业显然无法与商船穿梭于地中海沿岸的古希腊早期文明相比。尽管如此，中华文明依然依靠农耕文明特有的稳定，用青铜器铸造了庞大的辉煌，并即将开始3000余年领先世界的荣耀。而其他文明，要么在战乱中衰败（两河文明、尼罗河文明和古希腊早期文明），要么还稚嫩弱小（再生的古印度文明），以至于百多年后被一致地回归于原始状态。

战争与杀戮，既是自然界的生存法则，也是人类文明发展的魔障。

# 西周之武王伐纣与迈锡尼文明消失

公元前11世纪前后的世界，当东亚的中华文明在"周代商"的过程中再次实现羽化腾飞，南亚的古印度文明在漫长的再造历程中依旧只有歌声，西亚的两河文明在赫梯帝国突然瓦解后只能任由更野蛮的游牧民族驰骋，北非的尼罗河文明在内乱和雇佣兵的征伐中彻底走向没落，地中海的古希腊早期文明则在美丽神话中成为永久的谜团。其后的数百年被西方学者称为"黑暗时代"，只有第一次建立的以色列与犹太联合王国成为沉寂中唯一的亮点。

公元前11世纪前后的东亚，商王朝"武丁中兴"铸造的青铜光辉此时已锈迹斑斑。灭商而立的周王朝则因"周礼"成为孔子向往和追求的时代。

商朝后期，统治阶级严重奢侈腐化，并尤以末代商王帝辛为最。他大肆修建离宫别馆、重用恶人，作酒池、肉林以淫乐，创炮烙之法等以镇压民众，终至众叛亲离。公元前1046年，陕西渭河流域的周部落在首领武王姬发带领下，趁商军主力外战东夷之机进攻都城"朝歌"。帝辛匆忙间只能武装奴隶与"叛军"在牧野展开决战，结果因奴隶临阵倒戈而大败，最终登鹿台自焚而死。后人因其残暴称其为纣王。后人以武王伐纣为背景创作了著名的神话小说《封神演义》。大概情节是：见多识广、力大无穷的商纣王在朝拜人文始祖女娲时陡起了"取回长乐侍君王"的淫心。女娲盛怒之下作法招来了轩辕坟中的千年狐狸精、九头雉鸡精和玉石琵琶精，对他们说："成汤气运黯然，当失天下；你三妖可隐其妖形，托身宫院，惑乱君心，侯武王伐纣以助成功。"于是，千年狐狸精变成了妖媚无比且擅长靡靡之音和歌舞的妲己被送给了纣王，埋下了600余年商王朝灭国的祸根。纣王在妲己的"蛊惑"下，建瑶池、鹿台淫乐，发明炮烙酷刑残害无辜，最终激起民众的反抗。这场由女娲娘娘发动的倒商战争也将众仙之祖——"鸿元老祖"的三大弟子分成了两派并深深卷入其中。其中，"太上老君"和"元始天尊"支持姜子牙等一干众神协助周武王伐商，"通天教主"的一干弟子则从中阻挠。《封神演义》因将人间纠葛与群仙斗法巧妙地结合在一起而使"武王伐纣"显得亦真亦幻、令人神往。由于有了女娲的诅咒，战争的结局可想而知了。

商亡后，纣王叔叔之一箕子率部分商朝遗民东迁至朝鲜半岛，参照商朝礼仪制度建立"箕子王朝"，成为朝鲜半岛奴隶社会的开端，后在西汉时被燕国灭亡。这一史实记载于公元前3世纪的朝鲜史书。

武王灭商后建周，定都镐京（今陕西西安附近），封帝辛之子武庚于商朝原来的都城，以便管理殷商后裔，同时封弟弟管叔、蔡叔和霍叔为侯对其进行监管；又封周公旦于鲁、姜尚于齐、召公于燕，协管天下。两年后，武王死，周公因成王年幼摄政。对此不满的管叔、蔡叔散布流言，说周公意在谋取王位，后串通武庚并联合东方几个小诸侯发动叛乱。周公旦调大军用三年左右时间平定了"武庚之乱"，杀了武庚和管叔，流放了蔡叔。其后，周公旦开始筹划迁都洛阳，并以武王的十五个兄弟和十六位功臣为主，大规模"封邦建国"，凡71个诸侯国，主要有卫、鲁、齐、宋、晋、燕等，目的是"封建亲戚、以藩屏周"。周天子定期"巡狩"各地。诸侯则承担出兵勤王、戍守和提供劳役等义务。周公旦还统一规划了各封国土地，推行井田制度，极大地巩固和加强了周王朝的经济基础。诸侯的土地还可再分封给卿大夫，称为"采邑"。卿大夫的土地可再分封给士，称为"食地"。周王或诸侯的土地又有国野之分。"国"指天子或诸

# 西周之武王伐纣与迈锡尼文明消失

（公元前11世纪前后）

## 中南美洲古文明

秘鲁查文文化和玛雅文化在此期间发展着各自的独特文明。

奥尔梅克文化在此后消失。

## 南欧古希腊文明

神话：

荷马史诗演绎《伊利亚特》和《奥德赛》的壮美篇章。

史实：

公元前12世纪后，迈锡尼文明在特洛伊之战后突然从历史记载中神秘消失。

## 北非古埃及文明

公元前11世纪，外籍雇佣兵在北部建立新王朝，尼罗河文明陷入混乱与分裂。

## 西亚两河文明

传说：

所罗门王与示巴女王。

史实：

公元前11世纪后，赫梯帝国突然消失。

中亚述王国和古巴比伦王国先后被游牧的阿拉美亚人摧毁。

前1030年，犹太人建立以色列联合王国。

历扫罗王、大卫和所罗门三王；大卫王定都耶路撒冷，修建第一圣殿；前975年，该王国分裂成北部以色列和南部犹太两个王国。

## 南亚古印度文明

依旧处于前吠陀时代，历史模糊不清。

## 东亚中华文明

神话：

武王伐纣成就《封神演义》的美丽，并演绎出一千仙道传奇。

周穆王驾入骏之乘西行，与西王母宴于昆仑之丘的瑶池，作歌相和。

史实：

前1046年，周武王伐纣，牧野之战灭商；

前1039年，周公平定庚之乱后"封邦建国"，制"周礼"。

商人后裔迁至朝鲜半岛建箕子王朝。

侯居住的城市及"四郊",居住其中的人称为"国人",包括贵族和平民。"野"指"四郊"之外的境地,那里的人也因此称为"野人",多为奴隶。摄政七年后,周公旦归政于周成王,自己则潜心于制礼作乐,完善以嫡长子继承制为代表的宗法制度。这些制度的最大特色是以血缘为纽带,把家族和国家融合在一起,把政治和伦理融合在一起,使政治上有君臣上下之分,在宗法上有大小宗之别,明确了尊卑、长幼、亲疏之间的行为规范。宗法制度的形成不但奠定了周王朝的八百年统治基础,也使后世帝王们有了"普天之下,莫非王土,率土之滨,莫非王臣"(《诗经·小雅·北山》)的骄傲。自成王至其子康王于公元前996年去世之时,周王朝社会安定、百姓和睦、"刑错不用",史称"成康之治"。但此后周王朝由于连年征战实力大减。其中,周昭王在南征荆楚所在的江汉地区时溺死,五十岁继位的周穆王(约公元前949年去世)虽两次西征犬戎至昆仑之丘、联楚平定东方九夷侵周以及帅九师南臣荆楚之地,但连年征战导致朝政松弛。自穆王之后周王朝由盛而衰。

公元前11世纪前后的南亚,获得再生的古印度文明处于"前吠陀时代"的后期。但目前人们仅知雅利安人的活动范围已经扩展到恒河及其以东地区,一些小的部落正逐渐合并成大的部落群体。《梨俱吠陀》中曾有"十王之战"的记载:十个部落组成联盟围攻一个强大的部落,结果战败。约500年后,该地区才出现国家的形态。

公元前11世纪前后的西亚,两河文明陷入一片黑暗。西部曾经所向披靡的赫梯帝国被一股"神秘海上力量"所摧毁,王城烧成了灰烬,雕像被砸得粉碎;居民或被屠杀或流落他乡,整个土耳其半岛仿佛瞬间回到了原始社会。北部的中亚述王国虽然一度迅猛崛起并大有取代赫梯帝国之势,却被另一支闪米特人族群——阿拉美亚人打得四分五裂。南部残存的古巴比伦王国也遭到阿拉美亚人的重创。而具有游牧特征的阿拉美亚人似乎没有建立自己的国家,致使两河文明在之后的数百年间似乎回到了原始状态,直到公元前9世纪亚述帝国等再度崛起。

公元前 11 世纪前后的北非，尼罗河文明开始进入后王国时期，与发生在西亚的情形相似，也同样遭到了来自海上和陆路的神秘力量入侵。埃及人虽然成功地击退了据称头戴着与古希腊勇士一样用羽毛装饰头盔的入侵者，但底比斯帝国的势力彻底退出了西亚。不仅如此，来自北非西部的利比亚人雇佣兵趁机在埃及北部建立了自己的王朝。此时的底比斯已经不能再被称作帝国了，只能蜷缩在南部保持独立。此后，尼罗河文明同样陷入了数百年的混乱与沉寂，直到公元前 7 世纪被来自北方的叙利亚雇佣兵后裔重新完成统一。

公元前 11 世纪前后的希腊，迈锡尼文明也在被一股神秘力量毁灭后神秘消失，整个希腊半岛及爱琴海周边地区也同样回归了原始，直到公元前 8 世纪左右古希腊文明以城邦的形式再生。由于缺乏足够的考古证据，那股有时被称作"海上民族"、给地中海周边文明带来巨大打击的神秘力量至今仍旧是个谜团。一种大胆的猜测是，他们是一个由海盗和商人组成的特殊群体，在得到无家可归的希腊勇士加入后力量骤然强大，在公元前 11 世纪前后横扫了地中海沿岸。客观证据是与古希腊人存在一定联系的殖民城邦在所有文明沉寂后突然大量出现在地中海沿岸。除此之外，人们只能从吟唱于公元前 850 年左右的《荷马史诗》来了解迈锡尼文明的最后辉煌，以及其最后发生的一切了。

《荷马史诗》主要包括《伊利亚特》和《奥德赛》两部分。其中，《伊利亚特》亦称特洛伊之战，描写的是希腊人攻打特洛伊城的经过。故事的起因是在一次众神的宴会上，不和女神厄里斯将一只写有"给最美丽的女神"的金苹果故意丢在地上，引发了神后赫拉、智慧女神雅典娜和爱神之间的争斗，倒霉的特洛伊王子帕里斯被选来做裁判。面对三位女神给出的诱惑，帕里斯选择了"得到世界上最漂亮的女人的爱"，将金苹果判给了爱神，结果遭到了赫拉和雅典娜的报复。在出访希腊斯巴达城邦时鬼使神差地诱拐了该国王后——

美女海伦，招致了希腊人对特洛伊城的疯狂报复。经过十年苦战，希腊大军在众王之王阿伽门农率领下，用木马计攻破特洛伊城并将其付之一炬。只不过与《封神演义》一样，这场战争的一切都始终处于奥林匹斯山上诸神的控制之下，包括半人半神阿喀琉斯等一干英雄的命运。但直到1870年特洛伊城遗址被发现，人们才相信那场战争可能不完全是神话而是真实的存在。

迈锡尼文明后期，爱琴海沿岸各城邦人口快速增长，彼此之间征战不断。"特洛伊之战"应当是在这一背景下发生的，时间在公元前1176年前后，比"武王伐纣"早100余年。"特洛伊之战"之所以曾长期被认为只是神话故事，主要是因为古希腊早期文明（迈锡尼文明）在公元前11世纪之后突然消失了。包括城邦和文字在内的所有文明痕迹消失得如此彻底，以至于整个希腊半岛似乎重新回到了原始社会，只有剩下"蒙昧"的多利亚人。如果特洛伊之战是真实的，那么人们就可以对这一突变做出如下推断：多利亚人曾作为奴隶同雅利安人一起创造了迈锡尼文明。特洛伊战争期间，作为奴隶没有资格参与战争的多利亚人乘机在本土发动大规模起义，砸碎和烧毁了宫殿等一切压迫他们的象征。可能逃脱的贵族们也带走了他们所掌握的文字，带走了文明。没有文字、只有语言且只掌握极少生存技能的多利亚人开始了自由而原始的生活，古希腊早期文明就这样从内部被无知的奴隶们终结了。如果《伊利亚特》有真实的成分，那么《奥德赛》所讲述的奥德修斯的奇幻历程，也可能包含了古希腊早期文明消失的线索。特洛伊之战后，奥德修斯率领手下踏上了归途，因刺瞎了独目巨人、得罪了海神而历尽各种艰辛和危难，最后只身回到希腊。此时他的王宫正被一群向其王后求婚的陌生人占据。故事的结局是奥德修斯在已经长大了的儿子帮助下射杀了纠缠他妻子并挥霍他家财的求婚者。在其他古希腊传说中，同样返回故乡的阿伽门农也被与他人私通的老婆用酒毒死了。这些也许都暗示当时的古希腊城邦发生了某种重大变故。少数侥幸回到家乡的希腊勇士们应该已无力拯救国家甚至他们自己的命运了，只能在海上流浪，极可能成为海盗，与同样国破家亡的特洛伊勇士共同组成了那股横扫地中海周边的神秘海上力量。从公元前11世纪起，古希腊早期文明彻底消失了，直到公元前8世纪古希腊后期文明才以城邦的形式再生。

相对于公元前11世纪后地中海周边几大文明的"黑暗"，犹太人在经过200余年的"士师时代"过渡后，开始在巴勒斯坦地区建立自己的王国。约公元前1020年，犹太人结束南北分裂，建立持续百余年的以色列与犹太联合王国，先后出现了扫罗、大卫和所罗门三位国王。来自北部族群的扫罗王（准确地讲应该被称作部落联盟首领）因为勇猛善战而暂时得到各部族的支持，后在与腓力斯丁人的交战中被杀，此时的犹太人王国甚至没有自己的都城。继任的大卫王来自南部族群，在战胜腓力斯丁人后建都耶路撒冷，使王国粗具规模，也因此成为犹太人最崇拜的国王。联合王国最辉煌的时代是由大卫王之子所罗门创造的。所罗门在四处扩张、发展贸易的同时，修建大量宫殿和庙宇。关于其财富的传说、耶路撒冷城墙和"第一圣殿"是他留给犹太人的最大遗产。但大兴土木也招致了民众的不满。统一的王国在所罗门王死后（约公元前930年）再次分裂，北方称以色列王国，都撒玛利亚；南方称犹太王国，都耶路撒冷。两国常年交战不休。

纵观公元前11世纪前后的世界，中华文明开始领先于其他文明。"周代商"的王朝更迭绝不仅仅是一次简单的循环，而是物质文明积累到一定程度后的一次螺旋式上升。如果说商以"青铜王朝"闻名世界，那么周则以"周礼"奠定了中华文明思想的主轴。1933年，位于今陕西西安西南，建于文王、成于武王的"丰镐遗址"被发现。经考证，这座西周西都（宗周）由一桥相连的丰京和镐京两部分组成，占地约17平方公里。它不仅令同期其他文明无法望其项背，也是"周礼"制度最直观的体现。宗法制度不但对大一统中国的形成发挥了基础作用,而且影响一直延续到今天,甚至可能会更加久远。与之相比,地中海周边主要文明虽然突然被中断了,但海上贸易的持续也为不同文明要素的重新组合及创造崭新的文明提供了契机,尽管还需要等待 300 余年的时间。以色列与犹太联合王国虽然弱小且短命,但不仅是"黑暗时代"的唯一光亮,且埋下了西方精神世界的基石,为犹太教的产生进一步奠定了基础;只是战火中心的特殊地理位置,注定这个重商的民族将命运多舛,其残酷程度将超出任何人的想象。

在发展与毁灭的背后,逐渐清晰的是人类思索世界的目光。一个人类思想集中迸发的年代即将到来,人类文明也将因此进入古典文明时代。

# 西周之烽火戏诸侯与亚述帝国扩张

公元前9世纪前后的世界，东亚的周王朝虽然在西北游牧民族的侵袭中由盛转衰，但因烽火戏诸侯灭亡的西周给春秋时代中华文明留下的已然是数百诸侯国的庞大遗产。南亚次大陆的古印度文明虽然进入了"后吠陀时期"，但依旧在创造国家形态的漫长道路上踯躅。西亚的两河文明虽因亚述帝国的扩张实现了重新统一，但更多的只是杀戮和掠夺的简单重复。北非的尼罗河文明在外族的入侵中陷入分裂。虽然国家形态依旧"黑暗"，但地中海地区商业活动的飞速发展无疑正为全新文明的形成积攒着动力，并注定影响世界至今。

公元前9世纪前后的东亚，自穆王后，西周又历共、懿、孝、夷、厉、宣、幽七王，约180年。由于持续的征战和社会矛盾的积累，周王朝逐渐停止了扩张的脚步，并最终因犬戎攻破镐京而结束了西周的历史。

约公元前949年穆王去世，给周王朝留下的是一个虽然庞大但已因征战而疲惫不堪的身躯。周共王虽然采取了明法息民，允许土地自由买卖等一些促进生产、增加国力的措施，且对外以和平为主，但没能从根本上解决国家面临的危局。继位的周懿王更是不思进取、消极退避，甚至试图用简单的迁都来挽救国运，以至于社会矛盾进一步激化，"诸戎侵周"自此成为常态。加之在周礼影响下，周天子苦撑面子，不断将土地分封给诸侯和大夫，使王室能够直接支配的土地和财富越来越少，终致国势衰落。周懿王死后其弟周孝王趁乱夺取王位，西征西戎，迫使其献马求和。约前886年，周孝王因西戎人非子养马有功，将他封于秦邑，号秦嬴，成为秦国的开端。在经过周夷王的短暂过渡后，继位的周厉王下令将山林川泽收归国家所有，触动了社会各阶层的利益，引发普遍不满。对此，周厉王专门派人监视和抓捕"谤王"者，以至于"国人莫敢言，道路以目"。公元前841年（中华文明有确切纪年的开始），愤怒的"国人"发动暴动，杀进王宫，周厉王仓皇出逃，国家由大臣周公和召公共同管理，史称"周召共和"。公元前828年，周宣王继位后革新内政、外攘夷狄，使西周迎来了短暂的中兴。公元前782年，周幽王继位后昏庸暴虐，加之长期的干旱和地震，致使百姓因饥荒而流离失所。周幽王却为了博美人褒姒一笑，不惜以"烽火戏诸侯"，终被犬戎乘机于公元前771年攻破"宗周"镐京，并将周幽王杀死在骊山之下，西周灭亡。公元前770年，周平王在嬴氏秦人的护送下迁都今河南洛阳，中华文明进入东周时代。而秦人因护驾有功得以正式封侯，虽因其鄙陋而为传统诸侯所鄙视，但毕竟有了争霸天下的资格。

公元前9世纪前后的南亚，《沙摩吠陀》《耶柔吠陀》和《阿达婆吠陀》（合称后期吠陀）相继编纂完成，古印度文明由此进入"后吠陀时代"。雅利安人开始用铁器重新创造原始农耕文化。此时该地区依旧没有国家，只有部落，只不过阶级分化迅速加剧。

公元前9世纪前后的西亚，西面土耳其半岛上的赫梯帝国被"海上民族"彻底摧毁，南部的古巴比伦王国名存实亡，东面伊朗高原上米底人和波斯人尚未兴起，亚述帝国乘机疯狂扩张。

公元前13世纪前后，亚述人一度灭亡米坦尼王国称雄两河流域北部，但后因被阿拉美亚人打得四分五裂而陷入沉寂。公元前9世纪后，亚述人依靠从赫梯帝国传入的铁质兵器重新崛起，疯狂的对外扩张使之有了帝国的称号。公元前9世纪初，国王那西尔帕二世带领亚述人打败阿拉美亚人，奠定了亚述王国重新崛起的基础，但一度被乌拉尔图人阻止了前进的脚步。进入公元前8世纪后，夺得王位的提格拉特帕拉沙尔三世通过一系列改革加强集权统治，组建

# 西周之烽火戏诸侯与亚述帝国扩张

（公元前9世纪前后）

**中南美洲古文明**

秘鲁查文文化和玛雅文化在此期间发展着各自的独特文明。

**南欧** 亚平宁半岛

约前800年罗马建城，进入王政时代，伊达拉里亚人称雄。

**南欧** 希腊半岛

前776年，雅典举办奥林匹克运动会，成为欧洲信史时代起点，古希腊文明开始进入城邦时代。

**北非**

约公元前800年腓尼基人在北非西部建造迦太基城。

公元前9世纪东部的埃及四分五裂，雇佣兵占据北部；努比亚人在南部建立王朝。

**西亚**

考古：

亚述帝国尼尼微王宫彩砖砌筑，金碧辉煌。

史实：

后亚述帝国在公元前9世纪开始崛起，前743年攻占两河流域上游，前732年占领大马士革；前729年征服巴比伦王国；前722年灭以色列国。

**南亚**

公元前9世纪后的印度半岛开始进入史诗中的后吠陀时代，但历史仍旧模糊不清。

**东亚**

前841年，国人暴动开启中华文明有确切纪年的时代；

前782年，周幽王继位后烽火戏诸侯；

前771年，犬戎攻镐京，标志西周灭亡；

前770年，秦人因助周平王迁都得以封侯；

前707年，郑庄公因前射伤周天子；

前702年，因楚侯称王，周朝进入列国时代；

前701年，郑庄公因国结盟获春秋小霸之称。

了多兵种的常备大军，公元前743年彻底击败乌拉尔图人，攻占幼发拉底河上游地区；公元前732年攻占大马士革，夺取叙利亚地区；公元前729年彻底灭亡古巴比伦王国，侵入两河下游；公元前722年征服以色列王国，一度兵围南部的犹太王国首都耶路撒冷；公元前7世纪初入侵并攻占北非埃及部分领土，在今伊拉克北部摩苏尔附近的尼尼微建立都城，成为名副其实的亚述帝国，称雄西亚。简单的掠夺是亚述帝国的最大特征，其军队更以残暴著称，所过之处，毁城灭族、斩首剥皮、烧杀无度。这使其在社会发展的很多方面都无法与近邻埃及和后来的新巴比伦王国相提并论，更较中华文明的西周存在极大差距。尽管如此，亚述帝国在文化上还是吸收了周边各国很多先进的元素，依靠掠夺来的财富和奴隶，建造了很多恢宏的建筑。其中，始建于公元前722年的萨尔贡王宫不但墙壁用彩色砖砌筑，而且装饰以大量精美的浮雕，金碧辉煌。

公元前9世纪前后的地中海周边广大地区，相对于亚述帝国的杀戮，随着迦太基、雅典以及罗马等城邦的出现、复兴和诞生，商业文明的迅猛发展是该地区在黑暗时代的真正亮点，并给即将到来的地中海时代注入与以往古老文明完全不同的特征，其全新的文化模式几乎影响了其后整个西方文明的发展。随着人类航海技术的发展，当地中海的波涛不再是无法逾越的屏障，出于物质交换的需要，贸易船队在沿岸周边城邦之间的穿梭成为地中海文明的特有景观。腓尼基人、古希腊人、伊达拉里亚人，以及后来的罗马人相继成为地中海地区商业活动的主要力量。作为商业文明发展的极致，原本作为国家形态重要支撑的军队也成为一种可以交换的商品。这一特征即便是在今天的局部冲突中，依然能够看到这种原始形态——雇佣兵战争。而在此之前，地中海地区的原始商业活动主要是通过兼具商人与海盗特征的神秘"海上民族"进行的。

地中海东岸的腓尼基人在地中海商业文明中扮演着先行者的角色，并因盛产紫色颜料而得名。腓尼基人是公元前2000年左右众多西迁闪米特人族群的一支，在迁徙到今黎巴嫩一带后与土著迦南人融合形成的，最初以农牧业为主，后依托海洋展现出过人的商业天赋。西迁闪米特人的这一天赋在另一族群——犹太族群身上同样得到了充分体现，至今仍受到全世界的尊崇。腓尼基人的商业活动在公元前11世纪之前的迈锡尼文明中已经有所记载。腓尼基人的商业文明以彼此独立的城邦形式存在，其中又以推罗城（也常译作提尔）影响最大。腓尼基人很早就曾为埃及的法老们提供过建造宫殿的西洋杉。公元前11世纪末，推罗城的腓尼基人先是帮助犹太人打败了腓力斯丁人，后又派出大批工匠携带大量的西洋杉帮助大卫王建造了耶路撒冷的豪华宫殿。腓尼基掌握着当时最先进的造船和航海技术，向包括犹太人、埃及人，甚至后来的波斯人在内的其他王国出租海军舰队是他们商业活动的一大特色。这种雇佣兵战争模式在后来的地中海地区乃至整个欧洲被广泛采用。至公元前10世纪，随着商业活动范围的扩大，腓尼基人在地中海周边的北非、亚平宁半岛，乃至西班牙等地建立了众多的贸易据点。包括迦太基城在内的很多贸易据点后来发展成为著名的商业中心。公元前9世纪，随着亚述帝国在地中海东岸的扩张，推罗城与以色列王国一起被亚述人征服，大量腓尼基人移居海外，也因此间接推动了地中海商业文明的快速发展。此后，迦太基城随着推罗城的衰落逐渐成为腓尼基人商业活动的中心，一度雄霸整个地中海。腓尼基人的称谓也在后来的历史中逐渐为迦太基人所取代。其后数百年，为争夺地中海上的商业霸权，迦太基人先是不断与希腊人冲突，后又与罗马人进行了著名的"布匿战争"，直至公元前146年被罗马人彻底灭亡。腓尼基人对人类文明的另一大贡献是发明了腓尼基字母，构成了包括希腊字母在内整个西方文字书写的基础。

　　地中海东北部半岛上的希腊人同样具有商业天赋，海上贸易无论是在早期的米诺斯文明，还是在后来的迈锡尼文明发展中都曾扮演着极其重要的角色。公元前11世纪迈锡尼文明堕入了黑暗时代后，人们以自然农业、放牧和捕鱼为主，国王统治重新被原始部落和士族贵族政治所代替，活动范围限于爱琴海区域。个别的海外殖民地虽然没有受到直接冲击，但也不可避免地受到了文明整体衰落的影响。直至公元前 9 世纪前后，一种全新的城邦文明开始在希腊半岛更广阔的区域内出现。古希腊后期文明的城邦特性是由其特殊地理环境决定的。在希腊和小亚细亚沿海地区，到处是连绵不绝的山脉，没有大型的河流、广阔的平原，少量肥沃的土地被分割成无数的小块，不存在建立地区性帝国的地理基础。彼此隔离的村庄逐渐发展成由中心城市和附近的若干村落共同组成的城邦，形制上与中华文明商周时期的"国""野"相似，但面积多不过百里，人口最多的也只有数十万。城邦居民一般分成三个等级：贵族构成的公民、自由民和奴隶。公民是城邦的统治集团，集体剥削和统治自由民和奴隶。城邦之间原则上彼此独立，但通常以结盟的方式保持政治、军事方面的联系。至公元前 9 世纪，随着农业和贸易的发展，希腊半岛上向海外移民的数量再次开始增加，与之前可能流亡海外的希腊先民一道，开始在地中海西部乃至更远的北部黑海沿岸和亚平宁半岛建立大量殖民城市，希腊人也从这时起成为人们对希腊语族群的统称。公元前 776 年，在城邦间相互杀伐的间隙，雅典城邦成功地举办了一次"奥林匹克运动会"，标志着再生的古希腊文明正式进入城邦时代。而这一年也被认为是欧洲信史时代的开端。

公元前 9 世纪前后的亚平宁半岛，刚刚从土耳其半岛迁徙到第勒尼安海西侧的伊达拉里亚人是该地区早期文明的代表，但其最初在地中海商业文明中只是扮演原料提供者的角色。依托那里丰富的铜铁矿藏，伊达拉里亚人自北部到中部建立起一系列城市，与希腊人和迦太基人的贸易较为频繁，逐渐成为地中海商业文明的重要力量。公元前 775 年，希腊人在亚平宁半岛的那不勒斯湾里建立了一个与伊达拉里亚人交换金属制品的贸易据点，因此希腊人对亚平宁半岛包括商业在内的整个社会发展都起到了重要的推动作用，古希腊文化也因此成为后来古罗马文明的重要组成部分。

公元前 9 世纪前后的北非，已经四分五裂的尼罗河文明此时已很难再描绘出一个完整的形象。来自利比亚的雇佣兵长期控制埃及北部地区，曾建立 21~24 王朝（公元前 1085 年至前 715 年）。来自埃塞俄比亚高原的努比亚人则一度侵入埃及南部，并建立了第 25 王朝（公元前 730 年至前 656 年）。尽管此时底比斯帝国事实上已经解体，但失去了中央集权禁锢的尼罗河文明在大批外来移民的推动下，社会生产得到了快速发展，国内外贸易十分活跃。

纵观公元前 9 世纪前后的世界，"周礼"的完善和"商业文明"的发展使中华文明和西方文明从此拥有了各自鲜明的标志，而差异的本质则是"稳定"和"飘忽"在不同文明一定发展阶段的具体表现。在"周礼"的影响下，依靠土地的稳定快速发展的农耕文化更加注重邻里关系，强调和睦相处，也使"德"成为此后几千年中国人内在修炼追求的最高境界。而"信"不仅是"商业文明"的生命所在，更是其进一步发展的基础，所以也成为西方世界在飘忽发展中必须掌握的对外交往尺度。两者虽最终各自成为东西方文明的主流，但也都不能真正遏制人类内心贪婪的欲望。

在这种复杂的交织中，人类文明即将迎来"春秋"的硝烟。

# 东周之春秋五霸与波斯帝国的崛起

公元前 7 世纪前后的世界，人类文明由于信史时代的到来而更加丰富多彩。东亚东周的中华文明在春秋的战火中加快了向封建社会的过渡。南亚印度半岛终于有了国家的雏形。西亚两河文明由于波斯半岛帝国的崛起而横霸欧亚。北非尼罗河文明在持续外侵中沦为两河文明的附庸。地中海东部的希腊半岛由于城邦文明的出现而逐渐走出黑暗，亚平宁半岛则在希腊人和腓尼基人的争夺中等待罗马人的到来。

公元前 7 世纪前后的东亚，平王东迁标志着西周的结束，周王朝开始步入"礼乐征伐自诸侯出"的东周时代；诸侯争霸取代王室演变成为历史发展的主轴。而前期因与鲁史《春秋》记事的时间大体相当（公元前 770 年至前 476 年）而得名"春秋"。

迁都东都洛邑后，周天子已经虚弱到只能依靠诸侯国生存。"周礼"建立起来的社会秩序开始被打破，诸侯国之间争夺土地、人口和区域霸权的征战不断；有的诸侯甚至取代天子自行召集"会盟"，并由此产生"春秋五霸"之说，被孔子怒斥为"礼乐崩坏"。而在"五霸"之前，用箭射落了天子权威的竟是一个中原小国。

郑国地处中原、国小爵大。郑武公曾与晋文侯一道受命辅佐迁都后的周平王。公元前 743 年，郑庄公即位，在平定内乱、巩固政权后，曾假王命结盟齐鲁伐宋，后击败宋、陈、蔡、卫、鲁五国联军，强盛一时，但也因此引发周天子不满。公元前 707 年，周桓王统周师及陈、蔡、虢、卫四国军队讨伐郑国，但在"繻葛之战"中被郑庄公击败,周桓王也被箭射中了肩膀。虽然郑庄公随后专门派人去慰问受伤的周桓王及其随从,但周天子的威信此后荡然无存。声威大振的郑庄公更于公元前701年与齐卫宋等大国结盟,因此也有"春秋小霸"之称。但郑庄公死后,郑国风光不再,只能在大国夹缝中生存,而齐桓公、晋文公和楚庄王等则相继称霸。

齐国自姜子牙助武王伐纣、封领齐地,至秦始皇灭齐统一六国,是立国最早且最长的诸侯国。公元前391年田和废齐康公自立,保留国号,齐国因此有"姜齐"和"田齐"之分。"姜齐"是"春秋五霸"之首,"田齐"是战国七雄之一。公元前685年,"姜齐"的齐桓公以管仲为相,整顿国政,国力迅速增长;其后打着"尊王攘夷"的旗号多次大会诸侯,或干涉他国内政,或联手抗击夷狄。公元前656年,齐桓公带领八国联军迫使楚国订立了"召陵之盟",首创了春秋霸主会盟制度,成为春秋五霸第一人。

晋国原本是周武王幼子在周西北部的封地,初期被狄人环伺。中国历史上曾有"南夷北狄"之说,分别是对春秋时期南北方少数民族的统称。由于曾助周伐商,北狄在周初大量南迁中原,既参加过颠覆周王朝的叛乱,也曾与王室和诸侯国联姻。"八狄"之说足见其部族之众。公元前677年,晋献公即位,先是攻灭骊戎、耿、霍、魏等狄国,后又"假道伐虢"吞并虞国和虢国,史称其"并国十七,服国三十八",但晚年宠信女人导致国政大乱。公元前636年,公子重耳在秦穆公帮助下回国继位,史称晋文公。他对内积极改革、增强国力,对外结"秦晋之好",继续灭狄扩张,其国力之强盛使"分晋"后的赵魏韩三国都足以位列"战国七雄"。公元前632年,晋文公率兵救援宋国,在著名的城濮之战中,用退避三舍之计大败楚军,成为春秋五霸第二人。

楚国传说是黄帝的后代,后被周成王赐姓"芈",封地楚。因地处偏远和民风荒蛮而在很长时间里被中原各国视为另类。与晋国的灭北狄扩张相似,楚国初期的扩张主要以征服南夷为主。在历经10

余代国君的励精图治、开疆扩土后,春秋时期的楚国已经兼并数十国,成为南方最强大的诸侯。公元前702年,熊通自称楚武王,开诸侯"僭号称王"之先河。对此已经无奈的周天子只能命他"好好镇压南夷的骚乱,不要侵犯中原"。城濮之战26年后,"三年不鸣,一鸣惊人"的楚庄王先是于公元前606年率军北上,阅兵周朝都城,"问鼎中原";后于公元前597年,在邲之战中彻底击败晋国,报了城濮战败之仇,成为春秋五霸第三人。

在此前后,秦穆公"兼国十二,开地千里"称霸西戎,宋襄公联合诸侯伐齐,吴王阖闾先破楚后败越,吴王夫差先灭越后败齐,越王勾践十年"卧薪尝胆"灭吴,因此他们都曾被列入春秋五霸之中。但真正有资格被称作霸主的应该只有齐桓公、晋文公和楚庄王,毕竟与他们相比,其他人只是在短时间内建立了区域霸权而已,宋襄公更只是依赖司马迁对"仁义大旗"的关照才虚领了春秋五霸的名号。

公元前7世纪前后的南亚,消失了近千年的古印度文明经过千余年"吠陀时代"的漫长耕耘,终于开始有了国家的雏形,有16国之说。全新文明的中心也从西北部的印度河流域转移到了东北部的恒河流域。而印度河以西的大片地区则从公元前518年起成为波斯帝国的属地,直至公元前4世纪后期波斯帝国被亚历山大帝国灭亡。在此期间,摩揭陀王国的难陀王朝逐渐统一东部恒河流域,成为古印度文明王朝时代的开端,为孔雀王朝的建立奠定了基础。公元前500年前后,释迦牟尼创立佛教,筏驮摩那创耆那教。

公元前7世纪前后的西亚,两河文明在残酷的杀伐中经历了亚述帝国的衰落、新巴比伦王国的短暂以及波斯第一帝国的扩张等一系列巨变。

公元前7世纪初的亚述帝国依然表现得十分强盛,从公元前671年开始,曾三次入侵埃及并攻占北方首都孟斐斯城。国王巴尼拔(公元前668年至前627年在位)在尼尼微建造的图书馆收藏了

# 东周之春秋五霸与波斯帝国的崛起

（公元前7世纪前后）

**中南美洲古文明**

玛雅人在此期间发展着自己的神秘独特文明。

秘鲁查文文化消失。

**南欧　亚平宁半岛**

约前510年，罗马城驱逐伊达拉里亚人，结束王政进入共和国时代。

**南欧　希腊半岛**

前600年，天文学家泰勒斯七贤之首；

前594年，梭伦改革雅典城民主政治；

前585年，亚里士多德预测日食时间。

**北非**

迦太基城逐渐取代推罗城成为腓尼基人的贸易中心，称霸地中海中西部。

前671年，埃及北部遭亚述帝国侵入；

前656年，利比亚雇佣兵统一全埃及；

前525年起，埃及开始被波斯人统治。

**西亚**

前675年，伊朗高原建立米底王国；

前627年，迦勒底人建新巴比伦国；

前612年，两者联合灭亚述帝国；

前586年，新巴比伦灭犹太王国；

前550年，居鲁士灭米底国建波斯；

前546年，居鲁士灭吕底亚王国；

前539年，居鲁士灭新巴比伦国；

前525年，冈比西斯征服埃及及；

前522年，大流士一世登波斯王位。

**南亚**

前6世纪，印度半岛进入列国时代；

前518年，波斯入侵印度半岛西部；

约前500年前后，释迦牟尼创佛教；

约前520年前后，筏驮摩那创耆那教。

**东亚**

前685年，姜姓之齐桓公尊王攘夷；

前656年，姜齐桓公会盟诸侯称霸；

前639年，宋襄公不义大旗会霸；

前7世纪，秦穆公开地千里西戎霸；

前632年，晋文公退避三舍大败楚；

前606年，晋文公洛阳城问鼎中原；

前597年，楚庄王击败晋国后称霸；

前505年，伍子胥助吴王阖闾破楚。

大量掠夺来的关于两河文明历史的泥版书。巴尼拔去世后，亚述帝国因外部力量的持续入侵和被征服地区的纷纷独立而迅速衰落。同年，迦勒底人重建了新巴比伦王国，后在公元前612年与东面伊朗高原的米底人联手灭亡亚述帝国，征服了叙利亚地区，将疆域扩展到埃及边界。其间，尼布甲尼撒二世于公元前604年继位，先后两次征服南部犹太人的犹太王国，并在公元前586年摧毁耶路撒冷城，劫掠大批犹太人（巴比伦之囚）对巴比伦城进行重建，使之成为一座繁华且金碧辉煌的城市。他还在高山上为来自米底王国的王后修建了人类古代八大奇迹之一的空中花园。公元前562年，尼布甲尼撒二世去世，新巴比伦王国也迅速走向衰亡。在沦为巴比伦之囚期间，原始犹太教开始形成。

与巴比伦人联合灭掉亚述的米底人原本是伊朗高原西北部的一些散居部落，在亚述人入侵中逐渐联合形成国家，其间一度被来自北部高加索的斯基泰人征服。公元前675年，米底王国重新建国，伊朗高原西南部的众多波斯人部落也被其征服。公元前612年，米底王国在联合新巴比伦王国灭亡亚述帝国之后扩张到了土耳其半岛，与新巴比伦王国一道，一个在山区、一个在平原联手称雄两河南北。公元前550年，最后一任米底国王的外孙——波斯王子居鲁士起兵灭米底王国，建立阿契美尼德王朝，开创波斯第一帝国。

波斯帝国延续了米底王国的扩张路线，继续沿两河流域北部山区向西攻打土耳其半岛，在灭亡了吕底亚王国之后，扫荡了海边的希腊人城邦，对新巴比伦王国形成东北西三面包围之势。公元前539年，在巴比伦城中祭司们的帮助下，居鲁士轻松灭亡新巴比伦王国，释放了被囚禁的犹太人和腓尼基人，允许犹太人以自治神庙的形式在耶路撒冷重建犹太国并作为其进攻埃及的基地，同时要求腓尼基人提供海军帮助波斯人从海上进攻埃及。公元前525年，波斯国王冈比西斯二世在巩固帝国东北边境后，在腓尼基人帮助下南下征服埃及。公元前522年，祭司高墨塔发动政变、夺取政权，冈比西斯二世在归国途中病亡。贵族大流士一世杀死高墨塔，平定叛乱，夺取政权，后采取统一货币，进一步完善亚述帝国时开始修建的驿道等强国措施，数十万大军则为其开创一个空前帝国提供了足够力量。鼎盛时期，帝国版图包括伊朗高原、中亚的大部、南亚的西北部、整个西亚（含地中海东岸希腊城邦）、北非埃及以及南欧的巴尔干半岛东北部和爱琴海上的一些岛屿。从大流士一世起，波斯帝国同时拥有四个首都，国王及宫廷四季轮流居住。但辽阔的领土、复杂的民族、经济的差异以及阶级矛盾使帝国只能短时间在军事高压下维持统一。公元前5世纪起，帝国在希波战争中连续被希腊人击败后停止了扩张，公元前300年被亚历山大的马其顿帝国灭亡。

公元前7世纪前后北非的东部，尼罗河文明的命运已经不在埃及人的掌控之下了。在亚述人的入侵中，北部首都孟斐斯连续被攻占。公元前656年，利比亚雇佣兵后裔结束了南北分裂的局势，建第26王朝，商业贸易得到一定发展，法老尼科甚至下令开凿连接尼罗河和红海的"尼科运河"。公元前525年被冈比西斯征服后，尼罗河文明从第27王朝起（公元前525年至前404年）进入波斯时代，大流士一世下令完成了尼科运河。征服者圈占土地，通过"不在地主"的方式委派代理人经营，昔日灿烂的尼罗文明沦为波斯帝国的粮仓，贵族和祭司们则充当帮凶。尼罗河文明从此沦为其他文明的附庸。

公元前7世纪前后的地中海沿岸，商业活动的蓬勃发展使周边地区陆续告别黑暗时代、开启全新的城邦文明。迦太基、雅典和罗马三座城市代表了三种全新且差异的属性。

公元前7世纪前后的北非中部，腓尼基人建立的迦太基城已经完全摆脱了母邦推罗城的控制，开始成为一个独立的海上商业帝国，并在今突尼斯、阿尔及利亚、意大利的西西里岛、法国和西班牙等地中海沿岸地区建立起大量殖民城邦。他们的商品包括葡萄酒、橄榄油、紫红染料和玻璃制品，以及雪松、铁铜、黄金和象牙等。据希罗多德记载，腓尼基水手甚至接受埃及法老尼科的委托在公元前7世纪末进行了一次历时三年的环非洲航行。依靠发达的造船业、出色的水手和强大的海战力量，迦太基人一度独霸地中海的中西部，但随着希腊城邦和罗马城的相继崛起，迦太基人的海上霸权逐渐受到挑战。

公元前7世纪前后的希腊半岛，以雅典为代表的原始民主政治已成为城邦文明的最大特征。尽管每个城邦都有自己的特点，但绝大多数城邦的原始民主大都经历了从由部落贵族中产生国王，到某个人通常通过暴力手段成为独裁统治的"僭主"，再到公民大会民选出执政官的发展过程。在这个过程中，以海外贸易为主要特征的商业活动，一方面使个人在短时间内积累财富成为可能，从而催生了一个渴望获得与财富相匹配权力的富有阶层，一方面摧毁了原有的自给自足的农耕体制，迫使大量因失去土地而沦为奴隶的贫民渴望维护自身的利益。上述两种变量的积累成为希腊原始民主制度产生的原动力。但奴隶主阶级始终能够把持城邦的上层权力，所谓的古希腊式民主不过是贵族之间的民主罢了，只是原始血缘关系被极大淡化，奴隶制经济得到了快速发展。斯巴达和马其顿等少数城邦实行的是君主政体，但国王的角色也通常与部落首领的角色相似，没有绝对的权力，很大程度受到贵族议会的制约。尽管如此，完成凤凰涅槃的古希腊文明即将对未来世界产生巨大影响。而其征服世界的利器中就包括由重甲步兵密集排列成的希腊方阵。

公元前7世纪前后的亚平宁半岛上，罗马城虽然注定将创造最伟大的辉煌，但此时还十分稚嫩。东北部的伊达拉里亚人依靠丰富的矿藏及铜铁制品输出，在此间占据了亚平宁半岛文明的主体地位。从公元前6世纪起，他们以意大利北部的托斯卡纳为中心，积极向半岛中西部扩张，征服了包括罗马城（传说公元前8世纪建城）在内的广大地区，也拥有自己的海军舰队。在这期间，大批希腊人开始在半岛南部定居，建立了包括那不勒斯在内的众多城市，在西西里岛东部建立了叙拉古等城市，与西北面的迦太基人对峙。伊达拉里亚人曾多次与迦太基人联手对抗希腊人的扩张。约公元前510年，伊达拉里亚人在被逐出罗马城后逐渐没落，而罗马城也结束了"王政时代"，开始向古罗马共和国过渡，并由此开启了地中海时代的全新篇章。

纵观公元前7世纪前后的世界，"春秋无义战"是后人对那个时代中华文明的评价，但如果用其形容当时的世界也同样恰当：毕竟兼并和征伐一直伴随着人类文明的脚步，只不过在当时表现得更为集中和激烈罢了。在连绵不绝的春秋战火中，小的城邦或被消灭，或被兼并，或成为附庸。东周初期尚有诸侯国170多个，但后期只剩下十几个了。与之相似，希腊城邦之间的兼并战争也使半岛上200多个城邦不得不屈服于少数盟主，希腊人的对外殖民扩张更被直接称为"殖民战争"。而波斯帝国更是彻底地统一了两河文明，并将尼罗河文明踩在了脚下。在对外征战的同时，人类各主要文明纷纷进行着完善国家管理体系的探索。中华文明开始出现县级行政机构。据《左传》记载，晋国在春秋末期已经设县49个。《国语》中则记载，齐国在管仲改革之时已经在鄙野之地建县50余个。已经囊括尼罗河文明的两河文明则采取了行省管理体制，其形式虽与东周的郡县制大致相同，但更偏重税收功能，实行将地方税赋承包给富商或高利贷集团的包税人制度，这一做法其后也被南亚地区各国长期采用，虽然确保了国家的税收但加重了民众的负担。直到近代，世界其他文明才完成县级行政管理体制的建立。

值得一提的是，从东亚春秋"五霸"的相继称雄，到西亚亚述帝国和新巴比伦王国的昙花一现，再到波斯帝国的王位更迭，春秋时期绝大多数国家或城邦的兴衰都与某个王者紧密相连。这种偶然的出现和骤然的衰落说明，不同文明中的人类文化都还处于创造和发展的初期，无法实现有效的继承和延续。尽管还需要等待战国的洗礼，但人类文明注定在此后将加速前进的步伐。

# 东周之战国七雄与世界的希腊时代

公元前 5 世纪前后的世界，除却东亚中华文明战国的硝烟，世界的荣誉属于凤凰涅槃的希腊。在抵御希腊人的入侵中，南亚的古印度文明第一次展现出力量，奠基了第一个统一的孔雀王朝。在与希腊人的相互征伐中，西亚被终结的不仅仅是波斯帝国，更有两河文明 3000 余年的骄傲。在希腊人的统治下，北非尼罗河文明虽然保住了法老的王冠，但开启的是希腊人的时代。当亚平宁半岛上的罗马人带领欧洲踏上文明之旅的时候，一个希腊化的世界为其提供了全部的知识储备，一个被希腊人打碎的世界为其铺就了光荣的坦途。

公元前 5 世纪前后的东亚，中华文明结束了春秋的诸侯轮流争霸，进入了群雄并起的战国时代，但这只是战国时代在时间概念上的开始。春秋后期，与发生在周天子身上的情况相似，诸侯们的权力也常常遭到削弱，卿大夫乘机占有大量土地，逐渐掌握政治和军事权力。公元前 453 年，赵、魏、韩三大家族在经历复杂的流血冲突后瓜分晋国自立，史称"三家分晋"。公元前 403 年，周威烈王正式承认赵、魏、韩为诸侯。公元前 391 年，齐相田和废齐康公自立，五年后正式被周安王封为齐侯，开启田姓齐国时代。在这种混乱的背景下，齐、楚、燕、韩、赵、魏、秦的"战国七雄"格局逐渐形成，纵横捭阖、战场争锋的战国时代正式开始。战争的性质也从简单的"称霸"转变为更为贪婪的"兼并"。以秦国的"商鞅变法"为节点，战国时代可大致分为前后两个阶段。

前期，以魏齐两国为代表，各国纷纷"变法图强"，主要内容包括取消贵族特权、土地私有、依法治国和鼓励生产力发展等，本质是中华文明向封建社会过渡过程中的一场新兴地主阶级的改革。其中，魏国最先进行了"李悝变法"。公元前445年，魏文侯继位，重用李悝，选贤任能、赏罚分明，成为战国早期兼并战争的主角。其后，魏国在70余年的时间里，西败秦国占领河西之地，北灭中山国，东败齐国，南败楚国，攻陈伐赵，独大中原。公元前355年，齐威王任命邹忌为相，开始"邹忌变法"，并对魏国的扩张发起挑战，先在公元前354年"围魏救赵"，后于公元前342年的"马陵之战"中再败魏国，称雄一时。

后期，秦国在"商鞅变法"后逐渐一雄独大。秦人的祖先非子原本只是西周放马小官，只因秦襄公在公元前770年护送平王东迁有功才被封侯。如果不是求才若渴的秦穆公在公元前655年用五张羊皮换回了能臣"百里奚"，秦恐怕早就同其他西戎一样被晋国吞并了。公元前361年起，秦孝公重用商鞅，实施"商鞅变法"，一跃成为战国七雄之一。公元前338年，秦惠文王继位。商鞅先是被诬谋反，后真的造反，结果兵败被车裂。但秦惠文王并没有因人废法，更启用张仪等谋士，用连横之计瓦解了东方六国的合纵联盟，掌握了外交上的主动权，远交近攻、主动出击，使秦国的领地不断扩大。先是夺回了被魏国占领的河西旧地，打通了中原通道；后又修栈道，占领了汉中平原和四川盆地，建立了巩固的战略后方，经济上推广使用"秦半两"，国力得到增强。公元前325年，继楚国、魏国和齐国之后，秦惠文王正式称"秦王"。此时的秦国已经建立了一套完整的政治、军事、经济制度，兵强马壮，令崤山以东其他六国寝食难安。

西汉末年的刘向，将这段历史编成《战国策》，战国时代由此得名。

公元前5世纪前后的南亚，"列国时代"的古印度文明中心在波斯帝国的持续压迫下逐渐转移到南亚次大陆东北部的恒河中下游，主要王国有居萨罗、迦尸、摩揭陀等。公元前364年起，难陀王朝先是颠覆摩揭陀王国，后征服强国居萨罗，大有一统南亚次大陆北部之势，但其吞并的脚步被亚历山大所终止。公元前327年，亚历山大侵入西北部的印度河流域，一度击败了难陀王朝的军队，后因士兵厌战才不得不撤退，但留下了包括巴克特里亚（阿富汗北部）在内的两个希腊人政权。公元前324年，旃陀罗笈多利用民众的不满，在印度西北部自立为王，并率军攻入难陀王朝都城"华氏城"。公元前317年，在希腊人撤出后，旃陀罗笈多统一印度北部，建了南亚次大陆历史上第一个中央集权国家——孔雀王朝，鼎盛时期号称拥有常备军60万。公元前305年，孔雀王朝击退了塞琉古王国的进攻。这一时期，由于旃陀罗笈多出身于低种姓，主张"四种姓皆平等"的佛教在印度得到了极大发展。

公元前5世纪前后的西亚和希腊半岛，当秦在战国的征伐中逐渐露出峥嵘，奠定统一中华文明基础的同时，在成功抵御了波斯帝国入侵、经历了城邦之间的混战之后，亚历山大帝国的迅猛崛起和扩张影响了除中华文明以外的所有文明，尽管时间短暂，但一个希腊化的世界成为古希腊文明的终极荣耀。

公元前6世纪末，鼎盛的波斯帝国在灭亡了吕底亚王国之后，乘势进攻了位于土耳其半岛西端的各希腊殖民地城邦。希腊本土的雅典和埃维厄两城邦的出兵援救，不但没能阻止波斯人的脚步，更将战火引向了希腊本土。

公元前490年，以雅典和埃维厄城为目标，波斯国王大流士一世出动陆海军5万多人进攻希腊半岛。此时的希腊各城邦表现出骨子里的分裂性，军力最强的斯巴达断然拒绝援助雅典，底比斯甚至成为波斯人的帮凶，无奈的雅典只能孤军作战。但依靠先进的步兵方阵和必胜的决心，希腊人奇迹般在"马拉松战役"中击败了两倍于己的波斯军队，海军也击退了波斯人的偷袭，取得了"第一次希

# 东周之战国七雄与世界的希腊时代

（公元前 5 世纪前后）

**中南美洲古文明**

玛雅人在此期间发展着自己的神秘独特文明。

**南欧** 亚平宁半岛

约前 471 年，罗马城成立平民代表会；

前 450 年，罗马城颁布了十二铜表法；

前 366 年，罗马人在此前后在亚平宁半岛扩张；

约前 390 年，罗马城遭到高卢人入侵。

**南欧** 希腊半岛

前 490 年，希腊击退大流士一世入侵；

前 480 年，希腊击退薛西斯一世入侵；

前 470 年，雅典城建造宙斯神像奇迹；

前 431 年，半岛爆发伯罗奔尼撒战争；

前 404 年，斯巴达迫降雅典称雄希腊；

前 361 年，底比斯打败联军称雄希腊半岛；

前 338 年，马其顿王国汤平希腊半岛；

前 337 年，亚历山大成为马其顿国王；

前 323 年，亚历山大突然暴毙比伦；

前 301 年，瓜分帝国继业者战争结束。

**西亚**

前 449 年，波斯与希腊人签停战合约；

前 394 年，波斯人大败斯巴达人海军；

前 366 年，波斯帝国西部各省发生叛乱；

前 337 年，大流士三世平叛登上王位；

前 331 年，波斯帝国被亚历山大灭亡；

前 306 年，塞琉古西亚建塞琉古王朝。

**北非**

前 404 至前 343 年，埃及人短暂独立；

前 332 年，亚历山大攻入并占领埃及；

前 306 年，托勒密建埃及托勒密王朝。

**东亚**

前 482 年，吴国会盟中原诸侯称霸；

前 473 年，越王勾践卧薪尝胆灭吴；

前 453 年，赵魏韩三大家族分晋国；

前 403 年，周天子封诸侯赵魏韩三国；

前 386 年，田和废主建立田氏齐国；

前 361 年，秦国因商鞅变法渐强盛；

前 354 年，孙膑率军桂陵救赵国；

前 342 年，孙膑马陵之战中杀庞涓；

前 325 年，秦惠文王强秦之后称王；

前 316 年，司马错灭蜀，秦夺蜀地；

前 306 年，楚国灭越国设置江东郡。

**南亚**

前 5 世纪，摩揭陀在 16 国中称霸；

前 364 年，难陀王朝灭摩揭陀王朝；

前 327 年，半岛西遭亚历山大入侵；

前 317 年，旃陀罗笈多建孔雀王朝；

前 305 年，击退塞琉古王国的进攻。

波战争"的胜利。公元前 480 年，继位的波斯国王大流士一世之子薛西斯经过 4 年精心准备，亲率 50 万陆军、15 万海军和千余艘战舰再次攻入希腊半岛，目标是踏平雅典，征服所有希腊城邦。这次从自己切身利益出发，斯巴达选择了与雅典等其他城邦一道抵御波斯人的侵略。作为盟主的斯巴达国王列奥尼达亲率 300 名斯巴达勇士在温泉关阻击强敌，直至全部战死。波斯人在雅典人主动撤出后攻入并焚毁了雅典城。但拥有 600 多艘巨型战舰的波斯海军在"萨拉米湾海战"中被雅典领导的希腊联军击败。次年，斯巴达领导的希腊联军又在"普拉提亚战役"中彻底击败了波斯陆军。希腊人不仅将波斯人彻底赶出了欧洲，而且解放了土耳其半岛沿岸的希腊殖民城邦。凭借在希波战争中的贡献，雅典成为海上"提洛同盟"的盟主，并从公元前 470 年起，动用"提洛同盟"军费在雅典建造了号称世界古代八大奇迹之一的宙斯神庙，以庆祝抗击波斯人的胜利。公元前 449 年，希腊人在塞浦路斯岛海战中再次击败波斯，迫使其订立和约，彻底结束了希波战争。雅典也因此发展到了其辉煌的顶点。

波斯国王薛西斯在希波战争战败后被谋杀，其继任者们再也无人能够续写前辈的辉煌，只能在奢华的生活中一次次用金钱挑起希腊城邦之间的内部争斗，直至公元前 331 年被亚历山大灭亡。而随着波斯帝国威胁的削弱，其他城邦对雅典的不满终于爆发，希腊半岛与中华文明的战国时代一样陷入了持续近 30 年的内战——"伯罗奔尼撒战争"（公元前 431 年至前 404 年），并以城邦时代的结束而告终。

雅典领导的"提洛同盟"与斯巴达领导的"伯罗奔尼撒同盟"之间的"伯罗奔尼撒战争"将所有希腊城邦划分为两大阵营。初期，雅典凭借强大的海军在战争中居于优势，但其试图征服遥远西西里岛上叙拉古城邦的侵略遭到了惨败，损失了 2/3 的海军和大量陆军，元气大伤。而以陆战强国著称的斯巴达在波斯帝国黄金的资助下组建起海军，公元前405年开始对雅典进行了海陆全面围困，迫使雅典在次年投降，成为两强争霸战的最终胜利者和全希腊的霸主。但斯巴达的暴虐统治也很快引起各城邦的不满和反抗。公元前371年，斯巴达国王在入侵底比斯的战争中被击毙。公元前362年，底比斯再次打败了斯巴达和希腊联军后称霸希腊。公元前338年，马其顿终结了希腊城邦之间的乱战。

马其顿相对于雅典等希腊城邦，如同早期的秦国一样，只是希腊半岛北部遥远山区的化外之地，被形容为一个由粗鲁、吵闹、嗜酒的倔强农民和有地武士组成的国家。在腓力二世之前，希腊人从来没有注意到过马其顿。公元前338年，国王腓力二世依靠在底比斯军队中服役的经验，用前所未有的4.5米长矛打造出稳如磐石、无坚不摧的马其顿方阵，一举击败早已疲惫不堪的希腊城邦联军，开启了古希腊城邦文明的马其顿时代。公元前337年，在父王腓力二世被保镖暗杀后，年满20岁的亚历山大杀死其他所有可能的继承人登上王位。作为亚历山大的老师，亚里士多德"……有些人生来就应该服从，还有些人生下来就注定应该统治别人……战争的艺术是一门关于获取的自然艺术，因为它包括狩猎。它又是一门用来对付野兽和那些生来就应该接受统治，却不想服从命运安排的人的艺术。这种战争应当是正义的"的思想对亚历山大产生了极大的影响，在迅速平息了来自希腊城邦内部的反叛后，亚历山大旋即将征伐的目光投向了东方。

"戈迪亚斯之结"以及谁能解开它谁就会成为亚细亚主人是个著名的传说。据说，亚历山大毫不犹豫地用利剑劈开了绳结。正是依靠这种简单、快速的方式，亚历山大大帝在短短的15年内杀伐出一个希腊化的世界。公元前334年至前331年，三败大流士三世，灭波斯帝国，占领西亚，经略中亚，终结两河文明。公元前332年，攻入波斯人统治下的北非埃及，在尼罗河口建亚历山大城，终结尼罗河文明。公元前327年进入印度，饮马印度洋，分裂古印度文明。

在横跨欧亚非三大洲的辽阔土地上，建立起一个西起希腊半岛，东到印度河流域上游，南亘尼罗河，北至中亚，以巴比伦为首都的庞大马其顿帝国。

但马其顿帝国更多只是一个由王国或城邦组成的联盟。太多的城邦，尤其是希腊半岛上的城邦，没有被统一的经历，只有被征服的屈辱和掠夺的伤痛，使马其顿帝国根本没有实现真正统一的基础。虽然亚历山大借鉴和沿袭了波斯帝国的中央集权经验，但波斯帝国本身也带有极强的部落联盟性质。所以，当亚历山大在公元前323年暴死后，他依靠杀戮建立起的一盘散沙般的帝国便再次成为一盘散沙。也正因如此，马其顿帝国也称为亚历山大帝国，亚历山大的辉煌就是帝国的辉煌，亚历山大生命的终结也就是帝国生命的终结。

公元前323年，亚历山大手下的将领们在其死后达成《巴比伦分封协议》，名义上奉其弱智的兄弟和遗腹子共同为国王，实际上瓜分了马其顿帝国。帕狄卡斯作为摄政王直接领有帝国在亚洲的绝大部分领地并任命塞琉古作为其近卫骑兵的首领，安提帕特作为总督领有巴尔干半岛全部以及安提柯领有的土耳其半岛上部分希腊城邦，托勒密则独占埃及。公元前322年，因帕狄卡斯对托勒密偷偷将亚历山大遗体运到了埃及不满，决定讨伐托勒密，而安提帕特、安提柯、托勒密等则联合起兵反抗帕狄卡斯试图称王的野心。帕狄卡斯在远征埃及时被塞琉古等手下谋杀，安提帕特成为新的摄政王，将两位名义上的国王带回马其顿。作为奖赏，变节者们分得了帕狄卡斯在亚洲的领地，塞琉古成为巴比伦的总督。公元前319年，安提帕特死后，其子卡山德因未能继承摄政王，在托勒密和安提柯的支持下起兵反叛。最终，卡山德控制马其顿城邦和亚历山大遗孀和儿子。安提柯则乘机横扫马其顿帝国的亚洲部分。塞琉古最初选择支持安提柯，但不久被后者追杀逃到埃及。公元前314年，托勒密和卡山德等联合起兵击败了强大得令人恐惧的安提柯，塞琉古在托勒密支持下于公元前311年夺回巴比伦城，不久征服东部各行省。卡山德毒杀了亚历山大的妻子和儿子且秘不发丧。公元前306年，安提柯和其子德米特里进攻并占领巴尔干半岛南部地区，却被塞琉古等击败并失去了在土耳其半岛的领地。公元前301年，安提柯战死，德米特里与卡山德在巴尔干半岛南北对峙。至此，继业者战争结束，塞琉古成为最大的赢家。马其顿帝国尽管十分短命，却把古希腊文明的信息传播到了欧亚非广大地区，并在其后的2000多年中一直发挥着重要影响。

公元前5世纪前后的亚平宁半岛，罗马人在驱逐伊达拉里亚人、结束"王政时代"后，进入"共和国时代"。公元前494年，当时还十分弱小的罗马城，贵族因平民拒绝与邻近部落作战并带武器离开罗马，而被迫承认了平民拥有选举保民官和召开平民大会的权力。公元前450年，罗马正式颁布了《十二铜表法》，废除了平民与贵族不能通婚等限制，奠定了强大罗马共和国的基础。为抵御入侵，罗马最初与近邻的一些拉丁人城市结成自卫同盟。公元前396年，罗马乘伊达拉里亚人衰落之机攻陷维爱城。但在公元前390年，罗马遭到了北方野蛮高卢人的入侵，只是因高卢人被疫病流行困扰才在支付大笔黄金后得以幸存。其后，罗马人先后战胜近邻的拉丁人和伊达拉里亚人，成为亚平宁半岛中部强国。在此之后，面对一个被亚历山大征服后又分裂得支离破碎的世界，罗马的迅猛崛起只是时间问题。

纵观公元前5世纪前后的世界，众多人类古代文明的彻底消失应当是那个年代最大的感慨。从那以后，两河文明和尼罗河文明被只具有地域意义的西亚和埃及所代替。古希腊文明曾终结他们，但"古希腊文明"一词也因马其顿帝国的解体而不再被使用。开放的地理环境虽然缔造了西方文明的鼻祖，但也预先挖好了其下葬的坟墓。虽然古希腊文明勇于与命运抗争，能够在公元前12世纪突然消失后浴火重生，但历史在公元前4世纪后没有再给希腊再次重生的机会。也许就如希腊神话中被宙斯惩罚一生反复向山顶推动巨石的西西弗斯一样，希腊人注定不能亲自把"文明的巨石"推到顶峰。只有其创造的灿烂文明、美轮美奂的神话和至今不息的奥运圣火，还让现在的人们不时记起那个美丽、犹如传说的名字——希腊。但正如一位诗人所说的那样"光荣属于希腊，伟大属于罗马"。因为从下个世纪起，在中华文明向第一个封建帝国迈进的过程中，世界开始迎来罗马的时代。

# 千年纵横之世界奇迹创造时的世界

公元前 3 世纪，一位古希腊旅行家将埃及大金字塔、巴比伦空中花园、阿尔忒弥斯神庙、奥林匹亚宙斯巨像、摩索拉斯陵墓、亚历山大港灯塔和罗德岛太阳神巨像称为七大奇迹。由于秦始皇兵马俑比之只略晚 60 余年，后人将其与七大奇迹合称人类古代八大奇迹。

从这八大奇迹的地理分布看，希腊半岛只有一个（奥林匹亚宙斯巨像），西亚有四个（巴比伦空中花园、阿尔忒弥斯神庙、摩索拉斯陵墓和罗德岛太阳神巨象），北非有两个（埃及大金字塔和亚历山大港灯塔），东亚有一个（秦始皇兵马俑）。如果不考虑后人加上的秦始皇兵马俑，我们不难看出，另外的七大奇迹都分布在地中海沿岸。这一点固然与旅行家当时所能到达的范围有直接关系，但即使从现代人的角度看，上述奇观能够被称为奇迹也基本上是实至名归的。当然，如果这位旅行家能够走得更远，他也许能够发现更多的奇迹。

从八大奇迹的文明分类来看，两河文明、尼罗河文明和中华文明都只各有一个，分别是巴比伦空中花园、埃及大金字塔和秦始皇兵马俑。而后起的古希腊城邦文明则包揽了其他五个，西亚的其他三个奇迹和北非的亚历山大港灯塔都应该属于古希腊文明的范畴。古印度文明是空白。

从八大奇迹的建造顺序来看，埃及大金字塔最早，巴比伦空中花园次之，希腊五大奇迹居中，秦始皇兵马俑排在最后。这说明在公元前 3 世纪，尼罗河文明在经历远古的辉煌之后已经走向没落，两河文明依然具有一定的活力，中华文明逐渐走向成熟，而希腊文明则处在繁荣之中，再生的古印度文明至公元前3世纪还没有赶上世界发展的步伐。

从这八大奇迹的建造年代看，只有埃及大金字塔建造于公元前2500年左右，其他的七大奇迹都集中在公元前600年至公元前200年之间。截止时间固然与作者生存的年代有关，但众多奇迹在如此集中的时间出现，也说明人类整体前进的脚步在公元前600年后开始加快，在生产力取得极大发展的同时，也迎来了人类智慧的集中爆发：创造了自公元前600年至公元前200年的人类古典思想的黄金时代。

令人震惊的是，以公元前3世纪为分界点，以古希腊文明为代表的西方文明放慢了前进的脚步，中华文明却大踏步发展，这一切直到14世纪才再次发生逆转。而两河文明、尼罗河文明、恒河文明从那时起走向了谷底。当今天的中华文明再次复兴的时候，世界能够看到的只是其他三大文明已经远去的背影。

从最早高耸的埃及大金字塔，到最后深埋的秦始皇兵马俑，八大奇迹在彰显古代人类智慧光芒的同时，也无一不在书写着创造它们的王朝的辉煌。但因为在创造奇迹的过程中，耗尽了国力，也耗尽了民心，所有创造了这些辉煌奇迹的王朝都有着共同的宿命——在创造了奇迹后，或孤寂地走进历史，或从内部被颠覆，或被外部的力量所吞没。而那些他们所创造的奇迹也多数与之一起消失了。人们现在能够看到的只剩下谜一样的秦始皇兵马俑和埃及大金字塔，在完整地向世人昭示着昔日王朝曾经的荣光。

古代八大奇迹的建造时间上起炎黄，下至战国，不但时间上纵贯整个中国历史，而且囊括了世界古代文明的主要成就。仰望奇迹，追索创造奇迹的王朝，横看奇迹创造时的世界，在恢宏与壮丽的背后，我们看到的是一个个人类清晰、坚定、前行的脚印。

在中国的炎黄时期，世界八大奇迹中只有代表古埃及文明的大金字塔孤独地耸立着。说金字塔是孤独的是因为在另外其他七大奇迹出现之前，它们已经孤独地站立了将近 2000 年。

埃及大金字塔建造于公元前 2690 年至前 2600 年，是法老胡夫及其儿、孙三代的陵墓。这三座后世无法匹敌的大金字塔分别被称作胡夫、海夫拉和门卡乌拉，至今还屹立在埃及开罗附近古老的吉萨高原上。长达百年的庞大财力和物力消耗，无疑激化了社会矛盾，导致民怨激增也就成了必然。其结果就是王朝逐步走向了衰落。标志之一是后来的埃及法老们再也无力建造超过它们的金字塔了。这也反过来说明当时古埃及的曾经强大。不过，随着大金字塔的修建，各地地方官和僧侣利用人民的不满，不断乘机扩大自己的势力，逐渐脱离中央统治，直至各自为政。至公元前 2200 年，古老的古埃及王国已经事实上分裂了，直到公元前 1570 年才被底比斯人再次统一。

说埃及大金字塔是孤独的，只是相对于另外七大奇迹而言。实际上在胡夫祖孙建造金字塔的同时，苏美尔人正在完善他们在两河流域的王国：创造了发达的灌溉农业，发明了金属犁和楔形文字。古印度人也应当在修建据说拥有下水道的楼房和后来一起消失得无影无踪的城市。而那时的中国，正在进行着一场创造炎黄子孙的战争。居住在黄河上游的黄帝和炎帝两大部族与黄河下游的蚩尤领导的九夷部落之间，爆发了争夺华北平原的"涿鹿之战"。最终，黄帝依靠指南车，在大雾中击败了蚩尤。华夏各部落在"涿鹿之战"后加速了融合。而取得这场战争胜利的炎帝和黄帝也被奉为中华民族的共同祖先，并被逐步被推上了神坛。

在中国的春秋时期，共有三大世界奇迹在人类的思索中诞生。

中国的春秋时代，同时也是世界的春秋时代。杀伐和兼并是那个时代世界的共性。在那个大动荡的年代里，人类的思想在刀光剑影的碰撞中迸发，无数求索的面孔开始仰望天空。在对神灵与自我的思考中，人类向成熟迈出了具有历史意义的一步。东西方文化思想的基础在那个时代产生。奇迹也在那个时代王朝的辉煌中被创造得绚丽多彩、斑斓无比。

春秋时期，首先被创造的奇迹是新巴比伦王国的巴比伦空中花园。准确地讲，被称作四大文明古国之一的古巴比伦应该分古巴比伦王国（公元前19世纪至前16世纪）和新巴比伦王国（公元前7世纪至前6世纪）。两者名字虽然相似，首都也是同一座城市，但并没有传承关系。而巴比伦之所以曾经成为两河文明代表，依靠的是两大著名的成就。一个是古巴比伦王国于公元前1700多年前刻在石柱上的世界第一部比较完整的成文法律——汉谟拉比法典。另一个就是新巴比伦王国建造的空中花园。新巴比伦国王尼布甲尼撒二世在位期间，对地中海东部沿岸各国发动了一系列的征服战争。公元前598年和公元前586年，尼布甲尼撒二世两次灭掉在新巴比伦王国和埃及王朝之间摇摆的犹太国。最后一次甚至将耶路撒冷夷为平地，把犹太人集体抓到巴比伦城里当作奴隶，史称"巴比伦之囚"。尼布甲尼撒二世为了显示他的伟大功绩，大兴土木，其中就包括著名的空中花园。公元前562年，空中花园在尼布甲尼撒二世去世的时候如愿地竣工了。公元前539年，新巴比伦王国被波斯军队地轻松灭亡了。巴比伦空中花园也随宏伟神奇的巴比伦城消失在历史的黄沙之中。

春秋时期，稍晚被创造的世界奇迹是吕底亚王国的阿尔忒弥斯神庙。吕底亚王国位于爱琴海东岸，是雅利安人在土耳其半岛西部建立的一个古国（约公元前1300年至公元前546年）；可能是世界上最早铸造和使用铸币的国家，并因之富强一时。当米底人于公元前612年灭亡亚述帝国的时候，吕底亚王国乘乱征服了希腊人在小亚细亚的所有城邦。公元前550年，为祭祀古希腊神话中的月亮女神，吕底亚王国建造了自己的奇迹——阿尔忒弥斯神庙。但不幸的是，它已经成为东面强大波斯帝国的下一个扩张目标。传说，战前吕底亚国王曾派使者去阿波罗神殿请求神谕。女巫告诉他一句两头堵的套话——将有一个帝国陷落。傻乎乎的吕底亚国王认定被灭亡的将是波斯帝国，于是在边境上不断集结部队准备进攻。得到消息的波斯国王居鲁士为了防止他集合更多的军队，在公元前546年带领大军先发制人，绕过吕底亚人的防线，直接攻到了吕底亚王国首都。在决战中，据传由于吕底亚人的战马畏惧波斯人的骆驼尿，吕底亚人被波斯人打败。吕底亚王国也就此灭亡了。而此时距被称作奇迹的阿尔忒弥斯神庙建成仅仅5年。公元前356年，这座壮丽的神殿在一场大火中变成了废墟。

春秋时期，最后被创造的奇迹是古希腊雅典人的奥林匹亚宙斯巨像。公元前776年，首届奥林匹克运动会在奥林匹亚的成功举行，标志着希腊文明城邦时代的开始。公元前594年，梭伦的改革使雅典走向强大，并在扩张中开始与东方已经扩张到小亚细亚半岛的波斯帝国发生直接冲突。公元前490年和公元前480年，由于成功领导希腊各城邦两次打败了波斯帝国的入侵，雅典成为希腊各城邦的霸主和文化中心。公元前456年，出于对宙斯的崇拜，雅典人花费巨资建造了闻名后世的宙斯神庙和神像，标志雅典所代表的古希腊城邦文明攀升至顶峰。但对雅典霸主地位的不断挑战，使希腊诸城邦在混战中一起走向了衰弱。公元前338年，希腊各城邦皆被马其顿所灭亡。公元5年，奥林比亚神殿被大火摧毁。宙斯神像虽然被运到君士坦丁堡而幸免于难，但最终亦难逃厄运，于公元462年被大火彻底烧毁。

横看春秋时期三大古代世界奇迹，以及建造奇迹王朝的兴衰，我们会清楚地看到一个不断扩张的影子——波斯帝国。从灭掉新巴比伦时的初露狰容，到横扫吕底亚的疯狂扩张，再到两次入侵希腊失败后跌下顶峰，鼎盛时期的波斯帝国西至埃及，东括印度，南达波斯湾和阿拉伯半岛，北到里海及黑海，是世界历史上第一个地跨亚非欧三大洲的帝国。在波斯人扩张的同期，中国正在进行的是春秋争霸的"无义"混战。印度所在的南亚次大陆也同样处于列国时代。

公元前4世纪后期，摩揭陀逐步统一南亚地区，为后来的孔雀帝国的建立奠定了基础。而曾经辉煌的古埃及王国更是直接处于波斯人的统治之下。当四大古文明在春秋战火中挣扎的时候，罗马人于公元前510年开始悄悄地建立自己的古罗马共和国。其后，先战胜拉丁同盟中的一些城市和伊特拉斯坎人等近邻，后又征服了意大利半岛南部的土著和希腊人的城邦，成为地中海西部的大国。

总揽春秋时期三大创造世界奇迹的王朝与奇迹被创造时的世界，随着物质生产的极大发展，统治者纷纷选择了扩张来满足自己贪婪的欲望。强大和征服成为每个统治者的目标。国家和城邦在战争中急剧崛起和衰落。人们常说中国的春秋无义战。春秋时代的世界又何尝有义战可言。烧毁雄伟宫殿和神庙的不是大火，而是历史的必然。但战争在灭亡了一个个国家的同时，也打破了思想的禁锢。思想的火花在全世界迸发。人类在对神灵进行崇拜的同时，开始把自己当成世界的主人；在追求身体完美的过程中，思想开始绽放出灿烂的光芒。据传在公元前484年，孔子以63岁高龄开始了他最伟大的创作——《春秋》。墨翟提出兼爱的思想。老子和庄子崇尚自然、辩证、无神和清静无为。韩非子、李悝和商鞅等法家强调礼和刑法。中国的儒道墨法四大思想在那个时代产生。中华文明的传统思想开始在那个时代形成。公元前500年前后，古印度文明以释迦牟尼创立的佛教为自己留下了最重要的遗产。古希腊文明则在哲学和自然科学领域诞生了众多巨匠。泰勒斯开创天文学，苏格拉底探索社会道德，柏拉图描绘出他心目中的《理想国》。紧随他们之后的亚里士多德开创了三段论，阿基米德开创了现代数学的先河。正是这些巨匠奠定了欧洲早期文明的基础，并为后来的文艺复兴深埋下火种。

在中国的战国时期四大被创造的奇迹为人类的古典文明画上了句号。

中国的战国时代，同样也是世界的战国时代。相对于春秋时期的小规模冲突，战国时代带来的是世界的巨变。奇迹不再是对神的崇拜，而是为寻求心灵的归宿和生命的渴望而建造。虽然除了安卧的秦始皇王陵，其他三个伫立的时间都不是太长久。

战国时期，最早被创造的世界奇迹是卡里亚王国的摩索拉斯陵墓。卡里亚历史上是土耳其半岛西南的一个地区。约公元前545年，卡里亚被波斯帝国吞并成为一个省。希波战争战败后，波斯帝国西部各省总督联合起兵叛乱（公元前366年至前359年）。当时驻卡里亚的总督摩索拉斯建立了盛极一时的卡里亚王国。后来建造巨人像的罗德斯港也曾是卡里亚王国的一部分。在打造自己短命王国的同时，摩索拉斯于公元前353年，为自己和爱妻建造了摩索拉斯陵墓。陵墓中有这样的铭文"我是摩索拉斯·卡里亚王，我躺在博德鲁姆坟冢下，装饰着独一无二的人与马大理石雕像。"摩索拉斯所言非虚，铭文提到的描绘拉皮提人和半人马怪兽之间战斗的雕像，现在保存在大英博物馆，一个活生生的人而不是天神第一次站在大理石柱上，昭示着人性的光芒。至16世纪初，经过历史长河的漫长冲刷，摩索拉斯陵墓渐渐地消失了。但更快逝去的是建造它的王朝。摩索拉斯陵墓建成25年后的公元前334年，卡里亚王国被亚历山大大帝征服。

战国时期，稍晚被创造的奇迹是罗德岛城邦的罗德港巨人雕像。公元前305年，亚历山大死后分裂出的马其顿王国进攻原本属于卡里亚王国的罗德岛，但以失败告终。为了纪念这次保卫战的胜利，罗德岛人用缴获的青铜武器铸造了据说是横跨海港的太阳神像。令人遗憾的是，雕像于公元前224年毁于一场地震。但罗德岛根本称不上是一个王朝，只是个城邦而已。当然，在那个战乱的年代，其存在本身就是个奇迹，罗德岛城邦的胜利更是奇迹，还有那座耗尽一切的雕像。

战国时期，第三个被创造的奇迹是埃及托勒密王朝的亚历山大港灯塔。亚历山大大帝死后，其手下大将托勒密占有埃及，建立了希腊化的托勒密王朝。托勒密王朝沿袭古埃及习俗，兄妹或姊弟通婚很多；男性常称托勒密，女性常有克利奥帕特拉等称呼。其中最后一任女王克利奥帕特拉七世就是著名的"埃及艳后"。公元前280年，托勒密二世即位，下令在亚历山大港建造灯塔，40年后建成，托勒密王朝也开始走向衰落；至公元前200年左右，再次成为各国侵略的对象。亚历山大灯塔存在了1500余年，14世纪毁于地震。

战国时期，最后的被创造的奇迹是永伴秦始皇的兵马俑军阵。虽然至今人们对这个奇迹还不能有幸一睹全貌，但也许只有如此才能让奇迹存在得更加久远！至于创造奇迹的帝国，以及帝国的瞬间倒塌已经早已为人们所熟知了。

横看战国时期四大被创造的世界奇迹，以及建造奇迹王朝的兴衰，我们同样可以看到一个巨大的身影——亚历山大。他在短短的15年里征服了几乎他所知的全部世界，缔造了横跨亚非欧的马其顿帝国。虽然帝国瞬间消失了，但影响极其深远。希腊化的世界是亚历山大大帝最耀眼的勋章。亚历山大的马其顿帝国分裂后，年轻的罗马共和国正行进在一个伟大业绩的中途，即从一个拥有不同文化、宗教和语言的城邦集合中，创造出一个单一的民族——罗马人，并开始踏上了其1700余年的漫长帝国之路。亚历山大帝国的分崩离析，也使本土的印度人能够于公元前322年至前185年建立孔雀王朝。但其后的印度半岛不断被外族入侵和控制。古埃及王朝被亚历山大终结后，在亚历山大手下战将托勒密的手中被逐渐地希腊化了。鼎盛时期疆域包括埃及本土、地中海的一些岛屿、叙利亚、巴勒斯坦等西亚地区；但不久又走向了衰落。约公元前70年，托勒密王朝的最后一任法老，也就是众所周知的埃及艳后即位。她被认为是为保护埃及免遭罗马人吞并，通过色诱恺撒大帝和他的手下马克·安东尼，为埃及赢得了20年的"和平"。

天下大势，合久必分，分久必合。战国时代的世界和战国时代的中国，都处在一个大动荡、大整合的年代。东西方的历史进程虽远隔万里时空，却完成了相似的演变。亚历山大和秦始皇用同样的

15 年，缔造了两个不世帝国，又瞬间倒塌，消失在历史的长河，只留下赫赫的武功震惊后人，继他们而起的是两个共同奠定当今世界两大主流文化基础的帝国——大汉和罗马。世界因两大伟大帝国的诞生而加快了发展的脚步。

八大奇迹作为世界古典时代的标志为人类古代文明画上了句号。中国的奴隶社会结束了。西方虽没有结束，但也迈出了别样的脚步。整个世界开始步入全新的时代。

世界历史
六千年

SURVEY
THE
WORLD

# 第四个千年
（公元前 300 年至 700 年）

## 帝国的荣耀

| | |
|---|---|
| 大秦的统一与后亚历山大帝国时代 | *117* |
| 西汉的崛起与古罗马共和国的扩张 | *126* |
| 西汉开拓西域与古罗马帝国的本质 | *135* |
| 东汉复兴与基督教兴起之耶稣蒙难 | *145* |
| 东汉衰亡与五贤帝时代的罗马帝国 | *155* |
| 魏蜀吴三国鼎立与波斯的萨珊王朝 | *164* |
| 五胡十六国的混乱与印度笈多王朝 | *173* |
| 南北朝并立与法兰克王国领航西欧 | *182* |
| 隋王朝的统一与拜占庭帝国的雄心 | *192* |
| 史诗般的大唐与阿拉伯帝国的崛起 | *202* |
| 千年纵横之并不存在的古罗马帝国 | *215* |

# 世界历史六千年

SURVEY THE WORLD

　　伴随着战争的烽火，帝国成为在这个千年的符号。中华文明因秦帝国的统一和大汉帝国的耸立而融合发展出人类最大的民族——汉。古印度文明虽然始终处于分裂，但孔雀王朝、笈多王朝和戒日王朝依旧是其骄傲。在各方势力的角逐中，希腊人的塞琉古王朝、帕提亚人的安息帝国、波斯人的萨珊王朝，以及高举伊斯兰战旗的阿拉伯帝国轮番称雄两河流域。在彻底终结尼罗河文明的法老时代后，古罗马帝国成功取代古希腊文明，以地跨欧亚非的庞大身姿奠定了欧洲现代文明的基石。在与其并行的过程中，日耳曼族群最终开创了标志西欧进入文明时代的法兰克王朝。

# 大秦的统一与后亚历山大帝国时代

公元前3世纪的世界，东亚七雄的混战被秦的一雄独霸所终结，但在开启中华文明的封建时代后，大秦帝国奠基的却是大汉王朝的江山。南亚孔雀王朝虽然完成了南亚次大陆大部分的首次统一，但阿育王推崇的佛教不能掩盖种姓制度的残酷。后马其顿帝国时代的欧亚非结合部，虽然因昔日亚历山大部将们的争斗而按文明起源重归原状，但无不深深留下了希腊化文化的印记。尽管在伊朗高原建国的帕提亚人和征服迦太基的罗马人还不十分强大，但已注定在此后数百年里与大汉王朝一道，共同影响整个世界。

公元前3世纪的东亚，秦国统一六国的前奏虽然曲折，但后期的进程异常顺利，只是统一在短时间内造成了太多的积怨、"无度"的大兴土木和征伐激发了群起的反抗，才招致了大秦帝国墙倒众人推的结局。西汉王朝的建立更多的是人民对于和平的期盼。

公元前3世纪前期的东亚，主要呈现的是齐秦两强对峙的格局，一度甚至有齐秦"东西二帝"之说，且齐国似乎更胜一筹。大秦虽然靠张仪的三寸不烂之舌成功瓦解了齐楚联盟，并幽禁楚怀王至死，乘机削弱了楚国，但也招来了其他诸侯的警惕。公元前296年，齐韩魏三国联军主动向秦国发起进攻，破函谷关，但只是迫使秦割地求和，错失了削弱秦国的最后一次机会。公元前293年，名将白起大败韩魏联军，秦重新崛起。而自以为已经雄霸天下的齐国却因在公元前286年吞并宋国而招致天下诸侯的不满。公元前284年，燕将乐毅率燕、秦、韩、赵、魏五国联军攻入齐国，连下包括都城在内的七十余城。尽管齐国依靠即墨守将田单的火牛阵击退联军复国，但自此彻底衰落。公元前278年，秦挫败楚国为重新夺回巴蜀之地发起的进攻，后反攻入楚国，迫使其都城东迁。自此齐楚两强俱衰，只有赵国因为廉颇和蔺相如两位名臣的存在尚能与秦抗衡。公元前262年，赵将赵括改变廉颇的防守战术，主动出击，与秦军决战。倾举国之兵迎战的秦国，在"长平之役"以奇兵截断赵军粮道，迫使40万赵军在断粮40余天后投降并全部被坑杀。尽管秦军亦因此战死伤过半，不得不暂时停止统一六国的进程休养生息，但其他六国自此再也无力、亦无志与秦抗衡，秦一统天下已成定局。公元前256年，秦军攻入洛邑，彻底灭亡周王朝。公元前246年13岁的秦王嬴政登基，十年后亲政，诛杀宦官嫪毐，幽囚太后，罢免专权的相国吕不韦，重用文臣尉缭和李斯为相，任用王翦、王贲父子和蒙恬、蒙武父子为将，正式开始灭亡六国的统一战争。公元前230年内史腾灭韩、公元前228年王翦灭赵、公元前225年王贲灭魏、公元前223年王翦灭楚、公元前222年王贲灭燕、公元前221年王贲灭齐，完成了中华文明的空前统一：在东达东海、南至南海、西抵昆仑、北越长城的辽阔大地上建立起一个前所未有的帝国。为治理这个庞大的国家，秦王嬴政自号始皇帝总揽大权，分天下为36郡，中央设丞相、御史大夫、太尉以及诸卿分别掌管政治、经济、军事；统一度量衡和货币，施行车同轨、书同文，修驰道、筑长城；对于稳定王朝统治、巩固国家疆域和形成以华夏为主体的中华民族发挥了重要历史作用。

但统一战争留给六国贵族太多的旧恨，大兴土木和苛刑峻罚又给普通民众增加了太多的新仇，帝国自始至终都处于一种高度紧绷的状态。即便如此，如果不是秦始皇的突然殒去，如果不是同时有赵佗率50万秦军远征岭南（公元前219年）和蒙恬率30万大军北击匈奴（公元前215年）造成的军力空虚，恐怕根本没有人能够揭竿而起。别说陈胜吴广的几百义兵，即便是项羽的8000子弟也只能

## 大秦的统一与后亚历山大帝国时代

（公元前 3 世纪）

**中南美洲古文明**

玛雅人在此期间发展着自己的神秘独特文明。

**南欧　亚平宁半岛**

前 275 年，希腊人皮洛士向罗马乞和；
前 264 年，与迦太基第一次布匿战争；
前 241 年，击败迦太基夺取西西里岛；
前 218 年，汉尼拔翻山征亚平宁半岛；
前 202 年，扎马战役罗马征服迦太基。

**南欧　希腊半岛**

前 295 年，德米特里登上马其顿王位；
前 276 年，安提柯重建了马其顿王国；
前 222 年，马其顿王国统一希腊半岛；
前 215 年，与罗马其顿第一次战争。

**北非**

前 300 年，欧几里得著《几何原本》；
前 285 年，托勒密二世与姐成婚共治；
前 280 年，亚历山大港世界奇迹灯塔；
前 246 年，托勒密三世继王位后扩张；
前 204 年之后，王朝长期被权臣操纵。

**西亚**

前 281 年，塞琉古远征土耳其被杀；
前 247 年，帕提亚人伊朗高原建国；
前 223 年，塞琉古帝国版图暂恢复，后与马其顿、托勒密争夺叙利亚。

**南亚**

前 301 年，宾头娑罗继位但无作为；
前 273 年，阿育王继位后大举扩张；
前 265 年，阿育王统一半岛的北部；
前 232 年，孔雀王朝东西两部分裂。

**东亚**

前 296 年，齐韩魏攻秦国破函谷关；
前 284 年，燕将乐毅率五国军伐齐；
前 278 年，秦攻楚国迫其都城东迁；
前 262 年，秦国长平之战大胜赵国；
前 256 年，秦军攻入洛邑亡东周；
前 246 年，嬴政登基又十年后亲政，开始统一战争灭亡韩国；
前 230 年，开始统一战争灭亡韩国；
前 221 年，秦帝国灭六国完成统一；
前 210 年，始皇东巡暴毙明交继位；
前 209 年，陈胜吴广领导农民起义；
前 206 年，项羽裂土分封 18 诸侯王；
前 202 年，刘邦击败项羽建立西汉。

在江东踯躅,当然更不会有汉高祖的"大风起兮云飞扬"了。

公元前210年,秦始皇在东巡途中暴毙。次年,陈胜、吴广领导农民揭竿而起,拉开了大秦帝国崩塌的序幕,但主角角色旋即被小吏刘邦和楚国贵族项羽所取代。公元前208年,项羽在巨鹿之战擅杀了畏敌不前的主将,率领5万大军"破釜沉舟"击败30余万秦军,一战决定了大秦帝国灭亡的命运。其必杀之霸气迫使包括刘邦在内作壁上观的各路诸侯,只能"膝行"拜见,而且"莫敢仰视"。公元前206年,刘邦虽然趁秦军主力抵御项羽之际攻入咸阳,但当项羽率40万大军攻破函谷关的时候,只有10万人马的刘邦只能冒死赴"鸿门宴"谢罪。而此时已是王中王的项羽却犯下两大致命错误,一是没有趁机杀掉最大的竞争对手刘邦,二是当饱受战乱之苦的民众渴望统一和平的时候,裂土分封了18个诸侯王,自封西楚霸王,定都彭城(今江苏徐州市)。封章邯、司马欣、董翳等前秦降将为王,镇守关中,监视和围堵被封为汉中王的刘邦。"楚汉争霸"格局自此形成。

公元前206年,刘邦趁中原战乱"明修栈道暗度陈仓",在袭取关中后,率大军50多万进攻彭城,但被项羽亲率的3万精骑击溃,其后大小百余战只赢得了"屡败屡战"的英名。但刘邦暗地里早已派韩信北上夺取赵、魏、齐等国之地,成功拉拢了彭越、英布等其他诸侯,使得孤傲、霸气的项羽成了孤家寡人。公元前202年,昔日"力拔山兮气盖世"的项羽兵败垓下、自刎乌江。高祖刘邦则建立大汉王朝,定都今西安。

公元前3世纪的南亚,在中华文明于混战中走向统一的同时,古印度文明也结束了列国时代。孔雀王朝虽然没有完全统一南亚次大陆,却是古印度文明中国家形态的最大骄傲。

宗教在古印度文明中一直扮演着重要角色,与之纠缠不清的是将人严格划分为四个等级的瓦尔那制度以及肤色的贵贱制度。它们混合在一起形成了印度特有的种姓制度,且总体上分为婆罗门、刹帝利、吠舍和首陀罗四个等级。其中，兼具着宗教祭祀职责的婆罗门等级最高，刹帝利则以国王和军政贵族为主，吠舍主要是商人和奴隶主，首陀罗则主要是由土著奴隶组成的贱民。"轮回业报"几乎是印度所有宗教的共性。但公元前6世纪出现的佛教和耆那教，由于主张"四姓平等"而得到更广泛认可和传播。尤其是刹帝利和吠舍两个阶层，他们希望通过"四姓平等"使自己得到与社会地位等同的身份，而不是低婆罗门一等。耆那教以禁欲著名，创建孔雀王朝的旃陀罗笈多就是一位狂热的耆那教信徒。公元前301年，在传位儿子宾头娑罗后，旃陀罗笈多遁入空门绝食而亡。此前为王时他却是穷奢极欲，世界无王能及。在位28年的宾头娑罗王建树无多，只是保住了王朝的江山。公元前273年，原担任西北地区总督的阿育王继位，8年后征服了东南沿海的羯陵伽国，除德干高原南部外，基本完成了南亚次大陆的统一。数十万常备军是孔雀王朝的重要支柱。大概是受波斯帝国的影响，孔雀王朝对地方的管理只限于收税，并逐渐演变成包税人制度，即一个人在承诺向王朝缴纳某地的税收之后就拥有该地的管辖权。这也成为南亚次大陆一直土邦王国林立的原因之一。

在佛教传说中，阿育王是放下屠刀立地成佛的代表。传说阿育王是在杀死99名兄弟后才坐稳王位的。穷凶极恶的他曾经专门挑选最凶恶的人设立"人间地狱"残害百姓。他在征服羯陵伽国后亲自书写的碑文中曾有"在这一次战争中，羯陵伽有15万人（畜）被掳走，10万人在战争中被杀，还有若干倍于此的人死亡"。但阿育王在此战之后，确实停止了杀戮，大力推崇佛教。前232年阿育王去世，孔雀王朝分裂成恒河和印度河流域由他两个信仰不同宗教儿子管理的两个王国，且均走向衰落。

公元前3世纪的西亚、北非和东南欧，昔日亚历山大等将领重新恢复马其顿帝国的雄心，在残酷的厮杀中最终被现实的王国所取代。塞琉古帝国虽然在亚洲占有大片土地，但帕提亚人的建国已经预示希腊文化终归不能成为那里的主流。托勒密王朝则将广袤的埃及当成了自己的家园，金发碧眼的头颅上开始高耸起法老的桂冠。马其顿王国虽然依旧觊觎叙利亚的肥沃土地，但更多的只是陷于巴尔干半岛的内斗。

塞琉古帝国作为继业者战争中的最大赢家有着深深的希腊情结。塞琉古一世和他的继任者们先后在西亚和中亚建造了数十座希腊风格的城市，并将其在今土耳其南部新建的首都命名为"安条克"，以吸引更多的希腊人移民，也因此获得"城市建造者"的称号。这种希腊情结使塞琉古王朝采取了东与孔雀王朝交好，向西积极扩张的对外政策。公元前281年，作为硕果仅存的亚历山大部将，塞琉古一世再次征服土耳其半岛，使帝国的疆域达到鼎盛。但他当渡过达达尼尔海峡试图占领马其顿、荣归故土的时候被后者派人暗杀了。其继任者们同样深深地卷入了与托勒密王朝和马其顿王国争夺地中海东岸地区的战争，导致帝国东部逐渐失去控制。公元前256年，希腊人在帝国东部阿富汗一带建立的巴克特利亚王国宣布独立。公元前247年，帕提亚人在中部伊朗高原宣布建立自己的国家。虽然安条克三世在公元前223年重新恢复了帝国鼎盛时期的版图，但其后在帕提亚人和罗马人的东西夹击之下，帝国逐渐衰落，最终被罗马灭亡。

托勒密王朝是一个充满神奇的帝国。托勒密本人曾是亚历山大最亲密的战友，甚至有人说他们是同父异母的兄弟。托勒密曾致力于恢复马其顿帝国的版图，并积极参与了历次继业者战争。公元前306年，在得知亚历山大的儿子被卡山德毒杀后，托勒密在埃及加冕，称托勒密一世；对内沿袭前埃及人的管理方式，把埃及大概分成40个省，由希腊人担任重要官员，实行殖民统治，估税和收税是他们的主要任务。为使埃及希腊化，托勒密一世亲自下令建造了当时世界上最大的亚历山大图书馆，鼎盛时藏书70余万卷，吸引了包括阿基米德、欧几里得等大量当时著名学者，促进了古代西方科学文化的发展。对外则通过联姻等多种手段保持与周边国家，特别是与希腊本土的友好关系。公元前286年继位的托勒密二世延续了其父的执政风格，对内兴修水利发展农业，继续扩建亚历山大，兴建图书馆，支持科学文化发展，使托勒密王朝达到鼎盛。托勒密二世还仿效古埃及法老旧习，娶其离婚的姐姐为妻，这成为托勒密家族开始埃及化的重要标志。对外，托勒密二世积极扩张，但在与塞琉古帝国的两次叙利亚战争都没取得胜利，与马其顿及希腊城邦的战争也是互有胜负。不过，继任的托勒密三世在第三次叙利亚战争中，一度攻入塞琉古帝国的都城安条克，并重新占领叙利亚等地中海东部沿海地区。托勒密四世在治国方面是个无能之辈，以至其公元前205年死后，妻子被杀，托勒密五世沦为一群怀有野心权臣的傀儡，托勒密王朝自此没落。

马其顿王国作为昔日马其顿帝国的发源地，经历了太多的混乱。公元前295年，国王卡山德死后，原本在希腊半岛南部称王的德米特里北上夺取政权，但随后在远征土耳其半岛的战争中被俘。其后，王位频繁被托勒密和安提帕特家族的人掌控。公元前276年，德米特里之子安提柯二世在击败南侵的凯尔特人后，取得全部马其顿的统治权，正式建立安提柯王朝，与西亚的塞琉古和北非的托勒密王朝形成三强鼎立的局面。但此时的马其顿王朝还只是占据了以马其顿为中心的巴尔干半岛部分地区，南部希腊半岛上大量的城邦依然保有城邦时代的特点，不受其节制，且逐渐形成两大城邦联盟。直到公元前222年，安提柯三世才使南部的希腊等城邦臣服。公元前215年起，腓力五世为支持迦太基人，与罗马人进行了第一次陆路交锋——第一次马其顿战争。公元前204年，双方签订合约。但此后，马其顿的最大敌人已不再是亚洲的塞琉古和北非的托勒密王朝，而是正在走向强大的古罗马共和国。

公元前3世纪的地中海中西部，当马其顿、塞琉古和托勒密以及无数弱小城邦杀成一团的时候，北非的迦太基人两次试图遏止地中海对面罗马人的崛起，但均以失败告终。

公元前3世纪的罗马已经从几被高卢人灭亡的打击中恢复过来，公元前272年征服希腊人的他林敦城，基本完成了亚平宁半岛的统一。罗马人对被征服地区采取分而治之政策。除设置具有军事据点性质的殖民地外，把国家划分为有投票权的自治公社、无投票权的自治公社、同盟者、臣属地等不同类型进行统治，并通过签署条约形成相对松散的战略联盟。以《十二铜表法》为基础，罗马人创立了独特的共和体制，实行执政官、元老院和公民大会三权分立，有效地缓和了社会各阶层矛盾，增强了对外扩张的实力。但当古罗马共和国完成陆地统一，开始走向海洋的时候，遇到了一个强大对手——迦太基。此时的迦太基已经是一个庞大海上商业帝国。迦太基城比罗马城大三倍，拥有居民60多万、50支桨的巨型战船数百艘，以至于西地中海宛如迦太基人的内湖。迦太基人曾傲慢地宣称"如果得不到我们的允许，罗马人想在大海里洗洗手都是不可能的"。

公元前264年，为争夺盛产粮食的西西里岛，罗马和迦太基人之间爆发了第一次战争（因罗马人称迦太基人为布匿，亦称之为第一次布匿战争）。迦太基人原本拥有海军优势，而罗马人只有陆战能力，但罗马人在希腊人的帮助下建造了与迦太基人同样的战船，且采取登船作战的方式进行陆战式搏杀，最终在公元前241年取得了第一次布匿战争的胜利。迦太基人则在公元前237年攻占了伊比利亚半岛，在西班牙建立起一支庞大的雇佣兵军队，并积极准备第二次布匿战争。公元前218年，迦太基名将汉尼拔以冻死、摔伤近半人马的代价，率领远征军冒死翻越了阿尔卑斯雪山，"突然出现在惊恐万分的罗马人面前"，在特拉比亚战役中几乎全歼了前来应战的罗马军团。汉尼拔宣称："我并非来此与意大利人为敌，反之我是为了意大利人的自由而与罗马为敌。"公元前216年，汉尼拔依靠其举世闻名的新月形战术，在坎尼战役中以较少的兵力包围并击败了罗马大军，使古罗马共和国近半高级将领和元老院议员被杀或被俘、精锐军队几乎被消灭殆尽。在此后长达15年的时间里，依靠掠夺财富的诱惑和非凡的战术指挥才能，战无不胜的汉尼拔将打得罗马人只能闭门不战。但由于军队全是雇佣兵，且汉尼拔因迦太基贵族猜忌只能以战养战，即使一度得到了希腊人的支持，迦太基人也一直没能取得决定性的胜利。屡遭败绩的罗马人在坚壁清野防御汉尼拔的同时，公元前202年采取围魏救赵战术，派3万大军远征北非，在扎马战役中击败了被迫回援的汉尼拔。迦太基人最终不得不投降，由昔日的海洋霸主变身为罗马人的藩属。第三次布匿战争后，迦太基城最终被罗马人夷为平地，西班牙也成为罗马人的战利品。公元前183年，逃亡塞琉古王国的汉尼拔在罗马人的威逼下服毒自尽。

纵观公元前3世纪的世界，希腊化是其最大的特征。在这过程中，西亚塞琉古王朝与刚刚诞生国家形态的南亚或交好或征战，而且对部分中亚地区构成了影响；北非的托勒密王朝虽然延续了古埃及的法老体制，但其推进埃及希腊化的程度更为彻底，甚至用希腊文字完全取代了古埃及的象形文字。巴尔干半岛上的所有王国无疑汲取了最多希腊文化的营养。即便是亚平宁半岛上的古罗马文明，也是在古希腊文明基础之上奠定了欧洲2000年文明的基石。相比之下，东亚大秦帝国的统一多少显得有些孤独和自我，但因率先引领中华文明告别古典文明、进入封建时代而具有非凡的历史意义。与之相比，欧洲直到公元6世纪才完成这一历史进程，宣告古典时代的终结。

公元前3世纪末，随着大汉王朝最终在楚汉争霸中胜出，古罗马共和国在经历布匿战争后迅猛崛起，人类文明将在此后数百年呈现全新的格局。

# 西汉的崛起与古罗马共和国的扩张

公元前 2 世纪的世界,东亚的大汉王朝缔造了人类历史最大的民族——汉,并给中华文明永久烙上了大汉文化的印记;而大月氏人的远遁则首开中国北方游牧民族西迁的先河,并对中亚及南亚次大陆的发展影响深远。西亚的帕提亚人不但终结了希腊人称霸两河流域的时代,而且加速了塞琉古王朝的衰落。南欧的罗马人则在迅猛扩张中,将北非、东南欧和部分西亚地区收入囊中,使地中海成为自己的内湖,登上了古罗马共和国时代的顶峰。

公元前 2 世纪的东亚,大汉王朝前期以休养生息为基本国策,努力弥合过去数百年战争造成的社会创伤,后期则依靠汉武大帝的南征北伐,使自己硕大无比的身躯从世界的东方傲然站起。

公元前 200 年伊始,汉高祖经历了一次有惊无险的挫折。中国北方游牧民族主体与中原民族有着共同的起源,从协助武王伐纣建立西周起,逐渐从散居游牧氏族社会向奴隶制过渡,但较少纳入中原王朝的统治之下,且历史上经常以中原王朝的对手身份出现,甚至入主中原、建立王朝。因此对中华文明来说,北方游牧民族一直是困扰中原历代王朝的头号难题。公元前 209 年,匈奴冒顿单于杀父自立,击溃东面的东胡,迫使西面的大月氏远遁中亚,独霸漠北草原,并趁秦末战乱重占河套地区,经常南下掠夺,威胁中原。公元前 201 年,冒顿单于亲自率兵侵入今山西省境内,迫使当地守将叛汉投降。公元前 200 年,高祖刘邦在率兵平叛途中被 40 余万匈奴大军包围在今大同西面的白登山,史称"白登山之围"。据《史记》

记载，高祖采纳谋士陈平建议，派人贿赂了冒顿单于的老婆才得以逃脱。

面对强敌，鉴于国家刚经历秦朝15年暴政和秦末8年战乱，经济凋敝、民心思定，高祖刘邦对外采纳了娄敬的"和亲"建议，出嫁皇室宗女与匈奴联姻，每年赠送大量财物以换取和平；对内采纳了陆贾的"无为而治"建议，罢兵归田，轻刑法、减税负、抑商贾，使社会经济得到极大恢复。为了"江山永固"，刘邦在去世前剿杀了韩信、彭越和英布等曾助其夺取天下的异姓诸王，并与群臣订下了非刘姓不得封王的"白马之盟"。公元前195年刘邦死后，吕后虽然擅权十余载、大肆诛杀刘姓诸王、擅封吕氏族人，但总体上还是沿袭了与民休息的基本国策。公元前180年，吕氏家族在吕后死后被一网打尽，中华文明进入封建社会的第一个盛世——文景之治，在延续"与民休息"思想的同时，采纳了晁错的建议，对"抑商"政策进行了调整，实行"贵粟政策"，汉文帝还曾下诏全免田租，汉景帝时田租也仅是三十税一，使汉初社会经济得到了飞速发展，以至"京师之钱累巨万，贯朽而不可校，太仓之粟，陈陈相因，充溢露积于外，至腐败不可食"。华夏与夷狄各族也在稳定的社会环境中逐步融合成的一个全新的民族共同体——汉。无论是人口数量，还是文化水平都占据绝对主体地位的汉民族出现，对于大汉帝国实行郡县制度和维护大统一的中华文明发挥了至关重要的作用。但由于"削藩"的建议引发"七国之乱"，晁错在公元前154年被汉景帝无奈斩杀以平众怒。

公元前140年，汉武帝在即位后，政治上通过"推恩令"逐步削弱诸侯势力，并设刺史加强对地方的管理，经济上实行国家专营冶铁、煮盐和酿造，进一步增强国家财力，思想上"罢黜百家，独尊儒术"，为大汉帝国的崛起提供了坚实保障。此后，汉武大帝在二十多年时间里创造一系列不世武功；在西南方向，公元前135年入蜀灭夜郎；在北面，公元前133年在马邑设伏，吓退匈奴，公前 129 年派大将军卫青奇袭龙城，公元前 127 年击败白羊王、楼烦王收复河朔，公元前 121 年派骠骑将军霍去病夺取河西走廊，公元前 119 年直捣匈奴人老巢、"封狼居胥"、逐匈奴于漠北；在东北方向，公元前 109 年远征朝鲜半岛，灭卫氏朝鲜设郡置官；在西北方向，公元前 108 年与伊犁河谷一代的乌孙国和亲，破车师、伏楼兰，建立起其后百年汉朝经略西域的重要支撑。但公元前 104 年起，好大喜功的汉武帝错误地重用外戚贰师将军李广利，两次劳民伤财的西征大宛国，仅带回宝马数十匹，普通马三千余匹，不但进一步削弱了西汉本难以支撑的国力，更使汉匈之战又延续了 200 余年。

公元前 2 世纪的中亚，张骞出使西域（公元前 138 年）不但开辟了"丝绸之路"、为大汉王朝开拓西域奠定了基础，更见证了贵霜帝国的雏形阶段。巴克特里亚王国原是亚历山大时期希腊人在今阿富汗境一带建立的殖民国家（中亚希腊王国），后沦为塞琉古王朝的藩属。公元前 2 世纪初，巴克特里亚王国趁塞琉古王朝衰落之机摆脱其控制，并开始向南扩张，从分裂的孔雀王朝手中夺取了印度河流域上游的广大地区。在这过程中，原本活跃于祁连山一带的大月氏人在被匈奴人击败后，又在伊犁河谷地区再败于乌孙人，不得不西迁来到阿富汗一带。当张骞到达那里时，大月氏人已逐渐征服巴克特里亚王国，称雄阿姆河、锡尔河流域，也因此拒绝了张骞与大汉合击匈奴的请求。大月氏人后分为五部，各部首领称翕侯。公元 1 世纪中叶，贵霜部翕侯"丘就却"统一五部，建立贵霜帝国，对中亚和南亚次大陆北部文明的发展产生了巨大影响。

公元前 2 世纪的南亚，由于恒河和印度河流域分别被阿育王两个不同宗教信仰的儿子控制，南亚次大陆北部的孔雀王朝事实上东西分裂，南部原本就不在他们掌控之下的地区更是邦国林立，整个次大陆陷于四分五裂之中。被分裂成两部分的孔雀王朝也逐渐衰落，其中恒河流域的那部分只是由于王都位于华氏城而依旧被视作孔雀王朝的传承者。公元前 187 年，将军巽伽杀死孔雀王朝的最后一位

# 西汉的崛起与古罗马共和国的扩张

（公元前 2 世纪）

## 中南美洲古文明

玛雅人在此期间发展着自己的神秘独特文明。

## 南欧 亚平宁半岛——古罗马共和国

前 192 年，击退塞琉古对希腊的进攻；
前 168 年，灭亡马其顿占领希腊半岛；
前 148 年，罗马人摧毁北非迦太基城；
前 111 年，罗马向北非的朱古达宣战；
前 107 年，平民执政官马略改革军队；
前 105 年，马略在朱古达战争中获胜。

## 南欧 希腊半岛——马其顿王国

前 197 年，第二次马其顿战争中兵败；
前 168 年，被罗马人击败并彻底吞并。

## 北非—托勒密王朝

前 193 年，克利奥帕特拉托勒密共治；
前 168 年，塞琉古军攻占亚历山大港；
前 145 年，托勒密六世在战斗中阵亡，政权因内乱和外部干涉混乱、衰落。

## 西亚—塞琉古王国

前 196 年，参与瓜分托勒密亚洲领地；
前 192 年，西攻马其顿被罗马人击败；
前 188 年，被罗马夺土耳其并半岛西部；
前 142 年，帕提亚人在伊朗高原建国；
前 127 年，东征伊朗帕提亚人被打败；
前 126 年，大月氏人灭巴克特里王国；
前 126 年，帕提亚人击退大月氏进攻。

## 南亚

前 187 年，巽伽灭北部孔雀王朝；
半岛南部依然邦族林立，安度罗人建立的王国在泥乱中渐具影响。

## 东亚

前 200 年，高祖北伐匈奴白登被围；
前 180 年，吕后死汉文帝开始文景之治；
前 154 年，七国之乱汉景帝新削错；
前 140 年，汉武帝继位后削弱诸侯；
前 138 年，张骞出使西域联络月氏；
前 133 年，汉军马邑设伏欲歼匈奴；
前 129 年，卫青奇袭龙城大败匈奴；
前 127 年，卫青再击匈奴收复河朔；
前 121 年，霍去病率军夺河西走廊；
前 119 年，霍去病征漠北封狼居胥；
前 111 年，岭南之南越国降服汉；
前 101 年，数次远征大宛开拓西域。

国王，建立巽伽王朝。印度河流域广大地区先是遭到巴克特里亚王国入侵，后落入贵霜帝国之手，来自伊朗高原的帕提亚人后也有染指。巽伽王朝时代的南亚次大陆，婆罗门教在当权者的支持下得到了复兴，但佛教因苦难中的人们对来世的期盼也得到进一步发展，未来佛弥勒佛的原始形态开始出现。

公元前2世纪的西亚，昔日庞大的塞琉古王朝宛如烈日下的坚冰，虽然依旧能够不断向四周发出阵阵的寒意，但自身在不断地融化和缩小，与之相伴的是罗马人的东扩和帕提亚人的西征。

公元前196年，安条克三世在恢复塞琉古帝国的大部分版图后，趁埃及托勒密五世年幼，与马其顿王国一道瓜分了托勒密王朝在亚洲的领地；随后同塞琉古一世一样怀着浓厚的希腊情结向欧洲进军，但此举为罗马人向巴尔干半岛扩张提供了借口。公元前192年，塞琉古和罗马两国军队在希腊半岛展开大战。由于此时的马其顿王国已经在第二次马其顿战争中战败并臣服于罗马，塞琉古的军队遭到了重创，海军也在随后的海战中惨败。罗马大军随后攻入土耳其半岛。公元前190年，罗马人在盟友的帮助下彻底击败安条克三世，迫使其放弃了土耳其半岛及其以西的大部分领土。塞琉古王朝自此走向衰落，其在亚洲的东部领地也逐渐失去控制，曾被其征服的帕提亚人再度崛起。

帕提亚人在公元前3世纪中期从北方来到伊朗高原东北部并建立了自己的国家，但曾数度被塞琉古王朝征服。公元前142年，帕提亚人击败塞琉古军队，建立帕提亚帝国（我国古称安息）。公元前127年，帕提亚人在杀死东征的安条克七世后，彻底占有两河流域，使塞琉古王朝从那时起逐渐沦落为以安条克城为中心、蜷居土耳其半岛东南部的一个小国。但作为马背上的民族，帕提亚人的手工制造业相对落后，农牧业和商业在国家经济占据主导地位。公元前2世纪后期，张骞两次出使西域以及帕提亚帝国对不同种族的包容使"丝绸之路"得到飞速发展，成为其后2000余年东西方贸易的主要通道，直到海上航线开通后才逐渐衰落。丝绸之路的西段主要在帕提亚境内，帕提亚通过贸易和税收积累了巨额的财富。但帕提亚与其说是个帝国，不如说是一个由众多独立小国、自治城邦、贵族领地以及行省组成的邦国联盟，称臣、纳税和在战时提供军队是这些地方政权的主要义务。这些依托地区经济中心建立起来的地方政权，被允许拥有自己的军队，且通常只效忠领主而不是帕提亚国王。这使帕提亚国王本质上只是个联盟的首领，也因此只能号称"万王之王"了。帕提亚帝国这一特性的另一突出表现就是没有一个正式的首都，政权也因此极不稳定。公元前126年前后，帕提亚人成功地阻止了东方大月氏人向伊朗高原的西侵，迫使其向东、南转向攻入南亚次大陆。而随着塞琉古王朝的没落，帕提亚人即将在西方直面一个新的强大敌人——罗马。虽然"帕提亚战术"一度令欧洲人闻风丧胆，但两者对西亚叙利亚一带的争夺持续了数百年之久。

公元前2世纪的地中海周边地区已经没有什么力量能够阻挡古罗马共和国扩张的脚步了。

巴尔干半岛的马其顿在公元前2世纪成为罗马人称霸地中海的首要障碍。马其顿王国虽然在第一次马其顿战争中尚能与罗马人打成平手，但到了第二次马其顿战争时期就只能接受被屠戮的命运了。而对于羽翼未丰的罗马共和国来说，第二次马其顿战争则只是其成长过程中的又一次饕餮盛宴。公元前202年击败北非的迦太基后，实力暴涨的罗马人开始将扩张的目光转向巴尔干半岛，挑起了持续了近4年的第二次马其顿战争，并用公元前197年的辛诺塞法利决战画上了圆满的句号。决战中，2万人组成的马其顿方阵被罗马人打得溃不成军，8000余人被杀，5000余人成了俘虏。马其顿王国被迫接受和约，放弃本土以外的全部领地并交出了舰队。此后，罗马人一度撤出了巴尔干半岛，但还是在公元前168年彻底灭亡了马其顿王国，并将其一分为四，后在公元前148年将其合并为罗马的一个行省，完成对巴尔干半岛的征服。

北非东部的托勒密王朝公元前 2 世纪初,在第五次叙利亚战争中被塞琉古的安条克三世夺取了整个巴勒斯坦地区。两国后迫于罗马人的共同威胁在公元前 193 年达成和约,安条克三世的女儿——克利奥帕特拉嫁给了年仅 15 岁的托勒密五世,并与其共治埃及,称克利奥帕特拉一世。克利奥帕特拉从此经常成为埃及女王的称谓。但此时托勒密王朝的朝政被几位权臣所掌握,国王和王后一度成为傀儡。公元前 168 年,塞琉古王朝再度入侵了托勒密王朝,占领了都城亚历山大。虽然在罗马人的干涉下,托勒密王朝赶走了入侵者,但再也无法摆脱罗马人的操控了。公元前 145 年托勒密六世神秘去世后,王朝在民众起义、王位争夺和外部干涉带来的混乱中彻底走向衰落。北非中部的迦太基城也在公元前 146 年结束的第三次布匿战争中被罗马人攻破,并在被血洗后夷为平地,自此永远消失了。

面对罗马人的迅猛崛起,此时已经十分弱小的塞琉古王国只能龟缩在土耳其半岛的东南角战栗,直至公元前 64 年被吞并为古罗马共和国的一个行省。

古罗马共和国前期实行执政官、元老院和公民大会三权分立政体,由元老院代表贵族利益,公民大会代表平民利益,执政官负责具体政策执行。这一政治体制曾经较好地弥合了社会各阶层的矛盾,增强了内部团结,在共和国发展初期抵抗外族入侵以及对外扩张中发挥了重要作用。但伴随着一次次的对外扩张取得巨大胜利,当大量的财富和奴隶流向罗马,古罗马共和国原有的社会结构逐渐被打破,开始进入由原始公有制向私有制过渡都必须经历的发展阶段。那些原本为保家卫国而自愿参加军队的自由民在战争结束后,发现自己的田地已经荒芜,面临破产甚至沦为奴隶的厄运,而贵族和奴隶主则乘机大肆兼并土地。平民和贵族之间的矛盾日趋激化,且较多表现为两者对执政官地位的争夺。公元前 133 年和公元前 123 年,格拉古兄弟先后以执政官的身份进行了两次以没收贵族非法占有的国家土地为主要内容的"格拉古改革",但都因贵族元老院的血腥镇压而失败。一位罗马历史学家因此写到,"此后的内部纷争便用剑来解决了,在此以前却是用协议解决的"。古罗马共和国的原始民主开始失去存在的基础。其后,随着连续的军事失败和腐败丑闻,贵族元老院在民众中的威信急剧下降。公元前111年,罗马向意欲摆脱罗马统治的北非朱古达国王宣战。但元老院派往非洲的远征军将领一再被朱古达收买,甚至与其签订了和约。朱古达在被带到罗马作证时,竟在收买了某些元老院贵族后毫发无损地离开了罗马,甚至还杀死了一个躲在罗马的政敌。临走前,朱古达鄙夷地说:"如果能找到买主,我甚至能卖掉这座城市。"元老院的声望彻底跌落深谷。

公元前107年,平民出身、宣称"他们以我的社会侮辱我,我更因他们的丑闻而羞耻"的马略当选执政官。次年,马略偕部将苏拉进军非洲,公元前105年赢得"朱古达战争"的胜利,也因此奇迹般地六次当选执政官,直至公元前100年才在贵族们的咒骂声中黯然引退。执政期间,马略对军队进行了历史性改革,放弃只有能够自己配备武器的自由民才能参加军队的做法,公开招募破产农民,并向他们承诺可以在战争后分享战利品,在服役20年后可以得到养老金甚至自己的土地等。马略的改革虽然暂时缓和了社会矛盾,增强了军队的战斗力,但彻底改变了军队的性质。以至于共和国后期,军队对将领的忠诚更甚于罗马,也因此导致了共和国后期军事独裁的出现,以及由军事独裁导致的古罗马共和国向古罗马帝国的转变。

纵观公元前2世纪的世界,当战争的硝烟散尽,欧亚大陆只剩下东西两端大汉王朝和古罗马共和国的高大身影,以及西亚和中亚依稀可见的未来帕提亚和贵霜帝国。但无论相对于大月氏的"五部分治",还是帕提亚的"万王之王",还是古罗马共和国行将破碎的原始民主,大汉王朝在国家形态的各个方面都要先进得多,更重要的是:"他建立了一个国家前所未有的尊严,他给了一个族群挺立千秋的自信,他的国号成了一个伟大民族永远的名字。"中华文明的发展由于大汉王朝的崛起开始全面领先于世界。

值得一提的是,正是由于帕提亚和大月氏人的崛起,欧亚大陆中部草原地区才逐渐清晰地出现在人们的视野中,并成为人类文明发展史的重要组成部分。

# 西汉开拓西域与古罗马帝国的本质

公元前1世纪的世界，东亚汉匈百年大战以甘延寿、陈汤的"明犯强汉者，虽远必诛"和西域诸国纳入大汉版图暂告段落。中亚大月氏人在"五部分治"中逐渐向统一的贵霜帝国过渡。南亚在四分五裂中进行着弱小王朝的更迭。西亚帕提亚帝国在屡次击败罗马入侵后确定了大国的地位。南欧古罗马共和国在四处扩张中逐步完成了向帝国的转变。

公元前1世纪的东亚，汉武帝的"轮台罪己"为一个时代画上了句号。大汉王朝虽然在"昭宣中兴"中再度羽翼丰满、开疆扩土、收服西域，却在外戚干政中走向灭亡。

从高祖刘邦建西汉（公元前202年）到东汉献帝让位曹魏政权（公元220年），汉匈大战在大汉王朝立国的422年时间里持续了300余年，大致经历了早期汉被动联姻、汉主动出击、汉匈争夺西域、匈奴向西远遁四个阶段。双方交战的主战场也逐渐从北方草原向西域大漠转移。300余年的苦战耗尽了匈奴人的实力和勇气。300余年的苦战也使大汉王朝几经沉浮。在这个过程中，汉武帝以舍我其谁的精神，"承累朝之培养，既庶且富，相时而动，战以为守，攻以为御"，彻底改变了双方交战的战略格局，使汉在此后的对匈关系中占据主动，历史功绩不容抹杀。但其刚愎自用和所用非人带来的恶果引发了一系列灾难，这几乎撼动了大汉王朝庞大的身躯。

公元前100年，因苏武等人出使匈奴被扣，汉匈战端再起。由于匈奴人的实力有所恢复，加之汉军战力大不如前，在此后十余年的交战中，汉军胜少败多且不少高级将领投降匈奴，令汉武帝恼怒不已。公元前99年，贰师将军李广利率3万骑兵攻击匈奴右贤王。将军李陵主动向汉武帝请缨，愿率5000精锐直捣匈奴王庭，结果在阿尔泰山一带遭遇匈奴单于率领的主力，陷入重围。李陵虽然率军击杀匈奴兵无数，令敌胆寒，但始终没能摆脱匈奴大军的追击，后因叛徒出卖在距边塞仅百余里处被匈奴军队彻底围困。在刀箭尽毁的情况下，李陵令部下四散突围，自己无奈地投降了匈奴。李广利亦在此战斩杀匈奴数万后，陷入重围，死战得脱，士兵损失十之六七。两年后，李广利出征匈奴无功而返。公元前91年，汉武帝因"巫蛊之祸"滥杀多位大臣和数万无辜百姓，太子刘据亦被株连其中，父子三人死于非命。次年，李广利等再击匈奴，因急功冒进，先胜后败，无奈投降匈奴。公元前89年，遭受一连串打击的汉武帝发布《轮台罪己诏》，主动承认了自己的错误，给自己略欠完美的一生画上了完美的句号。公元前87年，汉武大帝去世，庙号"世宗"，后人则给予了他"武帝"的尊称，而毛泽东的一句"惜秦皇汉武"更使其名留千古。

武帝之后，大臣霍光先后辅政昭宣两帝，虽有专权之嫌却有治国之功，使西汉能够在"昭宣中兴"中再现繁荣。与大汉王朝相反，匈奴王庭在连年征战中日趋衰微，其活动之中心逐渐向西移至甘肃以北，且逐渐失去了对周边部落的控制。公元前72年，匈奴人被南面的汉军、北面的丁零人（突厥人前身）、西面的乌孙国、东面的乌桓人（东胡后裔）四面夹攻，遭受沉重打击，一蹶不振。

西域是中国古代对新疆及其以西比邻的中亚诸国的统称。西域诸国或以城郭为中心兼营农牧，或逐水草而居，语言不一，互不统属；小国人口仅有几百，大国也不过数万，有36国之泛称。公元前60年，汉设西域都护府，正式将西域各国纳入自己的管辖，进一步削弱了匈奴人的影响。公元前58年，匈奴内乱，日逐王先贤掸率众

# 西汉开拓西域与古罗马帝国的本质

（公元前 1 世纪）

**中南美洲古文明**

玛雅人在此期间发展着自己的神秘独特文明。

**南欧北非——古罗马帝国**

前 91 年，罗马人与同盟者战争爆发；
前 81 年，元老院接苏拉终身独裁官；
前 73 年，爆发斯巴达克斯奴隶起义；
前 64 年，东征彻底灭亡塞琉古王朝；
前 60 年，罗马共和国前三巨头结盟；
前 53 年，克拉苏征帕提亚兵败被杀；
前 49 年，恺撒率军返罗马追杀庞贝；
前 44 年，恺撒任终身独裁同年被杀；
前 43 年，罗马共和国后三巨头同盟；
前 36 年，屋大维扶禁同盟者雷必达；
前 31 年，屋大维击败安东尼吞埃及；
前 27 年，屋大维称奥古斯都并独裁。

**北非**

埃及成为罗马人的粮仓。

**西亚——帕提亚**

前 97 年，帕提亚人向西亚美尼亚；
前 90 年，帕提亚崛起中迁都泰西封；
前 64 年，塞琉古王朝被罗马人吞并；
前 53 年，帕提亚杀罗马帅克拉苏；
前 36 年，帕提亚败安东尼罗马大军；
前 02 年，女奴皇后嫁儿子分享王权。

**中南亚**

前 1 世纪，大月氏中亚逐渐崛起。
前 73 年，甘华王朝灭亡巽伽王朝；
前 33 年，安度罗人灭亡甘华王朝。

**东亚**

前 100 年，苏武出使匈奴遭扣押；
前 99 年，李陵大战匈奴兵败投降；
前 90 年，李广利战匈奴兵败投降；
前 89 年，武帝轮台诏罪已不再征战；
前 72 年，汉再征匈奴终平定西域；
前 68 年，宣帝亲政剪除霍姓外戚；
前 60 年，西汉正式设西域都护府；
前 54 年，匈奴呼韩邪单于降西汉；
前 49 年，元帝继位重视治理西域；
前 36 年，陈汤矫旨击杀郅支单于；
前 33 年，昭君出塞和亲匈奴单于。

数万骑归附于汉，获封归德侯。呼韩邪单于在混乱中继位，后被其兄郅支单于击败，也在公元前 54 年引众南下，遣子入汉，称臣归附；后在汉帮助下，在郅支单于西迁后，率众重归漠北。公元前 49 年，汉元帝继位。公元前 36 年，甘延寿、陈汤假借圣旨，集结汉、胡士兵四万人，奔袭 3000 里，在今哈萨克斯坦境内斩杀郅支单于，留下了那句声震千古的豪言——"明犯强汉者，虽远必诛！"。公元前 33 年，"昭君出塞"和亲呼韩邪单于，为汉匈之间赢得了 40 余年的和平。而汉元帝虽平服匈奴有功，但过于放纵外戚和宦官，为西汉的灭亡埋下了祸根。而且此时的西汉王朝也因连年征战，土地兼并盛行，贫富悬殊加剧，中央集权削弱，社会矛盾加深。公元前 33 年，汉成帝继位后沉迷于声色犬马，其母太后王政君干政，外戚王凤四兄弟均得以身居要职，掌握朝政，形成"王凤专权，五侯当朝"的局面。作为王氏家族成员，后来灭亡西汉的王莽也在这一时期获封新都侯。尽管公元前 7 年汉哀帝即位后，王氏家族的势力一度受到遏制，但西汉王朝离终结已经不远了。

公元前 1 世纪的中亚南部，大月氏人虽然灭亡了巴克特里亚王国，但因自身游牧文化的局限性还没有做好建立自己国家的准备，只是以"五部"的形式在中亚一带存在，并不断四处侵掠，尤以脆弱的南亚次大陆为主要扩张方向。

公元前 1 世纪的南亚，依旧处于四分五裂之中。西北印度河流域不断被大月氏人等侵占。蜷缩在东北恒河流域的巽伽王朝在公元前 73 年被更弱小的甘华王朝取代。东南的摩羯加王国、南部的安度罗王国等无数部落或城邦与之并存。约公元前 30 年，甘华王朝被安度罗王国（后称百乘王朝）灭亡。此后，印度北部的历史再度模糊不清。

公元前 1 世纪的西亚，帕提亚帝国在密特里达特二世时期西部边界已达幼发拉底河。据司马迁记载"其俗，土著耕田，田稻麦，蒲陶酒。城邑如大宛，其属大小数百城，地方数千里，最为大国。

临妫水，有市，民商贾，用车及船行旁国，或数千里。以银为钱，钱如其王面，王死辄更钱，效王面焉"。另据罗马人记载，一些奴隶主实力非常强大，将军苏勒那即便是出门办私事也总要有1000头骆驼运行李，200辆车拉妻妾，至少1000名重装骑士护卫随从。密特里达特二世死后，帕提亚的王位因帝国的部落联盟性质而更迭频繁，在78年的时间里居然先后出现13位国王。公元前53年，早就迷恋东方财富的罗马统帅克拉苏越过幼发拉底河发动了对帕提亚的军事冒险，但在与苏勒那的交锋中，罗马大军第一次领略了帕提亚人的箭雨，4万多人的大军只有极少数得以幸存和逃脱，克拉苏本人也在被俘后被杀。其后，帕提亚人向西一度扩张地中海的东岸。公元前36年，马克·安东尼经土耳其半岛向帕提亚发起进攻，结果10万大军同样在帕提亚人的箭雨中损失惨重，败退而归。自此，在极长的时间里，幼发拉底河成为帕提亚和罗马两国的天然疆界。屋大维称帝罗马期间，曾送给帕提亚国王一个罗马女奴。这个本不足以记入历史的小事却影响深远，因为这个女奴为帕提亚人生了位国王，而自己竟在公元前2年又嫁给了这位已经成为国王的儿子，并与其一起分享统治权力。虽然这两个无耻之徒在公元4年被愤怒的帕提亚贵族赶下了台，但罗马文化对此后帕提亚人的影响已经无法回避了。

公元前1世纪初的南欧，随着古罗马共和国在对外扩张中的不断胜利，各类矛盾也在社会发展中急剧激化，并最终变成战争和屠杀。在混乱的血腥中，罗马人放弃了民主，选择了能够满足他们享乐的军事独裁——古罗马帝国诞生。

最早导致战争的是民族矛盾。在古罗马共和国前期，只有罗马城的贵族或平民才拥有罗马公民资格，即便那些原本居住在亚平宁半岛上而且在多次战争中支持罗马人的其他城邦居民，也不具备罗马公民资格，无法分享古罗马共和国扩张带来的战果。这一点直接导致了他们在公元前91年至前88年发动了争取与罗马公民平等地位的起义，即同盟者战争；虽然战败，他们还是迫使罗马人满足了自己的要求。而即便将这部分人也算作罗马人，相对于已经十分庞大的古罗马共和国，在政治上处于主体地位的罗马人在人口总量上依然只是少数。而且由于罗马人是以相对落后的文化统治着有悠久文化传统的东部各族，尤其是对人类历史做出过杰出文化贡献的希腊人，整个国家不可能进行彻底的罗马化。统治阶层的思想局限性也使其没有进行或者没有时间进行文化上的统一，这就造成罗马帝国东部通用希腊语，是希腊化地区；西部通用拉丁语，才是所谓真正罗马化区域。而且这两种语言还仅限于政府和城市中使用，其他地方依然是各种语言混杂，为古罗马帝国后期的东西分裂，以及更细碎地分裂埋下了隐患。

不久，阶级矛盾导致的战争以贵族与平民之间流血冲突的形式上演。"同盟者"战争期间，马略和昔日部将苏拉分别指挥了罗马北部和南部的平叛战争。苏拉也因此在公元前88年当选执政官。同年，土耳其半岛上的本都王国反叛，对立状态中的罗马元老院和公民大会分别任命贵族出身的苏拉和平民出身的马略为罗马远征军统帅。贵族和平民之间矛盾再度的激化最终导致两派兵戎相见，苏拉胜出，马略逃亡北非。在苏拉开始长达四年多的远征后，罗马城的政治和社会秩序一度混乱。马略趁机于公元前86年返回罗马，并第七次当选执政官。苏拉闻讯后立即放弃几乎到手的胜利，与本都王国媾和，于公元前83年率军回到罗马。虽然此时马略已死，但苏拉还是率军血洗了罗马城，彻底清除了马略派支持者。其后，苏拉恢复了元老院的特权地位，限制保民官和公民大会的参政权力，并于公元前81年逼迫元老院任命他成为终身独裁官。此举不但使古罗马共和国的原始民主在"格拉古改革"之后，再度在利剑面前荡然无存，而且为日后恺撒等人的独裁开启了先河。公元前79年，苏拉突然宣布引退，次年病逝。

贵族与平民的冲突血迹未干，奴隶起义又给古罗马共和国以沉重的一击。在经历近百年的征服和掠夺后，大量的奴隶被带到或贩卖到罗马，几乎承担起社会生产和生活的全部工作。即便是在罗马人的对外战争中，奴隶也扮演着重要的后勤保障角色。然而，奴隶还有另一项重要工作，那就是残酷的角斗。对于那个时代的罗马人来说，没有什么能够比观看角斗士血淋淋的决斗更能刺激他们被酒精麻痹的神经了。为此，罗马人在各地修建了大量规模宏大的角斗场，其建造在血腥上的艺术至今令人震撼不已。公元前73年，不堪等待死亡的角斗士奴隶在斯巴达克斯的带领下发动起义，屡次给征讨的罗马大军以致命打击。起义队伍后因部分起义者想逃回自己的祖国而分裂，结果被罗马人各个击破。公元前71年，斯巴达克斯在最后的决战中战死。6000名俘虏被罗马军队钉死在通往罗马城的路边十字架上。

斯巴达克斯起义之后的罗马人彻底放弃了已经追求了四百余年的原始民主，选择了更能够保护他们现实利益的军事独裁。在这个背景下，罗马共和国"前三巨头同盟"登上历史舞台。庞培曾是苏拉手下大将，先后参加过同盟者战争、征讨马略余部、镇压斯巴达克斯起义等；公元前64年前后出征西亚，征服本都王国、灭亡塞琉古王国、征服巴勒斯坦地区的犹太人，公元前61年回到罗马。克拉苏既是大奴隶主又是高利贷者和投机商，曾帮助苏拉实现独裁，后带领罗马军队残酷镇压斯巴达克斯起义；曾宣称"不能供养一支军队的人不能算富人"。贵族出身的朱里叶·恺撒是位天才的演说家和军事家，曾因支持马略派而一度逃离罗马，后历任大法官等职，因在西班牙执政期间掠夺和贩卖奴隶而积累巨额财富。公元前60年，庞培、克拉苏和恺撒组成"前三巨头同盟"，推选恺撒出任执政官，庞培赢得自己军团的忠诚，克拉苏则如愿以偿地成为罗马西亚远征军的统帅，共同左右罗马政局。公元前59年，恺撒在卸任后出任高卢总督，在8年的时间里征服了高卢全境（今法国一带），并侵入日耳曼和不列颠等地。公元前53年，克拉苏在远征帕提亚的战争中全军覆没，本人也被安息帝国俘虏。传说帕提亚人用熔化的黄金灌进其喉咙，杀死了以贪婪著称的克拉苏。面对剩下的唯一对手，且实力迅猛增长的恺撒，庞培与罗马元老院合谋解除了恺撒的统帅职务，并命令其孤身返回罗马。恺撒则回应以在公元前49年率军攻入罗马，并在杀死逃到埃及的庞培后集所有大权于一身，开始了军事独裁。公元前44年，恺撒在强迫元老院任命自己为终身独裁官后被元老院成员刺杀身亡，罗马进入"后三巨头同盟时代"。

公元前43年，恺撒的侄子屋大维、副官雷必达和助手安东尼（时任执政官）结成"后三巨头同盟"，再次血洗罗马，数千名元老院成员和支持者被报复性屠杀。公元前36年，雷必达被软禁。屋大维和安东尼分别掌控帝国西部和东部。同年，安东尼进攻帕提亚帝国遭到惨败，与富有的埃及女王克利奥帕特拉七世结盟，与屋大维反目。公元前31年，屋大维击败安东尼，次年将埃及吞并为罗马的一个行省。公元前27年，在屋大维接受了"奥古斯都"的称号后，古罗马共和国完成了向古罗马帝国的最终转变。其后，屋大维对军队进行了的改革，废除了义务兵制度，实行雇佣兵制；创建了包括海军在内的常备军，并把军团驻扎在边境，以防止他们干预内政，另创立禁卫军保卫罗马城和奥古斯都本人。公元前12年至公元前9年，罗马帝国又相继征服了多个日耳曼民族，并设置了日尔曼尼亚省。至此，古罗马帝国的版图东起幼发拉底河，南至撒哈拉沙漠，西至大西洋，北以多瑙河、莱茵河与日耳曼人为界。伴随着古罗马共和国的扩张，角斗场等古罗马文明标志性建筑遍布欧亚非三大陆。

在帝国管理上，古罗马实行的是"行省制"，行省总督与部落首领相似，有着绝对的权力。在对行省的管理方式上，帝国内部也存在着极大差异。亚平宁半岛和希腊半岛上行省的最大义务就是纳税。罗马只派出总督掌握军权和司法权，另外派两名官员负责收税；其他事物全由当地人自行管理，而一些"蛮族"地区的行省则直接成了军事将领的私人财产。因而，征服和掠夺创造财富也就成为帝国的主要任务。在这种情况下，一旦扩张停止，失去外部财富来源的帝国就必然面临崩溃的危机。尤其是在绝大多数被征服地区经常处于失控和高度地方自治的情况下，古罗马帝国的最终分裂也就成为必然。其后数百年古罗马帝国的发展充分证明了这一点。

公元前1世纪的北非，托勒密王朝已经失去了独立国家的资格。历代国王多为罗马人的傀儡。公元前55年，托勒密十二世在罗马统帅庞培的支持下重新夺回王位，立其女克利奥帕特拉七世为共同执政者。庞培死后，"埃及艳后"克利奥帕特拉七世投靠恺撒，并在其支持下，平息平民起义，重登王位。而埃及也因此成为恺撒的私有领地。恺撒死后，克利奥帕特拉七世与马克·安东尼结盟，公元前30年被屋大维击败后自杀。托勒密王朝彻底终结。

纵观公元前1世纪的世界，尽管日趋繁盛的丝绸之路开始拉近世界的距离，但不同文明之间的差异愈发明显。东亚的西汉王朝尽管后期百弊沉疴，但总体上处于封建制度创立初期的上升阶段，社会、经济和文化全面发展。汉武帝"虽有亡秦之失却无亡秦之祸"，为中华文明的发展创造了充足的时间和空间。"昭君出塞"凭一己之牺牲换来的和平，背后是力战的决心、强大的国力和"汉并天下"的勇气。西汉王朝的建立也因此成为人类早期社会文明的重要篇章。中亚的大月氏人虽然被匈奴人逐出了家园，但塞翁失马焉知非福，毕竟与社会发展水平相当的匈奴人相比，他们更主动地选择了世界，贵霜帝国在未来的崛起将是他们最大的收获。南亚次大陆上的人们注定永远是那么悠闲和慵懒，宗教的虚空似乎是他们世界的全部，文明的发展也因此只能依赖外来文化的融入。西亚的帕提亚帝国始终难以摆脱部族分裂的个性，激情的纵马骑射虽有杀敌千里的勇气，但终究难以形成自己稳定的文化，以至于文明一度裹足不前，社会动荡频繁。南欧的古罗马文明虽然在个人的贪欲中抛弃了原始的民主制度，完成了古罗马共和国向古罗马帝国的转变，但终究踏上了文明发展的必经之路，奠定了欧洲文明的基石，只不过前进的路途极其漫长和曲折。

值得一提的是，从此刻起，人类历史上再无尼罗河文明的踪影。而毁灭与再生依旧是人类文明永恒的主题。

# 东汉复兴与基督教兴起之耶稣蒙难

公元1世纪的世界,当东亚大汉王朝在复兴中进入东汉时代,当中亚大月氏人经过近200年准备建立了贵霜帝国,当南亚次大陆在外族入侵中持续混乱和分裂,当西亚帕提亚帝国在内忧外患中难以自拔,当南欧古罗马帝国在王朝更迭中暂停扩张,人类文明由于耶稣的诞生和基督教的出现终于有了统一的时间坐标——公元。尽管这种年度记法1000多年后才被广泛接受,但已被今日之世界普遍采用。

公元1世纪的东亚,尽管大汉王朝一度被"王莽篡位"所打断,但复兴的东汉王朝以其繁荣和昌盛为人类文明做出了更大的贡献。

从汉初吕后擅权,到窦太后干政,到霍光专权,再到王氏家族的权倾朝野,外戚干政一直是汉王朝的一大痼疾。公元8年,已经身为皇帝外公的王莽假借高祖遗命迫汉平帝禅位给自己,定国号为"新"。虽然汉光武帝刘秀在14年后又重建了刘姓江山,但大汉王朝因此一分两段,有了西汉和东汉之说。

从少年丧父、23岁任黄门侍郎、29岁任骑都尉、37岁初任大司马、44岁再任大司马、46岁封安汉公、49岁加号宰衡、55岁担任摄政、65岁受禅让称帝,至78岁在农民起义中被杀,王莽是中国历史上最具有争议的帝王之一,以至于记载历代帝王将相的"二十四史"中没有他的帝纪。有人说他是野心家,有人说他虚伪奸诈,有人说他坦荡无私,但似乎只有唐代诗人白居易"向使当初身便死,一生真伪复谁知"的评价更为客观。如果王莽在65

岁前就死了，其此前那些声名远播的孝母尊嫂、生活俭朴、饱读诗书、谦恭有礼、结交贤士、乐善好施等行为，都会使他成为世人眼中的楷模。偏偏他65岁没有死，而且还兵不血刃地取得了刘姓的江山，于是他65岁前的一切"亮点"便让世人浮想联翩了。也许王莽的最大问题就是自己当了皇帝。这是中国知识分子和百姓不该想的也不该做的事情，更是历代王朝所最痛恨的忤逆。于是在众多的"不该"之下，王莽也就遗臭千古、万劫不复了。造成这一切的主要原因恐怕是为人臣和为人君的不同。登基前的王莽大可以乐善好施、广布恩德，为自己博得好名声，不必承担任何责任，以至于"不得不"受让江山，但掌权后他就不得不着直面各种社会矛盾了。偏偏这位新皇帝是位理想主义者，崇尚周礼，主张复古。但他的屡次改变币制只是进一步加剧了贫富差距，恢复井田制、收盐铁酒等国家专营则触犯豪强利益，削藩王为侯及不断挑起边境战争加剧了社会动荡，赋役和刑政苛暴更招致百姓怨声载道，不但没有解决导致西汉衰落的种种社会矛盾，反而加剧了原有的危机且得罪了整个社会。公元23年，绿林军攻入长安，历时仅14年的"新"朝就这样结束了。但他失败了的改革和被他扰乱的世界，却成就了大汉王朝另外一个伟大的帝王——东汉光武帝刘秀，并使大汉王朝得以再延续200余年。

刘秀被深谙历史的毛泽东评价为"最有学问、最会打仗、最会用人的皇帝……在家读书，安分守己，一旦造反，倒海翻江"。早在西汉末年，各地的农民起义已经此起彼伏。至王莽篡位、改革失败，农民起义更逐渐演变成燎原的烈火。公元17年，王匡、王凤在湖北绿林山领导农民起义，称"绿林军"。公元18年樊崇在山东领导农民起义，称"赤眉军"。两支队伍后来成为灭亡王莽"新"朝的主力。公元22年，汉宗室刘縯、刘秀兄弟在观望十年后在河南起兵，加入绿林军队伍。公元23年，绿林军推举破落贵族刘玄为"更始皇帝"。在其后的昆阳大战中，刘秀以必胜之决心和身先士卒的勇气，先是

# 东汉复兴与基督教兴起之耶稣蒙难

（公元1世纪）

## 中南美洲古文明

玛雅人在此期间发展着自己的神秘独特文明。

## 欧亚非—古罗马帝国

09年，罗马兵败条顿堡止步多瑙河；
14年，屋大维去世传位养子提比略；
33年，耶稣难十字架后据说升天；
54年，克劳狄被毒死养子尼禄继位；
64年，罗马城大火也因而得以重建；
66年，巴勒斯坦爆发犹太人大起义；
70年，弗拉维王朝攻破耶路撒冷城；
79年，庞贝古城因火山爆发被掩埋；
96年，古罗马帝国开启安东尼王朝；
98年，图拉真继位大规模对外扩张。

## 北非

埃及成为古罗马帝国粮仓。

## 西亚

帕提亚长期与罗马争夺亚美尼亚，王位在部族争斗中依旧更迭频繁；
97年，东汉遣甘英出使古罗马帝国，经帕提亚帝国后止步波斯湾海边。

## 中南亚

北部丘就却约45年统一大月氏，建立贵霜帝国长期与东汉交好；
南部安度罗王国与北部的贵霜帝国在南亚次大陆形成南北对峙态势。

## 东亚

08年，王莽亡东汉建新复古改革；
23年，绿林军攻入长安城灭新朝；
25年，刘秀在河北称帝建立东汉；
36年，刘秀夺巴蜀完成全国统一；
46年，乌桓人南下内服驻守北疆；
48年，在再次分裂后南匈奴附汉；
57年，刘秀封日本倭奴王后去世；
67年，西域高僧在长安建白马寺；
73年，再伐匈奴遣班超出使西域；
88年，和帝继位后宦官开始专权；
91年，东汉恢复设置西域都护府；
92年，《汉书》撰写者班固去世。

率13人突围搬兵,后率3000兵马解围,内外夹击破王莽大军40万,决定了"新"朝的命运。9月,绿林军攻破长安,王莽被他人所杀。刘縯随后因功高震主被更始皇帝刘玄所杀,刘秀亦不得不远离长安赴河北任职。但更始皇帝并没有得到普遍认可,各地义军群雄林立。公元25年,刘秀在河北逐步收服各路人马拥兵自重,后击败并收编"铜马"等数十万义军,正式称帝建汉(史称东汉)。此后,刘秀趁赤眉军和绿林军火并、两败俱伤之机,历时六年逐一扫平各地割据势力平定中原。公元32年灭陇西隗嚣平定西北,公元36年灭巴蜀公孙述平定西南,完成了大汉王朝的统一。刘秀不但是位"开国之君",同时还是位"中兴之主":登基后,在强化皇权的同时,对内借鉴西汉初年与民休息的国策,对外多次拒绝西域鄯善国等要求保护的请求,在完成统一后没有再发动任何的战争,使国家经济在和平中得到快速恢复和发展。公元57年刘秀去世,因光复汉室、功比汉武帝,谥号"光武皇帝"。此后30余年,明、章两帝(公元57至88年)总体上继承并发扬了刘秀的中兴大业,使整个王朝呈现出一片"吏得其人,民乐其业,远近畏服,户口增强,天下安定,百姓殷富"的繁荣景象,史称"明章之治"。其中,黄河在公元69年经水利专家王景治理后900多年未再发生重大改道灾难。但汉章帝重用外戚和优待宦官的做法最终导致宫廷斗争,成为其死后东汉王朝由盛转衰的根本原因。

东汉时期,匈奴人对中原地区的侵扰明显减弱。公元48年,实力一度有所恢复的匈奴人又在内乱中南北分裂,南匈奴南下附汉称臣,漠北的北匈奴则在连年天灾和周边部族的不断打击下进一步衰落。公元73年,东汉一方面派四路大军再伐匈奴,一方面派班超出使西域恢复因王莽篡位与各国中断的联系。公元89年,东汉军队与南匈奴军队在今蒙古国额布根山一带大败北匈奴,迫使北匈奴单于只带少数人向西逃亡。匈奴人对中原地区的威胁基本解除。公元91年,东汉重新设立西域都护府,恢复了对西域各国的管辖。但值得注意的是在匈奴人衰落的同时，一些全新的部族开始在北方崛起。原本被匈奴击败的东胡人的乌桓和鲜卑两大部族，开始从东北地区向西发展并率先填补了匈奴人留下的广阔空间，而后来发展成为突厥人主体的丁零人和铁勒人也开始从西北贝加尔湖一带南下。100多年后，因鲜卑各部的南下，中华文明进入五胡乱华的时代。400余年后，突厥人成为大唐王朝的主要对手。

公元1世纪的中亚，与复兴中的东汉成熟和繁荣相比，大月氏人建立的王朝虽然略显稚嫩，但并不妨碍他们依靠辽阔的幅员和重要的地理位置享有巨大的荣耀——贵霜帝国。约公元45年，大月氏五部中的贵霜部在翕侯丘就却的带领下统一其他四部，占据战略要地喀布尔河谷，创立贵霜帝国，范围大致包括今阿富汗和克什米尔地区。其子阎膏珍（约公元65~75年在位）继位，贵霜帝国继续扩张，向东吞并印度半岛西北部诸小国扩张至恒河上游，向北扩展至今乌兹别克斯坦一带，南与德干高原的安度罗王国形成对峙，西接帕提亚帝国。由于曾有共同的强敌——匈奴人，贵霜帝国与汉王朝一直有良好的关系。班超多次征讨西域反叛势力都曾得到贵霜帝国的支持。但贵霜帝国的国王欲娶汉朝公主、与东汉联姻结盟的请求被班超拒绝了。公元90年，恼怒的国王派精兵7万攻打班超，结果战败求和。

公元1世纪的南亚，模糊不清依然是人们对那里的总体感觉，安度罗王朝虽然号称与贵霜帝国南北对峙，但其只能算南亚次大陆中部的一个大国而已，且因周边王国林立而难负盛名。没有统一的文字，没有统一的王朝，没有被关心的历史，只有以宗教为主自由发展的文明，这就是遥远时代的南亚次大陆。

公元1世纪的西亚，与前两者的模糊不清相似，帕提亚与其说是个帝国，不如更确切地说是个群体，内部存在着十多个分裂的小国；尽管外部有着罗马人持续的压力，但对帕提亚王位的争夺仍然异常残酷，百年里竟然不可思议地先后出现过17位国王，在位最短的甚至不到一年，其余多数也在历史上较少留下自己的影响。在位时间较长且较有影响的只有阿尔达班二世。公元9年，长期在罗马当人质的沃诺内斯一世回国继承王位，但被贵族拥立的阿尔达班二世赶跑，后又在罗马人支持下成为亚美尼亚的国王，但同样为阿尔达班二世所不容。直到公元18年两国在亚美尼亚王位问题上的纷争，才在一位本都国王的儿子担任亚美尼亚国王后暂时平息。而为了确保王位的永固，阿尔达班二世杀死了所有可能继承王位的王子。这一灭绝人性的做法后来在西亚各王朝盛行，其中又尤以奥斯曼帝国为最：新王登基后，其兄弟等都必须被弓弦勒死，美其名曰保全王室的尊严。公元35年，当阿尔达班二世再次出征亚美尼亚时，充满恐惧的帕提亚贵族与罗马人勾结，护送另一位在罗马充当人质的王族成员回国继承王位。阿尔达班二世一度逃亡东方，后再次在雇佣兵帮助下赶跑篡权者，不久去世。之后，帕提亚和古罗马帝国之间为争夺亚美尼亚王位又进行了长期的战争，直到公元63年又出现了一位双方都认可的国王才告一段落。之后帕提亚的历史开始模糊不清，西亚的历史也只能从罗马人的记载中找到零星碎片，如帕提亚东部曾在公元72年遭奄蔡人入侵等，而奄蔡人与康居等西域诸国习俗相同。

公元1世纪的古罗马帝国，面对已安于享乐的公民和因渴望财富而难以驾驭的军队，一个个王朝在无序和血腥中更迭频繁。

在公元前27年完成向帝国的转变后，作为一个精明的政治家和独裁者，屋大维知道只有讨好罗马民众才能保住自己的地位。他免费配发粮食给罗马市民，整修神庙，改建罗马城、兴建凯旋门和引水渠等，甚至在人工湖上举行了一场数千人参加的模拟海战。而这些巨大花费只能依靠帝国持续不断的扩张和掠夺来维系。在东面的扩张因与帕提亚人的相持陷入停滞后，他把北方的欧洲腹地作为了新的目标。

当时在欧洲中北部莱茵河以东、多瑙河以北的广袤土地上，居住着还处于原始社会末期的日耳曼族群。"他们以游牧和捕猎为生，是天生的猎手和战士，唯一财产就是庞大的牛群"。公元9年，负责征服那里的罗马军团在条顿堡森林遭到日耳曼人的突袭，当野蛮遇到了更野蛮，野蛮就被更野蛮击败了，两万多人中仅不足百人生还。这次战役对于古罗马帝国来说是个重要的时间节点。虽然罗马人又采取了几次复仇性行动并曾渡过莱茵河入侵日耳曼尼亚，但始终未能真正征服这个桀骜不驯的族群，不得不同日耳曼人划河而治，古罗马帝国北部疆界的扩张也到此为止。而日耳曼人也因条顿堡之战成功地独立于罗马式文明之外，保持了自己的原始和野性并赢得了条顿人的大名。从那以后的400年，罗马人在与日耳曼人的战争中都只能被动地充当防御的角色，后期竟然沦落到需要雇佣好战的日耳曼人作为帝国的禁卫军，直至帝国被日耳曼人掌控。再后数百年，从分裂成法国、德国和意大利的法兰克王国，到神圣罗马帝国，到德意志第二帝国，再到希特勒的第三帝国，日耳曼人取代罗马人成为欧洲历史的主角。

帝位的有序传承是帝国的特征之一。古罗马帝国的帝位传承虽然不像同期帕提亚帝国那般混乱，但也非常奇异。尤其是古罗马帝国早期，极少有人将帝位直接传给自己的后代。对此人们只能猜测早期古罗马帝国皇帝多是军队出身、长期征战在外，因而自己直系的子孙很少，即便有也非正式夫人所生，因而不能得到罗马社会的认可和接受；再或亲子年幼，难以掌控军队，所以旁系或养子继位的情况居多。这种奇异的情况贯穿了古罗马帝国的历史。

公元14年，屋大维去世。他没有儿子，只有一个女儿和两个养子——提比略和德鲁苏，且两个亲外孙都已先他死去。在这种情况下，屋大维不得已把自己新寡的女儿嫁给了养子之一的提比略，并任命其作为自己的接班人。提比略在任期间较少对外用兵，不再举行大型众公共娱乐，积极开矿和发展贸易，国库收入显著增加，"耶稣蒙难"是唯一重大历史事件。提比略死后，屋大维另一养子德鲁苏的孙子卡里古拉先是在近卫军的支持下继位,后又被近卫军杀死。此事虽然源于卡里古拉的行为怪诞、胡作非为,但也说明古罗马帝国帝位的脆弱。德鲁苏的小儿子克劳狄在公元41年被近卫军推举为皇帝。克劳狄在位期间,古罗马开始出现专门的政府部门,一些大型水利工程得到修建,对外则征服了不列颠南部和毛里塔尼亚等地。公元54年,克劳狄被皇后毒死,皇位由皇后与前夫的儿子,以残暴、荒诞著称的尼禄继承。公元64年,罗马发生大火,传尼禄为建造新宫殿所为,而尼禄则以此为借口大肆捕杀基督徒,以至于各地反抗起义不断,尤以巴勒斯坦地区的犹太起义最为著名。公元68年,尼禄被罗马元老院宣布为祖国之敌,在逃亡途中自杀。至此,由五位没有血缘关系的人组成的朱理亚·克劳狄王朝终结。

尼禄死后,率先起来造反并称帝的加尔巴年老体衰无力控制局面,导致各地将领拥兵自重,古罗马帝国陷入"四帝内乱"的分裂中。公元69年,在平定犹太人叛乱中建功的将领韦帕芗最终在内战中胜出称帝,建立了弗拉维王朝。

弗拉维王朝共经历了韦帕芗、长子提图斯和次子图密善三位皇帝。韦帕芗在位期间为得到足够的钱来整顿军事和内政,允许各行省贵族加入元老院和授予更多行省贵族罗马公民权,以换取各行省对增税的支持。韦帕芗还强迫7万多在起义中被俘的犹太人、历时10余年建造了著名的古罗马大竞技场。公元79年,提图斯继位,维苏威火山喷发并埋没了庞培城。两年后,提图斯病逝,图密善继位,虽略微扩张了帝国在不列颠等地的欧洲版图,但对内采取了一系列专制措施且残酷迫害持不同意见者,结果在公元96年被人在寝宫杀死。无论真相究竟如何,罗马帝国第二个王朝仅仅历时27年便结束了。

同年,涅尔瓦被元老院推举为皇帝,古罗马帝国进入"五贤帝时代"。但66岁的涅尔瓦只是一个过渡性人物。公元98年,在因过分节约而遭到近卫军的逼宫后，涅尔瓦让位于养子图拉真。在图拉真的带领下，古罗马帝国在公元2世纪登上了帝国时代的顶峰。

与古罗马帝国混乱的帝位传承相比，基督教的兴起对于人类文明发展的影响更加深远。按照基督教经典的说法，公元元年一个被称作耶稣的人在今以色列的伯利恒诞生。当时罗马人一直通过犹太希律王家族和犹太教祭司们在该地区实施统治，广大犹太百姓则受到残酷剥削和压迫。30岁起，耶稣开始在巴勒斯坦地区传教，宣称自己是犹太教传说中能够拯救世界的救世主弥赛亚。此举既不能为罗马统治者所接受，也不能为犹太贵族和祭司们所容忍。公元33年，耶稣因门徒犹大的告密，被古罗马帝国驻巴勒斯坦总督逮捕，在饱受折磨后被钉死在十字架上。但传说三天后，耶稣神奇般地复活升天，基督教也由此与犹太教脱离，成为一种独立的宗教信仰，且因同时迎合了部分统治阶层渴望负罪感能够得到救赎和受压迫民众希望得到拯救的心理而迅速发展。从尼禄时代起，基督教开始引起罗马执政当局的重视并遭到残酷迫害，但星星之火已经无法扑灭，以至于古罗马帝国后期的历史也因之改变，基督教也成为当今世界传播最为广泛的宗教之一。在基督徒受到迫害的同时，罗马人的残酷掠夺和剥削也激起了犹太人的强烈反抗。公元66年，巴勒斯坦地区犹太人举行武装起义，消灭了罗马驻军和犹太贵族并占领耶路撒冷城。公元70年4月，罗马大军攻破耶路撒冷城，对犹太人进行了残酷镇压，史称"犹太战争"。据说整个犹太战争期间，起义死难者过百万，圣殿被洗劫一空。而散居西亚的犹太人也多次遭到类似的命运。

纵观公元1世纪的世界，丝绸之路已经成为连接世界的重要纽带。对于探索外部世界和相互沟通的渴望开始弥合不同文明和种族之间的鸿沟，商业在悠远的驼铃声中开始显现巨大的力量。公元97年，东汉西域都护班超遣甘英出使大秦（即古罗马帝国），据说因被帕提亚人欺骗而止步于波斯湾，否则一定会目睹古罗马帝国在图拉真的带领下走向辉煌的顶点。

当罗马大军迷恋于帕提亚人手中丝质军旗的时候，当基督教开始在更大的范围内传播，佛教也沿着丝绸之路逆向传入了中国。自此，一个"空"字在与本土道教结合后使中华文明全无了血性，而古罗马帝国也最终因基督教的兴起而在达到顶峰后迅速衰落。

# 东汉衰亡与五贤帝时代的罗马帝国

公元2世纪的世界,依旧以汉和罗马最具影响,只不过东亚的东汉王朝在外戚和宦官的争权中走向衰亡,南欧的古罗马帝国则在扩张中达到地理疆域的极盛。中南亚的贵霜帝国虽然无法驾驭众多桀骜不驯的部族,却创造了大乘佛教和灿烂的犍陀罗艺术。西亚的帕提亚帝国虽然顽强抗住了罗马人的进攻,但松散的部落联盟也正酝酿着惊天巨变。

公元2世纪的东亚,东汉王朝只能用混乱一词来形容。内部外戚干政和宦官擅权几乎贯穿整个世纪,逐渐形成的门阀士族亦参与其中,外部则伴有匈奴袭扰西域、鲜卑入主漠北、羌人在西北起义。最终,以黄巾起义为导火索,东汉王朝在军阀割据的混乱与混战中名存实亡。但令人惊奇的是,这一时期的东汉王朝却是中华文明科学和文化大发展的时代。

外戚干政这一痼疾与汉代始终提倡"独尊儒术"有着极大关系。儒家以百善孝为先,对于母后的尊重使外戚干政成为可能。外戚干政的结果虽然不能一概而论,但多数情况下会在皇权之外组成另外一个利益集团,肆意挥霍轻易得来的权力,造成国家混乱甚至灭亡。皇帝幼小是外戚干政最常见的原因,否则皇太后的权力必然会受到限制,外戚干政也就不能肆无忌惮。这就是为什么西汉武帝在自己死前以"主少母壮"为由残忍地赐死了汉昭帝的生母,虽然此举并没有阻止王莽通过外戚干政篡夺了大汉王朝的江山。而一旦皇帝成年后想要夺回属于自己的权力,除了外戚只能依靠宦官,这又间接使宦官专权成为可能。为争夺权力,外戚与宦官最初会彼此合作,但最终会因争夺权力而发生冲突、甚至展开血腥的杀戮。公元88年,汉和帝继位之初,朝政曾一度被外戚养母窦氏家族把持,后在宦官支持下清除了外戚势力,但也开了宦官参政的先河。从那以后,东汉王朝在两者冲突带来的混乱中一步步走向了深渊。

公元105年汉和帝去世后,东汉王朝在外戚和宦官的争斗中,大体可以分为前后两个阶段。

前期,外戚把持朝政。公元106年起,皇后邓氏家族先后掌控殇、安两帝朝政,其中,殇帝登基时出生仅百日、在位8个月,安帝13岁登基、在位19年。如果说汉殇帝幼年继位还可理解为偶然,那么其后皇帝继位时最大的只有15岁,最小的甚至还是婴儿,则完全是外戚为达到干政目的而刻意操纵的结果。邓太后摄政期间,尽管任命其兄邓骘为大将军总揽朝政,但邓氏家族总体上尚能以国家大事为重,在一定程度上能够自我控制和约束,奉公守法,勤劳王事,因此,东汉王朝尚能保持平稳状态。尽管如此,早已不甘受制的汉安帝还是在邓太后去世后(公元121年),在太监帮助下清除了邓氏家族的势力,参与此事的一些宦官竟因此得以封侯。汉安帝死后,升格为皇太后的阎氏一度立安帝只有8个月大的堂弟为帝,试图继续把持朝政,但小皇帝不久死去。19名宦官随后发动宫廷政变,赶走阎氏,迎立汉顺帝登基,亦因此功全部封侯。汉顺帝生性温和软弱,朝政不久被皇后梁氏家族掌控。公元125年起,梁氏家族先后掌控顺帝、冲帝、质帝和桓帝四朝朝政,长达25年之久;其中顺帝9岁登基、在位20年,冲帝2岁登基、在位不到1年,质帝8岁登基、在位不到1年,桓帝15岁登基、在位21年。在此期间,梁氏家族与宦官相互勾结,弄权专横,致使朝政日趋腐败,阶级矛盾日益尖锐,百姓怨声载道、民不聊生。更有甚者,大将军梁冀仅因汉质帝当众斥其为跋扈将军,便毒死了当时年仅8岁的汉质帝。

后期,宦官肆意擅权。公元159年,汉桓帝在五位宦官的帮助

# 东汉衰亡与五贤帝时代的罗马帝国

（公元2世纪）

**中南美洲古文明**

玛雅人在此期间发展着自己的神秘独特文明。

**欧亚非——古罗马帝国**

105年，在今罗马尼亚建立行省；
106年，在阿拉伯半岛建立行省；
114年，败帕提亚吞并亚美尼亚；
117年，图拉真征帕提亚后病亡；
132年，哈德良迫使犹太人流亡；
138年，安敦尼继位后国事平稳；
161年，帕提亚与罗马再度大战；
168年，北方日耳曼人入侵边境；
180年，康茂德继位滥杀后被杀；
193年，军队将领塞维鲁夺皇位；
198年，罗马人再次进攻帕提亚。

**西亚**

帕提亚的都城泰西封于116年、166年和198年三次被罗马军队攻占。

**中南亚**

贵霜帝国兴盛，大乘佛教发展出以佛像为代表的犍陀罗艺术。
印度半岛南部安度罗王国百乘王朝建立海军向东南亚扩张。

**北非**

埃及成为古罗马帝国的粮仓。

**东亚**

102年，班超卸任西域都护一职；
106年，外戚邓氏干政殇安两帝；
107年，西域动荡东汉撤都护府；
123年，班勇彻底剿灭匈奴残余；
125年，东汉开始外戚梁氏干政；
159年，宦官诛杀外戚梁冀封侯；
166年，古罗马帝国使臣抵洛阳；
169年，西部羌人起义屡败豪强；
184年，张角太平道黄巾军起义；
190年，董卓借叛乱起兵占洛阳；
196年，曹操挟汉献帝以令诸侯。

下诛灭梁氏家族。五位宦官因功受封侯爵，被称为"五侯"。至公元 189 年，宦官连续把持桓帝、灵帝两朝朝政。"五侯"虽帮助汉桓帝清除了外戚势力，但比外戚更加腐败，飞扬跋扈、敲诈勒索、无恶不作。灵帝期间，皇后窦氏家族曾试图清除宦官，结果反被宦官诛杀。而灵帝不但站在宦官一边，且自己也巧立名目搜刮钱财，卖官鬻爵以供自己享乐，终于在内忧外患中引发了公元 184 年的黄巾起义。公元 189 年，汉少帝在混乱中继位，外戚大将军何氏与宦官因争权发生火并，京城洛阳陷于两派乱战之中。何进被杀后，汉少帝被宦官胁迫出逃。凉州军阀董卓趁机攻入洛阳，诛杀了所有宦官。中国历史上第一个宦官专权时代至此终结。

在东汉王朝因外戚干政和宦官专权而陷入一片混乱的同时，边境地区也出现了新的麻烦，且无论是对当朝，还是对此后 2000 余年中华文明的发展都产生了深远影响。

公元 102 年，班超卸任西域都护后不久，已经十分弱小的北匈奴再次侵入西域、煽动叛乱，以至东汉王朝不得不于公元 107 年裁撤了西域都护府，在长达 10 多年的时间里失去了对西域地区的控制。公元 123 年，班勇带 500 兵马出任西域长史，依靠河西四郡和西域属国的支持，历时三年平定了西域叛乱，使残余的匈奴人彻底向西远遁，从中国历史上永远消失。但在此期间，昔日东胡人中的两支——乌桓人和鲜卑人两大族群开始崛起，并逐渐占据昔日匈奴人控制的漠北草原。乌桓人后来南下融入中原，漠北草原被鲜卑人独霸。公元 176 年，东汉曾派大军出击鲜卑人，结果大败而归。百多年后，鲜卑人最终趁中原混战之机入主中原，建立王朝，使中华文明在"五胡乱华"中第一次南北分裂。

相对于北方游牧民族来说，西部羌人的反抗对于东汉王朝的影响更为直接。在东亚中原的周边地区一直同时存在着很多民族，他们都是中华民族的重要组成部分，只不过有的逐渐吸收中原文化并逐渐融入汉民族，有的则保留了自己的生活习惯。羌人在东汉时期并不是现在严格意义上的羌族,只是对当时西部少数民族的总称,其内部族群极多且多以游牧为生,且与匈奴人有着较多的共性。秦汉之际,河西走廊一带的羌人开始活跃。随着大汉王朝开疆扩土、经略西域,羌人也曾一度纳入大汉王朝的管辖之下,但冲突也因彼此交往的频繁而日益增加,主要表现为自公元60年至169年羌人多次爆发了反抗汉王朝统治的大规模起义。虽然羌人的起义由于总体实力弱小而屡战屡败,并最终被东汉王朝彻底镇压,但长期的战争进一步激化了东汉王朝因外戚干政和宦官专权而加重的社会矛盾,并在宦官专权期间表现尤甚,间接引发了东汉末年的黄巾起义。另外,连年的边境战争也导致地方军阀拥兵自重,为东汉王朝的灭亡埋下了祸根。

公元2世纪初,张道陵在四川创建道教的原始分支"正一道"(五斗米道),最初并未引起东汉王朝重视。公元2世纪末,巨鹿人张角在河北也创建了"太平道"。公元184年,在朝廷腐败、内斗不止、外战不休、天下大旱、赋税不减的情况下,走投无路的贫苦农民在张角领导下揭竿而起,以"苍天已死,黄天当立,岁在甲子,天下大吉"为口号,试图推翻东汉王朝的统治,因起义军头裹黄巾称"黄巾起义"。虽然黄巾起义仅历时11个月便被各方势力联合绞杀了,但对东汉王朝的影响巨大。在这个过程中地方豪强纷纷拥兵自重,大的军阀则开始军事割据。这其中既包括依靠镇压羌人起家的凉州军阀董卓,也包括张道陵之孙张鲁。其中,张鲁依靠与官府的关系和数量庞大的信众长期在陕西汉中实施军事割据,直到三国时期才被曹操吞并。

公元189年,董卓废汉少帝为弘农王,立其同父异母兄弟陈留王为汉献帝,自封为丞相掌控朝政。但其残暴很快就引起各地豪强的不满,加之其军队在洛阳烧杀抢掠、无恶不作,招致各路军阀的联合讨伐。公元190年,董卓焚毁洛阳城,挟持汉献帝迁都长安,公元192年被部将吕布刺杀。其后,董卓部众持续为害长达三年之久，长安城也在战火中变成一片废墟。再次出逃的汉献帝后被时任兖州刺史的曹操迎往洛阳。公元196年，曹操"挟天子以令诸侯"迁都到许昌。东汉王朝在向三国鼎立时代的过渡中名存实亡。

公元2世纪的中亚，佛教及佛像建造艺术在贵霜帝国统治者的支持下蓬勃发展。与之相比，南亚次大陆南部的安度罗王朝则显得相对沉寂。

公元2世纪初，贵霜帝国在南亚次大陆北部进一步扩张，至迦腻色伽王（传说公元140至163年在位）统治时期版图进一步扩大，西北括花剌子模、东与东汉西域地区毗邻，南在南亚次大陆中部与安度罗王朝对峙，西南抵伊朗高原不断威胁帕提亚帝国，与汉、古罗马、帕提亚并称当时世界四大强国。迦腻色伽王死后，贵霜帝国逐渐解体。在贵霜帝国的统治之下，依托连接欧亚大陆东西的丝绸之路，中亚及南亚北部地区的经济和贸易空前繁荣，出现了许多重要的城市和贸易中心。以繁荣的经济为支撑，贵霜帝国对于宗教发展采取了包容政策，历任统治者，尤其是迦腻色伽王大力支持佛教的发展。公元2世纪末，贵霜帝国在康居、大宛、呼罗珊、花剌子模等相继摆脱统治后走向没落。

公元2世纪的西亚，帕提亚帝国的疆域由于东面贵霜帝国的扩张和西面古罗马帝国的入侵而不断缩小。虽然在本世纪初期、中期和末期，帕提亚人在与古罗马帝国的三次大战中不分胜负。但由于长期的外战和内讧，此时的帕提亚已经很难再称之为帝国。在持续的分裂状态下，一度盛行于统治阶层的希腊文化，影响力也逐渐减弱，本土民族意识逐渐觉醒，并最终成为3世纪波斯萨珊王朝建立的基础。

公元2世纪的南欧，与世界其他地区的混乱、分裂和停滞不前相比，"五贤帝时期"的古罗马帝国绝大多数时间里在扩张中表现出强盛。

五贤帝指涅尔瓦、图拉真、哈德良、安敦尼、奥理略。他们之间虽没有血缘关系,每个皇帝都先是将一位军事将领收为养子、立为储君,较好避免了权力交替带来的动乱和危机。因后人一般认为其中的安敦尼最具君主典范,所以"五贤帝时期"也称作安敦尼王朝。与公元1世纪内乱的腥风血雨相比,五贤帝时期成为古罗马帝国的"黄金时代",依靠对外扩张的收获,内政稳定、经济发展、社会繁荣,但纵观其发展是一个从对外扩张,到安稳守成,再到抵御入侵,最后到腐败没落的衰落过程。

公元98年,图拉真继位后,一方面大力兴建公共工程稳定政局,一方面继续大举对外扩张。公元105年,图拉真在今罗马尼亚一带建立行省,公元106年在巴勒斯坦与阿拉伯沙漠之间的大部分地区建立阿拉伯行省,公元114年在击败帕提亚后吞并亚美尼亚,公元116年攻陷帕提亚重要城市苏萨,因此被元老院授予"帕提亚征服者"的称号。此时古罗马帝国的疆域被扩张到了顶点,北达不列颠及中东欧,东边一度远及西亚的幼发拉底河和阿拉伯半岛,南面囊括非洲北部,西边控制西班牙直抵大西洋。公元117年,图拉真在从西亚撤退的途中病亡,继位的哈德良终止了图拉真的扩张政策,放弃了部分被征服的领地,沿与日耳曼人的边界以及在不列颠岛上修筑了大量城墙,以保护罗马免受北方蛮族的入侵,对内进一步完善了帝国的官僚机构。但这个罗马人的好皇帝,对于犹太人来说则是暴君和魔鬼。公元132年,哈德良试图在犹太人"圣殿"的基础上修建朱庇特神庙,导致数十万犹太人起义并被杀,幸存者多被迫流亡他乡,开始长达2000余年的流浪生涯。公元138年,善于理财的安敦尼继位,严禁滥杀奴隶,免除平民欠税、奖励教育,使国事平稳地度过了20多年。

公元161年,奥里略和维鲁斯成为共治皇帝。反击帕提亚人入侵的维鲁斯再度攻占帕提亚的塞列夫克亚和泰西封,后因当地人的反抗不得不于公元166年再度退出美索不达米亚平原。但凯旋的维鲁斯给罗马带来了一种可怕的传染病,导致大量人口死亡。公元168

年，多瑙河以北的日耳曼人趁机南下侵略帝国边境。出征的维鲁斯次年病死于军营。奥里略在多次击败蛮族后不得不采取安抚政策，允许那些愿意为罗马人服役的部落在边境地区定居。从那以后，日耳曼人逐渐成为古罗马雇佣军的主要来源，直至成为西罗马帝国的掘墓人。

公元 180 年，奥里略在抵御日耳曼人的再次进攻中同样病死于军营，与其同在前线、时年 20 岁的儿子康茂德成为安敦尼王朝最后一任皇帝。早已厌倦军旅生涯的康茂德旋即与日耳曼人媾和，率军返回罗马，沉溺于狩猎、淫乐和游憩，尤其对角斗情有独钟，且时常亲自与角斗士或野兽搏斗；同时还妄信谗言，滥杀无辜。公元 193 年，康茂德被近卫军在角斗士营房里杀死，成为安敦尼王朝唯一没有"贤帝"尊称的皇帝，历时 97 年的安敦尼王朝也至此终结。康茂德的暴死使古罗马帝国陷入一片混乱。在元老院任命的一名皇帝被近卫军杀死后，皇帝的位置竟被近卫军拍卖给了一名富有的元老。被激怒的罗马多瑙河军团拥立司令官塞维鲁为皇帝。塞维鲁随即进军罗马，杀死新皇帝，纵容部下抢劫财物，后击败罗马驻不列颠和叙利亚军团的反抗，建立塞维鲁王朝（公元 193 至 235 年）。

纵观公元 2 世纪的世界，对于东亚东汉王朝来说，尽管是一片混乱，但科技和文化取得了前所未有的巨大成就。公元 105 年，蔡伦发明了更为实用的造纸术；公元 121 年，许慎完成了汉字学的开山鼻祖《说文解字》一书；约公元 132 年，张衡发明了浑天仪，完成了天文学名著《灵宪》；东汉末年，名医华佗创五禽戏，张仲景着手编写《伤寒杂病论》。上述成就至今对人们的生活还发挥着巨大的影响。对于中南亚来说，佛教在此期间也实现了重大突破。主张普度众生的"大乘佛教"开始从只重视自我解脱的"小乘佛教"中分离出来，强调"悲心"和"空"。《般若经》《法华经》《华严经》等一大批大乘佛教经典开始形成，并创造了如来佛和观音菩萨、文殊菩萨、普贤菩萨等一大批具有超人能力的救赎神灵。由于大乘佛教认为在世俗生活中就可以实现修行的目标，因而广泛流行，也使佛像崇拜蔚然成风。起源于犍陀罗地区的佛像制作风格——犍陀罗艺术也逐渐形成。随着大乘佛教的广泛传播，犍陀罗艺术北沿西域传入我国中原地区，对北魏佛像艺术影响巨大，又经由朝鲜传入日本；南部则传播到东南亚诸国。随着科学文化的发展，东西方的距离进一步拉近。公元166年，古罗马帝国的使者经海路到达洛阳，给汉桓帝献上了象牙、犀角和玳瑁等礼品。这应当是欧亚大陆两端文明最早的一次亲密接触。

然而，当科学和文化在帝国的稳定中创造辉煌的同时，帝国也在享乐和安逸中走向了衰亡，虽然还没有彻底走到生命的尽头，但都已名存实亡。无论是东汉、还是贵霜、帕提亚、古罗马，在经历了200多年的发展后，都似乎被时间磨去往昔的棱角。与之相伴的是鲜卑人和日耳曼人等"北方蛮族"日渐清晰的身影，以及日益增强的宗教影响。在帝国轮回的血腥中，苦难的人们将更多的期盼寄托给了神灵。

但更残酷的是，人类还必须在下个世纪面对更大的灾难。

## 魏蜀吴三国鼎立与波斯的萨珊王朝

公元3世纪的世界，东亚在经历了群雄争霸、三国鼎立的混乱后，西晋代魏、灭蜀、灭吴，完成了中华文明的短暂统一。中亚贵霜帝国的宗教繁荣终究不能成为立国之本，仅又延续50余年，便在外敌的入侵中解体。西亚帕提亚帝国彻底灭亡后，波斯人的萨珊王朝扛起了此后400余年对抗罗马人的大旗。南欧的古罗马帝国在塞维鲁王朝灭亡后支离破碎，戴克里先的统一为帝国的东西分裂埋下了伏笔。在混乱的世界中，没有帝国的荣光。

公元3世纪的东亚，徒有虚名的东汉王朝最终被三国鼎立所取代，曹操"挟天子以令诸侯"雄踞中原、刘备仗雄关之利幸得巴蜀、孙权依长江之险坐拥江东。持续60多年的三国混战虽然被司马家族篡魏、建晋所终结，但随后爆发的"八王之乱"又使战火延续到了4世纪。在战争的混乱中，中原地区遭受极大破坏、人口剧减，周边少数民族乘机崛起。

魏蜀吴三国的建立者都曾参加了镇压黄巾起义和讨伐董卓的战争，后趁天下大乱在数十个割据势力中脱颖而出。其中，曹操出身官宦世家，公元184年参与镇压黄巾起义，公元190年以西园八校尉之典军校尉的身份参与征讨董卓、损兵折将，公元192年收编黄巾起义军余部，领兖州牧，连败陶谦、吕布，在山东南部站稳脚跟。公元196年，曹操听从谋臣毛玠的建议，把困境中的汉献帝接到了许昌，从此"挟天子以令诸侯"。至207年，曹操连克袁术、再败吕布、降张绣、败刘备夺取鲁南、苏北、安徽和河南南部等地，讨李傕、破袁绍、征乌桓夺取山西、河北、鲁北和辽西等地，基本完成中国北方的统一。公元208年，曹操自任东汉王朝丞相，在吞并刘表占据的湖北后试图沿江而下一统天下，结果在"赤壁之战"中被孙权与刘备联军击败。公元211年败马超夺取西北，公元215年降张鲁夺取汉中，至此奠定了魏国的基本框架。公元213年，曹操被汉献帝册封为魏王，"赞拜不名、入朝不趋、剑履上殿"。但自比周公旦"三分天下而有其二"的曹操最终没有迈出那最后关键一步。公元220年，其子曹丕继位魏王，逼汉献帝禅位，建立魏国。

与曹操相比，刘备虽是汉室之胄却是布衣出身，早年长期颠沛流离。初随河北军阀公孙瓒镇压黄巾起义，因功被封为河北一县令，后因鞭打上司不得不弃官逃亡，再投公孙瓒参与讨伐董卓。公元194年，刘备在陶谦死后一度占据徐州，后连败于曹操、袁术和吕布，在走投无路的情况下转投曹操、任豫州牧，因之称刘豫州。公元199年，趁曹操派其领兵攻打袁术之机再据徐州，联合袁绍对抗曹操，次年被曹操击败投靠袁绍，公元201年复投荆州刘表处休养生息数年。公元207年，在曹操如日中天之际，刘备"三顾茅庐"得诸葛亮相助。公元208年，刘备在联合孙权经"赤壁之战"击败曹操后，从孙权手中借得荆州之地，公元211年带军入蜀助刘璋抵御汉中张鲁，公元214年击败刘璋夺取四川，领益州牧，公元219年击败曹军夺取汉中，公元221年称帝建汉（蜀汉）。

与曹操和刘备的白手起家相比，建立吴国的孙权则蒙父兄荫泽，是世袭的地方军阀。其父孙坚本是东汉长沙太守，曾参与镇压黄巾起义和讨伐董卓，后被荆州牧刘表手下所杀。公元194年，其兄孙策从袁术处"借"得其父本部人马平定江东，公元198年被曹操封为吴侯、夹攻率先称帝的袁术。公元199年，孙策为报杀父之仇进攻刘表，夺取江西，奠定吴国基本框架。公元200年，孙权在其兄孙策被仇人暗杀后继位，公元222年被汉献帝封为吴王，公元229年称帝建吴国。

"三国鼎立"格局形成后，蜀汉率先挑起三国混战。公元221年，刘备攻东吴，但在彝陵之战中被火烧连营击败，惨败。其后，诸葛亮在公元228至234年间屡次伐魏，亦以失败告终。诸葛亮死后，姜维在长达20多年的时间里又多次伐魏，但都无功而返。最终，蜀汉在长达半个世纪的征战中耗尽了国力，于公元264年被魏灭亡。吴国曾多次出兵配合蜀国伐魏，但终因整体实力不足没有取得任何进展。面对吴蜀两个弱者的夹攻，魏国虽没有被两线作战所削弱，但统治权逐渐被司马家族所夺取。司马懿在曹操在世时曾因有"野心"而一直受到压制，后虽助曹丕夺取继承权但亦未被重用。公元226年，曹睿继位，封司马懿为骠骑大将军。其后，司马懿因成功抵抗住了诸葛亮的多次进攻、平定辽东叛乱而地位急剧提升。公元239年，与大将军曹爽一起接受遗诏辅佐新主曹芳，后在与东吴的交战中进一步培养了自己的势力。公元249年，司马懿杀掉曹爽、独揽大权。此时的司马懿无论是地位还是做法都与当年曹操相当。公元266年，司马懿之子司马炎接受曹奂禅让，建立西晋。公元280年，西晋消灭吴国，完成了中华文明的再次统一。

西晋虽然终结了自东汉末年黄巾起义起长达百年的混战，但仅十年后便爆发了为害深远的"八王之乱"。西晋初年曾分封了27位司马姓王，但这一原本巩固统治的措施成为西晋速亡的祸根。公元291年，弱智晋惠帝的皇后贾南风为掌控朝政，先是与楚王司马玮合谋杀掉大权独揽的杨骏、后杀汝南王司马亮，再反诬并处死司马玮，公元300年更击杀了已经被废的太子司马遹，彻底激怒了司马家族。但当贾南风被赵王司马伦起兵杀死后，司马家族内部却因争夺皇位爆发内战，司马氏诸王纷纷参与其中，史称"八王之乱"。

在中原王朝陷入百年乱战的同时，北方少数民族却在不断积蓄力量，初期虽一度受到魏晋的遏制，但到了西晋爆发"八王之乱"时，以匈奴、羯、鲜卑、羌和氐五胡为代表的少数民族已先后具备了乘虚入主中原的实力。其中，东汉末年归附的南匈奴在公元216

# 魏蜀吴三国鼎立与波斯的萨珊王朝

(公元3世纪)

## 欧亚非—古罗马帝国

211年，塞维鲁死于征不列颠；
218年，塞维鲁妹妹摄政罗马；
235年，塞维鲁王朝彻底终结；
250年，罗马大肆迫害基督徒；
251年，哥特人侵入到巴尔干；
267年，巴尔米拉国宣布独立；
270年，奥勒良称帝重振国威；
273年，奥勒良灭巴尔米拉国；
284年，戴克里先登基称皇帝；
286年，罗马帝国被东西分治；
294年，罗马帝国行四帝共治。

## 西亚

208年，阿尔德希尔继波斯王；
226年，灭帕提亚建萨珊王朝；
240年，摩尼创建传播摩尼教；
241年，沙普尔一世继位登基；
258年，停房罗马皇帝瓦勒良；
272年，巴赫拉姆一世继王位；
274年，处死摩尼教教主摩尼；
299年，割让西部领地给罗马。

## 中南亚

229年，贵霜帝国遣建魏国；
234年，萨珊波斯入侵贵霜；
250年，贵霜帝族分裂解体；
220年起，南部安度罗王朝逐渐走向衰落。

## 北非

埃及成为古罗马帝国的粮仓。

## 东亚

200年，曹操官渡击败袁绍；
207年，曹操基本统一北方；
208年，孙刘联军赤壁破曹；
214年，刘备夺取刘璋益州中；
219年，刘备败曹军夺汉中；
220年，曹丕复废东汉建魏国；
221年，刘备成都称帝建立蜀汉；
229年，孙权称帝建立吴国；
264年，司马昭远征灭蜀汉；
266年，司马炎代魏建西晋；
280年，西晋灭吴统一中国；
291年，西晋爆发八王之乱。

## 中南美洲古文明

玛雅人在此期间发展着自己的神秘独特文明。

年再归附曹操，被分成五部安置在陕西、山西、河北一带，后趁西晋战乱崛起。羯（亦称羯胡）是曾经受匈奴控制的杂胡，东汉末期生活于山西上党一带，长期受汉族地主奴役，后趁西晋战乱崛起。鲜卑人在东汉末年已经占据漠北草原、吞并匈奴残余部落开始强盛，后连年侵扰东汉边境。公元177年，东汉灵帝曾分兵三路出击鲜卑，结果大败。公元218年，归附东汉的乌桓人起兵造反，被曹操派曹彰大破击败，鲜卑人亦因此投降，后分裂成辽西、内蒙古和山西三大族群。公元277年，山西一带的鲜卑人举兵反晋，被文鸯击败，二十余万人降晋。但"八王之乱"开始后，以辽西为主的鲜卑各部趁机纷纷南下中原。青海、甘肃和四川地区一带的羌和氐两族相似，曾多次爆发反抗东汉统治的起义，曾参与三国时期蜀魏之间的交战。公元296年，羌人再度举兵反晋，直至公元299年才被平定。在此期间，陕西一带的10余万氐人在起义失败后，与躲避战火的汉人一起流亡四川，形成流民。一个"五胡乱华"的时代即将在下个世纪由他们开启。

公元3世纪的中亚和南亚，曾经创立大乘佛教和精美犍陀罗艺术的贵霜帝国已经失去了对其境内各部族的掌控能力，仅仅由于萨珊王朝的两次进攻便宣告解体。而创建贵霜帝国的大月氏人似乎重新回归了原来的部族生活。南亚次大陆南部亦在持续的邦国林立中无法厘清历史脉络。

公元3世纪的西亚，帕提亚帝国虽然多次成功抵御罗马人的入侵，但连续的败绩和名存实亡的统治早已使帝王的权威荡然无存，最终在屹立了近500年后被一个全新的帝国——波斯萨珊王朝所取代。

与来自北方草原的帕提亚人不同，阿尔德希尔家族一直生活在伊朗高原西南部，据称与建立古波斯帝国的阿契美尼德家族有着极深的渊源。塞琉古王朝灭亡后，波斯人成为帕提亚帝国无数个行省和部落王国之一。直到公元208年，阿尔德希尔继位国王，波斯人才在帕提亚人的没落中逐渐恢复了昔日帝国的雄心。公元224年，阿尔德希尔在决战中杀死了帕提亚国王，使其在东汉灭亡4年后同样结束了历史。阿尔德希尔随后征服帝国其他地区、建立波斯萨珊王朝。与帕提亚帝国联盟性质的国体不同，波斯萨珊王朝由皇室成员直接负责地方行政管理，这也成为其能够延续400多年的重要基础。在解决内部问题后，阿尔德希尔在进攻罗马人的过程中一度征服亚美尼亚，后在公元234年挥师东进、重新夺取阿富汗并侵入贵霜帝国西部。阿尔德希尔一世在位期间，国民被分为僧侣、军人、学者文人和平民四个等级，尚火的琐罗亚斯德教成为国教，其宗教领袖卡提尔甚至一度左右国家的政局。尽管如此，琐罗亚斯德教的一个著名分支——摩尼教还是在公元240年诞生了。

公元241年，沙普尔一世继位，随即再向罗马在西亚的领地发起进攻，且一度攻占安条克，但最终为罗马人所阻。其后，沙普尔一世同样挥师东进，在扩张版图的同时直接导致了贵霜帝国的解体。公元258年，沙普尔一世再度向西攻陷埃德萨和安条克等地，并在埃德萨战役中大败罗马军团，俘虏了当时的罗马皇帝。不过，凯旋途中的他却被叙利亚帕尔米拉一带的统治者所击败。后者的遗孀在公元267年建立了独立的帕尔米拉王国。沙普尔一世与其父亲一样，推进琐罗亚斯德教的同时，对其他宗教同样表现出宽容，主要表现在支持摩尼教的传播，并与犹太神职人员交好。但其公元272年死后，在琐罗亚斯德教首领卡提尔的影响下，沙普尔一世之子巴赫拉姆一世下令处死了摩尼（约公元274年）并迫害摩尼信徒。公元3世纪后期，萨珊王朝在与罗马人的交战中开始处于劣势，不但首都泰西封一度被罗马人劫掠，亚美尼亚的大部分地区后来也被迫割让给了古罗马帝国。但相对一个即将存在并发展400多年的王朝来讲，这点挫折不值一提。

公元3世纪的南欧，古罗马帝国在王朝更迭的混乱以及被周边少数民族入侵等方面与同时代中华文明极其相似，军队刺杀皇帝的情况几乎贯穿整个世纪。

公元 197 年，塞维鲁依靠军队的支持成功击败了所有反对者、重新统一了古罗马帝国，并在对帕提亚人的作战中取得一系列胜利。公元 211 年，塞维鲁在去世时告诫他的儿子们："要兄弟团结，要让士兵们发财，不要管其他人。"但塞维鲁只是其王朝唯一善终的皇帝，其余的皆死于非命，尤其是死于军队的刺杀。塞维鲁死后不到一年，同时继位的卡拉卡拉就杀死了同胞兄弟及其后代，但自己后来也在出征帕提亚时被近卫军杀死。在家族男性全部死亡的情况下，塞维鲁的妹妹起兵杀死了称帝的近卫军首领，立自己的一个儿子为帝，后又因其胡作非为将其废除，立另一个儿子亚历山大为帝。由于与东面帕提亚人的交战陷入僵局，北面又不断遭到日耳曼等民族入侵，陷入困境的亚历山大试图通过消减军队薪酬来挽救财政危机，结果在公元 235 年被军队杀死，靠讨好军人而存在的塞维鲁王朝就此终结。

之后半个世纪的古罗马帝国被称为军营皇帝的伊利里亚诸帝时代，亦称三世纪危机，先后或同时存在过 24 位皇帝，他们都以将军的身份执掌大权且又都被士兵杀死。帝国处于内政混乱、经济崩溃、外敌入侵、四分五裂的境况。这也使在今叙利亚地区一度出现独立的巴尔米拉王国成为可能。这一局面出现的根本原因在于帝国扩张的停止。由于缺少了战争胜利带来的财富可以分享，贪婪的雇佣军队成为任何人都无法驾驭的猛兽，而北方蛮族的侵扰却愈演愈烈，只有皇帝奥勒良才短暂恢复了帝国的自信。公元 270 起，奥勒良在重创入侵的哥特人后，又率军东征叙利亚，俘虏了巴尔米拉的女王，将巴尔米拉城夷为平地。公元 273 年，奥勒良击败了北方高卢人建立的王国，将高卢、不列颠和西班牙重新并入帝国。公元 274 年，奥勒良在罗马举行了规模空前的凯旋仪式，并因在短短 5 年时间内重新统一早已分崩离析的帝国而赢得"世界恢复者"的称号。但当他骄傲地带着战利品和俘虏从大街上走过的时候，罗马人并没有意识到这只是帝国的回光返照。此前无数次混乱的皇权争夺早已使帝国病入膏肓。公元275年，奥勒良在出征波斯萨珊王朝时被杀，帝国重新陷入混乱。

公元284年帝国在经历了近一个世纪的混乱、分裂、经济崩溃和外族入侵后，近卫军首领出身的戴克里先再次统一古罗马帝国，宣称自己是朱庇特神的代言人，希望神的威严能使自己免于谋杀，并给自己冠上"君主"的头衔。由于感觉到一个人实在无法统治如此庞大的帝国，他将古罗马帝国一分为二，提拔了一位副手以罗马为中心管理帝国西半部，自己则以土耳其的尼科米底亚为中心统治东半部分。后来他又为两人各任命了一个养子作为继承人，实行所谓的"四帝共治"。在这种制度安排下，罗马城不再是帝国的中心并因此走向没落。但由于同样没能解决经济问题，戴克里先和他的助手们虽然多次战胜蛮族和新崛起的波斯萨珊王朝，帝国的东西分裂已经成为历史的必然。

而与上述过程中复杂交织的是众多蛮族的身影。其中，日耳曼族群不但从来没有被罗马人真正征服过，而且从公元2世纪起，已开始大举入侵罗马，公元3世纪更是迫使几乎每一位罗马皇帝都不得不与他们作战，有的则被他们杀死。在这过程中，也有一部分日耳曼人成为罗马人的雇佣兵，且地位逐渐提升。此外，来自莱茵低地的法兰克人、北部山区的高卢人、匈牙利的汪达尔人、南俄罗斯草原的哥特人、波兰一带的伦巴德人、美茵河畔的勃艮第人、威悉河畔的撒克逊人，无一不对已经孱弱的古罗马帝国虎视眈眈。当然，与大汉王朝一样，这也是帝国扩张的结果。尽管如此，公元3世纪末的古罗马帝国尚能勉强维持脆弱的统一。

纵观公元3世纪的世界，中华文明与其他文明的差异在于两汉门阀政治的形成和发展，使知识分子能够有机会通过"察举"和"征辟"而不是简单的战争进入社会上层，并逐渐发展成为一个独立的士大夫阶层，并通过与地主阶层的结合形成更为强有力的门阀大族，且地位不随王朝的更迭而改变，以至于所有的统治者都不得不同他们联结、周旋，形成所谓"门阀政治"，更在曹魏时期发展成为一种考核官员的九品中正制度。虽然仅就单个王朝而言，门阀政治弊多利少，甚至在有些时候加速了王朝的分裂，但包含其中的知识性是中华文明不受王朝更迭影响，传承文明基本要素的重要原因。与之相比，其他文明多因知识传承的中断而停滞发展，甚至有倒退之嫌。这也正是是欧洲在古罗马帝国分裂后陷入宗教黑暗的原因之一，也是后来欧洲文艺复兴所需要寻找的东西——因中断而消失的知识。

而从人类文明发展的角度来看，生产力总体水平的进步在此时已经使人类拥有了更强的生存能力，从而使昔日弱小的蛮族有能力对农业文明发起的挑战。而昔日的帝国却因长期积累的问题裂解或正处于裂解状态，客观上为蛮族的崛起提供了契机，尽管这也是稳定发展的必然。这一过程对于汉和罗马两个昔日比肩的强国来说才刚刚开始。

# 五胡十六国的混乱与印度笈多王朝

公元4世纪的世界，东亚的少数民族第一次成功入主中原，虽然"五胡乱华"的王朝更迭十分混乱，但其影响极其深远。中亚的印度人终于第二次建立起自己的政权——笈多王朝，并在持续扩张中书写出古印度文明最主要的篇章。西亚的萨珊王朝虽然深陷与罗马人的征战中，但也开始创造波斯文化的终极辉煌。南欧的罗马帝国则在维护统一的最后一次努力失败后走向东西分裂，与之相伴的是基督教的阴影开始笼罩欧洲，以及匈奴人入侵带来的恐惧。

公元4世纪的东亚，西晋在"八王之乱"后不久便被匈奴人灭亡。大批门阀士族随司马睿逃亡江南，建立东晋。中国北方陷入持续了140余年的"五胡乱华"阶段。

公元301年，西晋争夺权力的宫廷斗争在赵王司马伦诛杀贾后并废晋惠帝自立后，迅速演变成一场席卷全国的"八王之乱"。先是齐王联合成都王和河间王起兵杀死赵王当权。公元302年，长沙王又联合河间王杀死齐王当权。公元303年，成都王、河间王又联合讨长沙王。次年，成都王在东海王支持下杀死长沙王当权。东海王随后又率军攻击成都王。此间，成都王和河间王之间又爆发战争。公元305年，东海王司马越从今山东起兵，在击杀成都王和河间王后独揽大权，废晋惠帝，立晋怀帝，终结了令人眼花缭乱的"八王之乱"。持续16年的八王乱战不但耗尽了西晋的力量，而且造成了巨大的民众伤亡，严重破坏了社会经济。西晋也迅速走向灭亡。

五胡指匈奴、氐、羯、羌和鲜卑。其中，匈奴人是灭亡西晋的发起者和主要力量。羌人、羯人和氐人则纷纷起兵割据,并一度由羌人在长江以北建立了短暂统一的政权。鲜卑人在战乱初期保持中立,后来逐渐参与其中,并最终建立北魏王朝,完成了中国北方的统一。这期间,既有不同民族之间的相互联合或攻杀,也有同一民族的内部分裂,先后建立的国家有几十个之多,因北魏人崔鸿考证了其中16国的历史,撰写《十六国春秋》一书,故亦有五胡十六国之说。

公元4世纪上半叶,最早起来反抗西晋王朝的是氐人。公元301年,因战乱从甘肃流亡四川的氐人因不堪当地官员迫害,在首领李特带领下发动起义,攻陷成都,拉开了五胡乱华的序幕。公元304年,李特之子李雄建立"成汉",势力一度远达云贵地区。但真正给西晋王朝致命一击的是匈奴人建立的"前赵"。公元4世纪初,匈奴贵族刘渊被西晋任命为匈奴五部首领。公元304年,刘渊趁八王之乱从洛阳返回山西叛晋,建立"前赵"。公元311年,前赵攻陷洛阳,掳走晋怀帝司马炽,史称"永嘉之祸"。为躲避战乱,中原汉人第一次大规模南迁,其中包括大量门阀士族,史称"衣冠南渡";其中又以王、谢两姓最众,也因此才有了刘禹锡"昔日王谢堂前燕,飞入寻常百姓家"的名句,中国古代经济中心也因此开始向南方转移。公元316年,"前赵"再次攻破洛阳,灭亡西晋。公元319年,刘渊手下的将军石勒(羯族人)趁"前赵"内乱,在今河北建立"后赵"并于公元329年灭亡"前赵"、统一华北大部。但东北的鲜卑各部以及西北前西晋汉族将领张茂驻守的甘肃等地未被其征服。公元337年,鲜卑人慕容皝在辽东地区建"前燕",后统一东北大部。公元345年,汉人张骏在甘肃建"前凉",鼎盛时期势力远达西域。地处华北的"后赵"皇帝无一不以残暴、嗜杀著称,百姓苦难深重。公元351年,"后赵"汉将冉闵乘诸王子互杀争位之机灭亡"后赵";作为对"后赵"残暴的报复,鼓励汉人屠杀羯人20余万,以至于羯人从此在历史上消失。但冉闵无法掌控"后赵"遗留下的

# 五胡十六国的混乱与印度笈多王朝

（公元4世纪）

## 中南美洲古文明

玛雅人在此期间发展着自己的神秘独特文明。

## 欧亚非—古罗马帝国

303年，戴克里先镇压基督教；
305年，东西两皇帝同时让位；
306年，君士坦丁在西部自立；
313年，米兰敕令基督教合法；
323年，君士坦丁胜所有对手；
330年，建成新都君士坦丁堡；
337年，君士坦丁去世前洗礼；
361年，君士坦丁的王朝终结；
370年，白匈奴侵入罗马边境；
379年，狄奥多西混乱中胜出；
392年，定基督教为罗马国教；
395年，狄奥多西分东西罗马。

## 西亚—萨珊王朝

309年，沙普尔二世娘胎中加冕；
337年，向西大举进攻罗马帝国；
339年，起迫害基督教和祆太教；
350年，起白匈奴侵入东部边境；
379年，沙普尔在位七十年去世。
萨珊波斯新国教为琐罗亚斯德教。

## 中南亚—笈多王朝

308年，旃陀罗笈多获华氏城；
320年，正式建印度笈多王朝；
335年，沙摩陀罗笈多继王位；
380年，旃陀罗笈多二世继位；
统一南亚次大陆北方大部，
古印度文明此间达到鼎盛。

## 北非

埃及成为古罗马帝国的粮仓。

## 中国北方

304年，匈奴人建前赵；
316年，前赵灭亡西晋；
319年，羯族人建后赵；
337年，鲜卑人建前燕；
345年，汉族人建前凉；
351年，氐族人建前秦；
384年，后燕西秦西燕
后秦等国都相继建立；
386年，北魏后凉建立；
397年，南凉北凉建立；
398年，后燕分出南燕；

## 中国南方

304年，氐族人建成汉；
317年，司马睿建东晋；
347年，桓温灭亡成汉；
369年，桓温北伐大败；
383年，淝水之战取胜；
398年，桓玄举兵叛乱。

偌大王朝。另一位"后赵"将军苻健（氐族人）乘乱夺取长安，建立"前秦"。

公元4世纪下半叶，"前秦"虽然统一了长江以北，但一统中华的努力由于其妄自尊大而功亏一篑。公元357年，苻坚武力夺取"前秦"王位，任用汉人王猛为宰相、惩治豪强，在短期内稳定了国内政治经济秩序，国力迅速增长。十三年后，苻坚趁东晋北伐之机先是在公元370年灭掉东北的"前燕"，后在公元376年灭掉了西北的"前凉"，完成了中国北方的统一。公元383年，苻坚率军百万南征东晋，但那支可以"投鞭断流"的大军在"淝水之战"中，仅因一个误传了的消息便在"八公山上草木皆兵"中崩溃。更为严重的是，曾经臣服于"前秦"的各少数民族纷纷自立。其中，鲜卑人慕容垂公元384年在河北建立"后燕"，鲜卑人慕容泓在陕西建立"西燕"（因仅立国十年未列入十六国之列），另一支鲜卑人在甘肃建立"西秦"。羌人姚苌在陕西建立"后秦"。曾受苻坚委派出征西域的氐族大将吕光则在甘肃武威坐地称王，于公元386年建"后凉"。各国随后陷入乱战。公元394年，"后燕"灭"西燕"，"西秦"灭亡"前秦"，"后秦"灭"西秦"。三年后，从"后凉"中又分裂出鲜卑人的"南凉"和匈奴人的"北凉"两国，从"后燕"分裂出"南燕"。至公元4世纪末，中国北方不算已经灭亡的八个王国，依然同时存在着鲜卑人的"后燕"、"南燕"和"南凉"，羌人的"后秦"、氐人的"后凉"、匈奴人的"北凉"和汉人建立的"西凉"七个王国。五胡十六国中的另外两国，"北燕"和"夏"是在公元5世纪初产生的。

嗜杀和短命是五胡十六国的最大共性，其本质原因在于文明发展的滞后。虽然，西晋后期的混乱为"五胡乱华"提供了机会，但真正抓住这个机会的是鲜卑人的另一支。公元386年，鲜卑人拓拔珪在漠北建"北魏"，一度臣服于"后燕"，在公元397年击溃"后燕"并使之分裂。"北魏"之所以并不在五胡十六国之列，因为它是五胡十六国时代的终结者，而且是南北朝大分裂时代的主角。但未来与其隔江对峙的注定不会是东晋，因为后者已经在4世纪末的兵变和民众起义中奄奄一息了。

公元317年，手握重兵的司马睿在今江苏南京建立东晋。东晋虽然占有淮河以南的广大地区，但多荒蛮落后，资源和兵源十分贫乏，且从北方中原流亡来的人（客家人）与江南当地人之间的冲突十分严重。多数由一个家族或一个乡里集团组成的客家人在到达一个地方后往往以主人自居，利用自己掌握的先进生产技术，以及借助掌握东晋政权的政治力量，侵占耕地，垄断山川湖泊，与地方民众结怨，仇恨积累愈深，甚至激发民变。在这种情况下，东晋朝廷对"北伐"并不积极。祖逖等民间人士自发的北伐行为也因得不到政府支持而不了了之。将军王敦于公元322年和324年两次"清君侧"，不但没能取得成功，反而使王朝更加虚弱。公元328年，苏峻叛乱、攻陷建康，险些灭亡了东晋。东晋最大的成就是在公元347年灭亡了四川一带的"成汉"。但大将桓温随后组织的几次"北伐"都以失败告终。之后的东晋王朝民众起义和将领叛乱不断。

西晋之所以迅速衰亡、东晋之所以脆弱无力，与风行百年的"魏晋玄学"有极大关系。面对混乱的世界，门阀士族将自己隐藏于虚无缥缈的精神世界，崇尚"贵生"和"避世"，主张"自然"和"无为"。在对《老子》《庄子》和《周易》的研析过程中，因"玄之又玄，众妙之门"而得名的"玄学"逐渐从对具体问题和哲理的辩争，发展为一种哲学空谈，及至成为一种身份的装饰品。备受推崇的竹林七贤貌似清静无为，实质却是"气节"全无，以至于上至王侯下至世族皆无报国之心，王朝的衰亡也就在情理之中了。

公元4世纪的中南亚，与东亚的大分裂、大混乱不同，贵霜帝国解体后，笈多王朝的出现意味着南亚次大陆的第二次大部分统一，并在其后长达近400年的立国时间里，创造了古印度文明的绝大部分成就。

约公元308年，旃陀罗笈多一世因娶了一位贵霜公主而得以继承了华氏城的统治权。他的名字不但与公元前3世纪孔雀王朝的建立者一样，而且同样是一个伟大王朝的缔造者。公元320年，旃陀罗笈多一世在今印度东北部正式建立笈多王朝，势力后逐渐扩展到今比哈尔邦大部、北方邦、孟加拉邦等地。虽然相去500余年，笈多王朝的统治方式与孔雀王朝并没有本质的区别，虽然号称中央集权，实际上依旧是无数土邦组成的联盟；向王朝纳税是这些土邦王公的主要义务，除此之外，在其领土内可以保持绝对的独立性。今天的印度亦与之类似。公元335年，其子沙摩陀罗笈多继位，进一步征服北部恒河流域和印度河流域东部地区，迫使南部帕拉瓦王国臣服纳贡，陆上势力南抵德干高原，海上势力远及苏门答腊和爪哇等南海诸国。旃陀罗笈多二世在公元380年继位后，笈多王朝虽然达到极盛，但依旧没能统一南亚次大陆南端，西北部中亚原属贵霜帝国的领地则逐渐被侵入的嚈哒人（白匈奴人）所占领。尽管如此，笈多王朝依然是印度土著文明的全盛期，包括印度教和佛教在内的各类宗教在此间得到了进一步繁荣和发展。在宗教、哲学、文学、艺术等日趋繁荣的同时，印度文化也趋于成熟和定型，并影响至今。"0"这一数学概念的发明和使用是笈多王朝对人类文明的最大贡献之一，后经阿拉伯人传遍世界。

公元4世纪的西亚，萨珊王朝正走在其长达400多年生命历程的上升期，虽然与古罗马帝国的战争依旧耗费了其大量的时间和精力，但波斯文化在这一时期得以恢复和发展。

公元4世纪初，萨珊王朝因连续战败不得不割让西部大片领地给古罗马帝国，国内也因此陷入动乱。国王霍尔密兹德二世再也无法驾驭贵族，在公元309年的一次围猎中被阿拉伯半岛上的贝都因人杀死。沙普尔二世在娘胎中被加冕，在位长达70余年。沙普尔二世长大后，在残酷平定了贵族叛乱和南部阿拉伯人的反抗后，先是成功击退了白匈奴的入侵，将王朝东北部边界推进到阿富汗一带，后从公元337年起向西部的古罗马帝国发起进攻。经过长达40多年相互攻伐后，两国再次以底格里斯河划分边界并再次瓜分了亚美尼亚。公元379年沙普尔二世去世后，他的三位继任者虽然碌碌无为，但基本维持了帝国的稳定。沙普尔二世在位的70年被称作萨珊王朝的第一个黄金时代。这期间，琐罗亚斯德教开始成为国教且影响与日俱增，直至萨珊王朝成为政教不分的国家。而基督教徒和犹太人则从公元339年起遭到残酷迫害。

公元4世纪的南欧，从"四帝共治"到君士坦丁大帝独裁，再到东西分治，古罗马帝国又经历了一次从统一到分裂的循环。之后，统一的古罗马帝国便永远消失了。

"四帝共治"的美好愿望是依靠戴克里先的个人威望来维系的。公元305年，戴克里先和其在西部的共同执政者同时让位，"奥古斯都"的称号分别被伽勒里乌斯和君士坦丁乌斯继承，但两人不久相继去世。在这种情况下，远在不列颠征战的君士坦丁乌斯之子君士坦丁在公元306年被军队拥立为皇帝，但与其同时以种种理由称帝的还至少五人，帝国因此陷入长达20年的内战，最终君士坦丁成为唯一的胜利者。君士坦丁大帝伟大成就之一是"在几乎掏空了其他城市之后"在公元330年建造了一座连接欧亚大陆的世界历史名城——君士坦丁堡。而伴随着这座帝国全新都城在古代希腊殖民城市拜占庭的旧址上巍然耸起，古罗马帝国的政治中心也彻底东移，罗马古城开始走向没落。由于扼守东西方交通要道，这座兼具古罗马帝国鼎盛和没落象征的城市，在其后1000多年里，一直是东西方文明冲突的焦点，冲突和硝烟不断。公元337年君士坦丁大帝死后，帝国陷入自相残杀，他的三个儿子也因此先后毙命。但直到公元370年前后，帝国边境地区终于保持了相对平静，直到这种平静被因躲避白匈奴而大量涌入的西哥特人打破。罗马人最初采取了与东亚魏晋政权对待羯人和氐人相同的政策，允许包括西哥特人在内的日耳曼族群在边境地区居住，但剥夺了他们拥有武器的权力，并对其进行残酷压迫和奴役，由此引发了西哥特人的强烈反抗。公元379年，当一位罗马皇帝在镇压西哥特人起义的过程中被杀后,新皇帝狄奥多西选择了和解。作为回报,来自多瑙河沿岸的西哥特人承担起保卫帝国边境的责任。公元 395 年,狄奥多西在去世前任命他的两个儿子分别为帝国东部和西部的皇帝。尽管他们事实上不久就成为近卫军首领的傀儡,但两个皇帝和两个都城的出现还是无可避免地决定了帝国东西彻底分裂的命运。

虽然统一的古罗马帝国走到了尽头,但基督教在本世纪实现了历史性突破,开始正式登上了古罗马帝国的政治舞台。至少在戴克里先统治时期,基督教还一直受到残酷镇压。公元 303 年,戴克里先下令对基督教徒进行大规模杀戮,就连其妻子也无法幸免。但这也间接说明了基督教的影响在当时已经十分广泛。君士坦丁在公元 306 年自立后,为战胜其他竞争对手开始借助基督教的力量,公元 313 年颁布"米兰赦令",承认基督教的合法地位,执政后更是任用大批基督教徒参与国家管理,并给予教会免除徭役、接受遗产、馈赠和购买以及释放奴隶的特权。公元 323 年,君士坦丁大帝组织召开了第一次基督教大会,在一定时期内弥合了不同教派在基督教教义上的分歧。公元 392 年,当罗马皇帝狄奥多西一世正式宣布基督教为古罗马帝国国教的时候,没有人会预见到基督教会在此后迅速成为凌驾于世俗王权之上、主宰欧洲历史发展进程的重要力量,并将欧洲带入长达数百年的中世纪黑暗。

纵观公元 4 世纪的世界,抛弃各种纷繁复杂内外纷争,东西方文明的背后都隐约浮现着一个令人恐怖的名字——匈奴。这里的"匈奴"已经超越一个个真实存在的族群,成为一种标志性的文化符号。从横亘欧亚大陆中部的草原出发,一个个拥有相同"匈奴"文化特征的不同族群,发动了对不同文明的袭击。而这种文化特征的源头无疑都来自于公元 1 世纪被东汉击败的北匈奴人。在向西远遁的途中,他们将自己的文化符号传遍了欧亚大陆腹地草原。在经历了 300 余年的沉淀和积累后,不同肤色的"匈奴人"才再次让整个世界感受到了"匈奴"的力量。在中国北方，匈奴人的后裔灭亡了西晋王朝。在笈多王朝北部和萨珊王朝的东部，他们是夺取了贵霜帝国北部、迫使沙普尔二世疲于奔命的"嚈哒人"。在古罗马帝国的北面，他们是驱赶日耳曼人、哥特人和马扎尔人涌入帝国边境的"白匈奴"。

但对于整个世界来讲，游牧民族的时代才刚刚开始。在下个世纪的征伐中，中华文明将进入南北朝的分裂时代，分裂后的西罗马帝国则早早结束了自己短暂的生命，只有基督教阴影笼罩下的西欧将因此开始了一段全新的文明历程。

# 南北朝并立与法兰克王国领航西欧

公元 5 世纪的世界，当东亚在东晋王朝的灭亡以及北魏的崛起中进入南北朝时期，匈奴对世界的影响达到了极盛：南亚的笈多王朝在其不断入侵下日趋萎缩和分裂，西亚的萨珊王朝在其和东罗马帝国的夹击下期盼复兴，地跨欧亚的东罗马帝国被其数度大肆劫掠，南欧的西罗马帝国更是在其引发的欧洲民族大迁徙中灭亡。整个世界陷入帝国灭亡的阵痛，西欧日耳曼人建立的法兰克王国在宣告古罗马时代终结的同时，成为欧洲文明的全新开端。

公元 5 世纪的东亚，南北朝时期开始于刘裕篡位东晋、建立南朝宋（刘宋），正式形成于北魏灭北凉统一北方、成为北朝。此间的中华文明虽然由于分裂依然战乱不断，但两个相对稳定王朝的出现还是对社会秩序和经济的恢复起到了一定积极作用。

南朝在东晋灭亡后先后历宋、齐、梁、陈四朝，在公元 5 世纪为宋、齐两朝。从 401 年起，刘裕在平定孙恩叛乱中因军纪严明、屡建奇功而崭露头角，后又在公元 404 年成功平定桓玄叛乱，并因迎接东晋安帝复位之功逐渐掌控东晋权力。公元 409 年，刘裕在第一次北伐中灭亡南燕，随后回师镇压浙东卢循起义、剿灭割据长江中上游的刘毅和谯纵等割据势力，使黄河以南出现了百年来第一次统一。公元 416 年，刘裕第二次北伐，先后收复洛阳、攻陷长安、灭后秦。但因内乱，长安等地得而复失。尽管如此，此时的东晋已经将疆域向北扩展到黄河以南、淮水流域以及汉水上游的广大地区。公元 420 年，刘裕灭东晋建南朝宋，通过抑制门阀豪强，重用寒门人士，实行"土断"清理户籍等措施迅速稳定政局。从公元424年起，宋文帝刘义隆在执政的三十年时间里，进一步实行劝学、兴农、招贤等改革措施，且对外战争较少，使百姓得以休养生息，社会经济发展迅速，史称"元嘉之治"。公元453年，刘义隆被篡位的长子杀害。此后南朝宋不但因争夺王位内乱不止，且继任者个个荒淫残暴，终至朝政腐败并走向衰落。公元479年，同样手握重兵的萧道成以"禅让"的形式灭亡南朝宋，建立南朝齐。南朝齐立国之初尚能以南朝宋的灭亡为鉴，但在明帝萧鸾继位后，皇室间的相互残杀更甚于南朝宋，以至于萧道成的子孙几乎被萧鸾杀绝。萧鸾死后，更加残暴擅杀的萧宝卷继位，人人自危，众叛亲离，政局混乱到了极点。公元501年，同样手握重兵的萧衍起兵攻占建康，尽杀明帝萧鸾的后裔，灭南朝齐，次年称帝建南朝梁。

北朝始于北魏灭亡北凉（公元439年）统一中国北部。5世纪初，中国北方尚存辽西一带的后燕、山东和河南一带的南燕、陕西长安一带的后秦、甘肃张掖一带的北凉、甘肃武威一带的后凉、青海西宁一带的南凉和甘肃酒泉一带的西凉等七国，其中又以后秦最为强大。不在十六国之列的北魏则在击败后燕后占据内蒙古、河北和山西等广大地区，兼具统一中国北方的军事实力和地理优势。公元403年，后凉因兄弟争权内乱被后秦灭亡，但其地后来被南凉所夺取。公元407年，汉人将军冯跋推翻鲜卑人的后燕，并于409年建立北燕。407年，南匈奴人在河套地区建国夏（胡夏）。至此，五胡十六国全部出现。公元409年，归降后秦的西秦在甘肃兰州重新建国，中国北方同时存在的政权多达九个。一年后，这种混乱的局面开始被统一的步伐所打破。公元410年，东晋第一次北伐灭亡南燕，夺取河南及山东。公元414年，西秦灭亡南凉，夺取部分青海之地，与北凉争夺甘肃。公元416年，刘裕第二次北伐连克商丘、许昌、洛阳等重镇；次年破潼关，攻占长安，灭亡后秦。但刘裕的留守部队后因内乱被南下的匈奴大军击败，长安等地被胡夏占领。公元 421 年，北凉灭亡西凉。公元 422 年，北魏在经过近二十年的内部巩固后大举南征，夺取东晋黄河以南、长江以北的大片土地，迫使刚刚建立的南朝宋与其短暂媾和。公元 423 年，北魏太武帝拓跋焘继位，大破胡夏；后用五年时间北伐漠北草原上新崛起的柔然人，终使其走向衰落。公元 430 年，拓跋焘在击败西秦后，率军击退南朝宋的大举进攻。此前被北魏击败的胡夏则在迁徙途中灭亡了西秦（431 年），而自己也被臣服于北魏的吐谷浑突袭所灭亡。公元 436 年和 439 年，偏居东北和西北的北燕和北凉先后被北魏灭亡。至此，五胡十六国全部在混乱中灭亡，北魏完成中国北方的统一，南北对峙的格局基本形成。南北朝之间并没有固定的分界线，双方交战的战场总体上随着南部王朝的逐一衰落逐渐从黄河南岸向长江一线推移。公元 450 年，南朝宋在经历"元嘉之治"后国力大增，贸然出兵北伐，结果被拓跋焘击败，北魏大军一度饮马长江。此战过后，南朝宋"元嘉之治"的成果丧失殆尽，北魏也损失惨重。

北魏作为鲜卑人在中国北方建立的割据政权，之所以没有被列入五胡十六国，很大原因在于人们对它在长达 170 余年的时间里雄踞长江以北的尊重，更何况其对后世中华文明产生了深远影响。北魏之所以能够取得如此成就，与其大力推行汉化政策，积极吸收先进文化有着很大关系，虽然作为一个传统游牧民族这一过程极其艰难，但这也正是其可贵之处。

公元 452 年，拓跋焘被杀，文成帝在混乱中继位。此时的北魏虽疆土广阔，但因久战而国力空虚，且民族和社会矛盾十分突出，政局极不稳定。在平定内部各种大小叛乱后，文成帝于公元 458 年率大军北击柔然，彻底解除了北方边患，其后息兵养民稳定政局。继位的献文帝虽在位仅五年，但在对外开疆扩土，对内鼓励生产、选贤任能等方面亦颇有建树。公元 471 年孝文帝继位后，北魏开始系统地进行汉化改革。前期改革由摄政的冯太后主导，重要措施之一是按官职大小发放文武官员俸禄，这对于早已习惯以战利品为生

# 南北朝并立与法兰克王国领航西欧
（公元5世纪）

## 中南美洲古文明
玛雅人在此期间发展着自己的神秘独特文明。

## 西欧
409年，汪达尔人进入西班牙；
410年，西哥特人洗劫罗马城；
419年，西哥特人南高卢建国；
429年，汪达尔人渡海抵北非；
439年，汪达尔人攻取迦太基城；
442年，汪达尔人在北非建国；
449年，盎格鲁人进入不列颠；
481年，克洛维法兰克人首领；
486年，法兰克人北高卢建国；
493年，东哥特人罗马建王国；
496年，克洛维皈宣誓入基督教。

## 南欧—西罗马帝国
402年，西罗马迁都至拉文纳；
406年，西罗马撤回北方驻军；
451年，阿提拉攻罗马城不克；
452年，阿提拉攻破新都拉文纳；
455年，汪达尔人洗劫罗马城；
476年，西罗马自行宣布灭亡。

## 欧亚分界—东罗马帝国
408年起，加固君士坦丁堡城；
422年，匈奴开始攻东罗马；
445年，阿提拉成为匈奴首领；
447年，阿提拉围君士坦丁堡；
457年，东罗马军团奥王朝时代；
476年，齐诺平叛乱重新登基；
491年，东罗马开启利奥王朝；
此间东罗马占有北非埃及。

## 中西亚
420年，萨珊波斯迫害基督徒；
427年，击退东部白匈奴进攻；
483年，东部被白匈奴人劫凉；
487年，与东罗马争西亚小胜；
498年，白匈奴助喀瓦德登基。

## 南亚—笈多王朝
430年前后，西南部爆发叛乱；
450年前后，白匈奴大举入侵；
500年，笈多王朝仅残存一隅。

## 中国北方
410年，东晋北伐灭北国南燕；
417年，东晋北伐灭北国后秦；
423年，北魏拓跋焘继承王位；
425年，北魏拓跋焘大同北师道；
439年，冦谦之大同北凉统一北方；
446年，北魏太武帝灭佛运动；
450年，北魏击退南朝宋北伐；
453年，北魏始开凿云冈石窟；
458年，北魏打败漠北柔然人；
471年，北魏继位汉化改革；
487年，突厥开始摆脱柔然洛阳；
493年，北魏孝文帝迁都洛阳；
493年，北魏开始建龙门石窟；
496年，拓跋氏拓跋改汉姓元。

## 中国南方
420年，刘裕亡东晋建南朝宋；
424年，南朝宋开始元嘉之治；
453年，南朝宋陷入争位内乱；
461年，陆修静入南天师道；
479年，萧道成代宋建南朝齐。

的游牧民族来说是一个历史性的进步;均田制的实施则对清查隐匿土地和人口,发展农业生产起到了极大促进作用。公元490年起,孝文帝亲自主持了第二阶段的改革,推行了迁都洛阳、推广汉服、禁用鲜卑语、改鲜卑姓为汉姓等一系列重大举措,极大地推动了包括鲜卑人在内的北方民族融合。其中公元496年,孝文帝改自己家族的鲜卑姓氏"拓跋"为汉族的"元"。

尽管南北两朝形成后,战争的规模和次数大幅减少,且南北朝都为稳定政局、发展经济等方面做出了积极的努力,但延续自公元4世纪的战争和杀戮依然占据了5世纪的绝大多数时间,战争的苦难使宗教在治疗人们痛楚的过程中得到了迅速发展。在这个过程中,"魏晋玄学"对于道教理论的形成以及与儒教的融合,乃至最终发展成一门成熟的宗教都发挥了重要作用。公元425年,寇谦之在北魏拓跋焘的支持下,在山西大同创立了"北天师道"。公元461年,南朝宋的陆修静在江西庐山创立了"南天师道"。从此,大量道教思想开始融入中国人的血液,至今影响着人们的日常生活。与此同时,佛教也逐渐从统治阶级上层逐渐扩散到民间,北魏甚至将佛教视为国教,也因此多次引发了"佛道之争",统治者的好恶则成为两者胜负的决定因素。而一旦宗教的发展威胁到统治者的统治,一场场灭佛、灭道的运动便会上演。公元446年,信奉道教的拓跋焘在镇压关中"盖吴起义"的过程中,发现寺庙中私藏有武器,进行了"三武一宗灭佛"中的第一次灭佛。只是由于北魏太子的暗中支持,佛教才没有被彻底消灭,更在文成帝继位后得到迅速恢复和发展。公元453年,文成帝下令建造云冈石窟。公元493年,孝文帝下令建造龙门石窟,至今无一不是惊世骇俗的瑰宝。

在南北朝时期,还必须提到的是柔然人在中国北方草原的发展。当大量鲜卑族群纷纷南下入主中原后,辽阔的漠北草原逐渐被从鲜卑人脱离出来的另一支族群——柔然人所占领,并趁五胡乱华之机大举南侵。在本世纪,其与北魏的关系与"汉匈"相似,双方交战持续了百余年。公元 487 年，柔然人在北魏的连续打击下分裂，其在漠北草原的霸主地位逐渐被昔日臣服于它的"锻奴"——突厥人所取代，并在其后两个世纪对中原王朝形成巨大冲击，而青藏高原上一度臣服于北魏的吐谷浑亦参与其中。

如果从更广阔的视角观察公元 5 世纪的世界，虽然游牧的柔然人被北魏击败后没落，但其他打着匈奴旗号的游牧民族用狂飙式的肆虐，将欧亚大陆其他几乎所有的显赫王朝都掀翻在地，在创造了匈奴时代的同时，极大地影响了人类文明发展进程。

公元 5 世纪的南亚，依靠短暂征服而兴盛一时的笈多王朝，其土邦联盟性质的政权形式注定了其既无力维持国内统治，更无力抵挡嚈哒人（白匈奴）的进攻。公元 5 世纪初的笈多王朝应该还处于鼎盛阶段，曾修建印度佛教最高学府和学术中心——著名的那烂陀寺。百多年后，玄奘曾到那烂陀寺研习佛法。但本世纪中叶后，笈多王朝逐渐陷入内乱。在勉强平定了西南德干高原的一次叛乱后，笈多王朝开始遭到西北嚈哒人的大规模入侵。当塞建陀笈多在公元 467 年去世后，笈多王朝事实上已经瓦解，北部旁遮普、克什米尔及恒河流域被嚈哒人占领，其他地区亦四分五裂了。所谓的"后笈多王朝"不过是一个徒有虚名的小邦罢了。由于印度至今没有自己系统的历史资料，现在人们只能从其他文明的文献或侵略者的足迹中零散认知南亚次大陆文明的面貌。

公元 5 世纪的西亚，萨珊王朝总体处于 4 世纪和 6 世纪前后两个黄金时代之间的过渡期。在与东西分裂后的东古罗马帝国关系方面，两者只是在公元 422 和 441 年进行了两次小规模的冲突，其余时间基本能够和平相处，原因是两者都面临着白匈奴入侵的巨大压力。虽然白匈奴在公元 427 年的一次大规模入侵被波斯人击退，但其对萨珊王朝政局的影响迅速增加。公元 459 年，国王卑路斯一世甚至是依靠白匈奴的支持才得以登基，但后来又在公元 484 年与白匈奴的交战中阵亡，三年后东部再次遭到白匈奴的大肆劫掠。公元

488 年，喀瓦德一世登基，萨珊王朝逐渐开始强大。但因喀瓦德一世支持主张平均财富的马兹达克教派，认为富有者应该将他们的财富及妻子分给贫困者，结果一度被僧侣和贵族联合废黜。公元 498 年，喀瓦德一世在白匈奴的支持下重新复位。白匈奴对萨珊王朝的威胁和影响一直持续到下个世纪。

公元 5 世纪的欧洲，白匈奴人若隐若现地以一个王国的形态纵横驰骋了 100 多年，并最终成为欧洲古罗马时代的终结者。在大约公元 445 年成为欧洲地区匈奴族群首领的阿提拉凶狠打击下，东罗马帝国逐渐脱去拉丁的外衣，开始希腊化进程；西罗马帝国则自行宣布灭亡，使日耳曼族群成为西南部欧洲的主宰。当匈奴王国在公元 453 年阿提拉暴毙后迅速解体，当"匈奴"一词在匈奴人逐渐定居后被马扎尔人等其他称谓所取代，法兰克王朝才在基督教的支持下开启了欧洲的封建时代，尽管充满了中世纪基督教的黑暗。

公元 5 世纪的昔日古罗马帝国东部，以君士坦丁堡为都城的众多彼此毫无关系的王朝在此后 1000 余年的时间里被合称为东罗马帝国（拜占庭帝国）。狄奥多西王朝的首位皇帝阿卡狄乌斯（最后一任统一古罗马帝国皇帝狄奥多西的长子）是一位基督教痴迷者，帝国权力实际被他的妻子和禁卫军首领所把持。公元 408 年继位的狄奥多西二世最大贡献是加固了君士坦丁堡的城墙，使其在冷兵器时代几乎坚不可摧。虽然白匈奴从公元 422 年起多次大举侵入且摧毁和掠夺了很多城市和地区，但每次都对君士坦丁堡城无可奈何。尽管如此，东罗马还是不得不每次都奉上大量黄金。公元 447 年，持续近四个月的地震也未能摧毁君士坦丁堡的防御工事，这使志在必得的阿提拉也束手无策，不得不将掠夺的目标转向西罗马帝国。东罗马帝国也因此有了喘息的机会。公元 450 年，狄奥多西二世死后，权臣阿斯帕尔开始左右政局，先是拥立马尔基安为帝（在位 7 年），后支持巴尔干东部行省总督利奥与小亚细亚南部行省总督齐诺达成交易，于公元 457 年开启东罗马利奥王朝时代。其后，西哥特人和匈奴人虽然也曾先后侵入东罗马，但面对君士坦丁堡的城墙同样一筹莫展。公元474年，齐诺以利奥女婿的身份继位，但一度被军事政变推翻。公元476年，齐诺平定内乱重登帝位，后怂恿东哥特人入侵西罗马灭亡后的亚平宁半岛，尽管东哥特王国事实上是独立的。公元491年，61岁的阿纳斯塔修斯一世被齐诺的遗孀指定为皇帝，后因在对基督本性的解释上支持"一性论"而不时引起叛乱。

作为昔日古罗马帝国一部分的西罗马帝国在5世纪初陷入了困境。公元402年，皇帝霍诺利乌斯（最后一任统一古罗马帝国皇帝狄奥多西的幼子）为躲避西哥特人的入侵迁都到了海港城市拉文纳。公元406年，出于镇压西哥特人起义等原因，西罗马无奈地撤回了莱茵河沿岸的驻军，结果导致边境门户大开，汪达尔人、勃艮第人等更多的日耳曼族群一夜之间涌入帝国北部。公元408年，西哥特人兵围罗马城，在收取了巨额赎金后退走。两年后，西哥特人卷土重来，洗劫了罗马城。最终，西罗马帝国不得不同意西哥特人在法国南部定居并建立自己的王国。此后，汪达尔人成为打击西罗马的主力。公元439年，汪达尔人从罗马人手中夺取北非迦太基城，后陆续夺取地中海西部的科西嘉、萨丁和西西里等岛屿，作为劫掠西罗马帝国的基地。公元451年，从东罗马君士坦丁堡高大城墙下撤退的阿提拉向西罗马帝国发起进攻，但在法国北部遭到了已退无可退的日耳曼各族以及罗马人联军的顽强阻击。公元452年，阿提拉挥军南下，攻破西罗马新都拉文纳，迫使皇帝逃亡。汪达尔人在公元455年攻占了几近荒芜的罗马城，并进行了一次彻底洗劫。此后，几乎所有蛮族占领的地区都先后脱离了罗马人的统治，西罗马仅仅拥有意大利及周边很小的两块领地，皇帝也早已在混乱且频繁的颠覆中成为可有可无的符号，因为西罗马的权力早已掌握在日耳曼雇佣兵的手里。公元476年，禁卫军首领奥多亚克代表年幼的西罗马皇帝将帝国的徽章送给了东罗马帝国，宣告了西罗马帝国的灭亡。奥多亚克后来试图使自己成为意大利半岛的统治者，并希望得到东罗马的认可。此时，恰好东罗马皇帝齐诺正被匈奴王朝瓦解后从匈奴人奴役下解放出来的东哥特人所困扰。公元489年，东哥特人首领狄奥多里克在齐诺的怂恿下进军意大利，公元493年诱杀奥多亚克，在罗马城一带建立东哥特王国；后通过复杂的联姻与其他日耳曼人王国组成联盟，确立了在意大利北部的统治地位。公元497年，东罗马皇帝阿纳斯塔修斯一世也承认了东哥特国王狄奥多里克在意大利的特权。但东哥特人重新恢复西罗马帝国的野心遭到来自北部的法兰克王国的挑战。

法兰克王国是西欧第一个封建王朝。早在公元4世纪末，原来居住在多瑙河流域的日耳曼法兰克人中的部分族群就已经迁徙到了比利时一带。公元5世纪初，白匈奴人的入侵引发了包括西哥特人、汪达尔人、勃艮第人等在内的"日耳曼民族大迁徙"。西哥特人最早向南迁入西罗马帝国境内，后不堪压迫发动起义，于公元410年洗劫罗马城。在这前后，勃艮第人和汪达尔人分别迁徙到法国北部和西班牙。公元419年，西哥特人在今法国西南部建立土鲁斯王国，后逐渐扩展到西班牙，并将先期到达那里的汪达尔人驱逐出去。而后者则在公元429年渡海到达北非，于公元442年建立汪达尔王国。公元449年前后，盎格鲁和撒克逊等另外三支日耳曼人族群开始渡海迁入与西欧大陆一海之隔的不列颠群岛，逐渐取代西罗马帝国在该地区的影响。后人根据其间的众多传说逐渐创造出亚瑟王的形象，直至演绎成为古不列颠历史上的一位传奇帝王。公元457年前后，勃艮第人在法国北部建立勃艮第王国。公元5世纪末，法兰克人在西罗马帝国灭亡后，开始组成部落联盟并填补欧洲西部的权力真空。公元481年，年仅15岁的克洛维成为法兰克人的联盟首领，逐渐征服包括勃艮第王国在内的其他日耳曼人各部，于公元486年建立法兰克王国的墨洛温王朝，成为欧洲西部文明独立发展的开端。公元496年，克洛维率领数千士兵集体皈依罗马天主教会。在已经具有广泛社会影响的基督教帮助下，法兰克王国实现了加速扩张，并最终引领西部欧洲完成了从奴隶社会向封建社会的过渡，成为西欧文明的领航者。

纵观公元5世纪的世界，从东亚的佛教和道教，到南亚的佛教和印度教，再到西亚的琐罗亚斯德教，最后到欧洲的基督教和犹太教，各种宗教思想已经开始更广泛地影响人们的生活甚至决定王朝的兴衰，背后则是人们对和平与美好生活的祈盼。而在发展过程中，佛教甚至成为联系东亚和南亚文明的重要纽带。印度僧人鸠摩罗什先后在甘肃武威的"后凉"生活了17年，后在公元401年到达后秦时的长安城，系统翻译了大量佛教经典，为佛教在中国的发展做出了巨大贡献。公元399年，东晋僧人法显从今西安出发前往印度半岛求学佛法，游历30余国，后于公元412年经海路从今青岛回国；次年到达今南京，后翻译了大量印度佛教经典。他撰写的《历游天竺记传》现在已成为研究南亚历史的重要史料。而基督教在欧洲逐渐发展成为一股全新的政治势力。在他们的极力推动下，虚无的上帝逐渐成为无数权力争夺者唯一都能够接受的中介，以至于教权最终凌驾于皇权之上，但其本质依然只是宗教集团谋求自身利益的工具而已。虽然教权与世俗皇权并没有任何本质区别，但在对虚无和极致的追求中，一步步将欧洲引入中世纪的黑暗，将昔日文明的光亮逐一抹杀，只留下教堂内摇曳的烛光，以至于人们不得不在近千年之后高举"文艺复兴"的火炬，寻找失落的文明。

## 隋王朝的统一与拜占庭帝国的雄心

公元 6 世纪的世界，东亚南北朝的分裂在陈后主的《玉树后庭花》中被隋王朝的统一所终结，南亚包括笈多王朝在内的一切只能从《大唐西域记》寻找零碎的记忆，西亚古老的萨珊王朝虽屡战东罗马但只实现了在阿拉伯半岛南部的扩张，地跨欧亚的东罗马帝国虽奋力西进但徒有复国的雄心。在西欧法兰克王朝的分分合合中，隐约浮现的已是当今分裂的欧洲。当突厥人的铁骑开始追随匈奴人的足迹西行，震耳的轰鸣仿佛是在提醒人们不要忘记欧亚大草原的辽阔。

公元 6 世纪的东亚，北魏在汉化改革强盛之后也踏上西晋灭亡的老路，在太后干政中分裂成徒有虚名的东魏和西魏，两者后又分别被北齐和北周所取代。当北周灭亡北齐一统北方后，黄雀在后的"隋"取代北周，最终完成了吞并南朝陈、统一中华文明的历史使命。

公元 501 年，南朝齐皇室宗亲萧衍起兵攻占建康，次年称帝建南朝第三个朝代"梁"，暂时结束了萧氏一族的相互残杀。萧衍在位长达 48 年，最初曾有北伐一统天下的雄心，但均因自己和统帅的无能而不战自败。尽管萧衍后期痴迷佛教并数次舍身空门，纵容皇族和地方官吏盘剥百姓，但南朝梁的政局基本保持稳定。与之相反，北朝北魏汉化改革的成果很快便被元氏（改姓后的拓跋氏）一族的贪腐所吞没。宰相元雍和亲王元琛等人的耀富更是较西晋的石崇、王恺等人有过之而无不及。公元 516 年胡太后擅权秉政，各种矛盾不久便迅速激化为战乱，既有皇族内部的厮杀，又有普通民众的反抗。其中对北魏政权打击最大的是"六镇起义"。"六镇"原为北魏外防柔然、内制高车等胡人而在北方边境建立的军事基地，曾在王朝中占据重要地位。但随着柔然人的式微和北魏都城从大同迁到洛阳，六镇逐渐被忽视，甚至任由柔然人劫掠。公元523年，六镇起义爆发，各地各族亦纷纷起兵响应。为镇压起义，北魏政权甚至不惜与柔然人联手，而各地军阀则纷纷乘机扩充实力，其中又以胡人尔朱荣实力最强。公元528年，尔朱荣以胡太后伙同情夫毒杀孝明帝为由进兵洛阳，不但将胡太后等人投黄河溺死，更纵兵围杀北魏王公百官两千多人，史称"河阴之变"。至公元530年，尔朱荣相继平定了各地的起义和叛乱，但被怀恨在心的孝庄帝诛杀。公元532年，大将高欢在消灭了尔朱荣的残余势力后开始控制朝政。两年后，不甘受制的孝武帝出走西安投奔大将宇文泰（史称西魏），高欢遂另立孝静帝并挟其迁都邺城（史称东魏）。此后，北魏东西分裂，彼此相互攻杀不断。公元547年，高欢去世后，河南一带手握重兵的大将侯景叛东魏，先投西魏后降南朝梁。孰知南朝梁竟因之埋下了灭亡的祸根。公元548年，降梁的侯景发动叛乱，攻入南京包围了皇城。而萧衍分布在各地、手握重兵的子孙们却个个觊觎皇位，只是拥兵观望。次年，侯景攻克皇城，将梁武帝萧衍软禁饿死。公元550年，侯景立梁简文帝（同年，高欢之子灭东魏建北齐）；又两年后，兵败被杀。在平定侯景之乱的过程中，南朝梁皇室子孙竟然纷纷依靠北齐和西魏相互攻杀，最终分裂成江陵（依附西魏）和南京的两个政权。公元557，陈霸先灭南京的南朝梁建南朝陈。同年，宇文觉篡西魏建北周。公元577年，充满血腥杀戮的北周灭同样充满血腥杀戮的北齐，统一中国北方。但公元578年继位的北周宣帝奢侈浮华、沉湎酒色、政治腐败，其岳父杨坚乘机逐渐掌握朝政。公元581年，杨坚接受其继位仅1年的外孙北周静帝禅让，代北周建国隋，定都今西安，史称隋文帝。

此时在隋王朝的南方有两个王朝，一个是在江陵的早已臣服于己的南朝梁残余西梁，一个是在南京的南朝陈。而且此间的南朝陈正沉溺于《玉树后庭花》的歌舞升平中，根本不值一提。真正对隋统一中国构成威胁的是北方正在崛起的突厥人。

突厥人当时泛指中亚地区所有操突厥语、以狼为图腾的游牧民族。公元5世纪中叶，其中的阿史那一族迁徙到阿尔泰山一带，为盛极一时的柔然人锻造兵器，被称为锻奴，后随着柔然人的衰落逐步摆脱其控制。公元546年，突厥首领阿史那土门率领部众击败并兼并铁勒各部，开始发展壮大起来。公元551年，突厥人与西魏联姻对抗共同的敌人——柔然人。公元552年，阿史那土门大败柔然，自称伊利可汗，以漠北草原为根据地建立突厥汗国。公元553年，伊利可汗死后，其子木杆可汗彻底击败柔然人，征服阿尔泰山以东的所有草原部族；其弟室点密击败当时称雄中亚的嚈哒人，将突厥人的势力向西扩至里海。至此，突厥汗国的疆域几乎横贯整个亚洲北部，成为影响整个亚洲乃至东南欧洲的重要政治力量。在西部，突厥人分别在公元562年和568年与萨珊王朝和东罗马帝国结盟，并利用两者的矛盾，积极扩展疆域，迅速控制了丝绸之路的西段。在东部，突厥人从北周和北齐之间的矛盾中渔利，或助北齐谋北周，或联合北周攻打北齐，并在北周灭北齐后成为其统一中国的最大的障碍。公元583年，隋文帝在完成隋代北周后，采取措施分化突厥各部，并使之发生内讧，后分兵八路击败突厥各部中实力最强的沙钵略可汗，迫使其臣服，致使突厥汗国以阿尔泰山为界东西分裂。公元599年，东突厥南下降隋，其首领被隋文帝册封为启民可汗，部众迁居河套等地。西突厥后来也迅速瓦解。

隋文帝北击突厥的胜利，不但暂时解除了突厥人对中原王朝的威胁，更为隋唐乃至后世中国的发展奠定了牢固基础，历史贡献不可磨灭。在北击突厥的同时，隋文帝采纳名臣高颎的策略，持续干扰南朝陈的农业生产和经济发展，使之在疲惫不堪中逐渐衰落。公

# 隋王朝的统一—与拜占庭帝国的雄心

（公元6世纪）

**中南美洲古文明**

玛雅人在此朝间发展着自己的神秘独特文明。

**西欧—法兰克、墨洛温王朝**

507年，克洛维占领法国大部；
511年，克洛维四子平分王朝；
524年，瓜分老二死后奥尔良；
534年，三兄弟联合灭勃艮第；
558年，克洛塔尔统一法兰克；
561年，墨洛温王朝再次四分。

**欧亚分界—东罗马帝国**

512年，拜占庭修建防卫长墙；
518年，拜占庭查士丁王朝；
527年，查士丁尼登基并改革；
530年，圣索非亚大教堂动工；
534年，灭北非汪达尔人王国；
535年，征东哥特占领罗马城；
554年，灭意大利东哥特王国；
565年，伦巴第人侵入意大利；
572年，联合突厥人对抗波斯；
579年，斯拉夫人侵入巴尔干；
592年，出兵助萨珊皇帝复位。

**西亚—萨珊王朝**

502年起，对拜占庭百年猛攻；
531年，库思老一世继位登基；
532年，拜占庭支付赎金媾和；
545年，拜占庭再付赎金媾和；
562年，拜占庭人再败并年贡；
569年，穆罕默德生于麦加；
570年，萨珊海军控制亚丁湾；
575年，吞并阿拉伯半岛南部；
589年，萨珊发生了军队叛乱。

**南亚**

印度半岛处于分裂状态后，发多王朝残存于中部地区。

**中国北方**

516年，孝明帝母明太后乱政；
523年，北魏北部六镇军叛乱；
528年，尔荣诛太后屠大臣；
532年，高欢灭尔荣掌朝政；
534年，皇帝出走分东魏西魏；
547年，侯景叛投东魏南朝梁；
550年，高洋取代东魏建北齐；
552年，突厥代柔然称雄漠北；
557年，宇文觉灭西魏建北周；
577年，北周灭北齐统一北方；
581年，杨坚代北周建立隋朝；
583年，突厥被隋败东西分裂；
599年，东突厥首领南下降隋。

**中国南方**

502年，萧衍代南齐建南朝梁；
549年，侯景攻陷建康后称帝；
555年，萧詧在江陵建南后梁；
557年，陈霸先建康建南朝陈；
589年，隋灭南朝陈—全国。

元587年，隋文帝在基本解决突厥问题后，下令废除西梁国，次年兵分八路攻南朝陈。公元589年，隋军攻入南京城，俘陈后主，灭南朝陈，派使臣安抚岭南诸郡，完成了一统天下，结束了中华文明自东晋末年以来近300年的分裂局面。

隋王朝虽然仅延续了37年（公元618年灭亡），但其不仅与大唐王朝以"隋唐"并称，被公认为是中国历史上强盛的时期，其对中华文明的发展也做出了很多历史性贡献。在政治制度上正式确立了三省六部制，完善了监察机构；在经济措施上实行均田制、清查户籍增加财政收入，广设官仓、义仓防范饥荒；在人才选拔上建立科举制度，在司法上宽简刑法、"以轻代重，化死为生"。以至隋初二十余年，政治清明，人口增加，府库充实，外患不生，社会繁荣，史称"开皇之治"。官仓中贮藏的粮食在隋灭亡20年后的唐代还没用完，隋的富足与强盛可见一斑。虽然隋唐大运河的开挖操之过急因而导致民怨激增、起义不断，以至王朝迅速灭亡，但其对此后1500余年中华文明的统一和发展都具有重要历史意义。

公元6世纪的南亚，历史的真相在这期间再次模糊，人们只能从玄奘大师所著的《大唐西域记》中依稀猜测那里的神秘。当笈多王朝在内部叛乱和外部嚈哒人入侵的双重作用下解体，南亚印度半岛上一度曾同时存在多个有着"笈多王朝"称谓的小邦，其中之一的国王称"幼日王"。约公元515年，"大族王"成为嚈哒人的首领并占据半岛北部大片地区，曾迫使幼日王纳贡称臣。后来由于不能忍受大族王的专横而停止纳贡，幼日王被大族王兴兵讨伐。但大族王在一个海岛上被幼日王生擒，后又被释放。大族王被关押期间，其弟自立为王。大族王被释放后不得已投奔迦湿弥罗国并受到国王优待，但后竟杀死迦湿弥罗国王，南下攻入犍驮罗国，大肆毁灭佛教、捣毁佛寺塔院，把"被俘者驱至印度河畔，杀戮三万，溺死三万，余三万分给部下为奴隶"。另一个关于幼日王的传说是，他曾在公元533年左右，在西印一个名叫耶输达尔曼的部族首领帮助下击败过嚈哒人。为纪念胜利，幼日王在那烂陀寺的东北面增建一处伽蓝，名为"幼日王院"，玄奘大师后来游学时曾在那里居住。按照玄奘大师的说法，幼日王后来应该在那里出家了。

公元6世纪的西亚，萨珊王朝在喀瓦德一世和库思老一世父子长达90余年的执政中迎来了第二个黄金时代，在多数时间里，在与东罗马帝国的相互攻伐中占据上风。公元502年，喀瓦德一世因东罗马帝国拒绝支付共同防御经常沿高加索南下劫掠的白匈奴的军费，在嚈哒人的支持下对东罗马再次发起进攻。之后，在上起高加索山脉的格鲁吉亚，下至地中海东岸叙利亚的漫长战线上，两国的交战几乎持续百年。但无数次战争的结果却惊人的一致，在东罗马人缴纳数额不等的赎金后，双方在互有胜负中握手言和，各自回到原来的边界。

尽管被称作第二个黄金时代，但此间的萨珊王朝实际上十分落后，发展极为缓慢。在公元531年继位的库思老一世开始改革之前，萨珊王朝的军队与中国北方早期的游牧民族一样，主要靠战争的掠夺来吸引内部村落自发提供军队，且自备武器，实行以战养战。因此，每次征战都以收获赎金结束也许正是他们希望的结果，毕竟相对于东面贫瘠的阿富汗高原以及剽悍的嚈哒人来说，西部两河以及东罗马的富庶更使其垂涎。即便是以改革著称的库思老一世，其改革的主要内容也不过是完善了税收制度和组建了一支由国家提供给养和武器装备的职业军队而已。在这种情况下，拥有土地的部落首领地位愈发重要，是萨珊王朝地方管理及征税的重要支柱。依靠战争的赔偿，库思老一世得以美化都城、建设新城镇、兴修运河和要塞。虽然在其统治时期，琐罗亚斯德教依然是萨珊王朝的国教，并且他也是因镇压"马兹达克运动"才得以继承王位的，但在即位后，他还是在马兹达克教徒影响下，做出了很大变革，如允许出身低微的人担任公职，从而建立起一股完全忠于国王的亲信力量等。这种进步虽然对一种文明的发展来说过于缓慢，但还是在推动萨珊王朝由半奴隶制向封建制国家转化中发挥了一定作用，并使库思老一世在此后对东罗马的战争中一直占据主动。但其继任者就没那么幸运了。公元 589 年，将军楚宾先是推翻了继任库思老一世的霍尔密兹德四世，后又击败了继任的库思老二世，并迫使其逃往东罗马帝国。在这种情况下，早已厌倦与波斯人战争的东罗马皇帝莫里斯为了巩固双方的关系，派兵助库思老二世在 592 年重登帝位。当然，萨珊王朝也付出了割让亚美尼亚西部及高加索部分地区的代价。

萨珊王朝在公元 6 世纪的最大收获是夺取了富庶的阿拉伯半岛南部。早在公元 570 年，库思老一世就曾派出军队介入南阿拉伯王国事务，并在萨丁城建立军事据点，控制东西方的海路贸易，之后两国关系破裂。公元 575 年，波斯大军远征也门，将阿拉伯半岛南部吞并为萨珊王朝的一部分。

公元 6 世纪的欧洲，古罗马帝国的东西分裂与东亚的南北朝对峙极其相似。虽然东罗马也曾拥有恢复古罗马帝国的雄心，但其地处欧亚大陆接合部的特殊位置，不得不经常需要东西两线作战，东面萨珊王朝的持续攻击宛如泥潭使其深陷其中不能脱身，西部蛮族王国的日益强大最终也使其复国的努力成为泡影。对比东西方文明会发现，在东亚南北朝分裂又统一的过程中，各民族统一使用的汉字发挥了重要的纽带作用；与之相反，欧洲东西罗马永久别离的重要原因之一是拉丁和希腊文化的分裂。自此之后，只能盘踞君士坦丁堡的东罗马被称为拜占庭帝国（君士坦丁堡在古希腊城邦时代称拜占庭）也就有了它的合理性。

公元 502 年，拜占庭帝国利奥王朝的最后一任皇帝阿纳斯塔修斯因拒绝支付防御匈奴人的军费而与萨珊王朝爆发的战争，在三年后以拜占庭人同意支付军费终结。公元 512 年，阿纳斯塔修斯修建了一条类似长城的防御工事，以阻挡白匈奴人、斯拉夫人、保加尔人等蛮族对君士坦丁堡及邻近地区的侵扰。在他去世前的最后几年里，他通过征收土地税为帝国积累了相当的财富，成为后来拜占庭帝国西征的重要资本。

公元518年，70岁的近卫军首领查士丁登上皇帝宝座，开创东罗马帝国查士丁尼王朝，传位6个皇帝，于公元610年终结。公元527年，查士丁尼一世正式登基，后被尊为查士丁尼大帝。他在公元529年颁布的《查士丁尼法典》，成为千年之后文艺复兴时代西方大陆法学派的重要支柱。对外，他虽然没能恢复古罗马帝国，但奠定了拜占庭帝国千年不倒的基础，使之一度成为欧亚大陆西部文明世界的唯一火种。在这过程中，查士丁尼一世总体上采取的是对东防御、对西扩张的战略。贸易是拜占庭帝国立国之本。首都君士坦丁堡（今伊斯坦布尔）地处欧亚非三大洲接合部，自古商贾云集，是丝绸之路上的重要节点。发达的转口贸易不但给当地居民带来了巨额的财富，税收也成为帝国财政收入的主要来源。因此，拜占庭人绝对不能容忍东西方贸易咽喉——亚美尼亚被萨珊王朝的波斯人控制，当然也不能失去重要的粮仓——东南部的叙利亚和北非的埃及，因此总是不惜一切代价阻止萨珊王朝西向扩张，甚至不惜以每年支付黄金的方式来换取对上述地区的所有权。而一旦在东部取得稳定，拜占庭人便怀着重新恢复被蛮族王国肢解的西古罗马帝国版图的梦想向西扩张。名将贝利萨留则是查士丁尼大帝执行这一战略的得力干将。

公元527年，查士丁尼一世登基不久后便发动了对萨珊王朝的战争，试图在与萨珊王朝的争端中取得优势。但尽管取得了多次胜利，名将贝利萨留也曾在公元530年采用骑兵伏击战术，以少胜多，击败4万波斯和阿拉伯人联军，但双方总体上依旧胜负难分。在这种情况下，查士丁尼一世开始将战略重点转向西方，为此不惜支付重金与继位不久的萨珊国王库思老一世在公元532年缔结了"永久和平"条约；随后，他集中兵力向西扩张。公元534年，贝利萨留奉命率步兵1万、骑兵6000远征北非，灭汪达尔王国，占领地中海中的撒丁岛和科西嘉岛等地。公元535年，贝利萨留等人分兵南北两路（每路兵不过万）远征意大利半岛北部的东哥特王国，但遭到猛烈抵抗。而已完成改革的萨珊王朝国王库思老一世则趁机于公元540年撕毁"永久和平"协议，向拜占庭帝国发起全面攻击：在南面攻取了土耳其半岛东南重镇安条克，进抵地中海东岸，在北面侵入亚美尼亚等地。查士丁尼一世因此不得不把贝利萨留等人调回东方战场。公元545年，双方因鼠疫爆发，签订休战条约，查士丁尼一世再次以每年大量黄金换取了东南部边境的暂时安宁。公元552年，查士丁尼一世出兵占领西班牙东南部，两年后最终灭亡东哥特王国。公元562年，拜占庭与萨珊王朝争夺高加索拉济卡地区的战争，也再次以拜占庭帝国同意以每年3万金币换取拉济卡的所有权、保住黑海沿岸与东方的贸易通道而告终。

公元565年，查士丁尼一世去世。由于长期战争耗尽了国力，其继任者们再也无力同时维持东西两条战线，不得不放弃了恢复古罗马帝国的雄心，只能专心对付东部的萨珊波斯人，以及斯拉夫人、保加尔人、匈奴残部和阿瓦尔人（柔然人）等蛮族的不断入侵。趁此机会，因突厥人向西扩张而被驱赶到意大利北部的伦巴第人于公元568年赶走拜占庭人，以拉文那为首都，建立了自己的王国。欧洲日耳曼民族大迁徙到此也被画上了句号。

公元572年，查士丁二世为了缓和帝国财政危机，取消了对萨珊王朝的年贡，两国战端再起。为控制交通要道和重要兵源地亚美尼亚，拜占庭在西突厥人的支持下，率先发起攻击，但依旧未能取得实际效果。公元589年，萨珊王朝发生内乱，库思老二世被废黜，拜占庭皇帝莫里斯才通过支持库思老二世复位，收回被波斯人占领的亚美尼亚大部，稳定了帝国的东方边境。但持续百年战争已经耗尽了拜占庭帝国和萨珊王朝两国的国力。

公元6世纪的西欧，法兰克王国如垦荒一般地开始耕耘全新的欧洲文明。但正如所有文明的确立都需要经历漫长的过程一样，法兰克王国在6世纪也经历了统一与分裂的往复循环。

公元500年，法兰克王国第一次发动了对今法国西南部西哥特王国的进攻。公元507年，克洛维攻占图卢兹，将西哥特人驱赶到西班牙，占领法国西南沿海地区，后迫使法国东南部的勃艮第人臣服。在这一过程中，克洛维将夺取的土地分封给功臣和贵族作为采邑，以巩固王权和维持继续扩张。这种区别与游牧日耳曼民族传统掠夺并瓜分财富的统治方式逐渐成为欧洲早期封建社会的基础。公元511年，克洛维的四个儿子在他死后将王国平分为苏瓦松、奥尔良、兰斯和巴黎四个王国。公元524年，苏瓦松国王克洛塔尔先是在二哥死后与另外两个哥哥瓜分了奥尔良，后在公元534年联合正式灭亡了勃艮第王国，再于公元555年和558年，在其另外两位兄长死后吞并了兰斯和巴黎，重新完成了法兰克王国的统一，被称为克洛塔尔一世。但仅三年后，克洛塔尔诸子便在其死后又将法兰克王国分裂为四个部分。公元584年，苏瓦松国王克洛塔尔二世继位，但直到公元613年才重新完成了法兰克王国墨洛温王朝的统一。在统一与分裂的循环中，基督教逐渐成为法兰克王国的重要支柱。

纵观公元6世纪的世界，透过王朝的兴衰，人们依然能够看到游牧民族的身影，并时刻感觉到他们对传统文明发展的影响，其中又以白匈奴、突厥人和阿拉伯人为最。200多年前已经到达欧亚接合部的白匈奴（嚈哒人）的力量虽然已经衰落，但在6世纪早期仍是萨珊王朝和拜占庭帝国的主要威胁之一。6世纪下半叶在中国北方崛起的突厥人，不但在欧亚大陆东部是隋唐两大王朝的主要对手，更在欧亚大陆接合部在击败白匈奴后，开始活跃于高加索地区。不仅如此，在西突厥人的影响下，被驱赶到意大利半岛北部的日耳曼伦巴第人则成为粉碎了拜占庭帝国恢复古罗马帝国梦想的直接力量，其情形与当年匈奴人驱赶西哥特人灭亡西罗马帝国极其相似。虽然活跃于阿拉伯半岛北部沙漠地区的游牧阿拉伯人在6世纪还不十分引人注目，只是为了谋取利益而摇摆于波斯和罗马人之间，但当下个世纪到来的时候，在"圣战"旗帜的召唤下，他们开始创造声名显赫的阿拉伯帝国。

# 史诗般的大唐与阿拉伯帝国的崛起

公元7世纪的世界,东亚尽享大隋余荫的大唐帝国北驱突厥、海纳百川,使中原王朝再登巅峰。南亚沉迷佛教的戒日王朝盛极一时、称雄北部,但半个世纪不到便再度分裂。偏居西欧的法兰克王国在统一与分裂的往复中,悄然孕育着全新的文明。当阿拉伯帝国高举伊斯兰战旗从黄沙大漠骤然冲出,被累年征战拖垮的萨珊王朝和拜占庭帝国,一个在伊斯兰圣战的欢呼声中颓然倒地,停止了400多年的驰骋;一个是恢复古罗马帝国的雄心破碎,但反觉一身轻松。

公元7世纪的东亚,隋炀帝的穷奢极欲仿佛是大唐帝国诞生前的序曲,"贞观之治"奠定的基调,使史诗般的大唐在李治时期迎来第一个高潮,武则天的称帝则为其平添了几分浪漫的遐想。

公元618年灭亡的隋王朝,从一统天下、北击突厥、西退吐谷浑、东征高句丽,到创三省六部、首开科举、贯通大运河等,仅历二帝、38年便创造了足以比拟秦汉唐宋元明清的辉煌。但在短时间内实施了太多具有远见和睿智的构想,给社会尤其是人民生活造成了极大的破坏,也因此缩短了自己的生命。隋初,隋文帝因长安在战乱中损毁严重,在其附近营建新都"大兴城",并开凿广通渠以利漕运。公元604年继位的隋炀帝,兴建东都洛阳并以其为中心开凿大运河,兴建大粮仓以备荒年,同时整修驰道、筑长城保护归附的突厥启民可汗等。公元年606年,东都洛阳建成。五年后,西接长安大兴、南通余杭、北通涿郡,全长2700余公里的隋代大运河全程贯通，成为南北交通的大动脉，对巩固中华文明的统一和促进社会经济发展发挥了重要作用，直至被元代"京杭大运河"逐步取代。但短期内的大兴土木，以及劳民百万，极大地加重了民众的负担。隋炀帝沿大运河的三次奢华巡游更是加剧了社会矛盾，以至民怨鼎沸、民变爆发。

然而直接导致隋朝灭亡的是损兵折将的"三征高句丽"。隋初，高句丽已逐渐发展成为盘踞中国辽东和朝鲜半岛大部的一个国家，并试图与突厥人结盟。公元612~614年，隋炀帝以高句丽王高元不肯朝见为由对其进行了三次讨伐，最多时用兵超百万，但均因轻敌和准备不足而大败而归。高句丽也因耗尽国力而遣使请降求和。三征高句丽使隋王朝损失惨重，社会矛盾进一步激化，最终演变成大规模农民起义。公元611年，民变最先在山东爆发。公元613年，贵族杨玄感在河南举兵叛变，后被镇压，但起义的浪潮开始席卷全国，主要有河南的翟让和李密、河北的窦建德、江淮的杜伏威和辅公祏等，隋王朝的统治迅速土崩瓦解。公元617年，唐国公李渊亦在山西起兵反叛，后占领长安，拥立隋炀帝之孙为隋恭帝，自任大丞相，进封唐王。公元618年，隋炀帝在南京被宇文化及等兵变杀死，李渊闻讯自立，建立唐王朝。

从公元618年建国到公元622年收复岭南，仰仗在北魏、北周及隋朝时期的为官积累，李氏家族统一全国的进程极其顺利。其中，次子李世民19岁即随父起兵并在李渊登基后加封为秦王，成功地指挥了对大唐统一全国具有决定性意义的四场战役。公元618年，消灭了兰州一带自称西秦霸主的薛举，稳定了战略后方。公元620年，消灭了依附突厥占据山西东北部的刘武周集团，进一步巩固了龙兴之地。公元621年，灭掉了河南王世充和前来助战的河北窦建德集团。公元622年，击溃占据河北的刘黑闼集团。早在公元620年，唐高祖就曾特许李世民的天策府自置官属。完成统一之后，李世民与太子李建成间的皇位之争也到了紧要关头。公元626年，李世民在屡次躲过李建成的谋杀后,在玄武门之变中,一举击杀兄李建成和弟李元吉,软禁并迫使高祖李渊退位,成为大唐王朝的第二任皇帝,次年领导大唐开启政治清明、经济发展、社会安定、武功兴盛的"贞观之治"。令人感慨的是,很多政策措施在隋王朝时期已经粗具形态,唐太宗只是加以延续和完善,而导致隋亡的大运河的经济作用也开始显现,为唐太宗的施政提供了更坚实的基础。不同的是,唐太宗始终以隋朝速亡为鉴,牢记"水能载舟,亦能覆舟"的道理,积极选贤任能、克己纳谏;加之大乱之后必然大治,在民心思定中,贞观之治的出现也就成为必然。而唐太宗几次对外用兵的胜利,也为大唐帝国的稳定发展提供了良好的外部环境。

隋末,东西突厥各部乘天下大乱再起。公元611年,西突厥在射匮可汗带领下,重新占据玉门关以西直至里海的中亚大片土地。公元615年,本已归顺隋朝的东突厥在始毕可汗的带领下突然包围了正在雁门关外巡幸的隋炀帝,史称"雁门事变"。时年仅17岁的李世民用"疑兵之计"逼退突厥十万铁骑,救出被围的隋炀帝。隋亡后,处罗可汗公元620年迎隋炀帝之孙至东突厥,建立"大隋"(史称后隋)。不仅如此,在唐统一之战中,包括李渊在内的各路军阀也都先后向突厥称臣,以谋求军事支持,突厥人的势力可见一斑。但当中原地区统一后,突厥各部便难以与大唐王朝抗衡了。公元629年,唐太宗派李靖等人出师北击,次年灭亡东突厥。唐太宗后被西北各游牧部族共尊为"天可汗"。之后,唐太宗又相继平定吐谷浑(公元634年)、高昌(公元640年)和薛延陀(公元647年),并于公元640年首设安西都护府,对西域地区正式实施行政管辖,为最终灭亡西突厥奠定了基础。但大唐的巅峰是在唐太宗死后才出现的。

公元650年,高宗李治继位,在长孙无忌、李勣等名臣的辅佐下,较好地继承了贞观之治的成果,不但使经济社会取得了进一步发展,开创了"永徽之治",更使大唐帝国疆域达到了巅峰。在西面,

# 史诗般的大唐与阿拉伯帝国的崛起

（公元 7 世纪）

## 中南美洲古文明

玛雅人在此时期间发展着自己的神秘独特文明。

## 西欧——法兰克墨洛温王朝

613 年，苏瓦松国王统一王国；
639 年，国王死国王再度分裂；
687 年，掌权的宫相统一王国。

## 欧亚分界——东罗马帝国

610 年，希拉克略建立新王朝；
622 年，反击并击败波斯海军；
626 年，拜占庭大军攻入萨珊；
634 年，东遭阿拉伯人进攻；
639 年，耶路撒冷叙利亚陷落；
668 年，拜占庭皇帝出走罗马；
678 年，击退并与阿拉伯言和；
695 年，皇帝被废逗下且割鼻。

## 西亚——萨珊王朝

611 年，库思老二世占叙利亚；
614 年，克耶路撒冷夺十字架；
621 年，波斯人一度夺取埃及；
628 年，拜占庭国萨珊都城反攻；
642 年，阿拉伯人从西部侵入；
651 年，阿拉伯人灭萨珊王朝。

## 南亚

606 年，戒日王即位小邦国王；
612 年，开曲女城建成日王国；
632 年，玄奘游学抵那烂陀寺；
636 年，戒日王朝吞并孟加拉；
641 年起，多次遣使大唐帝国；
647 年，戒日王死北印度再乱。

## 亚非——阿拉伯帝国

612 年，穆罕默德传伊斯兰教；
622 年，穆罕默德出走麦地那；
630 年，阿拉伯帝国正式建立；
632 年，进入四大哈里发时期；
640 年，阿拉伯帝国攻入北非；
661 年，穆阿维叶建白衣大食；
678 年，舰队被希腊火烧大败；
692 年，镇压反对派实现统一；
698 年，占迦太基控制全北非。

## 东亚

604 年，杨坚病逝杨广继位；
609 年，隋炀帝平定吐谷浑；
610 年，隋代大运河被开通；
612 年起，隋炀帝三征高丽；
615 年，李世民雁门退突厥；
618 年，李渊废隋恭帝建唐；
622 年，唐收岭南统一中国；
626 年，李世民政变后登基；
630 年，李世民被尊为天可汗；
638 年，萨珊遣使大唐求助；
640 年，唐首设安西都护府；
641 年，文成公主和亲入藏；
645 年起，日本开始大化革新；
650 年，李世民死李治继位；
651 年，阿拉伯府遣使大唐；
661 年，唐设划州于中亚；
664 年起，武则天临朝听政；
690 年，武则天登基国号周；
692 年，重设安西大都护府；
698 年，武则天立李旦为太子。

名将苏定方于公元657年沿阿尔泰山北麓西征，连续击败和收服西突厥各部，后冒雪昼夜追击，在今乌兹别克斯坦首都塔什干一带擒获西突厥沙钵罗可汗，彻底灭亡西突厥；昔日被其控制的康、石、米等中亚十余国尽归大唐。"月黑雁飞高，单于夜遁逃。欲将轻骑逐，大雪满弓刀"的诗句便是在赞叹唐高宗的功绩。公元661年，唐将于阗以西、波斯以东的广大地区划归安西都护府管辖，设府、划州、置县，并在今阿富汗北部立碑以记之。在东面，唐军于公元668年攻占平壤，灭高句丽，并设置安东都护府管辖高句丽五部。在此前后，唐还曾设单于都护府以治内蒙、安北都护府以治外蒙、北庭都护府以治天山以北、安南都护府以治越南等地，疆域东起朝鲜半岛、西临里海、北括贝加尔湖、南至越南中部。青藏高原的吐蕃王朝虽有地势之险但亦不得不与唐交好。沿丝绸之路和海上贸易通道蓬勃发展的国际贸易使长安和洛阳成为世界性的大都会。

但高宗李治的成就一直被李世民和武则天的光芒所掩盖，毕竟其历史功绩无法与前者比拟，晚年专宠武则天也险些断送了李家的江山。公元637年，武则天14岁入宫为唐太宗才人，唐太宗死后与其他妃嫔一道出家为尼。公元651年，武则天被高宗重新招入宫中，因助高宗打击权臣有功升为皇后。公元660年起，武则天代替体弱的唐高宗处理朝政，开始了她长达近半个世纪的政治生涯：先是与高宗同朝听政，史称"二圣临朝"，后在公元683年高宗死后，逐步谋取李氏江山，连废其子唐中宗李显和睿宗李旦。公元690年，武则天正式登基称帝，改国号周。武则天虽因为人阴险、重用酷吏、善弄权术而饱受诟病，但其重用狄仁杰、张柬之等名臣，使国家得以稳步发展，更开科举殿试之先河，奠定了唐玄宗"开元之治"的基础，历史功绩亦不可没。公元698年，武则天复立李旦为太子，使李唐王朝得以延续。

日本列岛上100余个相对独立的部落直到公元5世纪才被大和国逐渐统一。公元6世纪末，摄政的圣德太子致力于提高王权的改革，派遣大量遣隋使或遣唐使学习中国文化。公元7世纪中期,日本皇极天皇成为大奴隶主苏我家族控制下的傀儡。公元645年,皇子中大兄等人刺杀了苏我入鹿,拥立孝德天皇继位,并效仿大唐建年号"大化",迁都今大阪,开始"大化革新",完成了日本从奴隶社会向封建社会的转变。

公元7世纪的南亚,在北部短命的戒日王国解体后,印度半岛南部的几个王国进一步扩大了古印度文明在南亚和东南亚地区的影响。

在印度半岛北部,嚈哒人在被西突厥击败后消失,曾经与之抗衡的笈多王朝也同样踪迹难觅。公元606年,戒日王在分裂的混战中成为东北部一个小邦的国王,六年后与曲女城合并,建立戒日王朝。尽管南征德干高原遮娄其王国失败,戒日王还是在公元636年前后统一了东起孟加拉湾西至阿拉伯海的印度北部地区。戒日王将土地作为俸禄或酬劳,分封给寺庙或世俗贵族作为职田或禄田,以获取他们对自己统治的支持。与此时发生在西欧的情形相似,这种采邑方式成为印度半岛封建社会的开始。但由于没能夺取途经北方印度河谷的贸易通道,戒日王的这种统治方式注定会在扩张停止后失败。人们关于戒日王的了解多来自玄奘在公元645年完成的《大唐西域记》。公元626年,当大唐帝国皇位之争正酣之际,玄奘法师悄悄离开长安,踏上了西行取经的漫漫长路;一年后在高昌国王的帮助下抵达印度半岛,五年后年抵达东北部的那烂陀寺,成为戒贤大师的关门弟子。公元636年起,玄奘再次周游印度半岛。在这过程中,戒日王曾礼遇玄奘法师,并邀其参加佛学辩论大会。玄奘击败所有对手,名声大震。后由于戒日王又坚请其参加五年一度的无遮大会,玄奘于公元643年才启程回国,两年后抵达长安。公元647年,戒日王被反叛者所杀,戒日王朝也随之解体。印度半岛南部的遮娄其、帕拉瓦和潘迪亚三个王国在相互征伐中保持着一定的均衡。随着佛教通过海上贸易的传播,在今马来西亚、印度尼西亚、越南、柬埔寨和老挝等地开始出现国家。

当佛教逐渐在中东亚更广阔的区域传播时，另一种全新的宗教则开始在西亚兴起，并创造出全新的伊斯兰文明，而与之相伴的是阿拉伯帝国的迅猛扩张。

公元 7 世纪的西亚，萨珊国王库思老二世因助自己登基的拜占庭皇帝莫里斯被杀，于公元 603 年再度向拜占庭帝国宣战，先后夺取叙利亚、洗劫耶路撒冷城、夺取城中的耶稣"圣十字架"，甚至在公元 621 年一度夺取了北非的埃及。但这些只能是波斯人最后的辉煌了。公元 622 年起，拜占庭人不顾保加利亚人等蛮族对君士坦丁堡的围困，对波斯人大举反击，于公元 628 年包围其都城泰西封，迫使波斯人归还圣十字架并与之达成永久和平。而萨珊王朝在公元 651 年便被阿拉伯人灭亡了，拜占庭帝国的大门也将被阿拉伯人重重地叩响。

阿拉伯半岛的自然条件虽然没有北非埃及与美索不达米亚平原优越，但有闪米特人发源地的骄傲。生活在其中的阿拉伯人被认为与犹太人有着共同的祖先——亚伯拉罕。据称，犹太人是亚伯拉罕与正妻之子以撒的后代，阿拉伯人是亚伯拉罕与女奴之子以实玛利的后代。传说以实玛利在与母亲一起被亚伯拉罕抛弃在阿拉伯沙漠后，用脚拖出了救命的麦加河，其后人在此发展出麦加城并从穿越沙漠的贸易中得到快速发展。古莱什人管理着城中的克尔白神庙，通过为朝拜者提供食物和水，以及收税逐渐积累巨额的财富，但掠夺在当时也被阿拉伯人视为一种正常的生活方式。拜占庭帝国和萨珊王朝都通过支付酬金的方式，在阿拉伯部族中获取支持者，并分别控制了阿拉伯半岛的北部和南部。

公元 7 世纪的阿拉伯半岛，阿拉伯人的崛起可分为穆罕默德创教、四大哈里发扩张和倭马亚王朝建立三大阶段。约公元 570 年，穆罕默德生于没落商人之家，后成为孤儿随伯父外出经商，对当时阿拉伯半岛社会状况及各种宗教都有较深了解。公元 595 年，穆罕默德娶一位麦加富孀为妻，生有两儿两女。在两个儿子相继去世后，极度痛苦的穆罕默德开始经常到远离人间喧嚣的山洞中冥思，直到有一天宣称听到了真主安拉的召唤，宣称安拉是创造宇宙万物的唯一真主，而自己是安拉唯一的使者，公元612年正式创立并公开传播伊斯兰教。"伊斯兰"的本意是"顺从"，顺从真主的旨意，顺从真主的使者。随着伊斯兰教的传播，穆罕默德遭到麦加贵族的打压，不得不于公元622年出走麦地那，在那里建立了一个政教合一的政权。在平分战利品的诱惑下，崇尚掠夺的贝都因人纷纷投靠其麾下。至公元630年，穆罕默德已经能够组织一支万人大军兵临麦加城了。麦加贵族识时务地承认了穆罕默德的权威，但条件是保留自己的财富和地位。其后，阿拉伯半岛上的远近部落纷纷表示归顺，少数不服从者则遭到了攻杀。阿拉伯半岛在伊斯兰教的旗帜下实现了统一，建立起鼎立600多年的阿拉伯帝国。

公元632年，穆罕默德去世，阿拉伯帝国进入哈里发（代理人）时代，先后有阿布·伯克尔、欧麦尔、奥斯曼和阿里四任哈里发任职，但第四任哈里发阿里（穆罕默德女婿、来自于麦地那）的支持者始终认为前三任哈里发（来自麦加）非穆罕默德至亲，是篡权者。

第一任哈里发阿布·伯克尔（632~634年在位）上任后迅速平定了各地因穆罕默德去世爆发的叛乱，后再次以掠夺为诱惑，发动对外战争，将阿拉伯各部重新统一在"圣战"旗帜之下。但阿拉伯帝国的大举扩张是从第二任哈里发欧麦尔（634~644年在位）开始的。公元635年，阿拉伯军队分兵东西两路发起对外扩张。东路在歼灭拜占庭5万大军后，占领了大马士革，夺取了富庶的叙利亚，后继续东进攻入伊朗高原，公元642年击败最后一支波斯大军。公元651年，萨珊王朝在逃亡中的国王被杀后正式灭亡。西路则在公元640年攻入拜占庭统治下的北非，公元641年攻陷亚历山大，夺取拜占庭人的粮仓埃及。至公元644年，欧麦尔被信仰基督教的波斯奴隶刺杀时，阿拉伯帝国的框架已基本形成。第三任哈里发奥斯曼（644~656年在位）来自麦加倭马亚家族，他将帝国的疆域进一步扩大。传说，将军阿穆尔在公元646年纵火焚烧了亚历山大图书馆，只保留了《古兰经》。由于将大量重要职位和财富分配给倭马亚家族成员，奥斯曼在公元656年被来自埃及的地方使团刺杀，穆罕默德的女婿阿里（656~661年在位）被推选为第四任哈里发。但麦加贵族并不甘心就此失去权力，穆罕默德的一位遗孀首先领导了一次叛乱，但在"骆驼之战"中被阿里击溃。驻扎在叙利亚一带的穆阿维叶（奥斯曼的堂弟）随后对阿里宣战。两军对阵时，占据优势的阿里面对穆阿维叶军队绑有《古兰经》的长矛时选择了停战仲裁，也因此被追随者（哈瓦立及派）视为背叛者，威望骤降。公元661年，阿里被哈瓦立及派刺杀，穆阿维叶随即宣布自己为新任哈里发，定都叙利亚大马士革；后废除哈里发选举制度，建立倭马亚王朝，因其旗帜和服饰尚白，中国称之为白衣大食（661~750年）。

阿拉伯帝国虽然在四大哈里发时代完成了早期扩张，但也在扩展中不断进行着分裂，其中既有贵族统治集团内部的斗争，更有贵族和贫民之间根深蒂固的对立。人们最初只需表示愿意"顺从"便可加入伊斯兰教，一起分享掠夺的战果。但伴随着帝国的扩张，尤其当倭马亚家族占据统治地位后，伊斯兰教的上层更希望得到能够被驱使的奴隶，而不是与之平等的教众，更不用说与更多的人分享掠夺的财富了。基于上述两大原因，出于对自身利益的保护，伊斯兰教便从内部分裂成无数的教派和集团，主要包括逊尼派（由倭马亚家族为代表的传统贵族组成）和什叶派（由平民或被征服者组成，只承认第四位哈里发阿里的合法地位）两大派别，也包括很多激进团体。后来又在国家形态上表现为白衣大食、黑衣大食和绿衣大食的分裂。

穆阿维叶建立白衣大食后，一方面用金钱引诱阿里长子主动放弃哈里发职位，另一方面继续对外扩张。在东北方向，征服了今阿富汗一带后挺进中亚大草原。在东南方向，则侵入到印度河流域。

在西线，在公元662年攻入土耳其半岛，随后在公元669年和674年两次围攻君士坦丁堡，但均无功而返。公元678年，尽管海军被拜占庭的秘密武器"希腊火"烧毁，但穆阿维叶还是签订了一个体面的退军协议。公元682年，继位的叶齐德一世因杀死了阿里的次子侯赛因，与什叶派结下了永世的仇恨，直到公元692年什叶派的反抗才暂时平息。公元698年，阿拉伯人将迦太基城夷为平地，完成了对整个北非占领。

伴随着阿拉伯大军的征服，伊斯兰文明在非洲得到广泛传播。公元7世纪前的北非，古埃及文明无疑是最灿烂的，在埃塞俄比亚、毛里塔尼亚、阿尔及利亚、苏丹等地也都曾建立过强大的奴隶制王朝。但因地理位置，非洲北部沿海地区自古以来一直受到外来文化的影响。东部的埃及人经过波斯人占领、希腊化和罗马化后完全放弃了自己的文明。西部的土著与来自欧亚非大陆移民融合形成新的民族柏柏尔人，并逐渐拥有了自己独特的文化。伴随着阿拉伯大军进军北非，伊斯兰教义以其简明、有力和强调入世的特点在北非赢得了大批信徒。在撒哈拉沙漠以南的黑非洲辽阔地域，伊斯兰教伴随着商业贸易也传播到更多地区，毕竟相对于发展原始的非洲，伊斯兰教是一种先进的文化。

公元7世纪的拜占庭帝国，虽然赢得了与波斯人决战的胜利，但面对阿拉伯帝国的强势崛起，最终不得不放弃了恢复古罗马帝国的奢望，且西亚和北非领地的丧失似乎使其得到了某种解脱。

公元601年，皇帝莫里斯虽然再次击败了阿瓦尔人的入侵，但其首次远征匈牙利的大军在首领福卡斯的带领下发动了叛乱，次年在城内居民的接应下反攻进入君士坦丁堡，在杀死莫里斯后，大肆屠杀掠夺贵族，引发长达8年的内战，东部和西部大片领地被萨珊王朝或西部蛮族夺取。公元610年，北非阿非利加省总督之子希拉克略进军君士坦丁堡，将福卡斯推上断头台后，登基称帝，建立希拉克略王朝（610~717年）。在希拉克略统治的最初10年里，萨珊波斯继续在小亚细亚和叙利亚推进,斯拉夫人和阿瓦尔人则由西北持续进攻帝国边境。为应对危机,希拉克略一方面将全国划分为若干军区、加强军事力量,另一方面以"圣十字架"被夺为由号召全民发动圣战。公元 622 年,拜占庭海军击退萨珊波斯军队,解除君士坦丁堡之围。公元 628 年,希拉克略不顾阿尔瓦人对君士坦丁堡的围困,在突厥人的援助下攻入萨珊王朝腹地,包围其首都泰西封城,后与萨珊王室缔结盟约,处死库思老二世,交还占领的土耳其半岛全部领地和"圣十字架"。公元 630 年,希拉克略在耶路撒冷隆重地举行了迎接"圣十字架"回归的庆典,获得了与波斯人战争的最终胜利,但也因国力耗尽而无力阻止阿拉伯人的崛起。公元 635 年后,西亚和北非大片领地被阿拉伯人夺取。这些地区虽然对拜占庭帝国非常重要,但为了保住它们,罗马人已经征战了数百年。因此,失去对于此时本已虚弱的拜占庭人来说反而是种解脱。面对阿拉伯人的强势崛起,拜占庭人在失意中再次向虚无的神学寻求成就感。帝国竟因基督具有"两性"还是"一性"的争论而再次陷入教派分裂。由于无法调和两派的观点,时任皇帝君士坦斯二世下令禁止对于这一问题的争论。但这一命令不但没有得到各派的认可,而且被罗马教廷认为是对教皇权威的挑战。公元 649 年,罗马教廷在没有得到拜占庭皇帝许可的情况下擅自任命了一个教皇。勃然大怒的君士坦斯二世派人到意大利捣毁了罗马教廷,并将教皇押解到了君士坦丁堡,罗马教廷最终屈服。但此时,拜占庭最大的优势——海军遭遇了阿拉伯人的强劲挑战,在公元 655 年的"船桅之战"中被打得大败,帝国的海上大门向阿拉伯人敞开了。面对指责,君士坦斯二世在公元 662 年出访已经残破不堪的罗马城之后再也没有返回风雨飘摇的君士坦丁堡,于公元 668 年在叙拉古城被谋杀。君士坦丁四世继位不久就不得不面对阿拉伯海陆联军对君士坦丁堡的进攻。公元 678 年,拜占庭帝国在"希腊火"和阿拉伯人内乱的双重帮助下,迫使阿拉伯人签订了和平协议,赢得了宝贵的喘息时间。公元

680年，君士坦丁四世召开宗教大会，宣布"一性论"是异端，将"一性论"教徒全部被驱逐到了阿拉伯人控制的科普特教会区。现在埃及和叙利亚等地的科普特派基督徒就是他们的延续。公元685年，以暴政著称的查士丁尼二世继位，残酷镇压了部分意大利城市的独立反抗，但为发展生产而在境内大举移民的做法招致怨怼。公元695年，查士丁尼二世被反叛的军队赶下台后挖掉了鼻子。但谁也不会想到，这位没有了鼻子的皇帝会在下个世纪之初复辟成功。

公元7世纪的西欧，墨洛温王朝统治下的法兰克王国虽无外患但内乱不止，在探索建立封建制度的过程中，再度经历统一与分裂的循环。公元613年，苏瓦松国王克洛塔尔二世统一了各个分裂的王国。公元629年，其子达戈贝尔特继位，迁都巴黎；但当其在公元639年去世后，墨洛温王朝再度陷入分裂。在长期混战中，各个法兰克王国的国王权力都逐步削弱，有的甚至成为无权的"懒王"，实权则被管理宫廷事务的世袭宫相掌握。公元687年，宫相赫里斯托尔·丕平以宫相身份再度统一法兰克王国，但一直没能在西欧建立真正的中央集权，毕竟建立一个全新国家文明需要漫长的经验积累。

纵观公元7世纪的世界，大唐和阿拉伯帝国崛起的庞大身躯开始让世界感到了拥挤。公元638年，距阿拉伯人冲出沙漠仅4年，萨珊王朝求助的使臣便到了长安。公元651年，阿拉伯帝国在吞并萨珊王朝的当年也派出使臣拜会了大唐。如果说上述还只是礼貌或试探性的互访，东西亚并行的两大文明则在下个世纪在中亚进行了正面冲突。但如果一种文化不能够随着世界的发展而实现自我更新和发展，就必然被自身的教条所束缚，最终阻碍自身的进步。汉唐文化曾经站在当时世界的顶峰，但被后来的王朝又逐渐发展到了极端，直至僵化，从而失去了活力，国势也随之衰微。伊斯兰文化曾具有极大的包容性，极大地促进了阿拉伯民族的融合和形成，使一个个伊斯兰帝国傲视群雄。但成也萧何败也萧何，简单的崇拜使伊斯兰教虽然能够像风一样刮过荒漠，但简单的"顺从"最终变成仅仅是对部族的忠诚。当伊斯兰教被分裂成无数的派别之后,兄弟的称谓更多的含义只是客气。而天生就被保留的传统统治阶层的疯狂剥削,更是加剧了下层民众和奴隶的反抗。百弊沉疴,立国愈久,沉沦愈深。当外部世界的重击来临,阿拉伯帝国便永远四分五裂了,伊斯兰世界也随之成为一盘散沙。

尽管存在太多的是非功过,从遍布世界各地的唐人街和清真寺中,今天的人们仍能够依稀可见昔日两大帝国多彩灿烂的身影。当以"和"为代表的中国文明在新的世纪庄严地向世界挥手时,人们也许会从这种新生中看到世界的未来。

# 千年纵横之并不存在的古罗马帝国

由于有着大量系统的文字史料，学者们对中华文明的描述通常围绕一个族群或王朝的发展有序展开，如唐宋元明清等。而对于其他文明来说，学者们更多是依靠考古发现来理顺散乱的历史事件，甚至用传说和想象来弥补早期文明相关材料的不足。在这种情况下，用一个城市来代表某个文明也就成为西方史学的一大特征，其中最突出的代表就是以古罗马城命名的古罗马文明。作为古希腊文明的继承者，古罗马文明不但影响了欧洲2000多年的发展，而且随着欧洲现代文明的发展将影响扩展至整个世界，在欧、亚、非三大洲都留下了斗兽场、罗马大道、拱形引水渠和城堡等独特的标志。古罗马文明通常被分成王政、共和和帝国三个发展阶段。

王政时代的说法主要源于西方史学家对古罗马文明的崇敬，加之翻译者的刻板，很容易给人们造成认识上的错觉。事实上，王政时代不过是古罗马人原始部落形成和发展的一个阶段，所谓的"王"只不过是部落联盟首领。

王政时代开始的标志是罗马城的建立。传说，一对被母狼养大的兄弟共同在亚平宁半岛的台伯河畔建造了一座城池。后来兄弟反目，哥哥杀死了弟弟并用自己的名字命名了这座城市——罗马。兄弟相残的故事应该是对两个主要族群在罗马城形成过程中从相争到最终融合的一种隐喻。至于被母狼养大的说法，一方面为了表明其存在的天意，一方面想展示其威猛，一方面也说明了其骨子里的野蛮和凶残的本性。据此传说，有人推算出古罗马建城的时间为公元前

753年。同期，中华文明至少在公元前841年就已经进入信史时代，而在创造奴隶制文明巅峰的东周，且正悄然地进行着向封建社会的转化。腓尼基人也在公元前800年前后于北非建立了迦太基城。古希腊文明也已开始了以雅典为代表的城邦文明，至少早在公元前776年就已举办了一届奥林匹亚运动盛会。相比之下，罗马人才开始发展其原始部落文明，且后期一直处于半岛北部伊达拉里亚人的统治之下。所以，王政时代的"王"至少在后期是指派驻罗马的伊达拉里亚人而言的。

共和时代开始于约公元前500年。传说，罗马贵族在公元前510年集体驱逐了王政时代最后一任骄纵跋扈、独断专行的伊达拉里亚人暴君，从而完成了古罗马文明从原始社会向奴隶制社会的转变。为平衡平民与贵族的利益和出于对外战争的需要，罗马人创立了集君主、议会、共和三种政体基本特点于一体的政治体制，人称古罗马共和国，实行执政官、元老院和公民大会三权分立。王权由两名执政官来体现，掌管国内事务，指挥军队作战。贵族组成元老院，决定国家的大政方针。公民大会本意是代表平民的利益和声音，但实际上形同虚设。三权分立的政治体制为古罗马共和国称霸一方提供了强有力的保障。共和国初期，罗马人还只是处于守势，甚至还遭受过更野蛮的高卢人袭击，只是由于一群白鹅在夜间的惊叫，罗马才避免被屠城的厄运。其后不久，古罗马共和国便完成了在意大利半岛的扩张，后通过三次布匿战争和四次马其顿战争，取代希腊城邦和迦太基人称霸地中海。在充分吸收古希腊文明要素的基础上，恺撒使古罗马共和国达到了奴隶制的巅峰，同时也是终点。由于平民与贵族、奴隶与奴隶主、征服者与被征服者之间根深蒂固的矛盾，以及对于共和国统治权争夺的白热化，罗马人最终放弃了"共和"、选择了"帝制"，开始了帝国时代。

帝国时代是从公元前27年屋大维接受奥古斯都称号开始的。屋大维能够成为古罗马帝国标志性的人物，不仅在于他的功绩，同样也在于他创造的独特独裁形式。作为罗马第一公民，屋大维虽然推掉了执政官的头衔，但保留了对军队的绝对指挥权和保民官的头衔，可以否决元老院的一切决议，且有权指定自己的接班人，从而事实上削弱了元老院的权力，并使之逐渐成为简单的国家官僚机构。奥古斯都的称号虽然只是类似于国家大祭司的头衔，但对于屋大维来说无疑进一步神化了其作为国家统治者的地位。依靠上述手段，屋大维成为事实上的皇帝，国家性质也完成了由共和向帝国的转变。

帝国时代无疑是古罗马文明最辉煌的篇章，但古罗马帝国的提法并不准确。因为，如果以中华文明作为参照，帝国时代的古罗马并不是一个传承有序的国家。在中华文明中从来没有诸如中国帝国、中华帝国的提法，那些曾经屹立于中华大地之上的夏商周秦汉唐宋元明清等诸多王朝和帝国都有着自己明确的朝代传承，并随着时间的推移和王朝的更替，被后人分别冠以自己独有的称号。而古罗马帝国准确地说只是个地理概念，是对屋大维实施独裁统治以后诸多罗马人王朝的统称，当然包含着丰富的历史。

自公元前27年屋大维接受"奥古斯都"称号，至公元395年古罗马帝国东西分裂，至公元476年西罗马帝国灭亡，至1453年东罗马帝国灭亡，古罗马帝国名义上存在了1480年。其间的王朝更替要比与之并行的中华文明还要频繁和复杂。

古罗马帝国的第一个王朝是朱理亚·克劳狄王朝，共历五帝、95年。朱理亚·克劳狄王朝的开创者屋大维没有儿子，只有一个女儿和两个养子——提比略和德鲁苏。当两个亲外孙都先于他死去，屋大维不得已把自己新寡的女儿嫁给养子之一的提比略。提比略因此成为屋大维的接班人。提比略做的最大的事情就是杀死了耶稣。提比略死后，屋大维另一养子德鲁苏的孙子卡里古拉在近卫军的支持下继皇帝位，但不久在宫廷政变中被杀。德鲁苏的小儿子克劳狄又被近卫军推举为皇帝。但克劳狄据说后来被既是皇后也是自己侄女的女人毒死。皇帝的位置由皇后与前夫的儿子——尼禄继承。如果按照中国人的说法，仅以这几位皇帝之间的复杂关系，就不能把他们混称为一个朝代。但由于提比略、卡里古拉、克劳狄和尼禄都是屋大维及其第三个妻子名义上的亲族，又都是朱理亚和克劳狄两大家族的成员，所以后人还是把他们的统治时期统称做朱理亚·克劳狄王朝。公元68年，朱理亚·克劳狄王朝的最后一位继承人尼禄被地方军阀推翻，并在逃亡途中自杀，朱理亚·克劳狄王朝灭亡。

古罗马帝国的第二个王朝是弗拉维王朝，仅历三帝、27年。朱理亚·克劳狄王朝灭亡后，古罗马帝国陷入了分裂。率先起来造尼禄反并称帝的加尔巴年老体衰无力控制局面，导致各地将领拥兵自重。公元69年，韦帕芗在内战中获胜并称帝，建立了弗拉维王朝，韦帕芗与长子提图斯、幼子图密善先后执政。弗拉维王朝期间，维苏威火山爆发并埋没了庞培城，罗马军队攻陷了耶路撒冷，犹太人被迫流落到世界各地并自称为犹太人，基督教也由于影响的日趋扩大而受到罗马当政者的疯狂迫害。公元96年，图密善被人杀死在寝宫卧室里，弗拉维王朝灭亡。

古罗马帝国的第三个王朝是安敦尼王朝时期，历六帝、97年。涅尔瓦、图拉真、哈德良、安敦尼、奥理略和康茂德先后执政。后人一般都认为安敦尼是君主的典范，所以这一时期也称作安敦尼王朝。安敦尼王朝的前五位皇帝之间虽没有直接的血缘关系，但权力交替非常平稳。各个皇帝选择其继承人，然后收为养子，立为储君，成功避免了权力交替带来的动乱和危机。因此安敦尼王朝也称作五贤帝时期，被公认为罗马帝国的"黄金时代"，帝国疆域也扩展到最大。安敦尼王朝时期的帝位继承方式与中华文明的禅让制度有几分相似。但如同大禹一样，五贤帝中最后的一位奥理略也把帝位传给了自己的儿子康茂德。而康茂德是一位放荡、轻佻和优柔寡断的人。公元193年，喜好在角斗中杀戮的康茂德被近卫军杀死在角斗士的营房里，安敦尼王朝灭亡。

古罗马帝国的第四个王朝是塞维鲁王朝，历九帝，但仅存在42

年。古罗马帝国在康茂德死后陷入混乱，皇帝的位置甚至一度被禁卫军拿出来拍卖。最终来自北非的地方军阀塞维鲁于公元193年称帝，建立塞维鲁王朝。他把获取军队的支持作为首要任务，在元老院中安插军人，建立了严格的等级制度，使社会阶层间的流动变得毫无可能。塞维鲁死后，两个儿子宣布共同执政，结果只能是一个杀了另一个登基。但登基的这个儿子又被侍卫长杀死了。塞维鲁的妻妹在杀死称帝的侍卫长后，立自己的一个外孙作为傀儡皇帝，古罗马帝国第一次出现女人当政。后来塞维鲁的妻妹又把想抓权的小皇帝杀了，立了另一个外孙。这种情形不但与我国东汉后期相似，而且杀戮手段更为残忍。公元235年，塞维鲁王朝在最后一任皇帝被叛军杀死后灭亡。

古罗马帝国的第五个王朝是伊利里亚诸帝。在叛乱并杀死塞维鲁王朝的最后一任皇帝后，军队不断拥立和杀害所谓的皇帝。其中来自伊利里亚的7位统治者一共才统治古罗马帝国16年，以至于被后人简单地称作伊利里亚诸帝，只能勉强算作古罗马帝国的第五个王朝。

如果说以上五个朝代的古罗马帝国还算是一个统一的国家的话，此后的古罗马帝国被彻底地分裂了。这一点与同时代分裂的中国也很相似，只不过中国后来又实现了统一，而古罗马帝国再也没有合成一体。

古罗马帝国从第六个朝代开始走向分裂。公元284年，近卫军长官戴克里先造反并成为帝国的统治者。此前，古罗马帝国的统治者多被冠以诸如元首、第一公民等类的称呼。戴克里先则实至名归地实行了君主制：皇帝戴皇冠，臣民需对君主行跪拜礼，访客只被允许轻吻皇帝外袍底部等。古罗马帝国皇帝开始有了中国皇帝的做派。由于感到管理如此庞大帝国十分困难，戴克里先把帝国分成东西两部分，两部分各有两个统治者和继承人，后人称为"四帝共治"。"四帝共治"为古罗马帝国的最终分裂埋下直接的祸根。君士坦丁大帝时期，古罗马帝国一度恢复统一，但后来在匈奴人的打击下走向衰落。公元 395 年，皇帝狄奥多西在临终前，将古罗马帝国彻底分为东西两部分，分别由两个儿子管理。基督教后随之分裂成天主教和东正教两派，分别服务于西、东罗马帝国。

　　古罗马帝国最终分裂的根本原因是没有在广阔的国土上形成统一的文化，国家始终是一种战争状态下的征服和顺从。基督教罗马天主教派和君士坦丁堡东正教派分裂的本质是拉丁文化和希腊文化的分裂。当然更深层次的文化裂隙成为古罗马帝国灭亡后欧洲出现众多国家的本因。

　　分裂后的西罗马帝国不断受到哥特人、法兰克人、汪达尔人等日耳曼族群以及匈奴人的攻击。西罗马皇帝为了维持统治，大量招募日耳曼雇佣军，但不久皇帝便成了雇佣军的傀儡。白匈奴人的帝国崩溃不久，西罗马帝国在日耳曼族群的向西大迁徙中彻底走上了绝路。公元 476 年，西罗马帝国的日耳曼雇佣兵首领废黜了只有 6 岁的西罗马皇帝，将西罗马帝国的国徽交给东罗马帝国，西罗马帝国灭亡。

　　分裂后的东罗马帝国，由于首都君士坦丁堡在古希腊时被称作拜占庭，所以也称拜占庭帝国。拜占庭帝国在西罗马帝国灭亡后，独自扛着罗马帝国的大旗又独行了 1000 余年，历经 12 个不同的朝代、93 位皇帝。在此期间，拜占庭帝国先是与波斯萨珊王朝混战 300 余年，后又被灭亡萨珊王朝的阿拉伯人攻打了 300 多年，在公元 7 世纪彻底失去北非和西亚大片领地。其间几次重新统一古罗马帝国的努力都因日耳曼族群的抵抗而失败。公元 11 世纪初，拜占庭帝国因不堪塞尔柱突厥人的持续进攻，向已经分裂成多个国家或城邦的西欧求援，直接引发了持续 200 余年的十字军东侵。但他们野蛮的基督教兄弟在 1204 年洗劫了君士坦丁堡，并一度在那里建立拉丁帝国。1261 年得以重建的拜占庭帝国，此后仅能以一座孤城延续古罗马帝国的生命了。当蒙古帝国灭亡阿拉伯帝国又瞬间消失后，在阿拉伯帝国废墟上崛起的奥斯曼帝国又对拜占庭帝国进行了持续200余年的攻击，最终于1453年攻陷君士坦丁堡，把以拜占庭帝国名义存在的东罗马帝国彻底灭亡。拜占庭帝国灭亡后，奉东正教为国教的沙皇俄国宣称自己是古罗马帝国的合法继承者，自称"第三罗马帝国"，甚至号称莫斯科是"第三罗马"，但均未被外部认可。

总之，从公元前27年到1453年，名义上的古罗马帝国整整存在了1480年，历经无法说清的王朝更迭。诸多王朝昙花一现，以至于都没能够勇敢地在历史上留下自己的标记，只能继续沿用罗马帝国的称呼。因此，严格意义上的古罗马帝国并不存在。古罗马帝国只是个地理概念，或者某种感情和文化上的认同，本质上只是诸多弱小王朝的统称。

但这并不是古罗马帝国的全部。西罗马帝国被日耳曼人终结后，整个西欧处于分裂状态。随着历史的发展，欧洲的政治中心也开始由意大利半岛向西北欧转移。其间，法兰克王国的多个王朝都曾统治西欧大部，但又都多次出现了分裂，并在分裂中逐渐发展出各自的文化特征和国家属性。其中，东法兰克一带的诸多德意志公国逐渐发展成统一的国家。为宣称其存在的正统性，东法兰克奥托王朝的奥托一世在公元962年由罗马教廷加冕皇帝，继承古罗马帝国大统，开启西欧的神圣罗马帝国时代。但神圣罗马帝国的皇帝多数情况下只是个虚名，实际权力掌握在300多个大小领主手中，且常常为罗马教皇所操控。对此法国著名启蒙思想家伏尔泰曾有如下评价："神圣罗马帝国既非神圣，也非罗马，更非帝国。"1806年，奥地利国王弗朗茨二世作为神圣罗马帝国名义上的最后一任皇帝，被拿破仑逼迫宣布放弃了皇帝的称号，名义上的神圣罗马帝国也彻底灭亡了。神圣罗马帝国就像包含众多种子的果实，一粒粒种子在果实解体后发育成现在欧洲众多的国家。

但是，对于古罗马帝国荣耀的追求并没有就此结束。随着普鲁士王国的崛起，并在其后的普法战争中取得胜利，日耳曼人在拿破仑死后开始再次追求大罗马帝国的梦想。1871 年 1 月，普鲁士国王威廉迫降法国、统一德意志诸侯，在巴黎凡尔赛宫称帝，亦即德意志帝国皇帝。因为普鲁士人将神圣罗马帝国当作他们的第一个帝国，所以德意志帝国也被称作"第二神圣罗马帝国"。1918 年，德意志帝国在第一次世界大战中战败灭亡，后更名为魏玛共和国。1933 年，魏玛共和国灭亡，希特勒改国名为"德意志第三帝国"，因为希特勒认为德国是神圣罗马帝国的"第一帝国"与威廉一世和俾斯麦创立的"第二帝国"的继承者。

对于今日的欧洲来说，古罗马帝国已不仅仅是一段历史，更融入了无数欧洲人对于昔日辉煌的回忆。

# 第五个千年
（公元 700 年至 1700 年）

## 陆地与海洋

| | |
|---|---|
| 大唐与黑衣大食中亚交锋时的世界 | *225* |
| 唐王朝的没落与维京海盗肆虐欧洲 | *234* |
| 五代十国与日耳曼人复活罗马帝国 | *243* |
| 宋辽对峙与阿拉伯塞尔柱突厥时代 | *253* |
| 偏安一隅的南宋与欧洲十字军东侵 | *264* |
| 蒙古人的征服与埃及马穆鲁克王朝 | *275* |
| 蒙元帝国的衰亡与奥斯曼帝国崛起 | *287* |
| 郑和下西洋与开启海洋时代的欧洲 | *298* |
| 明朝的衰落与西班牙哈布斯堡王朝 | *311* |
| 满人入关与三十年战争前后的欧洲 | *325* |
| 康熙大帝与太阳王路易十四的雄心 | *338* |
| 千年纵横之漠北草原上西行的族群 | *350* |

# 世界历史
# 六千年

SURVEY
THE
WORLD

　　伴随着生产力的加速发展，人类文明在这个千年实现了从陆地到海洋的历史性跨越。在这过程中，相较于东亚唐的兴盛、宋的文雅、明的富足，南亚莫卧儿王朝的雍容，西亚阿拉伯帝国的绚烂、波斯萨法维王朝的神秘，以及欧洲教皇的高高在上，蒙古帝国的征服和新大陆的发现无疑更具影响。前者是游牧民族的终极辉煌，奔驰的铁骑让世界显得狭小和拥挤。后者则是西欧在经历了中世纪黑暗、十字军东侵和文艺复兴之后的力量迸发。面对被奥斯曼帝国阻塞的东西方交流通道，欧洲人虽然是被迫选择了海洋，但最终在对新大陆的探险中，依靠工业革命的力量开启了人类文明的全新时代。

# 大唐与黑衣大食中亚交锋时的世界

公元 8 世纪的世界，东亚大唐帝国虽曾有开元之治的恢弘气势，但在安史之乱后失去了从容而行的风范。西亚阿拉伯帝国的王朝交替虽然剧烈，但依靠后发的生机依然能够续写《一千零一夜》的传奇。地跨西亚的拜占庭帝国虽然已徒有虚名，但依然能够依靠坚固的城池屹立不倒。西欧法兰克王国的宫相们终于不甘幕后，将墨洛温王朝的"懒王"换成了加洛林王朝扩张的战旗。当璀璨的长安城开始变得昏暗时，巴格达开始点燃人类现代科学的灯火。

公元 8 世纪的东亚，在武则天将江山交还李氏之后，大唐用唐玄宗的《霓裳羽衣曲》描绘了天上人间的繁华，但在怛罗斯之战之后再无走向世界的雄心，更在安史之乱后从盛极的顶峰坠落。

公元 705 年，宰相张柬之等发动"神龙政变"，诛杀佞臣张易之、张昌宗等，迫使武则天让位于中宗李显，废周复唐。但不久，皇后韦氏在武三思等人支持下把持朝政，更在公元 710 年毒杀中宗李显，试图效法武则天临朝掌权。李旦之子李隆基在姑母太平公主帮助下诛杀韦皇后等人，拥立睿宗李旦复位。两年后，睿宗主动让位于太子李隆基（唐玄宗）。公元 713 年，唐玄宗赐死与之争权的太平公主，终结"韦后之乱"，改年号开元。此后的三十余年，尽管在政策措施上较之李世民的"贞观之治"并无太多新意，但依靠百余年的发展积累，加之初期能够以李世民为榜样，任用贤能、虚怀纳谏，唐玄宗还是创造了国富民强、经济空前繁荣的开元盛世。公元 742 年，志得意满的唐玄宗改年号开元为天宝，谁知竟成为大唐帝国由盛转衰的起点。公元745年,唐玄宗将其子的妃子杨玉环封为自己的贵妃,重用奸臣、不理政事,以至朝政混乱,国势日衰。公元751年,兵败怛罗斯成为大唐衰落的标志性事件之一。

公元8世纪中期,阿拉伯帝国已经扩张到中亚腹地,原本臣服于大唐的西域各国开始在大唐和阿拉伯之间摇摆。而青藏高原上的吐蕃王朝虽然在名义上臣服于大唐,却在不断扩张,尤其是对克什米尔地区大小勃律的控制,对大唐王朝管辖西域构成了直接威胁。勃律位于大唐通往中亚的必由之路,以盛产玉石著称,先后臣服于汉唐两朝。杜甫曾诗云:"勃律天西采玉河,坚昆碧碗最来多!旧随汉使千堆宝,少答胡王万匹罗。"公元7世纪初,勃律国被吐蕃击破,分裂成大、小勃律两个国家。公元697~712年,大勃律三次遣使入唐以求册封。公元722年,小勃律的没谨忙也被唐册封为王,后在吐蕃王朝武力威胁下与之联姻且大肆劫掠西域各国对大唐的供奉。公元747年,高仙芝率唐军远征并平定了小勃律国,击破亲附吐蕃的竭师国等。公元750年,高仙芝召集西域各国军队攻打与阿拉伯帝国交好的中亚石国,次年7月与阿拉伯人军队在怛罗斯展开决战,因从属的葛逻禄突厥兵临阵倒戈,遭两面夹击大败东归。其后,中亚诸国转而臣服于阿拉伯帝国,勃律及周围地区则臣服于吐蕃王朝。

如果说怛罗斯之战只是使大唐边疆受损,那么公元755年爆发的"安史之乱"则成为唐帝国走向衰落的直接原因。公元733年,唐玄宗曾设置了十个边疆兵镇,集军政财等大权于各镇节度使一身,曾在巩固边防和管理少数民族中发挥过积极作用。但随着各镇军事实力的增长,以及个别节度使身兼数镇,逐渐形成外重内轻的军事局面,对中央集权构成极大威胁。

公元755年,身兼平卢、范阳和河东三镇节度使的安禄山率军20万发动叛乱。唐玄宗因宰相杨国忠等诬告连杀封常清、高仙芝等

# 大唐与黑衣大食中亚交锋时的世界

（公元 8 世纪）

## 西欧——法兰克加洛林王朝

715 年，马特任东法兰克王国宫相；
719 年，重新统一法兰克王国；
726 年，威尼斯成为自治王国；
732 年，马特击退阿拉伯进攻；
751 年，丕平建立加洛林王朝；
756 年，丕平献土给罗马教皇；
768 年，丕平之子查理继王位；
772 年，对德国北部征战不断；
774 年，查理吞并伦巴第王国；
778 年，征服西班牙北部地区。

## 欧亚分界——东罗马帝国

705 年，查士丁尼二世重登基；
717 年，被伊苏里亚王朝取代；
718 年，利奥三世击退阿拉伯；
726 年，反偶像崇拜运动开始；
747 年，收复美尼亚叙利亚；
763 年，清除保加利亚人威胁；
782 年，遭黑衣大食攻击乞和；
797 年，拜占庭首个女皇登基。

## 欧亚非——阿拉伯帝国

711 年，白衣大食占西班牙；
732 年，白衣大食攻法兰克；
747 年，爆大规模奴隶起义；
750 年，阿拔斯建黑衣大食；
751 年，怛罗斯之战胜唐军；
756 年，西班牙后白衣大食；
762 年，黑衣大食都巴格达；
788 年，摩洛哥等独立建国。

## 南亚：

拉齐普特人邦国林立。
712 年，白衣大食侵入信德地区，阿拉伯人开始定居。

## 东亚

701 年，诗仙李白生于碎叶；
705 年，神龙政变李显复位；
710 年，金城公主远嫁吐蕃；
712 年，唐玄宗李隆基继位；
725 年，唐玄宗封禅于泰山；
725 年，设官辖黑龙江两岸；
733 年，唐安抚节度使制度；
745 年，册封杨玉环为贵妃；
751 年，高仙芝兵败怛罗斯；
755 年，安史之乱玄宗出逃；
756 年，肃宗宁夏自行登基；
758 年，外国商队劫掠广州；
763 年，回纥纵兵劫掠长安；
781 年，奉天之难德宗出逃。

## 中南美洲古文明

玛雅人在此期间发展着自己的神秘独特文明。

名将，强迫哥舒翰弃险出击，致使叛军先下洛阳、后破潼关。次年，唐玄宗率众逃离长安。行至马嵬坡，饥疲的士兵在乱刀砍死杨国忠、迫使玄宗缢死杨贵妃之后才护送唐玄宗入蜀避祸。同年，安禄山在长安称帝。唐太子李亨在今宁夏灵武自行登基（唐肃宗），命郭子仪、李光弼等反击叛军。公元757年，安禄山被其子安庆绪所杀，安禄山手下悍将史思明因安庆绪欲夺其兵权一度降唐，后复叛。公元759年，史思明杀死安庆绪，在范阳称"大燕皇帝"。两年后，史思明亦被其子史朝义所杀，叛军因内部离心屡为唐军所败。公元762年，唐代宗继位，借回纥兵收复洛阳。次年，史朝义败走自缢，历时七年多的安史之乱才告终结。公元779年，代宗死，曾为兵马元帅的德宗李适继位，一度稳定中唐政局，但因试图裁撤藩镇在公元781年引发叛乱，不得不逃出长安，最终只能以罪己诏平息不满，致使藩镇割据的局面得以延续，后期更宠幸宦官，为晚唐的混乱和最终灭亡埋下了祸根。

尽管经历了安史之乱，但大唐帝国敢于开放、勇于接受的健康心态使其发展得辉煌灿烂。当全世界一起把仰慕的目光投向东方这个泱泱大国时，唐三彩也随之声名远播，而唐三彩又恰恰是对大唐王朝恢弘与绚丽的最佳表达。

公元8世纪的南亚，当大唐王朝经历盛衰轮回时，印度半岛进入了以好战闻名的拉齐普特人分裂时代，土邦王国相互攻杀不断、历史混乱不清。只能从阿拉伯人的记载中得知，公元712年前后，一支白衣大食的军队沿海岸线侵入印度河下游，在进一步南下德干高原时被遮娄其王国阻挡，部分阿拉伯人在信德地区定居，开始了伊斯兰教在印度半岛的传播。

公元8世纪的西亚，白衣大食的扩张又延续了50余年，虽然成功地将伊斯兰教传播到伊比利亚半岛，但向西欧的扩张被法兰克王国阻止。而随着扩张的停止，日渐激化的阶级矛盾迅速转化为受压迫族裔的大规模反抗。阿拔斯家族趁机取代倭马亚家族，高举黑色战旗，开启了阿拉伯帝国的黑衣大食时代。由于融入了悠久的波斯文化，阿拉伯帝国在黑衣大食时代重新焕发生机，不但迫使与之比肩的大唐帝国退出中亚，更创造出瑰丽的阿拉伯文明，以及《一千零一夜》众多美丽传说。

公元8世纪初，随着伊斯兰教的传播，北非西部的柏柏尔人开始加入白衣大食的掠夺大军。公元711年，一支主要由柏柏尔人组成的阿拉伯联军越过直布罗陀海峡，进军伊比利亚半岛，而此时在西班牙已建立王国100多年的西哥特人却正在内战中挣扎。在决定性的瓜达莱特战役中，西哥特国王罗德里克战死，伊比利亚半岛大部纳入阿拉伯帝国版图。之后，阿拉伯联军跨过比利牛斯山，试图进一步征服西欧，但在公元732年的普瓦捷战役中被法兰克王国击退。由于公元718年对拜占庭帝国的进攻也被击退，阿拉伯帝国在白衣大食时代的对外大举扩张至此基本结束。此时它的版图东起印度河流域，西临大西洋，北起黑海和里海南岸，南至尼罗河下游。伊斯兰教也随着帝国的扩张开始成为世界性的宗教。

与白衣大食扩张并行的是阿拉伯社会封建化的脚步。掠夺和平分财富原本是伊斯兰教初期兴起的基础。但随着倭马亚王朝逐步建立封建专制统治，这一基础开始动摇，阶级分化和民族矛盾随着扩张的停止开始凸显，受歧视和压迫的非阿拉伯穆斯林纷纷揭竿而起。公元747年，伊朗一带的波斯人开始大规模起义，伊拉克一带的阿拔斯家族后成为起义的主要领导者，并于公元750年推翻倭马亚家族统治，建立阿拔斯王朝，因其旗帜和服饰尚黑，史称"黑衣大食"。阿拔斯王朝具有显著的波斯特征，军队以波斯人为主，官僚体系则以维齐尔（宰相）为核心。建国次年，黑衣大食在怛罗斯之战中击败大唐。而远在伊比利亚半岛的倭马亚家族势力则在公元756年独立，建立了延续白衣大食称号的"后倭马亚王朝"，西班牙也因此成为300年后十字军圣战的另一个目标。公元762年，阿拔斯王朝定都巴格达城。其后百年，黑衣大食各行各业都得到了较快发展,首都巴格达以及巴士拉、开罗和大马士革等都是当时著名的贸易中心。怛罗斯之战被俘虏的唐军工匠将造纸术带入黑衣大食,在撒马尔罕建造了庞大的造纸中心,极大地加快了西方文明的发展,促进了阿拉伯文化的形成。《一千零一夜》中众多美丽的传说也在此间渐具雏形。但由于帝国内部的阶级和教派矛盾并没有得到根本解决,阿拔斯王朝注定不能将阿拉伯文明的大旗扛得太久。

公元8世纪的拜占庭帝国,开展了大规模"反圣像运动",导致其与罗马教廷分裂,并因此失去了对意大利半岛的控制。在此之后直至灭亡的600余年里,拜占庭已经不能再称之为"帝国"了,重要的贸易枢纽成为其存在的唯一理由。

公元705年,流亡中的查士丁尼二世在今乌克兰一带卡扎尔汗国的帮助下,趁国内混乱,成功实现复辟。在此后的六年时间里,这位被割掉鼻子的国王不顾阿拉伯人的入侵,对自己的仇人进行了残酷的报复,最终在再次爆发的反叛中被杀。士兵出身的利奥三世于公元717年在混乱中登上王位,开创拜占庭帝国的伊苏里亚王朝时代(717~802年),并于公元718年,在保加利亚人的帮助下击退了阿拉伯帝国的再次进攻。但历经战火的君士坦丁堡已经破败不堪,大量因阿拉伯人扩张回流的基督教徒更是加重了帝国的负担。726~730年,利奥三世以偶像崇拜导致神灵愤怒为由,两度发布反对供奉圣像的诏令,目的是没收教会的财产及土地,分配给军事贵族和自己的亲信,以加强自己的统治,史称反圣像运动,本质与中国历史上的灭佛运动十分相似。反圣像运动在帝国各地都遭到了强烈反抗。罗马教廷为保护自己的利益开始组建军队、任命执政官、行使世俗权力,试图摆脱拜占庭的控制,但无力自行抵御北方伦巴第王国的进攻。公元752年,在向拜占庭皇帝求助无果后,罗马教廷向西欧正在崛起的法兰克王国寻求帮助。此时自身难保的拜占庭帝国也只能面对即将失去意大利半岛的现实。公元780年,利奥四世的妻子伊琳娜以太后的身份开始掌控帝国的权力。公元797年，伊琳娜干脆弄瞎了自己儿子的双眼，成为拜占庭帝国的第一位，也是最后一位女皇；但其执政手段较早之100多年的武则天相去甚远，仅在位5年便被贵族叛乱推翻。

公元8世纪的西欧，当伊斯兰的战旗在亚、非、欧三大陆飘扬，宫相丕平三世在罗马教皇的支持下开创了法兰克王国的加洛林王朝时代，取代拜占庭帝国成为欧洲文明的主导，但也拉下了西欧中世纪黑暗的帷幕。

至714年去世前，丕平二世以宫相的身份努力维护着法兰克王国的统一，墨洛温家族只名义上还保有"懒王"的称号。丕平二世去世后，法兰克王国在贵族叛乱中再度分裂。公元719年，丕平二世的私生子"铁锤查理"以宫相的名号重新统一法兰克王国，并扩展了帝国在东部的边界。公元732年，"铁锤查理"因率军在普瓦捷战役中成功击退了入侵的阿拉伯人成为基督教世界的英雄。公元741年，"铁锤查理"在去世时将国土分给两个儿子。五年后，"矮子丕平"击败兄弟，成为法兰克王国墨洛温王朝唯一的宫相。在多次成功镇压东部萨克森和巴伐利亚人的起义，以及占领了比利牛斯山以南、法国南部和地中海沿岸的部分地区后，法兰克王国成为当时欧洲最强大的政治力量。

公元8世纪的意大利半岛上，同时存在着拜占庭帝国、伦巴第王国和教皇三股政治势力。教皇统治的罗马公国不断遭到伦巴第人的侵扰，而此时的拜占庭帝国自身尚且难保，根本无力提供保护。威尼斯周边的一些城镇在公元726年建立自治王国，成为意大利早期分裂城邦的代表。恰在此时，早已心怀野心的矮子丕平派出使者晋见罗马教皇，暗示自己虽身为宫相，却是法兰克王国真正的国王。于是，两者在互有所求的情况下迅速结成政治联盟。公元751年，矮子丕平废掉墨洛温王朝最后一任"懒王"，在罗马红衣主教的主持下正式称王，开创加洛林王朝。公元753年，当罗马教廷再次受到伦巴第人的威胁时，新教皇向矮子丕平求援并亲自为其加冕，宣布今后禁止任何人从非加洛林家族中选立国王，违者将革除教籍。作为回报，矮子丕平在公元754年和756年两次出兵意大利，打败伦巴第人，并将夺得的"五城区"赠给教皇，使其成为教廷的世袭领地（梵蒂冈）。此即被基督教世界称颂了千年的"丕平献土"。只是所有人都没有预见到，一个教权大于王权的时代即将来临，欧洲即将步入中世纪宗教黑暗的深渊。

公元768年，丕平去世时将法兰克王国平分给两个儿子——查理和卡洛曼。卡洛曼早逝之后，查理继承了全部领土。查理对于欧洲封建进程的最大贡献是创造了完善的附庸制度，即通过逐级宣誓效忠制建立起一种相对稳定的统治关系。这种附庸方式后成为骑士制度的基础。依靠这种附庸关系组建的强大军队，查理向西南把在西班牙的阿拉伯军队赶回巴塞罗那甚至更远的地方，向北扩张至北海和波罗的海，向东击败阿尔瓦人占领多瑙河中游，向南在公元774年吞并了伦巴第王国。公元781年，拜占庭只能希望通过与查理的联姻来保住帝国在意大利半岛的最后领地。尽管查理也希望能够通过此举得到拜占庭帝国的认可，但这一安排最终因两国根本利益的分歧没能实现。当然，其中也包括罗马教廷不希望自己的新盟友与拜占庭帝国走得太近的原因。于是，时任罗马教皇利奥三世于公元800年在罗马圣彼得大教堂亲自授予查理"罗马皇帝"称号。从此查理成为"查理曼大帝"。此举当然不能被拜占庭所接受的。但查理曼大帝是当之无愧，毕竟当时整个西欧几乎全部处于他的掌控之下。

纵观公元8世纪的世界，虽然同样经历了重大曲折，但当时人类文明的繁荣与骄傲无疑属于创造了人类封建时代顶峰的大唐和阿拉伯帝国；而两者的怛罗斯之战不但决定了当时中亚地区的归属，更历史性地改变了东西方文明的发展走向。令人遗憾的是，虽然从不缺"金戈铁马、气吞万里如虎"的悍将，但盛唐之后的中华文明只能充满对昔日西域的骄傲但又汗颜的回忆了。而纵有《一千零一夜》的精彩篇章，阿拉伯文明也只能随着"圣战"的停滞而衰亡。西欧的查理曼帝国虽然尚不足以与前两者匹敌，却是欧洲早期文明发展的第一个顶峰，实现了文明信息在更广阔范围的传播，当然也激发了更野蛮民族掠夺的野心。

杀戮与混乱再次成为下个世纪人类文明无法回避的主题。

# 唐王朝的没落与维京海盗肆虐欧洲

公元9世纪的世界，东亚大唐帝国在宦官专权的百年中走向没落，虽依靠军阀成功镇压了农民起义，但也在军阀争斗中唱响了挽歌。南亚好战的拉齐普特人将印度半岛割成无数的邦国，唯一的共性是抵御伊斯兰教的传播。西亚阿拉伯帝国同样在此起彼伏的起义中挣扎，权威尽失的哈里发退化为世袭军阀们名义上的宗主。地跨欧亚的拜占庭帝国又进行了两次王朝更迭，并由马其顿人实现了短暂的复兴。西欧加洛林王朝在查理曼大帝死后，解体成东中西法兰克三国，与之并行的是维京海盗肆虐欧洲的狂飙。

公元9世纪的东亚，中华文明历史上第二个宦官时代一步步将大唐王朝推向了坟墓。晚唐的统治者们虽然能够平息农民起义的怒火，却挡不住强大军阀挥舞的利剑。

公元779年继位的唐德宗虽然最初信用文武百官，严禁宦官干政，颇有一番中兴之志，但在"泾原兵变"中，文武百官叛逃与宦官忠心护驾所形成的反差使其转变了心态，开始重用宦官，甚至把禁军统帅的重权交给了宦官，中国历史上第二个宦官时代也随之开始。由于手中掌握着军权，这一时期的宦官更换皇帝、擅杀大臣竟如儿戏。公元805年，唐顺宗继位，任用柳宗元、刘禹锡等人推行以打击宦官势力为主要内容的"永贞革新"。但在宦官集团及与之勾结的节度使们的联合阻挠下，"永贞革新"不但以失败告终，唐顺宗也不得不让位于宦官拥立的太子唐宪宗李纯。此后至公元907年唐王朝灭亡，先后被宦官废立的皇帝达11人之多。被宦官拥立的唐宪宗在位15年后被宦官杀害。唐文宗李昂曾在公元835年策划"甘露之变"，企图一举消灭宦官势力，但以失败告终，包括宰相在内的数千官员惨遭屠杀，唐文宗因此抑郁而死。在其余的皇帝中，值得一提的只有两位。公元840年继位的唐武宗虽然在位不到七年，但还是进行了裁撤冗员、廉政肃贪等一系列改革；尤其是在公元842年发起了大规模"灭佛"运动（史称"会昌灭佛"），对道教以外的其他宗教也进行了打击，拆除寺庙、遣返僧众、没收田产，增加了政府的纳税人口，扩大了国家的收入来源。公元846年继位的唐宣宗在整顿吏治和限制宦官方面也做出了一定的努力，且因收复甘肃、青海一带而有小"太宗"之誉。但唐宣宗在位时期，宦官问题同样没有得到彻底解决，"朋党之争"也日趋激化。以李德裕等为首的门阀大族和以牛僧孺等为首的寒门官员形成了两大对立的政治集团，相互无休止争斗的唯一目的仅仅是为了打击对方势力。公元859年宣宗死后，大唐再无有作为的皇帝，朝政在宦官专权和朋党之争中愈发混乱黑暗。公元868年，长期戍守广西的士兵因屡次被延长服役时间，在庞勋领导下哗变，自行结对返乡，历时一年有余，纵横数省，给前去镇压的官军以沉重打击。唐王朝最终不得不依靠突厥沙陀兵的帮助才镇压了乱军的起义，但随之而来的更大规模农民起义将大唐王朝推下了灭亡的深渊。

　　公元874年天下大旱，但官府依然强催租税，走投无路的河南百姓在王仙芝带领下发动起义，转战于江淮地区并迅速发展到30余万人，后因黄巢反对王仙芝接受朝廷招降起义军分裂成东西两支。西支在王仙芝带领下接受招降未果，于公元878年在湖北黄梅被官军绞杀，王仙芝阵亡，部分人投东支黄巢部。公元879年，黄巢领导起义军攻克广州，杀波斯和阿拉伯商人10余万，算是对他们在公元758年趁安史之乱劫掠广州的报复。其后，黄巢后分兵广西、控制岭南，再率军北伐，于公元880年攻陷长安，建立"大齐"政权。逃往四川成都的唐僖宗，一方面再度向沙陀兵团乞援，一方面召集各地唐军勤王，一方面又积极招降朱温等起义军将领。公元883年，黄巢不得不放弃长安，一年后在朱温等叛将的追击之下溃散，逃至今山东莱芜后自杀身亡。黄巢起义虽然没有直接终结已经没落的大唐王朝，但进一步加剧了军阀割据的态势。曾经的节度使在讨伐农民起义的过程中纷纷独霸一方，并先后加入瓜分帝国的角逐中。起义军叛将朱温因剿灭义军有功而成为唐末最强大的军阀，占据河南、江苏、山东等地，与占据山西、河北的李克用形成对立，两者之间的仇杀长达40年之久。而返回长安的唐僖宗则完全成了宦官的傀儡。公元888年继位的唐昭宗曾试图摆脱宦官控制，但在宦官和割据势力的联合反对下不得不再次逃亡，途中包括亲王在内的大批皇族被军阀所杀，自己也在公元900年被宦官囚禁。公元907年，大唐帝国在唐哀帝手中被朱温灭亡。

与大唐王朝的混乱相比，日本列岛从9世纪开始进入长达400余年的平安时代，在消化吸收中国文化的基础上，发展出独特的本国文化。公元894年，日本正式停止派遣唐使。

公元9世纪的南亚，从8世纪开启的拉齐普特人时代，不但贯穿整个9世纪而且将延续100多年。拉齐普特人并不是某个民族，而是一个拥有好战特征的军事贵族阶层，因此也在印度四大种姓中获得了刹帝利——仅次于婆罗门的高贵地位。从这个意义上讲，拉齐普特人与军阀具有相近的含义，拉齐普特人时代也就是军阀割据的时代。德干高原的遮娄其王国是其中的主要代表，反抗伊斯兰教的传入是所有拉齐普特人王国的共性。与之相比，印度半岛在此之前的分裂时代则更具宗教的祥和氛围。

公元9世纪的西亚，黑衣大食所经历的混乱丝毫不亚于大唐王朝，民众起义此起彼伏，地方军阀世袭割据，哈里发最终沦为突厥军阀的傀儡，阿拉伯帝国亦名存实亡。

哈里发哈伦在开创阿拉伯文明最辉煌的时代后在公元809年去世，得到阿拉伯人支持的长子阿明继位，但在内战中被波斯人支持

# 唐王朝的没落与维京海盗肆虐欧洲

（公元 9 世纪）

**西欧—法兰克加洛林王朝**

800 年，查理曼罗马加冕称帝；
814 年，查理曼死子路易继位；
833 年，路易被儿子们逐下台；
840 年，帝国东中西三国分裂；
845 年，挪威海盗兵国巴黎城；
860 年，维京海盗达到意大利；
870 年，中法兰克北部被瓜分；
880 年，维京海盗定居英格兰；
882 年，维京人建基辅罗斯国；
885 年，哈罗德成为挪威国王；
886 年，维京海盗围攻巴黎城；
890 年，中法兰克北部被瓜分。

**欧亚分界—东罗马帝国**

802 年，女皇被贵族们迫下台；
820 年，拜占庭阿摩里亚王朝；
843 年，圣像崇拜重新被允许；
860 年，维京人攻君士坦丁堡；
867 年，瓦西里建马其顿王朝；
886 年，智者—利奥六世登基；
897 年，向保加利亚求和纳贡。

**西亚—阿拉伯帝国**

813 年，马蒙杀兄任哈里发；
816 年，阿塞拜疆民众起义；
830 年，巴格达城建智慧宫；
833 年，突厥架空新哈里发；
869 年，赞吉黑奴起义爆发；
883 年，赞吉起义遭到镇压；
890 年，卡尔马特教派起义。

**南亚：**

拉齐普特人邦国林立。

**东亚**

805 年，顺宗继位求革新；
820 年，唐宪宗被宦官谋杀；
835 年，甘露之变宦官再胜；
841 年，柳公权书玄秘塔碑；
842 年，武宗进行会昌灭佛；
848 年，唐灭漠北回纥汗国；
868 年，广西庞勋率兵反叛；
874 年，王仙芝在河南起义；
880 年，黄巢领兵攻入长安；
884 年，黄巢兵败山东自杀；
891 年，再次发生宦官叛乱；
895 年，军阀两次破长安；
900 年，唐昭宗被宦官囚禁。

**中南美洲古文明**

玛雅人在此期间发展着自己的神秘独特文明。

的次子马蒙在公元813年攻陷巴格达后杀死。建国之初，黑衣大食非常注意吸收学习古希腊、巴比伦、波斯、罗马、印度和中国等古代文明的知识，积极搜集各类书籍并组织专人翻译成阿拉伯语，为此甚至不惜付给译者与书稿相同重量的黄金，在促成阿拉伯伊斯兰文化形成的同时，也使大量湮没已久的历史典籍得以复活和保存，成为欧洲文艺复兴运动的主要知识来源。这一持续200多年的过程史称"百年翻译运动"，且在哈里发马蒙时期达到高峰。而这一运动也直接促使阿拉伯语成为帝国的公共语言。公元830年，集翻译、研究和收藏功能于一体的"智慧宫"在巴格达落成，一大批优秀的学者在此完成了以数学为代表的人类现代科学的奠基，对人类文明发展做出了巨大贡献。但哈里发马蒙同时也是奢靡之风的推动者，阶级和宗教矛盾随之愈演愈烈。公元816年，阿塞拜疆民众爆发了"巴贝克起义"，并迅速蔓延到亚美尼亚、伊朗西部等地，一直到公元837年才被彻底镇压，阿拔斯王朝也从此由盛转衰，主要表现就是国王哈里发的权威尽失。

马蒙死后，公元833年继任的穆阿台绥母开始选用突厥奴隶作为卫队，其结果与罗马人依赖日耳曼雇佣兵一样，突厥将领逐渐掌握军队权力，架空哈里发。哈里发穆阿台绥母因此被迫迁都至底格里斯河上游的萨马拉。在9世纪剩余的时间里，突厥人任意废立甚至杀害哈里发的情况较之晚唐有过之而无不及，先后更换皇帝多达8个，使哈里发完全成为他们手中的傀儡。各地军阀则纷纷乘机割据，在阿拉伯帝国的辽阔疆域上建立各自的世袭王朝，只是在名义上还承认哈里发为共同宗主，如中亚呼罗珊地区的塔希尔王朝（820~872年）、乌兹别克一带的萨曼王朝（874~999年）、伊朗东部的萨法尔王朝（867~903年）、伊朗北部的阿拉菲德王朝（864~928年）、北非突尼斯的阿格拉布王朝、北非埃及的图伦王朝等。混乱局面也与同期晚唐的情形极其相似。不仅如此，9世纪下半叶在帝国中心地带爆发的黑奴起义，无论爆发时间、起义口号、义军规模、持续时间、失败原因和历史影响也都与黄巢起义极其相似。

公元869年，当阿拔斯王朝因突厥人掌权、军阀割据走向衰微之际，巴士拉附近的黑人奴隶再次爆发起义。起义领导者效法穆罕默德，自称真主安拉的使者，号召通过圣战建立人人平等的社会，起义队伍后迅速发展到30余万。公元871年，起义军夺取巴士拉，建造穆赫塔尔城作为根据地，多次击败帝国军队，逐步占据了伊拉克南部和伊朗西南部的广大地区。公元878年，起义军一度逼近首都巴格达。但随着起义的发展，与白衣大食曾经发生的情况相似，义军上层将领开始将大量夺取的土地攫为己有，甚至将俘虏的穆斯林作为奴隶分配给自己的部下，致使起义军逐渐失去了民众的支持，阿拔斯王朝军队乘机大举反攻。公元881年起，起义军只能撤退到穆赫塔尔城凭险固守，两年后彻底战败。与晚唐拼尽最后力气镇压黄巢起义一样，处于分裂割据中的阿拔斯王朝此后再也无力镇压各地此起彼伏的起义了。公元890年，以农民为主的卡尔马特派发动起义，在伊拉克北部建立起国家，后于公元930年一度攻占圣地麦加。此时的阿拔斯王朝已经名存实亡，阿拉伯帝国自此徒有虚名。

公元9世纪的拜占庭帝国，在混乱中又经历了两次王朝更迭，并由马其顿王朝趁阿拉伯帝国衰落之机，重新夺回了土耳其半岛大部，实现了短暂复兴。

公元802年，女皇伊琳娜被贵族们驱逐，继位的尼基弗鲁斯一世使帝国依旧孱弱不堪。公元813年，伊苏里亚王朝最后一任皇帝利奥五世继位，成功击退了西部保加利亚人的进攻，并在东部乘阿拉伯帝国陷入王位之争之机与之达成和平。公元820年，皇帝卫队长迈克尔二世杀死利奥五世，开启阿摩里亚王朝，历三代48年。此间的拜占庭帝国虽然多次击退了阿拉伯人的进攻，并结束了圣像破坏运动，但已无暇顾及古罗马帝国正统继承人的身份而被西欧的查理曼帝国所取代，因为，向封建社会过渡的保加利亚人开始蚕食巴尔干半岛，北欧的维京人也开始从南北两个方向侵袭边境，甚至在公元860年对君士坦丁堡进行了一次大胆进攻。公元867年，迈克尔二世被亲信瓦西里杀死，拜占庭帝国进入马其顿王朝时代（867~1059年），且因不久阿拉伯帝国便在黑奴起义自顾不暇赢得了难得的复兴机遇。农民出身的瓦西里通过惩治贵族和地主、减轻农民税负使帝国国库逐渐充盈起来，但对阿拉伯人的反击成果有限。公元886年利奥六世在瓦西里去世后继位，西面已经羽翼丰满的保加利亚人成为帝国的强敌。保加利亚位于巴尔干半岛北部，土著保尔加人与迁入的斯拉夫人融合形成保加利亚人，曾长期处于拜占庭帝国的统治之下，后在公元681年迫使拜占庭承认其独立。此时的保加利亚人奉东正教为国教，并不断向塞尔维亚、克罗地亚等地扩张。公元894年，拜占庭皇帝利奥六世与保加利亚北面的马札尔人（与匈奴人及现在的匈牙利人有千丝万缕的联系）结盟，企图南北夹攻保加利亚人，但被保加利亚大公西蒙击败，不得不于公元897年纳贡求和。

公元9世纪的西欧，查理曼帝国虽然成功取代了拜占庭帝国在欧洲的主导地位，但不久便在内战中陷入分裂，在奠定了今日欧洲基本格局的同时，也使基督教的阴云笼罩了整个欧洲。

由于查理在公元800年已被罗马教皇加冕为"罗马皇帝"，此后的法兰克王国加洛林王朝也被称作查理曼帝国。为取得封建领主对其扩张战争的支持，查理曼大帝推行了"特恩权"制度，领主被允许在自己领地上拥有行政、司法和经济特权，而国王不得干涉。此举无疑造就了无数的"国中之国"，此后千余年欧洲诸侯林立。为寻求支持和保护，封建主之间又形成异常复杂的附庸关系，利益上的纠纷使争夺和混战成为必然。公元814年，查理曼大帝死时将偌大的查理曼帝国留给了仅存的儿子路易一世。软弱的路易一世在三年后将帝国分给了三个儿子：长子罗退尔得到了意大利的中部，并作为继承人与其共治，次子丕平得到了法国南部的阿基坦，幼子日耳曼人路易分到东部的巴伐利亚。但当公元823年路易一世试图为新生的第四个儿子秃头查理划分一块领地的时候内战爆发了。公元833年，路易一世被儿子们赶下了帝位。一年之后，出于对抗长子罗退尔的需要，次子丕平和三子路易名义上恢复了父亲的皇位，并释放了老四秃头查理。公元838年，次子丕平去世，秃头查理继承了他在阿基坦的王位，但遭到当地贵族的抵制，内战再起。公元840年路易一世去世，他尚存的三个儿子三年后签署条约，再次将帝国分割成东中西三部分。公元870年，东西法兰克又瓜分了中法兰克的北部地区。至此，东部德国、南部意大利（今意大利北部）和西部法国的三国雏形基本形成，并走向了不同的发展道路。此后，罗马帝国皇帝的称号轮流被三国所继承。其中，840~875年被中法兰克的长子罗退尔及其子保有，875~877年被西法兰克的秃头查理保有，877~881年帝位空悬，881年之后被东法兰克的胖子查理继承。887年，胖子查理被贵族废黜后，罗马皇帝的称号落入巴黎贵族厄德之手。890年，在中法兰克的南部地区被东法兰克吞并后，西欧只剩下东西法兰克两国对峙了。厄德于公元892年大败入侵的北欧维京人。893年，秃头查理的孙子查理三世成为西法兰克的国王，在898年厄德病死后夺回皇帝的称号（898~929年）。在加洛林家族争夺领地和罗马皇帝称号的过程中，历任罗马教皇都积极参与其中、谋取利益，并最终利用竞争者之间的矛盾实现了教权凌驾于皇权的历史性转变，将欧洲彻底带入中世纪基督教黑暗的深渊。

在加洛林家族内部纷争不断、基督教势力日益增长的同时，北欧斯堪的纳维亚半岛上的维京人像曾经的日耳曼人一样，在9世纪进行了一次大规模族群迁徙，主要表现为对欧洲大陆的全面侵扰，因而也赢得了北欧海盗的称号。8世纪末，维京人对欧洲大陆的侵扰已时有发生，其势头到了9世纪更是不可阻挡；从835年起多次劫掠英格兰，845年兵围巴黎城，860年到达意大利半岛，同年对君士坦丁堡发起了一次进攻，880年大规模在英格兰定居，882年在今乌克兰建立基辅罗斯国，886年再次围攻巴黎城。在劫掠文明社会的过程中，维京人也加快了自身社会前进的步伐。885年，哈罗德成为挪威王国首任国王。从10世纪开始，维京人甚至开始在欧洲大陆谋求建立自己的国家。及至今日，挪威、瑞典、丹麦、俄罗斯、英国，乃至法国以及南欧都能够看到他们后人的身影。而在当时，面对风一般刮过的北欧海盗，欧洲大陆上的人们只能祈祷上帝的保佑了。

纵观9世纪的世界，人类社会在混乱与停滞的刀光和血色中挣扎，在宗教极端的高压下战栗，看不到任何光明的希望。只有阿拉伯王朝的"智慧宫"是人类文明的唯一安慰。但仅此一点已经足够，因为发展是人类永远不能被阻止的主题。只是在希望到来之前，人类还必须集体经历公元10世纪的黑暗。

# 五代十国与日耳曼人复活罗马帝国

公元 10 世纪的世界，东亚大唐帝国在军阀争斗中灭亡，代之以 50 余年的战乱和分裂，直至大宋王朝在与辽国的对峙中重新举起中华文明的大旗。南亚次大陆依然在拉齐普特人统治下邦国林立，外族入侵成为半岛北部的常态。西亚黑衣大食时代的阿拉伯帝国彻底失去了对割据行省的掌控，更有西班牙的白衣大食和北非的绿衣大食与之分庭抗礼。地跨欧亚的拜占庭帝国虽趁机再次东扩，但受到了斯拉夫人建国运动的严重威胁。西欧的法兰克王国时代彻底终结，取代东法兰克的萨克森王朝在德国和意大利的土地上开始建立起神圣罗马帝国；代替西法兰克的卡佩王朝在大西洋东岸悄然孕育着今日的法兰西。与传统文明发展并行的北欧维京人、东欧斯拉夫人和东北亚契丹人等曾经的野蛮族群开始纷纷选择定居，建立自己的国家，并即将对人类文明的发展发挥更大的作用。

公元 10 世纪的东亚，拯救大唐的军阀也最终成为大唐帝国的终结者。随着北方游牧民族的再度兴起，中华文明即将进入第二个南北分裂时代。大宋王朝虽然终结了"五代十国"的混乱，但不再辽阔的疆域使其难以承担汉唐等帝国的骄傲，只能以王朝的称谓书写中华文明的全新篇章。

"五代"是对 10 世纪唐宋之间中原地区五个连续更迭的中央王朝的合称，始于后梁，经后唐、后晋、后汉，终于后周。公元 903 年，军阀朱温效法东汉曹操，拯救唐昭宗于危难之中，挟天子以令诸藩，四年后先杀昭宗再废哀宗，正式灭唐，建立史称后梁的中央王朝。后梁只拥有昔日大唐辽阔版图的中原地区，且没有得到一部分军阀的认可。公元923年，曾助唐绞杀义军的李克用之子李存勖建后唐，同年灭后梁。公元936年，李存勖养子李嗣源的女婿石敬瑭在契丹人帮助下灭后唐，建后晋。公元947年，石敬瑭的侄儿继位，后晋因只对契丹称孙不称臣被契丹所灭。同年，河东节度使刘知远在太原称帝，建立后汉。公元951年，刘知远次子在专权的军阀内斗中被杀，后汉灭亡，将军郭威建后周。"五代"中，后唐、后晋、后汉的立国者都是后唐人口中的沙陀人，也称沙陀突厥，曾经匈奴人的子孙、曾经突厥人的臣民，依靠游牧民族的彪悍在乱世中成为枭雄。其中后唐的李存勖一度把复兴大唐王朝视为己任，甚至竖起了"后唐"的旗号，以示忠心和正统。但缺少文化的支撑，沙陀突厥人建立的王朝都因治国混乱和家族忤逆等而迅速亡国。即便如此，我们也可以从中再次看到北方少数民族在中国历史上曾经的巨大影响。"五代"最后一个王朝后周的柴荣虽有雄心，但英年早逝。公元960年，赵匡胤发动"陈桥兵变"，取代后周建宋，完成了中原地区的统一。

与中原地区"五代"并存的还有长江以南和山西等地的地方割据政权，与前者并称"五代十国"。相对于"五代"的频繁更迭，周边的"十国"，尤其是江南地区的政局相对稳定。避祸南迁的客家人再次促进了长江以南地区的发展，也成为朱元璋后来能够从南方起兵，灭元建明的主要原因。但在统一的大趋势下，各割据政权最终也被大宋王朝所终结。

赵匡胤与郭威原本同为后汉大将，后辅佐郭威建立后周。公元954年郭威死，养子柴荣继位。在郭威和柴荣两位皇帝的治理下，后周政治清明、百姓富庶，西败后蜀、南摧南唐、北破契丹，疆域不断扩大。公元959年，柴荣临终时命赵匡胤掌握军权，辅佐只有7岁的小皇帝。公元960年，赵匡胤上演了中国历史上最大的诡道，在却之不恭的情况下"被黄袍加身"，发动陈桥兵变，逼退幼帝，亡

# 五代十国与日耳曼人复活罗马帝国

（公元10世纪）

## 中南美洲古文明

玛雅人在此期间发展着自己的神秘独特文明。

## 西欧东部

919年，东法兰克萨克森王朝；
936年，奥托一世继位萨克森；
951年，奥托一世吞并伦巴第；
962年，称神圣罗马帝国皇帝；
972年，奥托二世联姻拜占庭；
983年，奥托二世立罗马教皇；
985年，奥托二世完成统一建国；
993年，丹麦人完成统一建国；
996年，瑞典人完成统一建国；
奥托三世堂兄任教皇。

## 西欧西部

911年，维京人建诺曼底公国；
920年起，卡佩家族首次为王；
987年，卡佩王朝代西法兰克。

## 西欧—西班牙

912~961年，白衣大食中兴期；
981年起，白衣大食军阀割据。

## 欧亚分界—拜占庭帝国

902年，拜占庭彻底失去北非；
919年，罗曼努斯执政变后摄政；
924年，与保加利亚人签合约；
959年，福卡斯发动政变登基；
969年，夺回黑衣大食安条克；
986年，进攻保加利亚被击败；
976年，巴西尔二世夺回王位；
988年，借助罗斯人平定内乱；
989年，罗斯人开始信东正教。

## 北非

909年，法帝玛王朝绿衣大食；
968年，绿衣大食向西亚扩张；
973年，绿衣大食定都城开罗。

## 中西亚

黑衣大食军阀们纷纷割据；
903年，萨曼王朝称雄中亚，999年，分裂为中亚西部花剌子模，南部加色尼（哥疾宁）和北部喀喇汗三大王朝。

## 南亚：

朱罗王朝在半岛南部崛起。

## 中国北方

907年，耶律阿保机称可汗；
916年，阿保机建立契丹国；
936年，契丹夺燕云十六州；
947年，契丹改国号大辽；
951年，耶律阿保机被孙杀；
979年，辽国曾助北汉抗宋；
983年，圣宗继位太后摄政。

## 中国中原

907年，朱温灭唐建立后梁；
923年，李存勖灭梁建后唐；
936年，石敬瑭灭唐建后晋；
947年，晋亡刘知远建后汉；
951年，郭威灭后汉建后周；
960年，赵匡胤代周建北宋；
976年，宋太宗赵光义继位；
979年，北宋完成中原统一；
997年，宋真宗赵德昌继位。

后周建宋，开始了300多年的赵宋统治，次年再以"杯酒释兵权"和"官兵分置"永绝了他人也被"黄袍加身"的后患。赵匡胤还将各州长官全部换成文官并派通判加以制约，各州财政收支均由中央统一管理。进一步完善了科举考试制度，使宋代科技文化快速发展成为可能。在推进各项改革的同时，赵匡胤公元963年，采纳了赵普"借道伐虢"之计，消灭了湖北和湖南两个割据政权，公元964灭后蜀，公元971年灭南汉，公元975年灭南唐。至公元976年赵匡胤去世之时，仅剩下南方的吴越和北方的北汉尚未被统一。赵匡胤死后，其弟赵光义在"斧光烛影"的疑云中继位，至公元979年相继灭亡吴越和北汉，但公元981年南征交趾（越南）的努力以失败告终，云贵川一带在公元937年建立的段氏大理国则因赵匡胤南征时止步于天堑大渡河也得以长期保持独立。

早在大宋王朝建立之前，鲜卑人已在中国北方完成了契丹辽国的建立。契丹人是汉末东胡之鲜卑各部大举南下参与"五胡乱华"时留在中国东北的一支，公元10世纪开始崛起。公元907年，耶律阿保机继位可汗，统一契丹各部，于公元916年正式建立契丹国，称辽太祖。公元936年，后唐内乱时，河东节度使石敬瑭以自称儿皇帝和割让燕云十六州为代价，请得辽太宗助其灭后唐，建国后晋。自此，燕云十六州归属契丹国，并成为其南侵中原的基地。公元947年，辽太宗以后晋皇帝"只称孙、不称臣"为由，率军南下攻克开封，灭亡后晋，并改国号为大辽，后因中原地区民众强烈反抗而不得不引军北返。同年，辽世宗继位，继续对中原用兵，曾在公元951年助北汉攻打后周，但被部将所杀。继位的辽穆宗长期懒政，以致政局动荡不安，大臣经常叛乱或南奔中原。公元959年，燕云十六州在后周的攻击下几乎被放弃，只因后周世宗柴荣重病南返才得以保全。公元969年辽景宗继位，勤于政事、重用贤臣，使国力逐渐增强。公元979年，辽派兵支援北汉抵抗北宋，但被击败。北汉降宋后，辽多次击退宋军对幽、蓟两州的进攻。公元983年，年仅12

岁的辽圣宗继位，时年 30 岁的萧太后开始摄政（在位 27 年）。在她治理下，辽国成为大宋北方强敌，宋辽对峙和中华文明第二次南北分裂也自此开始。

公元 10 世纪的日本列岛，藤原家族通过不断将女人嫁入皇室，在平安时代后来的 300 余年里一直实际掌控着国家权力，并在藤原道长的手中达到了顶峰，使天皇只成为礼仪或庆典上的傀儡。利用手中掌握的权力，藤原家族成为全国的最大地主，且在其影响下，土地几乎全部集中到地主手中，以至于"几乎没有给公家留下一块土地"。所有对藤原家族的挑战或起义都遭到了残酷镇压。在此背景下，日本开始向封建社会过渡。

公元 10 世纪的南亚次大陆，依旧延续着拉齐普特人时代邦国林立的状况。在半岛南部的科佛里河谷，从公元前 2 世纪就已经存在的朱罗王朝在公元 9 世纪推翻了帕拉瓦王朝的统治，在 10 世纪开始重新兴起。公元 985 年，罗荼罗乍登位，南征斯里兰卡、北伐羯陵迦，逐渐将势力范围扩张到整个半岛南部。但半岛北部地区则依然处于分裂状态，并不断遭到来自阿富汗的突厥人袭击。

公元 10 世纪的阿拉伯帝国，黑衣大食哈里发徒有虚名的尊号早已不为西班牙的白衣大食和北非的绿衣大食所接受，阿拔斯王朝只在巴格达周边地区尚存影响。

在中亚和西亚，黑衣大食 10 世纪第一任哈里发在位虽长达 25 年（908~932 年），但大权被突厥禁卫军统领独揽，直至被废黜，流落街头。在国已不国的情况下，此后的哈里发们完全成了摆设，其传承与延续已经没有继续说明的必要了。各地纷纷乘机独立，只是还在名义上承认哈里发而已。其中以伊朗东部为中心的萨曼王朝，903 年兼并了伊朗东部的萨法尔王朝，鼎盛时囊括中亚、南亚和西亚广大地区，正在中亚试图建立喀喇汗王朝的突厥人亦臣服其脚下，对于该地区的伊斯兰化影响巨大。但其辽阔的疆域也同样存在军阀割据的状况，萨曼王朝最终在 999 年被喀喇汗王国和伽色尼王朝联合进攻下灭亡。从其分裂出的中亚西部花剌子模、中亚南部伽色尼王朝，以及中亚北部喀喇汗王朝在萨曼王朝灭亡后相继达到极盛。与黑衣大食的分裂混乱形成鲜明对比的是西南欧白衣大食和北非绿衣大食的兴盛。

在西南欧，后倭马亚王朝（756~1031年）在西班牙以繁荣延续着白衣大食的称号。阿卜杜·拉赫曼三世登基后（912~961年在位）一方面无情惩治敢于对抗的基督教上层，一方面严厉打击骄横跋扈的阿拉伯贵族，大胆起用有才干并忠于他的异教徒，与其继任者一起在西班牙创造了后倭马亚王朝的中兴时代，相对于中世纪黑暗的欧洲，工农商各业高度发展、欣欣向荣。但从981年起，后倭马亚王朝开始重蹈黑衣大食的覆辙，在哈里发的权力被禁卫军首领夺取后分裂成20多个封建小国，基督教势力则乘虚而入，将白衣大食压缩成一个只能以奈斯尔王朝的名义又延续了250余年的小国。

在北非，部分不堪黑衣大食迫害的什叶派穆斯林逃亡到了利比亚，909年推翻在当地割据的阿格拉布王朝，拥戴自称是先知穆罕默德女儿法蒂玛子孙的赛义德为哈里发，建立法蒂玛王朝，旗帜尚绿，人称绿衣大食。其第四代哈里发（952~975年在位）先是于967年肃清后倭马亚王朝在北非的影响，后于公元969年东征埃及割据的伊赫希德王朝，后将叙利亚、巴勒斯坦和希贾兹等地并入法蒂玛王朝版图。973年，法蒂玛王朝定都开罗，后吞并阿拉伯半岛上的麦加和麦地那等地，至其第五代哈里发（975~996年在位）统治时期成为横跨亚非的强大国家，同巴格达的黑衣大食和西班牙的白衣大食三足鼎立。

10世纪的拜占庭帝国，虽然由于阿拉伯帝国的分裂而较少受到来自东面的攻击，但西面保加利亚人的威胁一直存在，且拜占庭帝国内部政变和叛乱不断，直至"屠夫"巴西尔二世继位才再次短暂复兴。

902年，拜占庭帝国在地中海西部的最后一个据点被来自北非的阿拉伯海军攻占，拜占庭的海军在其后的几场战役中几乎全军覆没。但依靠君士坦丁堡得天独厚的地理位置，拜占庭帝国依旧能够通过发达的贸易积累财富。公元912年利奥六世去世，年仅7岁的君士坦丁七世继位，大权旁落，帝国因此陷入混乱。对君士坦丁堡垂涎已久的保加利亚大公西蒙趁机再度发起攻势，屡次重创拜占庭军队。公元919年，拜占庭海军司令罗曼努斯发动政变，将摄政的太后送进修道院，将女儿嫁给小皇帝，自封为共治皇帝，史称罗曼努斯一世。公元924年，西蒙大帝在击败塞尔维亚人后兵临君士坦丁堡，但在坚固的城墙面前无计可施，只能与罗曼努斯一世签订为期40年的和平条约。公元945年，已继位33年的君士坦丁七世正式拥有皇帝权力，但他只醉心于文学和历史，且一味地炫耀和挥霍帝国的财富。公元959年君士坦丁七世去世不久，他的帝国连同皇后一同被军阀福卡斯夺取。公元969年，福卡斯趁黑衣大食衰落之机东征，夺取了已经被阿拉伯人占领了300余年的安条克，但他同年被皇后谋杀。公元976年，君士坦丁七世之子巴西尔二世击败篡权者重新夺回王位，但在公元987年对保加利亚人的进攻中惨败，国内反对派趁机发动叛乱。孤立无援的巴西尔二世只能向遥远北方的基辅罗斯人求助。早在公元882年，北欧维京海盗的一支征服今乌克兰地区的斯拉夫人建立了基辅罗斯（俄罗斯前身），其迅速发展起来的海军曾多次兵临君士坦丁堡，并获得了贸易特权。这一次，在获得迎娶拜占庭皇帝女儿的承诺后，基辅罗斯大公弗拉基米尔派出了一支6000人的军队援助拜占庭帝国。巴西尔二世在平定叛乱后采取一系列措施缩小贫富差距，严令大封建主必须归还强占的农民土地，使帝国重新走上强盛之路。而基辅罗斯也在与拜占庭联姻后奉东正教为国教，成为东欧强国。斯拉夫人也自此为世人所熟知。

公元10世纪的西欧，主宰一切的是势力强大的诸侯。已有500余年历史的法兰克王国虽曾经历了墨洛温和加洛林王朝的更迭，以及无数次的内部分裂与统一，但毕竟还有一个共同的国王。但随着地方诸侯在 10 世纪对加洛林家族在抵抗外敌中表现出的懦弱的不满增加，法兰克王国的东西两部分相继灭亡。东法兰克被日耳曼人的萨克森王朝取代，并在奥托一世的铁腕统治下，通过与罗马教廷的结合，不断拓展疆域直至获取"罗马帝国"的荣耀。西法兰克也由于卡佩家族在抵御维京海盗袭击时展现出的力量被终结了历史。

在西欧的东部，在经历了无数次的内战，以及北方维京人、南方阿拉伯人、东方匈牙利人的袭击后，东法兰克的贵族军阀们在公元 919 年推举势力最大的萨克森国王亨利为东法兰克国王，德意志民族开始逐渐形成。但直到公元 936 年亨利之子奥托一世继位，萨克森王朝还只是一个诸侯割据的国家。因此，奥托一世效仿克洛维和矮子丕平与教会合作的做法，一方面赐予教会大片领地，授予其领地内的行政权、司法权和财政权，一方面把任免主教和修道院长的权力掌握在自己手里，史称奥托特权。作为回报，教会则为他的军队提供军饷。公元 949 年，奥托一世在先后击败兄弟、女婿及其他众多反叛者后，初步统一萨克森王朝；公元 951 年夺取意大利北部的伦巴第，娶其国王遗孀为妻，自称意大利国王。在巩固王权和对外征服的同时，奥托一世开始谋求对基督教最高权力机构——罗马教廷的控制，以使其王权得到更广泛的承认。公元 961 年，教皇约翰十二世被罗马贵族驱逐。奥托一世乘机进军罗马，支持教皇复位。次年，感恩戴德的教皇亲自在罗马圣彼得大教堂加冕奥托一世为罗马帝国皇帝，复活了罗马帝国，其疆域大致包括现在的德国、意大利北部及波希米亚（今捷克）等地。公元 973 年，奥托一世去世，其子奥托二世继承了他的强势风格，先是令波兰大公梅什科一世臣服，后从西法兰克王国手中夺回洛林，但在争夺意大利南部的时候被拜占庭帝国所阻止。公元 983 年，奥托二世根据自己的意愿选立了一位罗马教皇。公元 996 年继任的奥托三世更是任命自己的堂兄为教皇，彻底完成了德意志人的罗马帝国对罗马教廷的控制。基督教开始以全新的方式服务于王国的统一，甚至发展成一种覆盖全帝国的有序官僚机构。但随着帝国势力的扩张和教会势力在财富积累中的膨胀，教权和皇权的矛盾日趋激化。加之缺乏广泛的经济联系，此时的所谓罗马帝国只能是名义上承认皇帝拥有最高权力的各封建公国和独立城市组成的不稳定联盟。公元1155年，腓特烈一世加冕时，在罗马皇帝前面加上了"神圣"二字，奥托一世开创的罗马帝国也因此成为神圣罗马帝国的源头。

在西欧的西部，相对于东部萨克森王朝的蒸蒸日上，西法兰克加洛林王族和卡佩家族对王权的争夺几乎贯穿了整个10世纪。公元898年厄德死后，卡佩家族尽管将王位交还给加洛林家族的查理三世，但依然是最有权势的贵族。公元911年，查理三世与维京海盗的一支诺曼人签订条约，允准诺曼人在塞纳河下游的诺曼底地区定居、建立公国，并封其首领为诺曼底公爵，这使其被称为傻子，而卡佩家族则因在抵抗入侵中的出色表现赢得了更高威望。公元920年，西法兰克贵族投票放弃对查理三世的效忠，先后两次公推卡佩家族的人为法兰克王国国王，引发了两大家族间的战争，两大家族在争斗中交替称王。公元987年，路易五世死后，加洛林家族绝嗣，卡佩家族的木·卡佩当选西法兰克国王，开启卡佩王朝，成为法兰西王国的前身。公元996年，罗贝尔二世继位。卡佩王朝的建立彻底结束了西欧法兰克王国的历史，名义上统一的西欧自此不复存在并逐步分裂成今日的局面。

纵观公元10世纪的世界，世界性的蛮族定居乃至建国是那个时代的最大特征。几乎在契丹人南下建国的同时，北欧维京海盗于公元911年在欧亚大陆的最西端建立了诺曼底公国，并皈依了基督教。马扎尔人在匈牙利，斯拉夫人在基辅罗斯、保加利亚和波兰等地也进行了类似的变革。尽管维京海盗依旧继续着对包括不列颠、西西里和塞浦路斯在内的整个欧洲的入侵，但诺曼底公爵在名义上开始臣服于西法兰克王国，这种从掠夺到定居的转变却具有历史意义，处于中世纪黑暗中的欧洲因此迎来了一个相对稳定的发展时期，经济和文化的种子也得以在相对稳定的社会状态中孕育，开始等待东征十字军带回文明的光亮，使文艺复兴的种子得以萌发；尽管此时的欧洲人仍不知美食和华服为何物，社会也只有贵族和平民的简单阶级划分，以及一个特殊的阶层——骑士。长期的战乱使西欧割据势力纷纷建造可以抵御海盗和其他军阀劫掠的城堡，但规模都不大，即便是当时西欧最大的城市巴黎也只有区区 7 万人而已。这些城堡既是割据的屏障，也是侵略别人的据点。一些没有城堡的没落贵族则沦为最早的职业军人——骑士。在经历无数次争斗的血腥后，骑士上升为一种贵族的荣誉，后进一步发展出以勇敢、忠诚、慷慨和专门取悦于贵妇人为主要内容的所谓骑士文化。在公元 10 世纪城堡林立的欧洲，以厮杀、抢劫为业的骑士成为加剧社会混乱的一支主要力量。

就大宋王朝而言，赵匡胤为巩固王权而进行的各种改革相对那个时代来讲却是极大地超前。其军事上的官兵分置，导致"兵不知将、将不知兵"，使大宋后来在与北方少数民族的战争中一直处于劣势；相互制衡的政府机构设置则导致冗官冗政，各级各部门互相牵制，降低了办事效率。因此，尽管在经济文化上取得了睥睨盛唐的成就，但大宋王朝的生存后来只能依靠不断地向周边强敌纳贡才得以保全，与辽、西夏、金和蒙古人都进行过这种国家买卖的游戏。公元 1127 年，北宋被其喂饱了的金兵灭亡。公元 1276 年，南宋的京城被其喂得膘肥体壮的蒙古铁骑踏破。三年后，富有但软弱的大宋王朝就这样终结了其战战兢兢的一生。正因为如此，历史上从未将其与秦汉唐元清等并称帝国，只能与大明王朝一样称为"大宋王朝"，虽然它曾使中华文明的文化和科技登上了一个新的高峰。

在矛盾中发展是包括人类文明在内的自然规律。在矛盾的冲突中，下个世纪爆发了影响世界千年的三场战争。

# 宋辽对峙与阿拉伯塞尔柱突厥时代

公元 11 世纪的世界，东亚大宋王朝虽地域范围不及唐朝，但依靠发达的经济和文化续写了中华文明的传奇，尽管其对外之羸弱让人唏嘘不已。南亚朱罗王朝虽在对海上贸易的追求中实现了跨越海洋的扩张，但只能在半岛中南部偏居。在中亚地区众多突厥奴隶王国的创建过程中，伊斯兰教彻底抹掉了曾经佛教兴盛的印记。西亚阿拉伯帝国开始进入塞尔柱突厥时代，但与其创造的马赛克建筑风格一样，分裂依然是这个伊斯兰王国永恒的主题。地跨欧亚的拜占庭帝国再度崛起的雄心被塞尔柱人彻底击碎，其不但失去了在基督教世界的领袖地位，对雇佣兵的依赖也最终引发了十字军的东侵。西欧在德、法、英三国逐步形成今日国家形态的过程中进一步步入中世纪的黑暗中。

公元 11 世纪的东亚，在大宋王朝（北宋）的周边还同时存在着北面已立国近百年的大辽、占据新疆以及部分中亚地区的高昌回鹘、世居青藏高原的吐蕃、割据云贵川的大理和迅速崛起于宁夏甘肃的西夏五个主要政权。其中，高昌回鹘是回鹘人的一支在唐王朝灭亡后在今新疆吐鲁番一带建立的，其在 11 世纪在名义上不得不同时向强大的辽国和北宋称臣。统一的吐蕃王朝在公元 842 年已经解体，11 世纪分散在青藏高原各地的割据势力，以及云贵川一带的段氏大理均无力角逐中原。宋、辽和西夏三强之间的冲突成为 11 世纪东亚发展的主线。

三强之中已立国 40 余年的北宋，除对外战争败多胜少外，大部分时间里内政稳定,社会经济各个方面取得的成就都超过"贞观之治"和"开元盛世",四大发明中的火药和活字印刷术也都成熟于这一时期。沈括也在《梦溪笔谈》中对指南针的四种使用方法进行了全面的描述。宋朝只因对外政策方面的软弱而无法担当得起"盛世"的荣誉,其后期更是在守成中积弊丛生、国库空虚。宋英宗虽英明睿智、立志改革,但英年早逝。宋神宗继位后克服各种阻力,积极支持王安石等进行变法改革,使国力有所恢复,并在与西夏的对抗中逐渐占据主动。但在宋神宗死后,因新法在实际操作过程中存在的弊端,以及以司马光、苏轼等为代表的保守派在高太后的支持下卷土重来,神宗推行的改革被全面废止了。1093年宋哲宗亲政后,部分恢复了王安石的改革措施,使大宋王朝重现生机,但又深陷支持与反对变法的"新旧"两派之间的"党争",在政治内耗中埋下了北宋王朝灭亡的祸根。

三强之中,已立国近百年的辽国疆域主要包括中国东北、内蒙古、河北、山西及新疆和蒙古国部分地区。1004年,萧太后亲征北宋,与宋真宗在今河南濮阳展开决战,迫使真宗签下了"澶渊之盟":约定两国今后以兄弟相称,但北宋王朝需每年向辽"纳贡"绢20万匹、银10万两。这一数字于1042年在辽国的要求下又有所增加。在这一盟约约束下,两国直至辽国1125年被金国灭亡再无大的战事。1009年亲政的辽圣宗基本上延续了萧太后的执政措施,对内选拔人才、知人善任;对外于1013年东征海拉尔一带的室韦(蒙古族先人)、于1028年西征甘肃的回鹘人,使辽国疆域达到了顶峰。辽兴宗继位后,奸佞当权、政治腐败、军队衰弱,两征西夏更是劳而无功、损失惨重,百姓怨声载道。辽道宗即位后不理朝政、重用奸佞、政治腐败,虽然成功镇压了1063年耶律重元父子叛乱,但在向封建社会过渡的过程中土地兼并加剧,百姓痛苦不堪,国势逐渐衰落。

三强之中,西夏建国最晚。早在唐朝初年,西北党项族的首领

# 宋辽对峙与阿拉伯塞尔柱突厥时代

（公元11世纪）

## 东亚

1004年，宋辽订立澶渊之盟；
1023年，北宋发行纸币交子；
1038年，李元昊建立西夏国；
1041年，西夏好水川大败宋；
1044年，西夏河曲之战败辽；
1044年，宋夏签订庆历和议；
1048年，李元昊被儿子杀害；
1055年，昏庸的辽道宗继位；
1063年，耶律宗元父子叛乱；
1068年，金完颜阿骨打出生；
1069年，宋进行王安石变法；
1072年，宋在甘肃击败西夏；
1085年，司马光掌权废新法；
1099年，北宋西夏再度言和。

## 中亚

1004年，喀喇汗王朝灭于阗；
1023年，称雄中亚北部及新疆西部；
1041年，喀喇汗东西部分裂。
1030年后，伽色尼王国分裂
1037年，塞尔柱突厥人建国

## 南亚：

1014年，朱罗统一半岛南部；
1015年，朱罗王朝遣使北宋；
1025年，渡海攻占马来西亚；
1070年，合并东遮娄其王国。

## 欧亚分界—拜占庭帝国

1018年，拜占庭吞并保加利亚；
1057年，混乱马其顿王朝终结；
1071年，曼齐克特战役中惨败；
1081年，拜占庭开科穆宁王朝；
1085年，雇佣尼斯人退诺曼人；
1095年，拜占庭求援罗马教皇。

## 西亚和北非

1040年，塞尔柱败伽色尼王朝；
1043年，塞尔柱人夺取叙利亚；
1055年，塞尔柱人占领巴格达；
1071年，塞尔柱人大败拜占庭；
1078年，突厥罗姆苏丹国建立；
1092年，塞尔柱王朝分裂割据；
1094年，北非法蒂玛王朝分裂。

## 西欧—神圣罗马帝国

1002年，亨利二世最终夺帝位；
1024年，萨克森王朝无嗣终结；
1025年，波兰正式建独立国家；
1077年，亨利四世卡诺莎悔罪；
1096年，教皇组织十字军东侵；
1099年，十字军攻占耶路撒冷。

## 西欧—法国

1035年，威廉成功诺曼底公爵；
1060年，法王腓力一世继王位；
1085年，法十字军征圣地亚哥。

## 西欧—英国

1066年，威廉渡海征服英格兰。

## 中南美洲古文明

玛雅文明此后消失。

拓跋赤辞便已投降大唐，被赐李姓，其部族迁徙到今天的宁夏回族自治区一带。后因助唐剿灭"黄巢起义"有功，拓跋赤辞的后人被封为夏国公，后割据西北。宋朝初年，党项族原本同样归附了大宋，但不久内部分裂，部分族人在李继迁的带领下立国抗宋。1032年，李继迁之子李元昊继位夏国公后，在积极吸取汉文化的基础上于1036年创立西夏文字，1038年正式称帝，建立西夏。鼎盛时期疆域包括今天宁夏、甘肃、新疆、青海、内蒙古以及陕西的部分地区，成为继契丹人之后大宋王朝在西北方的又一强敌。但无论是大宋还是辽国，都不能容忍西夏的擅自建国和开疆扩土。1041年，宋军首先远征西夏，但在今宁夏同心县进行的好水川战役中遭到李元昊率领的10万骑兵伏击，惨败。次年两国再战，互有胜负，西夏亦无力东扩。1044年，辽兴宗率军亲征西夏，但在河曲之战中同样被李元昊所败。宋、辽和西夏三强鼎立的局面至此基本确立。同年，在达成以钱财换土地的"庆历和议"后，宋与西夏暂时休战，但辽夏之间的战争仍在继续。1048年，李元昊被儿子所杀。辽兴宗次年分兵三路再伐西夏，但收获甚微。此后不久，西夏因太后乱政陷入混乱。因王安石变法而国力增强的北宋趁机起兵攻西夏，在1072年的熙河战役中夺回今甘肃临夏、临洮一带，取得了立国百余年来最大的一次军事胜利。1081年后，宋夏再度数次交战，西夏虽然多次击溃宋军，但国力大损。1099年，辽道宗遣使毒杀了擅权的西夏小梁太后等人，还政于皇帝李乾顺，西夏向宋朝请罪，两国再度言和。

当宋、辽和西夏三国在1068年乱战正酣之际，没有人会注意到一个弱小生命——女真人完颜阿骨打在中国东北的诞生，更不会想到他所建立的大金国会在下个世纪初便迅速地将辽和北宋两大强国灭亡，按照自己的意志书写了中华文明的历史。

公元11世纪的南亚次大陆，虽然北部在来自阿富汗地区突厥人的持续袭击中邦国林立，但南部由泰米尔人建立的朱罗王朝逐渐统一，并成为那个时代南亚次大陆文明的亮点，当然，炎热的气候和茂密的热带雨林为其提供了重要保护。

公元11世纪初，朱罗王朝依靠强大的海军向南征服了哲罗王国、侵入斯里兰卡北部，向西征服迈索尔山脉周边国家，向北占领恒河下游，基本统一了印度半岛南部地区，并在恒河三角洲建立了新的都城。但所谓的朱罗王朝并没有建立完善的国家管理体系。在王朝的中心地带，乡村收税的权力由婆罗门或地主所把持，城里的收税和行政管理由一种被称作"纳加拉姆"的机构负责。分散在各地的土邦则主要通过承认王朝的霸主地位和在战争时提供军队保持着领地和税收的独立。在这种情况下，宗教成为维系朱罗王朝的重要纽带，尤其在平息极端贫富差距带来的社会矛盾方面发挥了巨大作用。在国王的慷慨馈赠下，富有的庙宇承担起部分公共服务职能，当然更在各地修建了无数富丽堂皇的神庙。

远洋贸易在朱罗王朝的统治中占有举足轻重的地位。1015年，王朝的使者曾沿直达泉州的海上贸易通道出使北宋。各种商业行会也在贸易繁荣中得到极快发展，并为王朝带来了巨额的财富。作为回报，朱罗王朝积极为商人提供海上贸易保护，为此与以苏门答腊为中心的海上劲敌——室利佛逝进行了百余年的战争。1025年，朱罗王朝一度率军攻占了马来半岛、东苏门答腊及南缅甸等大量海外地区；疆域在鼎盛时期南到马尔代夫群岛，北到半岛中部的达戈达瓦里河沿岸。1070年，朱罗与孟加拉湾西部的东遮娄其王朝合并，合称朱罗—遮娄其王国。但随着商人更愿意向当地土邦王公交税和寻求保护，朱罗王朝的税收开始减少，以至于后来被一个小国灭亡并逐渐被人们遗忘。

公元11世纪的中亚，佛教消亡得只剩下大量的佛塔、石窟等遗迹，而与伊斯兰教兴起相伴的是喀喇汗王朝、伽色尼王朝等草原王国的强大。其中，北部的喀喇汗王朝在1004年灭于阗，并数次击败高昌回鹘，极盛时疆域囊括今乌兹别克斯坦、吉尔吉斯斯坦、塔吉克斯坦、哈萨克斯坦南部及我国新疆西部的广大地区，但在1041

年分裂成东喀喇汗国和西喀喇汗国两个部分。南部的伽色尼王朝鼎盛时疆域囊括了北印度、阿富汗、花剌子模和波斯大部分地区。其首任君主马哈茂德（997~1030年在位）在位时首次使用了"苏丹"称号。马哈茂德死后不久，王室发生内讧，各省总督纷纷叛离。其中，伽色尼王朝东部分裂为数个独立王朝，后被迫迁都到今巴基斯坦的拉合尔，并在12世纪被另一支突厥人建立的廓尔王朝灭亡。而在伽色尼王朝西部则成长起一个威震西亚200余年的族群——塞尔柱突厥人。

公元11世纪的西亚，塞尔柱突厥人因其首领而得名，早期情况不详。公元11世纪初，塞尔柱突厥人离开中亚草原，成为伽色尼王朝西部的重要族群，途中皈依了伊斯兰教逊尼派，这使他们和阿拉伯人有了共同的信仰和共存的基础。1037年，塞尔柱突厥人宣布建国独立。1040年，首领图格鲁克趁伽色尼王朝内讧之机夺取其西部波斯和中亚一带的大片领地，后以此为基地，大举进军西亚，用10余年时间战胜了亚美尼亚一带的基督教势力。1055年，塞尔柱突厥人兵临巴格达，当时的阿拔斯王朝哈里发选择了投降，并赐予图格鲁克"东方和西方的苏丹"称号，黑衣大食的阿拉伯帝国开启塞尔柱王朝时代，哈里发只扮演宗教领袖的角色。图格鲁克1063年去世后，他的侄子阿尔普·阿尔斯兰在王位争夺中胜出，进一步将王朝疆域扩大至今整个伊朗、伊拉克及周边的广大地区；随后向北非法蒂玛王朝在西亚的领地发起攻击，并在1071年击败拜占庭皇帝亲率的东征大军，吞并了包括土耳其半岛东部和阿拉伯半岛在内的地中海东岸。1072年，阿尔普·阿尔斯兰被刺，其子马立克沙继位，分散在各地的塞尔柱突厥将领纷纷谋求独立。其中苏莱曼最先于1078年在土耳其半岛东部建立罗姆苏丹国。1092年马立克沙死后，塞尔柱突厥王朝彻底陷入军阀割据状态。1096年，当最后一位仍被大多数塞尔柱突厥王国奉为宗主的苏丹桑贾尔继位时王朝仅占有呼罗珊（今阿富汗）一带。在这种分裂的状态下，相互攻杀的塞尔柱突厥人根本无法组织起来抵御规模并不大的欧洲十字军东侵了。

公元 11 世纪的北非，在西亚的黑衣大食进入塞尔柱突厥时代的同时，绿衣大食的法蒂玛王朝也逐渐走向衰亡。第六代哈里发曾擅杀大臣、迫害基督徒和犹太人，并自称真主化身，创德鲁兹教派。第八代哈里发穆斯坦绥尔 1035 年登基后，大权在混乱中逐渐被雇佣兵所掌握，国势迅速衰落。1043 年，叙利亚、西西里和部分北非地区相继被塞尔柱人和诺曼人夺取。1094 年穆斯坦绥尔死后，在政变频繁、军人擅政和幼主频立中，包括突尼斯和阿尔及利亚等地的行省总督纷纷割据自立。

公元 11 世纪地跨欧亚的拜占庭帝国，虽然一度恢复了查士丁尼时代的版图，但对雇佣军的过度依赖最终导致曼齐克特战役的惨败，并丧失了在基督教世界的领袖地位。

经过 20 余年的征战，巴西尔二世在 1018 年重新吞并保加利亚，部分恢复了拜占庭帝国的版图，也因在这过程中残酷弄瞎大批战俘的双眼而留下了屠夫的恶名。但 1025 年之后的五位皇帝均毫无建树。1057 年，将军伊萨克·科穆宁篡位，两年后传位给手下君士坦丁十世。1067 年，军人出身的罗曼努斯四世在君士坦丁十世死后，迎娶了他的遗孀，并成为其子迈克尔七世的共治皇帝。此时的拜占庭军队由于兵源枯竭，开始更多地依赖外籍雇佣军。1071 年，罗曼努斯四世率领 10 万大军试图夺回土耳其半岛东部的曼齐克特要塞，但由于突厥雇佣兵叛变及内部不和遭到惨败，本人也被阿尔普·阿尔斯兰率领的塞尔柱突厥人俘虏，次年回国后被杀。迈克尔七世六年后也在军队的不满中退位。1081 年，阿历克塞·科穆宁加冕为皇帝，开启了 100 多年的科穆宁王朝时代，但其必须首先面对诺曼人的挑战。公元 11 世纪中叶，一批已定居诺曼底的北欧维京人以雇佣兵的身份来到意大利南部。被称作诺曼人的他们因能征惯战在罗马教皇与拜占庭的对抗中逐渐在南欧站稳脚跟，并在 1071 年彻底清除了拜占庭人在意大利半岛的势力。1081 年起，诺曼人甚至开始向拜占庭的希腊领地发起攻击。面对诺曼人的威胁，阿历克塞·科穆宁选择了向意大利北部的威尼斯人求助，条件是给予威尼斯商人更多的贸易特权，并在1085年成功阻止了诺曼人的进攻。此后，威尼斯和热那亚等意大利北部城邦彻底掌控了地中海贸易，并在独立中走向兴盛，成为欧洲文艺复兴的发源地，而拜占庭的经济利益则受到极大损害。1091年，阿历克塞·科穆宁再次借助外部力量解除了北部一支突厥人对君士坦丁堡的威胁。有了这些成功经验，阿历克塞·科穆宁开始谋划借助西欧的军事力量收复其在亚洲的领土。1095年，阿历克塞·科穆宁向罗马教皇乌尔班二世发出请求，希望西欧基督教国家能够帮助拜占庭帝国抵抗伊斯兰教徒的进攻。他的这一请求直接引发了历时200余年、血满地中海的十字军东侵。

公元11世纪的西欧，德国、法国和英国在诸侯混战中各自发展，罗马教皇则趁机成为凌驾于世俗王权之上的特殊力量，在加深中世纪黑暗恐怖的同时，极大地影响了西欧社会的发展。其间，诺曼人亦展现出超乎寻常的力量。

位于西欧东部的神圣罗马帝国，在本世纪的大部分时间里一直向东扩张。萨克森王朝末任国王亨利二世是在1002年自行夺位登基，但直到1014年才迫使教皇正式为其加冕。1024年亨利二世去世后，萨克森王朝因绝嗣被萨利安王朝取代。首任国王康拉德二世曾于1028年夺取了东面波兰（1025年建国）的部分领土，后在1034年获取了西面法国东南部的大片土地；同时抑制大诸侯的权力并继续加强对罗马教会的控制。1039年继位的亨利三世虽然在1046年用一名德意志人取代了反对他的教皇，并为自己加冕，但后期由于支持包含"反对世俗统治者任命主教等"内容的"克吕尼改革"，为日后教权大于皇权埋下了隐患。在其死后，强大的德意志诸侯和基督教会愈发难以控制，以至于亨利四世在1076年被教皇格里高利七世开除教籍，失去了统治基督教徒的合法性，部分德意志诸侯趁机欲另立国王取而代之。亨利四世次年被迫在格里高利七世城堡外站立了三天才被取消了处罚,史称"卡诺莎悔罪"。这一事件标志着罗马教廷权力达到了巅峰。解除威胁后的亨利四世随即对叛乱者展开讨伐,但在1080年再次被格里高利七世开除教籍。恼羞成怒的亨利四世随即宣布废黜教皇,并在1084年攻占了罗马。弃城南逃的格里高利七世只能向盘踞在西西里的诺曼人求援,但后者虽然赶走了亨利四世,却也洗劫了罗马。在本世纪剩余的时间里,亨利四世一直忙于平定各种叛乱,其中甚至包括被教皇怂恿的长子。

位于西欧西部的法国,人丁兴旺的卡佩家族虽然三位皇帝的寿命都很长,但国力远不如东面的神圣罗马帝国强大,且长期深陷与诺曼人的纠葛以及各地诸侯的叛乱中。罗贝尔二世曾帮助其外甥——诺曼底公爵威廉平定贵族反叛,但随着此后诺曼底公国的不断扩张,诺曼底公国和法兰西王室的关系破裂。亨利一世曾对诺曼底公国进行了两次失败的进攻,威廉征服英格兰后,也曾率军渡海远征法国,双方直至1077年才达成短暂和解。此后,腓力一世专注于平定法国内部诸侯的叛乱,并趁神圣罗马帝国内战之机扩张领土,引领法国走向强盛;但由于婚姻问题,腓力一世在没有得到教皇允许的情况下参加了第一次十字军东侵。

1035年,年仅8岁的威廉继承爵位后带领诺曼底成为法国最强大的公国。1066年,英格兰国王突然去世,生前指定与其有亲属关系的威廉为继承者。但英格兰贵族哈罗德抢先登上了王位,并与同样觊觎王位的挪威国王激战。同样年9月,诺曼底公爵威廉率大军在英格兰岛登陆,在哈斯汀战役中击败了刚刚在与挪威国王的交战中获胜的哈罗德,随后血腥平息了各地的抵抗。1086年,征服者威廉举行仪式要求所有的地主以及骑士都直接效忠于他——英格兰国王,建立起当时欧洲最强有力的中央政权,成为今日英国的开始。但威廉的法国诺曼底公爵和英国国王双重身份成为后来"英法国百年战争"的起因。1087年威廉去世,三子"红脸威廉"继任英格兰国王,长子继任诺曼底公爵。由于时任教皇乌尔班二世的地位遭到了德意志人的挑战,急需得到英国支持,英格兰基督教会趁机获取了特殊地位,并因此长期保持了相对的独立性。

在上述历史背景下,在宗教狂热和对财富的渴望中,欧洲十字军圣战在本世纪末开始,并最先在西班牙进行。1085年,法国贵族夺回了长期被伊斯兰势力占领的基督教圣地——圣地亚哥,卡斯蒂利亚、阿拉贡和葡萄牙三个基督教王国也开始走向独立。在掠夺财富的鼓舞下,十字军东侵在1096年正式开始。最先出发的农民十字军由于缺少武器装备、没有纪律以及种种暴行被塞尔柱突厥人全歼。西欧贵族和诺曼人组成的四支十字军直至1097年才齐聚君士坦丁堡,在重创苏莱曼的罗姆苏丹国之后,攻占并洗劫了地中海东岸多座城市。1099年,第一次东侵中的十字军攻克耶路撒冷城并进行了更大规模的劫掠和屠杀;后沿地中海东岸建立了耶路撒冷、安条克、的黎波里和埃德萨四个十字军王国。其中,曾先后任埃德萨和耶路撒冷国王的鲍德温是没有领地的法国贵族,安条克国王博希蒙德则出身于诺曼底雇佣兵世家,的黎波里伯国王雷蒙德四世虽在法国拥有领地但并无实权。值得回味的是,面对十字军的东侵,众多割据中的塞尔柱突厥王国并没有团结在一起,有的甚至冷漠和纵容。土耳其半岛东部的亚美尼亚人则在十字军东侵的过程中积极充当向导,并因此引来之后无数次灭族之祸。

纵观公元11世纪的世界,从政治、经济和文化发展的角度讲,无论是市井的繁荣、物产的丰富,还是四大发明的惊艳、瓷器和丝绸的精美、宋词的豪放或凄婉,还是商贾云集的海港、远航万里的风帆,大宋王朝无疑都一枝独秀,且至少领先中世纪黑暗中的西欧400余年。从战争的性质来看,无论是欧洲的骑士,还是西亚的突厥雇佣兵军团都在对金钱的追求中开始成为战场上的主力,从而使战争的性质从以族群生存为主要目的,转变为更多的是对个人私利的追逐。从战争的形式来看,骑兵开始大规模取代行动缓慢的步兵成为战争的主角,并在东亚的好水川战役、西亚的曼齐克特战役和英格兰岛的哈斯汀战役中发挥了至关重要的作用。于是乎，在即将来临的 12 世纪，当十字军骑士远征西亚，当大金国的铁骑横扫东亚，当契丹残余在中亚建立西辽，世界在人类文明骤然加速的脚步中不再辽阔。在不再辽阔的世界中，俄罗斯、波兰、匈牙利等东欧国家开始兴起，挪威、丹麦等北欧国家向封建社会过渡，这都使人类文明更加丰富多彩。

# 偏安一隅的南宋与欧洲十字军东侵

公元12世纪的世界，东亚宋辽对峙的格局在女真人的迅猛冲杀中被宋金对峙所取代；南宋虽然能够在繁荣中继续发展着领先世界的中华文明，但只能偏居长江以南了。中亚的西辽虽然立国短暂，但实现了东亚文化的一次远距离传播，并成为蒙古帝国经略中亚的先驱。南亚次大陆北部的廓尔王朝虽然同样短暂且即将分裂，但由其发展起来的德里苏丹国注定将在13世纪取代南部朱罗王朝的影响。西亚塞尔柱突厥王朝的分裂与灭亡既是历史发展的必然结果，也是宗教狭隘的宿命，摆脱其控制的哈里发也因此再无力将没落的阿拉伯帝国重新托起。欧洲各国依然处于基督教的淫威之下，但与封建秩序建立相伴的十字军东侵竟然给落后的欧洲带来了发展的希望。孤城为国的拜占庭人从这时起只能是人类文明发展的旁观者了。

公元12世纪的东亚，契丹人的辽国在衰落中被女真人的大金国取代，曾是其盟友的北宋也同样没有避免亡国的命运。当南宋选择偏安江南，当金人在汉化中渐褪荒蛮，蒙古勇士正悄然积聚横扫一切的力量。

公元12世纪初，因澶渊之盟休战百年的宋辽两国，几乎同时更换了皇帝，同样地走向衰落，同样被灭亡，也同样实现了异地再生。1100年继位的宋徽宗，重用蔡京等奸臣；在皇宫里大兴土木，下令天下贡献奇花异石的"花石纲"，贪官污吏趁机敲诈勒索，民怨沸腾，终在1120年引发了历时一年多、波及江浙等北宋经济最发达地区的"方腊农民起义"。1101年继位的辽天祚帝，信用佞臣，生活荒淫奢侈，不理国政，宗室贵族争斗激烈，女真人等部族纷纷起兵反辽。与辽天祚帝相比，宋徽宗尚存一丝进取之心，曾多次令童贯等发动收复西夏的战争，更在1118年遣使金国，试图与女真人南北两侧夹击辽国。生活在黑龙江一带的女真人是以渔猎为生的古老部族，曾长期为辽国皇室贡奉名鹰"海东青"，也因此长期遭到辽国钦差的压榨。1114年，女真首领完颜阿骨打起兵反辽，率万余勇士在今吉林省北部"出河店之战"中击溃辽国军队，后趁辽国内乱于1115年在今哈尔滨南的阿城建立大金国，两年后夺取整个东北。1118年，北宋徽宗从海路遣使前往刚刚建立的大金国，于1120年达成了共同灭辽的"海上之盟"；商定以古北口为界，分别攻辽，交换条件是北宋收回燕云十六州但将给辽国的年贡转交大金国。然而，当金军如约在同年夺取辽国在今内蒙古的上京之后，刚成功镇压方腊起义的北宋大军却于1121年在卢沟桥一带被辽国残军击溃，按约定本应由北宋攻取的燕京城（今北京）也由金兵在1122年攻破。面对如此孱弱的盟友，女真人破辽复仇的简单梦想变成了觊觎中原的雄心。1123年，完颜阿骨打死后不久，金人便以北宋私纳叛金降将为由攻宋。1126年，辽天祚帝在辽国灭亡一年后被俘。同年，金兵攻破北宋都城汴京（今河南开封），掠太上皇徽宗和刚登基的钦宗两位皇帝北返，史称"靖康之耻"，北宋灭亡。1127年，康王赵构继位建南宋，称高宗。先其灭亡的辽国则由贵族耶律大石五年后在新疆西北部重建，史称西辽。

1129年，完颜兀术在渡江追击宋高宗时遭遇了女真人建国以来的首次挫败，后面对黄河两岸民众的反抗，不得不于1130年在河北一带建立"伪齐"傀儡政权，作为与南宋政权的缓冲，七年后，伪齐在民众抗金起义中灭亡。1138年辗转定都于临安（今杭州）后，已为帝10多年的宋高宗再无收复失地之心，只是一味图谋与金国媾和。尽管岳飞等将领在1140年的北伐中屡败金军、收复失地，却被宋高宗召回，次年更被以"莫须有"的罪名杀害。1142年，宋高宗终于如愿以偿地与大金国签订了仅维持二十余年的"绍兴和议",议定两国东西两端分别以淮河和大散关(陕西宝鸡西南)为界,代价是宋向金称臣并年贡金银绸缎。1149 年,大金国海陵王完颜亮发动政变,杀帝自立,1153 年迁都北京,1161 年亲率 60 万大军、兵分五路进攻南宋。女真贵族趁机拥立完颜阿骨打之孙金世宗在北京登基。不顾后院起火的完颜亮在南进中兵败"采石之战",被部下杀死。之后,宋金两国重签和约,宋改称金为叔,年贡也有所减少。在本世纪此后的 40 余年里,金国在中国北方耐心地消化它所鲸吞的土地,并迅速推行了大量汉化措施。1189 年继位的金章宗更以精通汉文化著称。宋孝宗 1162 年继位后为岳飞平反,并再度使偏安江南一隅的南宋呈现繁荣景象。偏居西北的西夏由于选择了与金国结盟,不但没有被灭国而且趁机扩张并短暂繁盛。

公元 12 世纪的中亚,耶律大石建立的西辽先后鲸吞高昌回鹘和东喀喇汗两国,灭西喀喇汗王国,臣服花剌子模等,称霸中亚。虽然在 1218 年被成吉思汗所灭,但契丹余部于 1224 年在波斯境内建立的后西辽政权直到 1309 年才最终被伊儿汗国所吞并。

1132 年,辽亡后西逃的契丹贵族耶律大石在叶密立城(今新疆西北部、后成为成吉思汗三子窝阔台的封地)登基称王(菊儿汗),仿照辽国旧制建立西辽。不久南下吞并高昌回鹘和东部喀喇汗王朝,令每位国王佩戴一块银牌作为归顺的标志。其间,西辽和金国的相互远征皆为大漠所阻。1137 年,西辽首次西征西喀喇汗王朝,虽然获胜但收获不大。1141 年,西喀喇汗王朝因爆发民族冲突,向其宗主塞尔柱突厥王朝时任苏丹桑贾尔求助。耶律大石亦趁乱西进,在撒马尔罕以北的"卡特万战役"中大败苏丹桑贾尔率领的中亚各国联军,不但迫使塞尔柱突厥人退出河中地区,更是在占领了西喀喇汗国都城撒马尔罕后,乘胜西进迫使花剌子模降服。其后 40 余年,西辽雄踞中亚,对当地社会经济和文化发展发挥了积极作用。1172 年,西辽通过助特克什登上王位,进一步加强了对花剌子模的控制。

# 偏安一隅的南宋与欧洲十字军东侵

（公元 12 世纪）

## 西欧—神圣罗马帝国

1105 年，亨利五世夺取皇帝桂冠；
1130 年，诺曼人建立西西里王国；
1147 年，十字军发动第二次东侵；
1152 年，腓特烈继位德意志皇帝；
1155 年，腓特烈称神圣罗马皇帝；
1190 年，十字军发动第三次东侵；
1190 年，腓特烈东侵中溺水身亡；
1198 年，德意志条顿骑士团组建；
1198 年，新教皇英诺森三世继位。

## 西欧—法国

1124 年，法王率侯诺德国入侵；
1191 年，法王亨利东侵半途而归。

## 西欧—英国

1154 年，亨利开英国金雀花王朝；
1167 年，英国亨利组建牛津大学；
1174 年，英王亨利接受教会鞭刑；
1189 年，狮心理查夺取英国王位；
1199 年，狮心理查在法国被射杀。

## 欧亚分界和北非

1127 年，赞吉王朝在叙利亚建立；
1146 年，赞吉王朝收复埃德萨城；
1154 年，赞吉王朝收复大马士革；
1157 年，塞尔柱突厥人王朝解体；
1168 年，萨拉丁赴埃及抗十字军；
1171 年，萨拉丁灭亡法蒂玛王朝；
1176 年，罗姆苏丹国大败拜占廷；
1187 年，萨拉丁攻占耶路撒冷城；
1192 年，萨拉丁与英王签署合约；
1194 年，塞尔柱王朝阿尤布王朝时代终结。

## 中亚

1132 年，耶律大石建西辽；
1141 年，西辽败塞尔柱人；
1141 年，乘胜败花剌子模；
1163 年，亡中亚葛逻禄人；
1175 年，东部族群附金国；
1178 年，政变后西辽衰落；
1194 年，花剌子模国崛起。

## 南亚

1151 年，廓尔人建立王朝；
1186 年，廓尔人灭伽色尼国；
1190 年，潘迪亚人败朱罗；
1192 年，廓尔人毁那烂陀寺。

## 东亚

1115 年，完颜阿骨打建金；
1118 年，宋辽使金寻结盟；
1120 年，宋爆发方腊起义；
1125 年，金宋联合灭辽国；
1126 年，金破开封灭北宋；
1127 年，康王赵构建南宋；
1130 年，金扶持刘豫立伪齐；
1138 年，宋高宗定都临安；
1140 年，岳飞北伐收夫地；
1142 年，金宋签绍兴和议；
1153 年，金迁都中都北京；
1161 年，金宋兵败采石矶；
1162 年，赵构让位宋孝宗；
1185 年，铁木真蒙古出生；
1185 年，日本开幕府时代；
1189 年，宋孝宗让位光宗。

但东部部分族群在 1175 年归附了大金国。1178 年，在宫廷政变中继位的耶律直鲁古贪图享乐、不理政务，致使政治腐败、社会矛盾激化，西辽在中亚的霸主地位逐渐被花剌子模取代。1194 年，花剌子模在巴格达哈里发安·纳赛尔（1180~1225 年在位）的配合下，击败塞尔柱突厥人在伊朗北部的军队，帮助哈里发彻底摆脱了塞尔柱突厥人的控制，终结了阿拉伯帝国的塞尔柱突厥王朝时代。

公元 12 世纪的南亚，北部信奉逊尼派伊斯兰教的廓尔王朝约 1151 年前后崛起于今阿富汗西北山区，并从伽色尼王朝手中夺取大片土地，迫使后者迁都到今巴基斯坦地区，并在 1186 年彻底将其灭亡。廓尔王朝其后向北挑战西辽，参与争夺中亚的战争，向南远征印度河和恒河流域，版图一度囊括阿富汗、伊朗和印度部分地区。1192 年，廓尔王朝毁灭了著名的那烂陀寺，佛教也因此失去了在印度北部的主体地位。但廓尔王朝不久陷入争夺权力的内战，并因此在 1215 年被花剌子模人灭亡。南部由信奉湿婆教的泰米尔人建立的朱罗王朝继续在沉寂中悄然衰退：先是在 1190 年被东南部复国的潘地亚击败，后被复兴中的僧伽罗人逐出斯里兰卡，并最终被潘地亚王国灭亡。

公元 12 世纪的西亚，相对于西辽等在东部的扩张，十字军在西部地中海沿岸的入侵更具影响力。叙利亚境内的赞吉王朝最先扛起抵抗的战旗，并成功击退第二次十字军东侵。当萨拉丁建立阿尤布王朝并成功收复耶路撒冷，十字军的第三次东侵已显得软弱无力了。在塞尔柱王朝的最后一任苏丹被花剌子模人击败后，土耳其半岛上的罗姆苏丹国独自延续塞尔柱突厥人的荣耀。

面对欧洲十字军东侵的狂热，无论是什叶派还是逊尼派都更只看重对伊斯兰教正统地位的争夺，而已经四分五裂的塞尔柱王朝早已无力承担领导抵抗的重任。在这种情况下，一些伊斯兰王国通过与十字军的合作壮大自己。其中，在上个世纪末最先被十字军击败的罗姆苏丹国，经过与其他塞尔柱部族交战，至本世纪中叶重新控制土耳其半岛中部地区；后更直接向拜占庭帝国臣服，并在其帮助下击败亚美尼亚人，夺取土耳其半岛东部地区。1176年，罗姆苏丹国由于开始向西扩张激怒了拜占庭帝国，但在击败皇帝曼努埃尔亲率的拜占庭大军后，并没有乘胜扩大战果。与之相比，其他一些更小的伊斯兰王国只能在彼此仇视中无助地被相继征服，任由第一次东侵的十字军建立起耶路撒冷、安条克、的黎波里和埃德萨四个王国，在地中海东岸形成一条长1000余公里、最窄处不足20公里的基督教统治区。拥有橄榄、葡萄美酒、白色面包和华丽服装的"海外领地"成为整个欧洲的骄傲和向往之地。而归乡者带回去的阿拉伯文化，则在下个世纪末引发了对欧洲崛起具有深远影响的文艺复兴运动。

在这块基督教和伊斯兰教徒杂处的土地上，战争也催生了一些极端武装集团。在耶路撒冷城内的所罗门圣殿和一个天主教堂内分别诞生了基督教医院骑士团和圣殿骑士团。他们拥有严格的纪律，过着禁欲的生活，职能也从最初的拯救伤员和保护朝圣者逐渐完成了向军事集团的过度并逐步拥有了自己的领地。1198年，德国十字军组建了条顿骑士团，本质与前两者相似。伊斯兰教的什叶派中则产生了一个以暗杀闻名的"阿萨辛派"，攻击的目标既有逊尼派的首领，也有十字军的统帅。1103年对叙利亚一位逊尼派长官的成功暗杀使其一举成名。

最早反击十字军的伊马德丁·赞吉原本是一名突厥奴隶，后被封为今伊拉克北部摩苏尔的地方长官，并在塞尔柱王朝大分裂的浪潮中实现割据，后于1127年趁十字军东侵之际吞并了叙利亚的阿勒颇，建立赞吉王朝。1144年，伊马德丁·赞吉继续向西扩张，在夺取十字军第一个海外领地埃德萨城后，直逼耶路撒冷，震惊欧洲并因之引发了1147年开始的第二次十字军东侵。但伊马德丁·赞吉在十字军再次到来之前就去世了。其子努尔·丁继位，并成为抵御十字军的领袖。虎头蛇尾的第二次十字军东侵由于德国十字军的溃败和法国十字军的一无所获而草草罢兵。由于在这期间失去了东部的摩苏尔,赞吉王朝此后专心在叙利亚一带扩张,1154年夺取大马士革后达到鼎盛。1168年,应法蒂玛王朝之邀,库尔德将军萨拉丁被努尔·丁派往北非帮助其抵御耶路撒冷王国的进攻。萨拉丁在完成使命后于1171年灭亡了法蒂玛王朝。1174年努尔·丁死后,萨拉丁夺取了赞吉王朝的大权,成为北非和叙利亚地区抵抗十字军的领袖。1187年,萨拉丁攻克耶路撒冷,引发第三次十字军东侵。1193年,萨拉丁在与英王理查一世达成和议一年后去世,其弟阿迪勒夺取王位,用他们父亲的名字正式命名了阿尤布王朝,埃及也成为其后几次十字军东侵的主要目标。

在西部遭十字军入侵的同时,塞尔柱人在东部也遭到了沉重打击:1141年被西辽击败,失去了中亚河中地区。1157年苏丹桑贾尔去世后,继任的苏丹已经失去了最后一点宗主的权威;在1194年被花剌子模击败后,阿拉伯帝国的塞尔柱王朝彻底退出了历史舞台。收回权力的哈里发安·纳赛尔成为后阿拉伯帝国黑衣大食时代唯一真正有实权的国王,尽管其影响仅限于巴格达周边地区。

公元12世纪的欧洲,在建立封建秩序的过程中,皇帝、诸侯和教皇之间的强势纷争持续百年,并导致德意志民族的600余年分裂;曾经弱势的法国卡佩家族通过抵御外敌和镇压地方暴政逐步树立起王室权威,走向强盛;最早建立了封建秩序的英国也遭到了基督教会的沉重打击,争夺欧洲大陆领地的战争成为其难以愈合的伤口。而复杂的王室联姻则经常使欧洲各国因王位继承权纷争不断,甚至展开国家间的战争。

桀骜不驯的德意志诸侯之间的战乱和分裂一直持续到一位强者的出现。1103年,与教皇对立的亨利四世曾下令禁止诸侯私战,但两年后被教皇支持的亨利五世赶下了台。而亨利五世并没有在德意志境内主教的任命权上让步,双方之间的争斗一直到1122年才达成妥协。亨利五世随即在1124年发动了以失败告终的侵法战争。1125

年，洛泰尔二世在亨利五世死后被诸侯拥立为王，并于1132年出兵意大利，支持英诺森二世成为罗马教皇，后者随即为之加冕；1136年再入意大利抵御诺曼人的侵扰。1138年，霍亨斯陶芬家族的康拉德三世被推举为王，在位15年中一直与其他德意志家族作战，参与的第二次十字军东侵也以战败收场。1152年，红胡子腓特烈一世继位后，迅速以铁腕结束了德意志诸侯间的分裂，从1154年起6次远征意大利，迫使教皇在1155年为他加冕罗马帝皇帝，且增加了"神圣"二字，神圣罗马帝国由此得名，更在1180年强行瓜分了萨克森和巴伐利亚。但在遭到伦巴第联盟的强烈抵抗后，腓特烈大帝不得不在1183年与意大利人签订和平协议。1190年，腓特烈大帝在第三次十字军东侵中落水身亡。继位的亨利六世在1194年席卷了意大利南部，其中包括诺曼人1130年建立的西西里王国，并将自己的诺曼人妻子康斯坦斯扶上了王位；两年后宣布两者之子腓特烈为日耳曼国王，后在1197年突然病逝。神圣罗马帝国随即陷入争夺王位的乱战，失去依靠的亨利六世妻子康斯坦斯只能在1198年（临死前六个月）用自己的西西里王冠为儿子加冕，并委托新任教皇英诺森三世作为腓特烈的监护人。

法国封建秩序的建立在本世纪经历了一个漫长的过程。卡佩王朝的国王们最初只能控制以巴黎中心、约占法国面积1/15的土地，周围是诺曼底公国、勃艮第公国、阿基坦公国等强势诸侯，且与英王对法国南部地区的争夺贯穿了整个世纪。路易六世1108年继位后，通过征讨小国暴君、领导击退德意志人1124年的入侵，逐渐树立起王室的权威，为法国的统一奠定了基础。路易六世对皇家修道院长絮热的重用，使教会和王权都从对方的支持中获益匪浅，不但奠基了今日美丽的巴黎，而且圣德尼大教堂也成为哥特式建筑第一个巅峰的标志。路易七世1137年继位后逐步兼并诸侯的领地，在1147年与德意志国王康拉德三世共同领导了失败的第二次十字军东侵。腓力二世1180年继位后，于1190年参与了第三次十字军东侵；但在与萨拉丁激战近一年后,撇下英王理查一世回国,去夺取英王在法国的领地。经过复杂的征战与联合,腓力二世在位期间,法国国王的领地扩张了三倍,财力大增的王室终于有了更大的话语权。

英国的封建秩序在征服者威廉时期已基本确立。威廉二世1087年继位后,进一步扩大了在法国的领地,并开始对苏格兰施加更大的压力,且长期在与法国的相互征伐中处于主动地位。英王亨利一世1100年继位后,通过派遣巡回法官等形式进一步扩大国王的权威。但在其死后,英国陷入长达20年的王位纷争。直到与诺曼人、法国和德意志王室都有着复杂血缘关系的亨利二世在1154年继位,各方势力才暂时达成平衡。开启强大金雀花王朝的亨利二世通过摧毁或没收地方君主要塞、完善法律体系进一步加强了统治;但在试图掌控基督教会时陷入了与英格兰主教贝克特的纷争。1174年,四名皇家卫士暗杀了贝克特,英王亨利二世不得不在各方重压下接受教会的鞭挞,教会及其属地也不再接受英国刑法的约束。1189年,充满争议的理查一世与法王腓力二世合谋篡夺了其父亨利二世的王位。但在位10年中,理查一世待在英格兰的时间只有半年,其余时间都在欧洲大陆与法国争夺领地或参与十字军东侵,英格兰王国仅是他榨取军费的宝库而已,因此为被民众所痛恨。其间,理查一世先是因婚姻和领土问题与法王腓力二世结仇,后因在第三次十字军东侵途中打劫了西西里王国的墨西拿城,从拜占庭帝国手中夺取塞浦路斯又将其卖给圣殿骑士团,在交战过程中侮辱过同盟的德意志人等诸多事件而恶名昭著。1191年,由于法王腓力二世中途撤退,担心欧洲领地被夺的理查一世匆匆与萨拉丁达成耶路撒冷和平协议,次年化装回国,途中被德意志人抓获,只是在付出巨额赎金后才于1194年回到英格兰,但仅2个月后再赴法国与腓力二世继续交战。1199年,因作战勇敢被称作"狮心理查"的他在劫掠法国一个城堡时被射杀。除了所谓的骑士精神和浪漫传说,理查一世的历史影响只有与萨拉丁签订的耶路撒冷和约以及因之而暂时平静的中东。

随着基督教和伊斯兰教冲突的升级,第三次十字军东侵中的耶路撒冷争夺战不但凝聚了西亚和欧洲诸国最多的目光,也决定了一大批风云人物的命运。萨拉丁在 1171 年灭亡埃及法蒂玛王朝时,曾想用埃及的财富征服叙利亚、用叙利亚财富征服美索不达米亚,最终重新建立逊尼派的伊斯兰帝国。所以,当鲍德温四世在父亲死后继任耶路撒冷国王期间(1174~1185 年),萨拉丁即便是已经征服了叙利亚其他城市,但还是与这位麻风病国王保持了相对和平的关系。只是由于一些十字军将领在鲍德温四世死后疯狂袭击伊斯兰商队,萨拉丁才不得不对耶路撒冷国宣战、伏击并俘获其国王,最终在 1187 年攻占了耶路撒冷,也因此成为伊斯兰世界的英雄,但他还是保留了基督教的"圣墓教堂"。耶路撒冷城的陷落再次震惊了基督教世界,德、法、英三国国王相继组织起第三次十字军东侵的远征军。但从陆路翻越土耳其半岛的德国十字军,在德皇腓特烈二世 1190 年偶然溺水后瓦解,只有少量残部达到了被萨拉丁夺取的阿克城外。走水路的英法两国十字军虽然在 1190 年 7 月已经出发,但由于英王理查一世的一路劫掠,直到 1191 年夏才到达阿克城下。在夺取阿克城后,英王理查一世轻蔑地将与其并肩作战的德国十字军军旗撕成了碎片,并残忍地屠杀了数千名包括妇女和儿童在内的伊斯兰俘虏。在萨拉丁撤退后,不愿再与英王并肩作战的法王腓力二世突然撤退回国,只留下英王理查一世独自领导十字军向耶路撒冷进军。在经过数次惨烈的交锋后,理查一世放弃了收复耶路撒冷的努力,在 1192 年与萨拉丁达成和平协议:萨拉丁同意十字军保有叙利亚一些沿海城市,基督徒被允许自由出入耶路撒冷。此后,十字军虽然又组织了数次东侵,但在第三次十字军东侵中形成的战略格局基本没有改变。

纵观公元 12 世纪的世界,在十字军两次东侵的背后是欧洲加速发展的封建化进程。从事生产的农夫、祈祷上帝的僧侣和保护前两者的骑士构成了欧洲封建社会三个主要阶层,并以封建领主的逐级效忠为主要特征。相对的独立使封建领主们具有更多的生产积极性，社会和经济都得到了较快发展。在铁犁和马匹等先进生产技术的帮助下，大片土地得到拓荒，人口急剧增长。虽然基督教的黑暗在本世纪达到了顶峰，但十字军的东侵仿佛是照进黑暗的一道耀眼光芒。小麦面包的洁白和华丽丝绸的柔软，使习惯了粗糙燕麦和粗陋毛麻织物的欧洲人看到了一个崭新的文明世界。商业也因此在对更高品质生活的需求中得到了迅速发展。英国的羊毛、尼德兰的纺织品、德意志的钢铁，以及意大利商人贩运来的香料和丝绸沿着西欧发达的水系迅速流通。巴黎等以贸易为主的城市开始在沿海和沿河内陆地区大量出现。虽然最初只是为了传播宗教，但牛津等一批大学的建立，还是为十字军带回的阿拉伯文明提供了扎根的土壤。威尼斯、米兰和佛罗伦萨等意大利北部沿海城市由于取代了拜占庭的世界贸易中心地位，开始为即将来到的文艺复兴孕育资本主义的种子。

　　历史总有着惊人相似的一幕。1162年，当宋金两国交战正酣之际，一个手握血块的男孩——铁木真在东亚漠北草原上诞生了。而此时他的家族和其他蒙古部族正处于大金国的统治之下。谁也不会想到他所建立的蒙古帝国会在下个世纪横扫世界，用奔腾的马蹄和密集的箭雨书写人类文明的历史。整个世界也因此必须再经历一次重大的洗礼——蒙古帝国的西征。

# 蒙古人的征服与埃及马穆鲁克王朝

公元 13 世纪的世界，只有很少的地区能够摆脱蒙古帝国西征和欧洲十字军东侵的影响。伴随着蒙古铁骑三次隆隆地踏响欧亚大地，东亚的金、西夏和南宋，中亚的西辽和花剌子模，西亚的阿拉伯及诸多塞尔柱人的分裂小国，乃至东欧的俄罗斯、波兰、匈牙利、阿塞拜疆等无不倒在蒙古帝国的脚下，西欧诸国也只能在惶恐中凝望着东方。虽然十字军的五次东侵最后以失败告终，且神圣罗马帝国和罗马教皇在相互争权中两败俱伤，但英、法两国都完成了封建秩序的初步确立，意大利半岛上的众多城邦则开始孕育现代商业文明。而在这两股力量的作用下，沿欧亚大陆分界线自北向南，波罗的海东岸开始接受罗马天主教的影响，东正教的拜占庭帝国被天主教的拉丁帝国所中断，北非的马穆鲁克王朝成为伊斯兰文明仅存的骄傲。与以上相比，南亚印度半岛上的德里苏丹国则通常被人们遗忘。

公元 13 世纪的东亚，诞生了一股影响世界的强大力量。曾经默默无闻的蒙古部族在黄金家族的努力下，通过三个阶段的征服，用一个空前绝后的帝国创造了游牧民族的终极辉煌，以至人们放眼元朝及其遥领的四大汗国几乎就可以领略大半个世界。而其间一系列突发事件则一次次影响了历史的走向。

蒙古帝国的第一阶段征服是由成吉思汗领导的。1206 年，44 岁的铁木真统一漠北草原蒙古各部，被尊为"成吉思汗"。其后，试图仿效女真人入主中原的成吉思汗首先将攻击的目标对准了割据西北且臣服于大金国的西夏。至 1209 年，蒙古大军在与西夏进行了三次大战后迫其降服，并立即对大金国展开进攻。而在此之前，南宋也曾在 1206 年对大金国进行了一次失败的北伐。所有这些都间接地为蒙古人的崛起创造了条件。1211 年，成吉思汗亲率 10 万大军在"野狐岭之战"中击溃 40 万金军，随即席卷金国西京大同、东京辽阳，包围中都北京，迫使金于 1215 年迁都南京开封。在 1216 年攻打潼关不克后，成吉思汗率大军返回漠北修整，重用契丹人耶律楚材（1190~1244 年）治国理政。此时，第一个突发事件不但将成吉思汗的进攻方向转向了中亚，而且成为蒙古帝国三次西征的导火索，也使大金国得以残存近 20 年。

本世纪初，一度称霸中亚的西辽开始没落。1206 年，曾经臣服西辽的花剌子模开始从西面向西辽发起攻击，并于 1210 年在怛逻斯附近打败西辽军队。而西辽东部的高昌回鹘和葛逻禄部首领也分别在 1209 年和 1211 年转投了蒙古帝国。东喀喇汗王朝也趁机起兵反叛西辽，但被古儿汗耶律直鲁古镇压。1211 年秋，被铁木真在 1208 年打垮后逃到西辽的蒙古乃蛮部王子屈出律趁耶律直鲁古外出狩猎之机夺取西辽政权。1218 年，成吉思汗令哲别率领 2 万骑兵远征西辽，将逃到今阿富汗境内的屈出律抓获，灭亡了西辽。但其他逃亡的契丹贵族在波斯境内建立的"后西辽"直至 1309 年才被蒙古人的伊儿汗国所灭。在这个过程中，花剌子模开始取代西辽在中亚的地位，先是在 1215 年灭亡了阿富汗一代的廓尔王朝，后在 1217 年向阿拉伯帝国的都城巴格达进行了一次不成功的入侵。1218 年，已经目空一切的花剌子模劫杀了成吉思汗的商队和使臣。这一突发事件直接导致了被激怒的成吉思汗暂时搁置了灭金计划，于 1219 年亲自率领 20 万铁骑开始了蒙古帝国的第一次西征。值得一提的是西夏拒绝派兵参战。1221 年 4 月，蒙古军队攻破花剌子模都城玉龙赤杰，在挑选出 10 万工匠送往东方、5 万壮丁编入军队后，将其余居民悉数屠杀，玉龙赤杰城被夷为平地。

1223 年，追击花剌子模残部的蒙古大军翻越高加索山脉，进入

# 蒙古人的征服与埃及马穆鲁克王朝
## （公元13世纪）

**西欧—神圣罗马帝国**

1202年，欧洲十字军第四次东侵；
1204年，十字军灭拜占庭建国；
1208年，奥托复辟神圣罗马皇帝；
1212年，儿童的十字军被拐卖；
1215年，腓特烈二世加冕德皇；
1217年，欧洲十字军五次东侵；
1228年，腓特烈二世六次东侵；
1237年，圣剑和条顿骑士合并；
1241年，蒙古大军大胜匈牙利；
1273年，哈布斯堡家族登帝位；

**西欧—法国**

1245年，教皇逃亡到法国里昂；
1248年，路易九世第七次东侵；
1270年，路易九世东侵中途死；
1285年，腓力四世继法国王位。

**西欧—英国**

1215年，英王签署自由大宪章；
1261年，拜占庭帝国重新复国；
1272年，英王爱德华一世继位；
1277年，英格兰吞并了威尔士。

**欧亚分界**

1223年，蒙古军击败钦察联军；
1237年，蒙古大军攻占莫斯科；
1240年，拔都率大军攻克基辅；
1241年，匈牙利王国受阻奥地利；
1241年，波兰诸国王受阻匈牙利；
1242年，灭土耳其罗姆苏丹王国；
1243年，拔都萨莱建金帐汗国。

**中西亚**

1211年，乃蛮部王子复位西辽；
1215年，花剌子模夺取阿富汗；
1217年，花剌子模进攻巴格达；
1218年，成吉思汗大军灭西辽；
1218年，花剌子模杀蒙古使者；
1221年，蒙古大军灭花剌子模；
1225年，封西辽旧地给察合台；
1258年，旭烈兀攻破巴格达城；
1260年，旭烈兀攻占大马士革；
1260年，马穆鲁克击败蒙守军；
1264年，旭烈兀受封号伊儿汗。

**北非**

1219年，击败十字军五次东侵；
1229年，腓特烈争回耶路撒冷；
1244年，埃及苏丹夺耶路撒冷；
1250年，埃及建马穆鲁克王朝；
1281年，马穆克败伊儿汗国；
1291年，马穆鲁克攻克阿克城。

**南亚**

1206年，北部建德里苏丹国；
1279年，南宋末王朝灭亡；
1290年，德里苏丹王国易主。

**东亚**

1206年，铁木真称成吉思汗；
1209年，三次大战迫降西夏；
1211年，野狐岭击败大金国；
1219年，成吉思汗首次西征；
1227年，蒙古帝国灭亡西夏；
1234年，蒙古帝国灭亡金国；
1235年，蒙古帝国二次西征；
1241年，窝阔台死汗位纷争；
1251年，蒙哥夺取蒙古汗位；
1252年，旭烈兀第三次西征；
1253年，忽必烈灭亡大理国；
1260年，忽必烈自立称大汗；
1268年，海都建窝阔台汗国；
1271年，忽必烈改国号大元；
1276年，忽必烈大军灭南宋；
1281年，元帝国征日本失败；
1294年，元世祖忽必烈去世。

顿河流域，攻打已经分裂了的基辅罗斯，后转战里海沿岸地区，大败钦察和罗斯联军等，一举荡平了伏尔加河以西的欧亚大陆腹地和北部。1225 年，成吉思汗凯旋东归，将最西边与欧洲连接的部分封给了长子术赤，新征服的中亚地区封给了二子察合台，新疆西北部的叶密立（耶律大石建立西辽的地方）封给三子窝阔台作为临时驻跸之地（后由其孙海都以此为中心建立窝阔台汗国）；自己则携四子拖雷管理整个漠北草原及以南的大片土地。1226 年，东归途中的成吉思汗决定征讨不服征调的西夏，但在将西夏军主力消灭殆尽后，以 64 岁的高龄病亡于六盘山。次年，蒙古灭西夏，在将所有皇族全部屠杀后，永远抹去了党项人的印记，包括神秘的西夏文字。

蒙古帝国的第二阶段征服是分别由窝阔台和蒙哥汗领导的。成吉思汗死前，将汗位传给三子窝阔台。在经过 1229 年的蒙古各部首领忽里台大会确认地位后，窝阔台次年在东、南、西三个方向同时出击。在东面，包括朝鲜半岛的整个东北亚于 1231 年被纳入了帝国的版图。在南部，蒙军经数战夺取陕西南部、河南北部及淮西一带，将金军主力消灭殆尽。1233 年，蒙古帝国与南宋结成伐金同盟。1234 年，蒙宋联军会师蔡州（今河南汝阳），金哀宗自缢，金朝遂亡。宋军虽想趁机收复部分失地，但被蒙古军队击败。蒙古大军随即南下进攻南宋。这一幕与上个世纪金宋联合灭辽如出一辙。在西部，窝阔台于 1235 年派术赤之子拔都率领号称 50 万的大军进行了第二次西征：于 1237 年底攻占莫斯科，1240 年攻陷基辅，1241 年击败并斩杀匈牙利军队 7 万余人，屠佩斯城 10 万余众，前锋直指意大利半岛北部的威尼斯，震惊的欧洲称之为"黄祸"。1241 年底，窝阔台的死成为影响历史发展的第二个突发事件。蒙古诸部陷入激烈的汗位争夺中，拔都闻讯率军撤回伏尔加河流域，战栗惊悚的西欧才侥幸躲过蒙古大军的征伐。在这期间，南宋依托长江成功抵御了窝阔台的连续进攻，仅丢失了川西成都。

蒙古帝国的第二次汗位传承在各方势力的博弈中持续了 10 年。

其间，窝阔台之子贵由曾短暂继承汗位。贵由死后，拖雷之子蒙哥在拔都等的支持下于1251年继位，同母的忽必烈、旭烈兀和阿里不哥三兄弟开始担当重任。1252年，蒙哥汗与二弟忽必烈共同南征南宋，同时派三弟旭烈兀率军进行第三次西征。忽必烈于1253年攻灭了大理国，1258年迫使安南国王投降（今越南北部）。此后，蒙古人从北西南三个方向对南宋发起进攻。西路军由大汗蒙哥率领攻打四川，北路由忽必烈率领攻打湖北，南路由大将兀良哈台率军北上进攻湖南。而西征的大军此时已在旭烈兀的率领下杀入两河流域，并于1258年攻陷了巴格达，在屠杀数十万众后，纵马踏死了末代哈里发，彻底灭亡了立国500多年的阿拉伯帝国。其后，旭烈兀又率兵攻陷阿拉伯半岛上的圣地麦加，1260年攻占了大马士革，在荡平叙利亚后，前锋甚至攻占塞浦路斯岛，地中海沿岸诸国为之震动。拜占庭及西欧各国纷纷遣使欲与蒙古结盟。在此期间，影响历史进展的第三个突发事件发生了。1259年，蒙哥汗在指挥攻打四川东部的钓鱼城时被宋军击伤后死亡。蒙古帝国第二阶段的征服由于再次爆发的汗位争夺战戛然而止。正准备进攻埃及的旭烈兀闻讯停止西进，撤退并占据大不里士，其留在叙利亚的5000余兵马则被埃及穆鲁克军队歼灭，已危如累卵的南宋政权也得到了短暂喘息。

　　蒙古帝国的第三阶段的征服是由忽必烈领导的。蒙古帝国的第三次汗位争夺战持续了五年。1260年，手握重兵的忽必烈自立为蒙古帝国大汗，1264年打败了受蒙古本土贵族支持的四弟阿里不哥，正式登基称汗。得知此讯的旭烈兀决定不再东归，但还是在1264年接受了忽必烈给予的"伊儿汗"册封。此后，蒙古帝国在诸王的明争暗斗甚至相互攻杀中停止了在西方的扩张，并逐渐形成以忽必烈的元帝国遥领四大汗国的格局。其中，金帐汗国位于欧亚接合部的封地，因大汗帐颜色金黄得名，实际由东部的"白帐汗国"和西南部的"蓝帐汗国"组成。伊儿汗国大致包括高加索及今伊朗、伊拉克和阿富汗等地，首都为今伊朗西北部的大不里士。察合台汗国疆域大致包括今中国新疆及中亚部分地区。最晚建立的窝阔台汗国在新疆北部一带，后向西和向南分别夺取了金帐汗国和察合台汗国的部分领地。由于"四大汗国"的统治者均出自成吉思汗的"黄金家族"，彼此血脉相连，因而同奉入主中原的元朝为宗主，与元朝驿路相通。

在帝国西部疆域逐渐形成四大汗国后，忽必烈在1271年取《易经》中"大哉乾元"之意，定国号为"大元"，次年定都今天的北京（称大都），随即发动灭亡南宋的最后决战。此时奸臣贾似道专权的南宋已全无招架之力。1273年，蒙古军队在回回巨炮的帮助下攻破了困守了近6年的襄阳，次年攻陷湖北武汉，沿长江东下。南宋度宗在惊恐中死去，年仅四岁的恭帝继位。1276年，南宋恭帝献出了首都临安。三年后，最后一位被大臣拥立的小皇帝在崖山海战失败后被忠臣陆秀夫背着跳海，南宋王朝正式灭亡。此后，因炎热和雨林，蒙古帝国进攻南亚和东南亚的战争都无重大收获。1274年和1281年，忽必烈曾两次进攻日本，但终为飓风所阻。尽管如此，日本镰仓幕府还是被庞大的战争拖垮了经济，在存在百多年后走到了尽头。

公元13世纪的西欧，也迸发出影响世界的另一股力量。在建立封建秩序的过程中，英国在王权、诸侯和教权三者的频繁冲突中不断寻找着利益平衡点，《大宪章》也因此最终被看作西方民主制度的开端。曾被强势诸侯困扰的法国则在与英德的征战中进一步加强了王权，并最终完成了法兰西王国的奠基。德意志人则长期陷入了与罗马教皇的争斗，中央集权也在诸侯纷争中彻底解体，神圣罗马帝国的皇冠最终被虚化成一个符号。而十字军的五次东侵尽管都以失败告终，但还是展现出罗马教廷的巨大影响。

公元13世纪初的英国还只包括英格兰，北部的苏格兰和西部的威尔士并未受其实际控制，至于爱尔兰岛更是鞭长莫及。至"无地王约翰"1199年继位时，英王已完全失去了对强大地方贵族的掌控，但也因此促成了议会制度的诞生。1214年，无地王约翰在布汶战役中被法国击败，失去了包括诺曼底在内的欧洲大部分私有领地，早已不满国库被刮空的贵族们乘机发难，一度攻占伦敦，迫使无地王约翰在1215年签署了《大宪章》，约定国王在司法和税收方面必须接受一个类似议会机构的限制。亨利三世1216年继位时年仅九岁，根本无力与贵族抗衡，不得不长期接受罗马教皇的保护。这也成为后来一直任由罗马教廷对英格兰大肆搜刮的重要原因。1227年，亨利三世亲政后试图重新恢复王室的权威，但其在1230年和1242年对法国的两次进攻均以失败告终，其纵容王后法国亲属获取权势和财富的做法也引起英国人的极大不满。不仅如此，亨利三世还受到教皇英诺森四世的蛊惑，在神圣罗马帝国还实际控制西西里王国的情况下，于1254年替其尚在襁褓中的次子接受了西西里国王的封号，代价是为教皇提供军费且必须自己通过战争夺取西西里，而此时的英国已连续三年粮食歉收、民不聊生。1258年，愤怒的贵族武力逼迫亨利三世签署了《牛津条例》，规定国王不得任意没收土地及分配土地，不得擅自对外战争。1264年，亨利三世宣布废除《牛津条例》，内战随即爆发。反叛的贵族一度击败了亨利三世并生擒王子爱德华，甚至建立了政府。但仅一年后，贵族的反叛便在内部分裂中被逃脱的爱德华王子镇压。尽管如此，1272年正式即位的爱德华一世，还是保留了议会制的形式并修订法令予以完善，也因此确保了英国王室能够从征服者威廉一直延续到今天。1277年，爱德华一世正式吞并了威尔士，但对苏格兰的10年征战以失败告终。而这些战争所增加的军费于1297年再次引发冲突，迫使爱德华一世再次颁布政令，规定在没有整个王国全体的同意且不是为了全民共同利益的情况下，国王不可以再额外征税。尽管这一承诺后来又被国王违背，但毕竟开创了历史先河。

公元13世纪的法国，中央集权在对外扩张带来的巨大收益中得到了进一步加强。英王狮心理查死后，法国开始在与英国争夺欧洲大陆领地的战争中占据主动。

1204年起,腓力二世连续夺取诺曼底、布列塔尼、安茹等英王在欧洲的重要领地,在1214年的布汶战役中彻底击败英国无地王约翰,甚至一度渡海进攻了英格兰。1218年开始修建的巴黎城和卢浮宫成为腓力二世的最大遗产。其子路易八世1223年继位后使英王在欧洲的领地只剩下了波尔多和加斯科尼。1226年继位的路易九世在位长达44年,且是个狂热的基督徒,曾创立火刑场和宗教裁判所对异教徒进行残酷打击,并强迫犹太人佩戴标志;领导了第七、八次十字军东侵,但在1248年的东侵中被埃及人俘虏(后重金赎回),在1270年的东侵中病死异乡(后被尊为圣徒路易)。在对外关系方面,路易九世在1230年击退了英王亨利三世的进攻,又在1259年通过互相交换领地使亨利三世俯首称臣,后来同西班牙划分了两国大致今天的边界。在有勇无谋的腓力三世死后,1285年继位的腓力四世通过联姻等手段吞并了富庶的香槟、波尔图和土鲁兹等地,使法国实力大增;1294年甚至以领主名义召英王爱德华一世到巴黎受审,在遭到拒绝后出兵攻占了英国在欧洲大陆的最后领地加斯科尼,迫使英国于1297年宣布休战。

公元13世纪的德国,德意志人从亨利六世去世开始的对帝国皇位的争夺,一直持续到1208年教皇英诺森三世为获胜的奥托四世在罗马加冕。但奥托四世随即入侵教皇实际控制下、由亨利六世之子腓特烈担任国王的西西里王国,迫使教皇英诺森三世转而支持腓特烈。1212年,腓特烈只身北上,在支持者帮助下加冕日耳曼国王,后联手英诺森三世和法国击败了奥托四世,于1215年加冕神圣罗马帝国皇帝(称腓特烈二世)。但这位极具个性的皇帝并没有立即履行解放圣城耶路撒冷的承诺,也没有参加英诺森三世组织的第五次十字军东侵,只是忙于平定叛乱并将意大利南部治理得生机勃勃。1225年,丧偶的腓特烈二世与早已丢失国土的耶路撒冷女王结婚,两年后领导了第六次十字军东侵,但由于行动迟缓而被新任教皇格里高利九世开除了教籍。出乎所有人预料的是,腓特烈二世在1228年抵达巴勒斯坦后,兵不血刃地就收回了耶路撒冷,甚至宣布自己为耶路撒冷的国王,也因此与恼羞成怒的罗马教廷交恶不断、相互杀伐,直至1250年在教皇英诺森四世的诅咒中无嗣去世。神圣罗马帝国在此后23年里帝位空缺,法国贵族趁乱夺取意大利南部。1273年,哈布斯堡家族的鲁道夫一世因毫无影响而被德意志诸侯推选为皇帝。鲁道夫随即从波希米亚王国手中夺取了奥地利,并使哈布斯堡家族控制该地区600余年。鲁道夫死后,另一位毫无影响的人在1292年被推选为皇帝,但不久被鲁道夫之子重新夺取皇帝宝座并继续扩张哈布斯堡家族的版图。而罗马教廷的权威则因与腓特烈二世的相互诋毁而一落千丈,使欧洲打破基督教数百年枷锁、步入文艺复兴成为可能。佛罗伦萨、威尼斯和热那亚等意大利城邦逐渐成为独立的城市,现代意义上的工商业开始出现。

欧洲十字军在本世纪的五次东侵可以说充满了耻辱与丑恶。其中尤以教皇英诺森三世主导的第四、五次东侵最为臭名昭著。1202年,拥有"万皇之皇"称号的教皇英诺森三世号召进行第四次十字军东侵,但遭到了西欧各国贵族的一致抵制。先是由穷困潦倒的民众组成的十字军团并没有如期出征异教控制下的耶路撒冷,而是在威尼斯人的蛊惑下于1203年攻陷并洗劫了拜占庭的都城君士坦丁堡,甚至还建立了短暂的拉丁帝国。拜占庭帝国虽然1261年得以复国,但不得不同样割让土地给帮助它的热那亚人,且只能是苟延残喘了已。而1212年由儿童组成的十字军居然被卖到北非为奴,彻底暴露了十字军东侵本质的丑恶。1217年的第五次十字军东侵虽然攻入了埃及,但因分赃不均陷入内乱且遭埃及人放水袭击而损失惨重、狼狈撤回。之后便是腓特烈二世让教皇颜面扫地的第六次东侵,以及法王路易九世的一次被俘和一次半道而亡了。

相比之下,十字军对波罗的海东岸的入侵规模虽然不大,却因促成了德国普鲁士人时代的出现而影响深远。1202年,由德意志没落贵族，甚至是罪犯组成的圣剑骑士团率先侵入了波罗的海东岸，试图通过武力在包括普鲁士的当地人中传播天主教，但遭到失败。其间，在第三次十字军东侵中诞生的德国条顿骑士团开始在欧洲本土发展，并因在 1226 年帮助波兰攻击普鲁士人而获得专属领地，并获德皇腓特烈二世授予的贵族特权。1237 年，残余的圣剑骑士团并入条顿骑士团，且依靠充当雇佣兵在欧洲很多国家拥有了领地。1240 年，条顿骑士团伙同丹麦、瑞典入侵基辅罗斯，但在 1242 年的"冰上之战"中惨败，此后再不敢向东扩张。即便如此，条顿骑士团还是通过大量吸引德国移民逐步完成了对波罗的海东岸普鲁士人的征服，使普鲁士最终融入并统一德意志帝国成为可能。

公元 13 世纪的北非，阿尤布王朝以及取代它的马穆鲁克王朝因成功击退了十字军的五次东侵，并使蒙古大军在第三次西征后终止西进而成为伊斯兰世界最大的骄傲。

1218 年，阿尤布王朝在阿迪勒死后分裂成埃及、叙利亚的大马士革以及霍姆斯和也门三个主要部分。而贝鲁特当时还掌握在十字军手里。埃及苏丹卡米勒虽然在 1219 年成功击退了十字军第五次东侵，却在 1229 年的第六次十字军东侵中将耶路撒冷让给了德皇腓特烈二世，因为对他来说解决内部争斗更为重要。1240 年，萨利赫成为埃及苏丹，与逃亡中的花剌子模王子扎兰丁结盟，1244 年攻占并屠掠了耶路撒冷，几乎全歼了支持叙利亚苏丹的十字军精锐，后将反叛的花剌子模人彻底从历史上抹掉。1250 年，萨利赫去世后，其子虽然取得了抗击第七次东侵的胜利，却在马穆鲁克雇佣兵反叛中被杀，埃及开始进入马穆鲁克王朝时代。其后，尽管马穆鲁克王朝在相互残杀中不断更换着苏丹，但由于不断有新的雇佣兵加入而一直保持了相当强的战力。1260 年击败了留守在叙利亚的蒙古军队，趁机夺取了叙利亚大部，1281 年再次击退了蒙古伊儿汗国的入侵，1291 年攻克阿克城，彻底灭亡了耶路撒冷王国并清除了地中海沿岸的所有十字军残余。从此，一群远离家乡的突厥战士，用被出卖的生命在无止境的冲杀中开始书写此后北非300余年的历史。

与之相比，地处土耳其半岛的罗姆苏丹国作为塞尔柱突厥人仅存的硕果一度极其强盛，但在1242年被蒙古大军击败后走向分裂，一些部族或臣服于伊儿汗国或臣服于马穆鲁克王朝，少数部族则独立发展，统称为安那托利亚侯国。

公元13世纪的南亚，另一支突厥奴隶的队伍，虽然没有取得与马穆鲁克雇佣兵并肩的骄傲，却依靠高山和炎热成功躲过了蒙古大军的征伐，更在印度半岛北部建立了强大的德里苏丹国。1206年，奴隶将军库特布丁成为廓尔王朝在印度北部的实际统治者，在新都德里修建了大量清真寺，并在廓尔王朝被花剌子模人灭亡后独立发展。1210年库特布丁死后，其女婿及后裔延续了他的王朝，穆斯林军事贵族成为德里苏丹国的重要支柱，在大力传播伊斯兰教的同时对佛教等其他宗教进行了残酷打压，以至于佛教在1215年后在印度悄无声息了。但统一的王朝还是在很大程度上促进了印度半岛北部经济的发展。1290年，这个"奴隶王朝"被卡尔吉王朝所取代。而半岛南部的朱罗王朝在1279年灭亡后，也再次分裂成难以数清的土邦。

纵观13世纪的世界，蒙元帝国的成就无疑是"前无古人"的，其鼎盛时期的版图包括了除日本列岛以外的整个东亚地区、中亚的全部、南亚和西亚的大部、东欧和中欧的一部分。虽然波斯、马其顿、罗马和阿拉伯等都曾经是地跨欧、亚、非三大陆的帝国，但他们的势力范围都不及欧亚大陆总面积的1/5，非洲更只是占据了北部的一角；对于东亚的中华文明更是没有构成任何冲击。大汉和大唐帝国虽然也曾傲然耸立，甚至一度在中亚地区竖起王旗，但对西亚和欧洲也没有任何大的影响。匈奴人、突厥人和契丹人虽然也曾纵横欧亚，但至多只是历史的匆匆过客。只有蒙元帝国不但铁骑霸跃欧亚大陆大半，而且利箭亦直至非洲。尽管存在太多的杀戮，以及使无数古城永远化为了历史尘烟，但元及其遥领的四大汗国还是在较长的时间内对外维持了相对的统一，在前所未有的疆域内维持了相对的和平，世界也因如此大规模的冲突和人口大流动而前所未有地如此接近，使整个欧亚大陆一起步入一个全新的时代，从此不再"辽阔"的世界开始在相互影响中发展。虽然"世界史从蒙元帝国开始"的提法有些极端，但以蒙古人的征服为时间节点，人类各主要文明发展不再彼此孤立，相互影响日渐增强。

当今世界从这个时代开始，世界也因之而走到了今天。

# 蒙元帝国的衰亡与奥斯曼帝国崛起

公元 14 世纪的世界，虽然征服仅止于军事和政治，且在文化和宗教上多为被征服国所同化，并因之最终被分化及消亡，但蒙元帝国还是以曾经的辽阔对人类文明发展发挥了无与伦比的影响。由于被蒙古大军根除了偏安的奢念，东亚大明王朝终于忍无可忍地恢复了汉人的江山。由于沿袭了蒙古大军的杀戮，帖木儿帝国才可能在中亚、西亚和南亚所向披靡。由于被蒙古大军彻底终结了阿拉伯帝国，小小的奥斯曼突厥部落才获得发展时机和空间，成为令欧洲变色的强敌。由于蒙古大军威慑的存在，马穆鲁克王朝才可能长期军事专权并走向繁荣。由于存在蒙古帝国保护下的贸易通道，欧洲虽然爆发英法百年战争，但注定不会在中世纪的黑暗中踯躅得太久。

公元 14 世纪的东亚，1294 年继位的元成宗铁木尔，虽曾采取限制诸王、恢复生产、减免赋税、新编律令等措施使社会矛盾有所缓和，商品经济得到较快发展，文学和科技也有了很大的进步，但落后的管理方式使社会各阶层矛盾都趋于激化。1301 年，在新疆北部建立窝阔台汗国的海都在进攻元朝的过程中死亡，其领地 1309 年被元朝和察合台汗国瓜分。窝阔台汗国在蒙元帝国五个组成部分中最先消亡。1323 年，倡导以儒治国的元英宗被刺杀后，统治阶层的激烈内斗也进一步激化。1329 年元文宗夺取帝位后，宰相燕帖木儿、伯颜和脱脱等相继把持朝政，科举制度等汉化措施也数行数废，朝政日趋混乱；加之洪水泛滥、饥荒四起、民不聊生、起义不断。1349 年，再度出山的宰相脱脱下令重修被洪水阻塞的京杭大运河，韩山童等利用民众的不满在 1351 年组织白莲教徒发动红巾军起义，并以极其迅猛的速度波及全国。至 1356 年，江南被数支起义武装分别占据，江北的蒙汉将领也多拥兵自重、军阀割据。1368 年，朱元璋在江南击败陈友谅和张士诚两支最大的割据势力后建大明王朝，随即开始北伐。同年蒙元帝国退回蒙古高原，只能虚顶大元朝的名号，史称"北元"。1402 年，北元在元愍宗被鞑靼人杀死后彻底灭亡，蒙古各部分裂，东西两部多以鞑靼蒙古人和瓦剌蒙古人代称。

结束蒙元帝国在中原统治的朱元璋少年曾出家为僧，1351 年加入红巾军起义，随郭子兴转战江南，并在其战死后成为该支义军首领。1356 年，朱元璋攻占南京，"高筑墙，广积粮，缓称王"，暗中积蓄实力，但与同在江南的陈友谅、张士诚等部义军冲突不断。1363 年，朱元璋在鄱阳湖大战中击败陈友谅，四年后再败张士诚，占据长江以南，与此时已消灭长江以北刘福通部义军的元朝形成南北对峙。1368 年正月，朱元璋正式称帝，国号大明，随后大举北伐；7 月攻克北京，灭亡元朝；此后虽八次远征漠北未果，但基本上统一了除其以外的整个中国。之后，朱元璋在建立强大中央集权的同时，使社会经济得到迅速恢复，史称"洪武之治"。其中，从山西移民以填中原及在军事要地设卫建所等措施历史影响深远。但他大兴文字狱和推行八股文等做法却使中华文化逐渐失去了活力，而同时代的欧洲已开始影响深远的文艺复兴行动。大明王朝也因此被认为是中华文化落后于世界的开始，这种落后是一个缓慢的过程，直至清朝末年才集中爆发。明太祖朱元璋在位期间为使朱氏江山永固曾两次分封诸子为藩王，其中又以北方的秦、晋、燕、宁诸王势力最强。建文帝（朱元璋皇孙）于 1398 年朱元璋去世后继位时，拥兵自重、坐镇一方的叔父们成了他最大的心病。但他的削藩行动遭到了长期镇守北平的燕王朱棣强势反击。因之引发的"靖难之役"将此时世界上最强大的国家——大明王朝带入了下个世纪。

公元 14 世纪的朝鲜半岛，曾臣服于元朝的高丽王朝在元朝

# 蒙元帝国的衰亡与奥斯曼帝国崛起

（公元 14 世纪）

## 西欧—神圣罗马帝国

1308 年，德意志诸侯轮流为帝；
1356 年，确立七大选帝侯制度，
宣告德意志诸侯事实上分裂。

## 西欧—法国

1303 年，法王攻入罗马打教皇；
1309 年，迁罗马教廷阿维尼翁；
1328 年，法卡佩王朝时代终结；
1337 年，英法间百年战争爆发；
1347 年，黑死病肆虐欧洲五年；
1377 年，罗马教廷迁回到罗马；
1378 年，罗马教廷分裂两教皇。

## 西欧—英国

1314 年，英王爱德华二世继位；
1323 年，被迫承认苏格兰独立；
1328 年，英王爱德华三世继位；
1395 年，英法靠联姻短暂言和；
1398 年，亨利四世夺英国王位。

## 欧亚分界北部—金帐汗国

1327 年，赐封伊凡莫斯科大公；
1385 年，南下攻伊儿汗国北部；
1392 年后，数次被帖木儿击败。

## 欧亚分界南部—奥斯曼

1301 年，以部落形式胜拜占庭；
1326 年，开始建国家行政体系；
1354 年，借兵给拜占庭进欧洲；
1371 年，夺取南欧巴尔干地区；
1392 年，奥斯曼征服保加利亚；
1396 年，在中欧大败欧洲联军。

## 北非—马穆鲁克

1303 年，胜伊儿汗国占叙利亚；
1340 年，马穆鲁克王朝渐衰落；
1400 年，败于帖木儿失叙利亚。

## 中西亚

1322 年，察合台汗国爆发内乱；
1335 年，伊儿汗国陷军阀割据；
1347 年，察合台汗国东西分裂；
1369 年，帖木儿灭亡西察合台；
1378 年，土库曼白羊王朝建立；
1383 年，帖木儿攻入伊儿汗国；
1390 年，土库曼黑羊王朝兴起；
1392 年，帖木儿横扫了高加索；
1393 年，帖木儿灭亡伊儿汗国；
1400 年，帖木儿灭亡黑羊王朝。

## 南亚

1320 年，北德里苏丹第三王朝；
1336 年，南维查耶纳加尔建国；
1388 年，德里苏丹国陷入分裂；
1398 年，帖木儿入侵德里苏丹。

## 东亚

1309 年，窝阔台汗国灭亡；
1323 年，元英宗被刺身亡；
1333 年，镰仓幕府被推翻；
1349 年，元朝整修大运河；
1351 年，红巾军起义爆发；
1356 年，朱元璋夺取南京；
1363 年，朱元璋胜陈友谅；
1368 年，朱元璋建明灭元；
1377 年，明朝从山西移民；
1382 年，大明军平定云南；
1384 年，明实施卫所制度；
1388 年，北元被鞑靼取代；
1392 年，李氏朝鲜国建立；
1392 年，日本南北统一；
1396 年，明军第八次北伐；
1398 年，建文帝登基削藩。

1368年灭亡后,长期在北元和明朝之间摇摆,直到1388年北元自去"大元"国号后,大将李成桂才发动兵变夺取政权,并通过土地改革树立权威,于1392年正式建立李氏朝鲜;至1910年被日本灭亡,立国长达519年之久。

公元14世纪的日本列岛,镰仓幕府实际上处于北条家族的掌控之下,虽然在上个世纪末依靠台风的帮助,成功抵御住了蒙古大军的入侵,但也因此耗尽了国力,逐渐失去了统治权威。后醍醐天皇趁机谋划倒幕行动,各种势力纷纷参与其中。1333年,上野豪族新田义贞攻陷镰仓,灭亡镰仓幕府,1336年,足利尊氏叛变,攻陷京都,迎立光明天皇,后醍醐天皇外逃,日本进入足利幕府时代。外逃的后醍醐天皇开设南朝廷,与足利尊氏对抗,日本自1350年起南北分裂,直到1392年才由足利义满完成了南北朝的统一。1573年,足利幕府被织田信长灭亡,日本进入战国时代。

在元帝国被逐出中原之后,有着蒙古血统、但信奉伊斯兰教的帖木儿的出现,加速了蒙古其他三大汗国的衰亡,并对中亚、南亚和西亚的历史产生了深远影响。

公元14世纪的中亚,察合台汗国亡于元朝被逐出中原次年。1322年,其汗王因改信伊斯兰教被兄弟杀死,察合台汗国陷入内乱,1347年分裂为东西两个部分,东察合台汗国主要在我国新疆西南部,西察合台汗国以乌兹别克斯坦为中心,包括阿富汗东部地区等地。1360年东察合台汗国一度征服西察合台,重新统一察合台汗国,但仅两年后便被西察合台贵族帖木儿率军驱逐。1369年,帖木儿灭亡西察合台汗国,随即五次东征东察合台汗国,并将其都城阿力麻里变成了一片废墟。迁都后的东察合台汗国曾长期与大明王朝交好,但不断遭到蒙古瓦剌部的袭击,国势日衰。而帖木儿则将劫掠的目标首先对准了南亚和西亚更广阔的地区。

公元14世纪的南亚,北部的德里苏丹国在1320年由伊本·图格鲁克建立了第三个王朝,曾4次远征印度半岛南部,将疆界扩大到科佛里河以南地区，但在1351年因灾荒引发的叛乱中被杀。继任的苏丹菲鲁兹放弃了对印度半岛南部的征讨，专心治理北方，对修建德里做出了重要贡献。但当菲鲁兹1388年去世后，图格鲁克王朝陷入分裂。德干高原南部1336年由印度人建立的维查耶纳伽尔王国兴起，但始终受到北方穆斯林王国的侵扰，且并没有建立完善的国家管理体系。1398年，帖木儿大军侵入德里苏丹国北部。本已脆弱的德里苏丹国在遭到致命打击后，各省总督纷纷独立，但最终都没有逃脱被帖木儿家族征服的命运。百多年后，帖木儿的五世孙建立了南亚次大陆历史上最强大的王朝——莫卧儿帝国。

公元14世纪的西亚，横跨中西亚南部的伊儿汗国历史上与元朝的关系最为亲密。1265年旭烈兀死后，历任大汗都得到了元朝的册封，曾派兵携回回炮助忽必烈灭南宋。1295年，合赞汗奉伊斯兰教为国教做法也得到元成宗铁木耳的认可。1304年合赞汗死后，伊儿汗国内部诸王争立、权臣争势，外部埃及马穆鲁克王朝和金帐汗国不断侵扰使其国势日衰。1335年大汗阿布·赛义德死后，伊儿汗国彻底分裂，权臣和将军纷纷拥立傀儡割据，包括阿富汗西部的西亚中南部地区重新回到原来的国家或族群格局。1383年，帖木儿以屠城伊斯法罕的方式从东部攻入伊朗，但扫荡伊儿汗国的行动一度遇到了金帐汗国的影响。北部地跨欧亚由少数蒙古人控制的金帐汗国本世纪同样经历了一个突厥化的过程，主要精力用于镇压争夺分散部族和部落的叛乱。1327年，莫斯科大王公伊凡主动向金帐汗国请求协助蒙古大军平定伏尔加沿岸的叛乱，次年如愿以偿地获得莫斯科大公的封号，奠定今日俄罗斯的基础。其后，金帐汗国曾长期陷入王位争夺，直至1380年由东部白帐汗国的脱脱迷失重新统一大部。1385年，脱脱迷失率军从欧亚草原腹地大举南下，攻入伊儿汗国北部，对正意欲扫荡阿塞拜疆的帖木儿构成威胁。1392年，帖木儿反击攻入金帐汗国，双方在今伏尔加河中游的萨马拉展开决战，脱脱迷失大败。此后，脱脱迷失又数次败于帖木儿，金帐汗国自此陷入分裂。东部包括今哈萨克斯坦的白帐汗国被昔班家族占有。

帖木儿的征战极大地影响了西亚的历史发展。伊儿汗国 1393 年解体后，原居亚美尼亚的土库曼人组成部落联盟，其首领卡拉·优素福 1390 年夺取大不里士，建立黑羊王朝；但 1400 年即被帖木儿击败，卡拉·优素福出逃埃及避难，后在帖木儿死后复国。而迁居土耳其半岛东部的另一部土库曼人同样组成联盟，在 1378 年前后建立白羊王朝，后因助帖木儿击败奥斯曼突厥人而逐渐强大，并在灭亡黑羊王朝后影响了其后西亚百年的历史发展。在 1400 年击败北非马穆鲁克王朝、夺取叙利亚并将大马士革城焚毁后，帖木儿向土耳其半岛的进军也一度中断了奥斯曼突厥人的崛起。

奥斯曼突厥人原居中亚，曾臣属花剌子模，后因蒙古人西征迁徙到土耳其半岛西北，最初依附于塞尔柱人的罗姆苏丹国，因部落酋长奥斯曼而得名，1299 年趁罗姆苏丹国分裂之机独立。1301 年，奥斯曼击败了一支 2000 人拜占庭帝国军队的消息，使土耳其高原上的突厥各部开始聚集到他的麾下。尽管 1326 年奥斯曼去世时，奥斯曼突厥人的领地还只包括几座城市，但依靠西临欧洲、北靠黑海的地理优势，在贸易的繁荣中迅速成长。1326 年，乌尔汗在继位后开始着手建立国家行政体系，任命维齐尔（宰相），向各地派驻长官，建立常备军，铸造统一钱币，成为奥斯曼国家的真正缔造者，并逐步吞并原罗姆苏丹国大部分地区；在 1331 年打伤拜占庭帝国皇帝后攻占并迁都尼西亚城。而此时的拜占庭帝国早已病入膏肓，西侧希腊半岛北部出现了一个塞尔维亚王国，北部是宿敌保加利亚人等，南面是大海，东面是正在崛起的奥斯曼人。1343 年，拜占庭帝国大臣康塔库尊为争夺帝位向奥斯曼人借兵。这一引狼入室之举使奥斯曼人在帮助拜占庭人进行了一系列征战之后，于 1354 年在达达尼尔海峡西岸的加利波利半岛建立了其在欧洲的第一个桥头堡。与此同时，奥斯曼人也已向东吞并了安卡拉。1361 年，在奥斯曼首领穆拉德攻占拜占庭帝国西部的阿德里安堡之后，君士坦丁堡已完全处于奥斯曼人的包围之中了，后不得不纳贡称臣。1371年，奥斯曼人击溃了塞尔维亚和保加利亚联军的反击；在巴尔干地区征召基督教男童，通过宗教和军事训练使之成为令欧洲人闻之色变的"近卫军"。1389年穆拉德被刺身亡后，继位的巴耶塞特为避免皇位竞争而处死了所有亲兄弟。这一做法被奥斯曼帝国延续了500多年。1392年，巴耶塞特征服保加利亚，1396年击败了匈牙利国王和法国勃艮第公爵组织的十字军。当其准备给早已是孤岛的君士坦丁堡最后一击的时候，历史因为杀性更猛的帖木儿的到来而在这时给奥斯曼帝国的崛起画了个顿号。1402年，在安卡拉战役中，奥斯曼人被西侵的帖木儿大军击败，苏丹巴耶塞特成为帖木儿的俘虏。拜占庭帝国也因此得以在围困中又坚持了50多年。欧洲人虽高兴于奥斯曼突厥人的祸患被消除，但更惊恐于帖木儿的迅猛崛起和更加恐怖的杀戮，只不过这一忧虑随着帖木儿在1405年暴毙而自然而然地解除了，但这也使奥斯曼人有机会再度崛起，而且更加强大。

公元14世纪的北非，马穆鲁克王朝没有对欧洲人构成更多影响，相反，迅速发展的贸易使双方受益匪浅，开罗也因此成为世界性贸易中心。1303年，苏丹纳绥尔第三次击退了伊儿汗国的进攻，并成功吞并了叙利亚，使马穆鲁克王朝达到鼎盛。但当纳绥尔1340年去世后，王朝逐渐衰落，其先后继位的十多位子孙在40多年的时间里被权臣随意废立或暗杀。至14世纪末，蒙古人和阿拉伯人组成的雇佣兵逐渐取代突厥奴隶的地位，但绝大多数苏丹或懦弱无能，或骄横暴戾、挥霍无度，权臣及军队将领争权夺利，国家陷入分裂与动乱，马穆鲁克王朝也逐渐失去对周边地区的影响。但开罗的繁荣已使远离文明中心的西非黑人帝国开始分享世界贸易的成果。1324年，马里帝国皇帝曼萨·穆萨携带大量黄金和随从途经开罗赴麦加朝圣，其富有和奢华的程度震惊了世界。

公元14世纪的欧洲，与罗马教皇两败俱伤的争斗最终使神圣罗马帝国认可分裂，南部的意大利得以在权力真空中迸发出文艺复兴最早的火花。而英法两国虽然在百年战争中饱受创伤，却极大地促进了战争艺术和手段的发展，成为未来争霸世界的重要资本。现代欧洲国家的雏形在宗教混乱和战争杀伐中孕育。

公元14世纪的德意志，最大的成就是诸侯们就分裂神圣罗马帝国达成了共识。1308年，哈布斯堡家族的阿尔布雷希特一世在向瑞士一带的扩张中被杀。出于对任何一个家族独大的忌惮，卢森堡家族的亨利七世、哈布斯堡家族的腓特烈三世和巴伐利亚的路易四世先后被推选为神圣罗马帝国皇帝。路易四世在位期间，德意志贵族们废除了神圣罗马帝国皇帝必须由罗马教皇加冕的惯例。1346年，来自卢森堡的查理四世被推选为国王，1355年正式加冕神圣罗马帝国皇帝，次年发布了著名的《黄金诏书》，进一步明确神圣罗马帝国皇帝必须由七大选帝侯选举产生，诸选帝侯在自己领地内享有关税、铸币、采矿和贩卖食盐等特权，从法律上终结了神圣罗马帝国的统一，诸侯国之间对帝位的争夺自此演变为彼此扩张的战争。此后，查理四世专注于对自己领地波希米亚（相当于今捷克）的治理，在布拉格修建了中欧第一所大学。1378年继位的查理四世长子文策尔在1400年被德意志贵族废黜。

神圣罗马帝国的政体转型，实际上意味着德意志人放弃了600余年来对欧洲大陆的主导。而为了争夺在欧洲的领导地位，英法两国不但进行了"百年战争"，更将这种仇恨延续至今。

公元14世纪的法国，1285年登基的法王腓力四世因向教会征税与罗马教皇发生了激烈冲突，先是在1301年将法国的一位大主教投入监狱，后在1303年攻入罗马并将教皇凌辱殴打致忧愤而死，1305年强势地将法国人克雷芒五世扶上了教皇的宝座，1309年更直接将罗马教廷强迁到法国边境附近的阿维尼翁。此后70年的所有教皇全部由法国人当选，并全都依附在法王的权势之下，这一点与300多年前德意志人对罗马教皇的做法别无二致。"阿维尼翁之囚"的教皇们站在法王一边，不但完全同意法王有权向教会和神职人员征税、解散拥有大量财产的圣殿骑士团等做法，而且以教皇的身份承认世俗王国由上帝直接设立。依附法王的经历使罗马教廷声威大损，从此由盛转衰。1328年腓力四世之子查理四世死后，法国卡佩王朝因无嫡系男性继承人而终结，旁支的腓力六世继承王位，法国进入瓦卢瓦王朝时代（1589年被波旁王朝取代）。但腓力六世的登基成为英国挑起"百年战争"的借口。

西欧封建秩序是以领主之间的封地为基础的逐级效忠来维系的。这种效忠关系导致一个国王可能因为封地的原因是另一个国王的封臣，并必须向其效忠。在长期的相互征伐中，为了换取和平或支持，联姻在西欧王室之间极其普遍。由复杂效忠和联姻导致的土地继承权、所有权乃至王位继承权的争夺是西欧各国战争的主要导火索。这一情况一直延续到第一次世界大战爆发。这种不可调和的矛盾既使德意志人的神圣罗马帝国难以实现统一，也成为1337~1453年英法两国"百年战争"的本因。

公元14世纪的英国，爱德华一世1307年出征苏格兰时去世，同性恋的爱德华二世继位。1314年，苏格兰在打败爱德华二世的进攻后，竟反攻入英格兰并夺取了英格兰的属地爱尔兰，并在1323年迫使爱德华二世承认了苏格兰王国的独立。爱德华二世的皇后伊莎贝拉是法王腓力四世的女儿，对爱德华二世的爱好极其厌恶。1327年，伊莎贝拉在情夫及流亡贵族的帮助下，处死了爱德华二世的两个宠臣，逼迫爱德华二世传位给他们共同的儿子爱德华三世，后将爱德华二世残忍处死。次年，年仅15岁但不甘被母后和其情夫擅权的爱德华三世率军杀死太后情夫，囚禁太后，开始了50余年的执政生涯。同年，法王腓力六世继位。1337年，爱德华三世以法王腓力四世外孙的身份致信法王腓力六世，宣布自己是法国王位的合法继承人，并拒绝因在法国拥有大片领地而向法王效忠，百年战争由此爆发。爱德华三世此举的另一背景是法国一直将支持苏格兰作为制衡英格兰的重要手段。

"百年战争"爆发时,英格兰的人口只有法国的 1/4 左右,伦敦的面积也只有巴黎的一半。但百年战争全部是在法国境内或其周边沿海进行的。1339 年爱德华三世攻入法国北部,1340 年在海战中击败数量上占据绝对优势的法国舰队后,英国运输船队在英吉利海峡畅通无阻,为英军在欧洲大陆的作战提供了有力保障。1347 年,战争因夺取欧洲 2000 万人生命的黑死病而一度中断。1356 年爱德华三世长子"黑太子"俘获了法王约翰二世,迫使法国接受割让 1/3 土地等条件作为交换。1369 年起,法国着手收复失地,但两国人民在战争的重压和盘剥下起义不断。1377 年,爱德华三世年仅 10 岁的孙子理查二世继位;三年后,年仅 12 岁的查理六世成为法王。1384 年,终于厌倦了战争的两国开始谈判,十年后决定以联姻的方式结束"百年战争"在本世纪内的征战:约定由已 28 岁的英王理查二世迎娶 27 岁的法王查理六世年仅 7 岁的女儿。当人们都以为战火会从此平息时,1398 年,爱德华三世的另一个孙子亨利四世推翻了堂兄理查二世,篡夺了英格兰的王位,其子亨利五世在下个世纪重新燃起百年战争的战火。

在英法百年大战的同时,法国对天主教廷的控制最终在本世纪末引发了天主教会大分裂,并成为天主教改革的导火索。1375 年,阿维尼翁教皇格里高利十一世率兵击退佛罗伦萨人对教皇在罗马领地的侵扰;1377 年,不顾法王和部分枢机主教的反对将教廷迁回罗马。但当其次年去世后,枢机主教团先是在罗马人压力下选立了一位意大利人当教皇,后来对此不满的部分法籍枢机主教竟然返回阿维尼翁,另选出了一位教皇。分驻罗马和阿维尼翁的两位教皇均以正统自居,互相攻讦,互相开除对方教籍,并同时向西欧各国征收贡赋和税金。欧洲各国也按照自己的利益分成两派,各支持一位教皇。这中分裂局面直到 1417 年各国选出了一位共同认可的教皇并进驻罗马才告结束,但由其引发的天主教改革风暴已无法阻止。

纵观 14 世纪的世界,神圣罗马帝国事实上的解体,以及教皇权威的彻底丧失使欧洲南部意大利各城邦得以在权力相对真空中自由发展，并在拜占庭帝国逃亡学者们带来的知识中率先拉开文艺复兴的序幕。于是，并称文艺复兴前三杰的但丁在1320年完成了《神曲》，虽然没有完全摆脱宗教的框架，却表达了追求真理的思想；薄伽丘在1371年出版了《十日谈》，在大胆描写人性自由的同时，充分揭露了基督教的贪婪与黑暗；彼特拉克则用"十四行诗"讴歌爱情，抒发爱国情怀，揭露社会丑恶。人类被禁锢了数百年的思想闸门就这样被轰然打开。虽然奥斯曼帝国在下个世纪的复活将连接东西方的南北两条贸易通道都硬生生地切断，但已经得到文明沐浴的欧洲注定不会再回到黑暗的中世纪，更何况文艺复兴的种子已经开始萌芽，东方的奇迹和财富已经激起无数欲望的贪婪。同期中华文化前行的脚步虽然开始受到"八股文"的羁绊，但依靠数千年的积累依然能够创造出大明王朝的强盛。

在对未知的探求中，人类即将步入大航海时代。

# 郑和下西洋与开启海洋时代的欧洲

公元 15 世纪的世界，东亚大明王朝拉开了大航海时代的帷幕，但七下西洋的远航成为中华文明发展停滞不前的开端。在郑和七下西洋几十年后，几支悄然驶出的帆船使伊比利亚半岛成为照亮欧洲的太阳。尽管罗马教廷的堕落开始引发宗教改革的呼喊，尽管意大利城邦的复兴在内忧外患中中断，尽管百年战争后的英法伤痕累累，但属于欧洲的海洋时代就这样突然地来临了，分裂割据的南亚也第一次插上了葡萄牙人殖民的旗帜。与之相比，当帖木儿后代振兴文明的梦想被内部权力的争夺粉碎后，马背上的中亚只能与世界渐行渐远；当白羊王朝被萨法维王朝取代后，西亚政教合一的波斯也只是一次简单的再现；再度崛起的奥斯曼人虽然灭亡了拜占庭帝国，但庞大的身躯全无生机和推动文明前行的力量。

公元 15 世纪的东亚，大明王朝的百年辉煌开始于明成祖朱棣的"靖难之役"。1402 年，在与兵多将广的建文帝进行短暂对峙后，久经沙场的朱棣奇袭防守空虚的南京，一举夺得天下，改元永乐，建文帝则在皇宫陷落前的一场神秘大火中不知所终。登基后的朱棣延续了朱元璋迁民宽乡、军事屯田、开垦荒田、救赈灾民等经济政策，1415 年重新疏通大运河，在保证北京粮食物资供应的同时，进一步促进了南北经济文化的交流，使战后的满目疮痍得到了迅速恢复，并于 1421 年正式迁都北京。但与他的父亲一样，明成祖朱棣也对如何保住自己的帝位时刻保持着警惕，在锦衣卫之外增设了东厂等机构。在不断强化内部中央集权专制的同时，朱棣对外采取了较为积极的态度，1402年册封李氏朝鲜，1406年起两次出兵安南，并设交趾布政使司将越南北部再次纳入中国版图，1410年起曾五次亲自率兵北征鞑靼蒙古人并使其衰落，设立奴儿干都指挥使司管理大兴安岭和黑龙江、乌苏里江流域，封赏青海等地土司，加强了与宗喀巴教派交往，"改土归流"加强对云南、贵州和广西等地少数民族的管理等。然而，明成祖朱棣最为后人称道的还是郑和的远洋航行。从1405年起，朱棣先后六次命太监郑和宣威海外。由200多艘海船和数万士兵组成的庞大舰队，航迹先后遍及西太平洋和印度洋的30多个国家和地区，最远达非洲东海岸。1424年，朱棣在北征鞑靼蒙古人回师途中病逝，百年之后以"成祖"身份与太祖朱元璋共同供奉于太庙之中。正是依靠他的努力，大明王朝在明仁宗和宣宗时期达到鼎盛，呈现"治平景象"。1430年，郑和进行了第七次，也是最后一次远航。但船队多次远航所带回的大量信息，最终使宣宗及其以后的明朝皇帝对海外的世界失去了兴趣。农耕文明造就的富足和惰性最终使大明王朝放心地收回了已经迈向世界的脚步，没有让郑和越过那近在咫尺的好望角，否则人类的历史可能重新书写，虽然他们已经完成了人类史上时间最早、规模最大、距离最远的航行。

公元15世纪初的中国北方，西部的瓦剌蒙古人在首领也先的带领下打败东部的鞑靼蒙古人，称雄漠北草原，后不断骚扰明朝边境，1449年侵入山西大同。盲目亲征的明英宗被瓦剌军击败并俘虏，史称"土木之变"。在兵部侍郎于谦等人的支持下，明代宗于同年继位，并击退了瓦剌军对北京城的围攻。明英宗后被瓦剌人放回，虽被尊为太上皇，但实际是被囚禁和隔离。在此期间，蒙古诸部在首领也先1454年被杀后再度东西分裂，东部的蒙古鞑靼人再次崛起，将瓦剌蒙古各部驱赶到阿尔泰山以西直至中亚地区。1457年，明英宗乘代宗身患重病之机重夺帝位，虽然残杀了于谦等拥立代宗的有关人员，但在其此后八年的执政时间里，尚能勤于政事。1464年继位的明宪宗（年号成化）初期亦能励精图治，但后期终日沉溺于寻欢作乐之中，宠爱万贵妃，任用宦官汪直、梁芳等奸佞；1477年在东厂之外再创立西厂，以至于厂卫横行、朝纲败坏；本人更长期深藏宫中不朝，开创了明朝皇帝懒政的先河。只是依靠发展的惯性和相对完备、先进的官僚机构，大明王朝的政治、经济和文化才能在15世纪依旧保持着绝对领先世界的发展水平。1487年，幼年躲过万贵妃追杀的明孝宗继位后，努力扭转朝政腐败状况，斥逐奸佞、广开言路、与民休息，创造了经济繁荣、百姓安居乐业的"弘治中兴"。明孝宗还曾三次出兵，收复新疆东部哈密等地区。而新疆西部的东察合台汗国则屡次被漠北的瓦剌蒙古部击败，并失去北疆。南疆后亦四分五裂，不相统属，后被叶尔羌汗国所取代。

在14世纪末被帖木儿大军席卷后，中亚、南亚和西亚进入一个民族形成的重要历史阶段。1402年，帖木儿在土耳其半岛上的安卡拉战役中击败并俘获了奥斯曼帝国的皇帝。此时，其驰骋的疆域东部与东察合台汗国接壤、西部远及土耳其半岛、南部囊括印度半岛北部、北部极大影响着金帐汗国。1405年，试图再现蒙古帝国辉煌的帖木儿组织起一支号称百万的大军，准备对刚刚结束"靖难之役"的大明王朝发起东征，但其本人中途病亡，依靠劫掠和杀戮形成的帖木儿帝国瞬间瓦解，上述地区陷入权力真空，短暂臣服的部族争相摆脱控制。在百多年的相互征战中，蒙古人和突厥人加速了与当地人的融合，直至形成当今中亚、南亚和西亚多个民族，成为构成当今众多民族国家的基础。

公元15世纪的中亚，帖木儿死后，其子沙哈鲁1409年夺取以撒马尔罕为中心的河中地区，后进一步扩张到阿富汗和伊朗东部。相较于其父的简单杀戮和残暴，沙哈鲁对于该地区经济文化发展做出了积极贡献，与大王朝明朝在政治、经济上交往频繁。其子兀鲁伯更是主持修建了具有世界影响的兀鲁伯天文台。但中亚地区紧跟世界文明前进脚步的最后一次努力因兀鲁伯在位仅两年便被杀（1449

# 郑和下西洋与开启海洋时代的欧洲

（公元 15 世纪）

**中南美洲**
1492 年，西班牙人发现美洲。
1500 年，葡萄牙人抵达巴西。

**西欧—神圣罗马帝国**
1415 年，教廷火刑处死胡斯；
1417 年，罗马教廷重新合并；
1419 年，捷克爆发胡斯起义；
1434 年，捷克胡斯起义失败；
1439 年，哈布斯堡获天尼德兰。

**欧亚分界北部—俄罗斯**
1462 年，沙皇伊凡三世继位；
1473 年，伊凡取拜占庭公主；
1477 年，向北扩张至北冰洋；
1480 年，退金帐汗国获独立；
1497 年，颁法典双头鹰国徽。

**欧亚分界南部—奥斯曼**
1402 年，被帖木儿大军击败；
1413 年，结束分裂收复失地；
1444 年，退波匈远征十字军；
1453 年，攻克君士坦丁堡城；
1456 年，奥斯曼人攻占布腊；
1459 年，奥斯曼吞塞尔维亚；
1478 年，令克里木汗国臣服；
1479 年，奥吞并阿尔巴尼亚；
1480 年，奥斯曼进攻意大利。

**西欧—英法两国**
1415 年，英法百年战争再起；
1420 年，英王攻占法国巴黎；
1453 年，英法百年战争结束；
1455 年，英国爆发玫瑰战争；
1485 年，英国开始都铎王朝；
1498 年，法国夺意大利米兰。

**西欧—西葡两国**
1415 年，葡萄牙人开始航远航；
1492 年，西班牙人开始远航；
1494 年，西葡两国瓜分世界；
1496 年，西班牙姻哈布斯堡。

**南非**
1487 年，葡萄牙人命名好望角。

**中西亚**
1405 年，帖木儿死后爆发内战；
1406 年，土库曼黑羊王朝重建；
1409 年，帖木儿后代占据中亚；
1410 年，黑羊王朝攻占巴格达；
1428 年，阿布海尔称汗乌兹别；
1456 年，乌兹别分裂出哈萨克；
1468 年，乌兹别亡丁木察察合；
1468 年，白羊击败黑羊羊王朝；
1469 年，白羊击败帖木儿后代；
1487 年，昔班尼重建乌兹别克；
1490 年，白羊王朝被四分五裂。

**南亚**
1405 年，郑和首航到卡利卡特；
1414 年，帖木儿将领控制北部；
1433 年，郑和病逝于卡利卡特；
1446 年，羊岛部王朝再度分裂；
1498 年，达伽马抵达卡利卡特。

**东亚**
1402 年，朱棣夺位登基；
1402 年，册封李氏朝鲜；
1405 年，首派郑和远航；
1406 年，两次南征安南；
1408 年，《永乐大典》成；
1410 年起，五次征外蒙；
1415 年，重修京杭运河；
1418 年，郑和抵肯尼亚；
1424 年，成祖朱棣病亡；
1430 年，郑和最后远航；
1449 年，英宗土木被俘；
1457 年，英宗重夺帝位；
1477 年，宪宗设立西厂。
1487 年，李宗弘治中兴。

年)而终结。尽管 1451 年夺取汗位的米尔扎试图重新恢复帖木儿时代的版图,但在击败了东部强敌东察合台汗国后,于 1469 年被西亚的白羊王朝击败并杀死。此后,帖木儿的后代们成为北方乌兹别克人垂涎的目标。

乌兹别克人因金帐汗国第九位大汗、昔班家族的月即别(乌兹别克)而得名,家族原受封于乌拉尔河以东地区。在 15 世纪金帐汗国解体的过程中,1428 年成为昔班家族首领的阿布海尔不断向东扩张,在昔日包括今哈萨克斯坦的广大地区(原属白帐汗国)建立阿布海尔汗国。但汗国在东进的过程中于 1456 年被东面的瓦剌蒙古人击败,东部分离出去的一部分成为今哈萨克人的源头,余部继续称乌兹别克人。1468 年,阿布海尔在与哈萨克人的决战中被杀,汗国也被东察合台汗国灭亡,只有他的孙子昔班尼得以幸免。1487 年,昔班尼投靠当时占据塔什干的东察合台汗马合木,后在其帮助下重新拥有了自己的领地并快速强盛起来。而帖木儿帝国的分裂则为昔班尼在 16 个世纪夺取河中地区、建立乌兹别克汗国提供了机遇。

公元 15 世纪的南亚,帖木儿及其后裔依旧对印度半岛北部保持着巨大的影响。1414 年,帖木儿在旁遮普的将领占领了德里、建立了赛义德王朝,后在 1451 年被罗第王朝取代。这两个王朝虽然被视为德里苏丹国的延续,但管辖范围仅包括旁遮普等北方地区。印度半岛南部的维查耶纳伽尔王国曾经依靠发达的手工业制作和香料兴盛一时。1405 年起,郑和在七下西洋的时候曾多次到达其西南部的贸易中心——卡利卡特港,并于 1433 年在那里病逝。维查耶纳伽尔王国后来依靠穆斯林雇佣兵阻挡了北方的侵袭,但也逐步引发了地方军事割据。1498 年达伽马第一次抵达卡利卡特,完成易货贸易并与当地人发生冲突后返航。1502 年他第二次到达这里后,充分利用当地人的分裂在半岛南部逐渐站稳脚跟。

15 世纪的西亚,南部地区帖木儿死后,突厥人再度成为本地区的主角,自东至西先后建立了黑羊、白羊和奥斯曼三大王朝。

北部地区蒙古后裔的金帐汗国则在分裂中解体为克里米亚、喀山、阿斯特拉罕和西伯利亚四大汗国以及其他一些类似昔班尼家族的更小汗国。

南部土库曼突厥人建立的黑羊王朝在 1400 年被帖木儿击败，国王卡拉·优素福逃亡埃及。而其西边土耳其半岛东部的土库曼人则选择了向帖木儿臣服，并因参与击败土耳其半岛西端的奥斯曼突厥人而获得更多的封地，建立了白羊王朝。帖木儿死后，逃亡的卡拉·优素福在 1406 年率兵占领大不里士，重建黑羊王朝；后又夺取阿塞拜疆南部、亚美尼亚、库尔德斯坦等地区，1410 年打败臣服于帖木儿帝国的贾拉伊尔王朝军队、占领巴格达，将王朝边境向南扩展至巴士拉。其继任者后趁帖木儿帝国衰落之机，进一步夺取了波斯西部；后又兼并了伊拉克部分领土和阿拉伯半岛东部沿海地区，成为西亚地区大国。1466 年，黑羊王朝在进攻西部的白羊王朝时兵败，两年后被白羊王朝灭亡。1468 年，白羊王朝击败与黑羊王朝同盟的帖木儿后裔米尔扎，占领巴格达，将领土向南扩张至波斯湾，东抵阿富汗西部。但其向西扩张的计划在 1473 年被已经装备了火枪的奥斯曼土突厥人粉碎。1490 年，白羊王朝陷入争权内讧，阿塞拜疆、亚美尼亚和波斯中、西部地区纷纷脱离统治。活跃于阿塞拜疆的什叶派萨法维教团趁机迅速发展，并最终建立了波斯人的萨法维王朝（1736 年灭亡）。

南部的奥斯曼突厥人无疑是帖木儿之死的最大受益者。1402 年被西侵的帖木儿大军击败后，奥斯曼帝国在苏丹巴耶塞特四个儿子的夺权和各地的反叛中一度陷入危机，而帖木儿之死为奥斯曼帝国的重新崛起提供了机会，使 1413 年继位的苏丹穆罕默德一世能够有时间结束分裂并重新收复帖木儿征战时丧失的领土。当 1422 年继位的穆拉德二世在 1444 年击败由波兰和匈牙利人组成的十字军东征大军后，君士坦丁堡的陷落只是时间问题了。尽管为了生存，拜占庭皇帝不惜放弃旧怨，亲自赴西欧游说处于罗马天主教会统治下的各国，甚至不惜开出了与罗马天主教合并的价码，但弱小和自身的问题缠身已经不能使欧洲各国再次组织强大的十字军去东征保卫基督教世界的尊严了。1453 年，年仅 21 岁、继位不到两年的穆罕默德二世亲率八万装备了重炮的大军攻破了曾被认为坚不可破的君士坦丁堡，彻底灭亡了拜占庭帝国（东罗马帝国），随即迁都至此并更名为伊斯坦布尔。其后，穆罕默德二世横扫包括希腊在内的东南欧、击败土耳其半岛东部的白羊王朝、耀兵意大利南部，征服了西亚、北非和南欧的广大地区。1481 年继位的巴耶塞特二世曾于 1492 年派海军到达伊比利亚半岛，将被西班牙人驱逐的犹太人接回国内，同时进一步扩张了奥斯曼帝国在欧洲的疆域。尽管如此，奥斯曼人的视野尚未越过黑海、地中海和印度洋。

北部的金帐汗国从 15 世纪 40 年代起，自西南向东北相继独立出今乌克兰克里木半岛及其周边的克里木汗国、伏尔加河中游的喀山汗国、伏尔加河下游的阿斯特拉罕汗国和乌拉尔山东面鄂毕河中游的西伯利亚汗国，以及中亚哈萨克草原的阿布海尔汗国等。金帐汗国的地位名义上被大帐汗国继承，但其仅包括都城萨莱周边有限的区域。1478 年，克里木汗国沦为奥斯曼帝国的藩属。1480 年，大帐汗国曾出兵莫斯科公国索贡未果，大汗阿合马归途被诺盖汗国人杀死。1502 年大帐汗国亦即金帐汗国被阿斯特拉罕汗国彻底灭亡。其他三大汗国虽然在 15 世纪取得了独立，但从 16 个世纪起先后倒在了当时还默默无闻的俄罗斯莫斯科公国脚下，俄罗斯人通往西伯利亚直至太平洋的大门也将被彻底打开。

公元 15 世纪的俄罗斯，拜占庭帝国的灭亡成就了这个当时的北欧弹丸小国。"沙皇"一词也从伊凡三世开始成为俄罗斯帝国的标志性符号。1328 年以后，莫斯科公国依靠伊凡一世骗取的大公头衔和征税权得到了一定的扩张。1462 年伊凡三世继位后，随着金帐汗国的衰亡，好运开始垂青这个冰雪中的国度。在吞并雅罗斯拉夫公国和罗斯托夫公国后，被奥斯曼突厥人崛起困扰的罗马教皇注意到了俄罗斯人的崛起。1473年,在罗马教皇的提议下,伊凡三世迎娶了已经亡国的拜占庭公主。但伊凡三世并没有如教皇所愿与奥斯曼人作对,而是同时与奥斯曼人和德意志汉萨同盟交好,使黑海和波罗的海沿岸的贸易得到进一步发展;且开始利用对强邻瑞典的恐惧,逐步收服北欧诸国,至1477年吞并了诺夫哥罗德后,领土已经扩展到北冰洋。因娶了拜占庭公主而以罗马帝国继承人自居的伊凡三世开始对外使用"沙皇"(恺撒的谐音)的称号,尽管此时莫斯科公国名义上依然是金帐汗国的臣属。1480年,伊凡三世因停止缴纳贡赋而遭到大帐汗国的讨伐。但在伊凡三世因胆怯而准备退却时,好运再次眷顾于他。蒙古大军由于立陶宛盟军未能及时赶到以及严寒不战而退,俄罗斯人借此机会摆脱了蒙古人240余年的统治,获得独立。之后,莫斯科公国依靠外交手腕又吞并了一系列地区,至公元15世纪末成为欧洲东部边缘地区首屈一指的大国了。1497年,伊凡三世颁布法典,将拜占庭的双头鹰作为俄罗斯国徽,同时规定农民只有在圣尤里节(俄历11月26日)前后两周才可以离开土地四处走动,拉开了莫斯科公国的农奴化序幕。

公元15世纪的欧洲,波希米亚的胡斯战争在加速捷克民族国家形成的同时也拉开了欧洲宗教改革的序幕。英法百年战争虽然结束,但英国因王权争夺而一度发生内战,而法国则乘势加强了中央集权,并将扩张的触角与西班牙一道伸向了欧洲南部,使意大利的文艺复兴没能转化成民族独立的成果。

公元15世纪的德意志,自实施选帝侯制度后,神圣罗马帝国皇帝只能在自己的一个或几个王国里行使权力;因此,1400年被德意志贵族罢黜皇帝称号的文策尔仍然保有波希米亚(相当于今捷克)国王的称号。在波希米亚,德意志移民和当地地主贵族使捷克人民深陷民族和阶级的双重压迫中,捷克人民更会遭到天主教会的残酷剥削。14世纪后期,以教士胡斯为代表,捷克人民掀起了一场浩大的反教会运动。希望借此重获神圣罗马帝国皇帝称号的文策尔一度积极支持民众的反教会运动，并在 1409 年提出了废除两个教皇、重新选举新教皇的建议，结果导致捷克教会发生分裂。罗马教廷震怒不已，1410 年将西格门（文策尔的弟弟）推举为神圣罗马帝国皇帝，并在 1415 年将抨击教皇兜售赎罪券的胡斯烧死。天主教虽然在 1417 年选出了唯一的教皇，但已无法压制民众的愤怒。1419 年，在胡斯改革的旗帜下，捷克爆发大规模农民起义。起义军在塔波尔建立了根据地，多次打败国王的军队，并先后五次击退德意志诸国联军，整个欧洲为之震动。直到 1434 年，胡斯党人才因内部分裂而被彻底击败。尽管如此，胡斯战争还是使捷克获得了一定的独立地位、促进了捷克民族和国家的形成。

事实上发端于捷克的宗教改革运动还有着更广泛的同盟者。经过 100 多年的发展，以德意志城邦为主的汉萨同盟通过控制北欧贸易，已逐渐形成一个掌握大量财富的新兴资产阶级阶层，同样渴望在皇权和教权的双重社会体制中确立自己的社会地位。因此，一场更大范围的宗教改革运动将注定遍及整个欧洲，且不能为皇权和教权所阻止。西格门死后，皇帝宝座再次被奥地利的哈布斯堡家族获得（直至神圣罗马帝国灭亡）。其中，1439 年继位的腓特烈三世通过复杂的联姻，获取了包括尼德兰（后发展成荷兰、比利时等）在内的大量领地，使奥地利一举成为欧洲强国。其子马克西米利安一世 1493 年继位后，更是在 1496 年通过其子腓力一世与西班牙女王储胡安娜的联姻，为西班牙哈布斯堡王朝的出现奠定了基础，尽管这种联姻带来的辉煌在后世更多地表现为因争夺王权而在欧洲大陆引发的无数战争。

在名义上依然属于神圣罗马帝国的西欧东部依然饱受天主教廷黑暗的同时，西欧西部的英法两国则因争夺欧洲领导地位而迫不及待地重开战端，直至将敌对延续至今。

公元 15 世纪的法国，随着以勃艮地和奥尔良公爵为首的两派爆发内战，1415 年继位的英王亨利五世趁机再次进攻法国，击败主战的奥尔良公爵,于1420年进占巴黎,迫使法王查理六世割让大片土地。但法国太子(查理七世)在奥尔良派的支持下继续在南方领导抵抗运动。战争的转折点发生在1429年,当英军进攻奥尔良时,圣女贞德主动率军出击,成功击退英军,极大地鼓舞了法国人的斗志。1431年,圣女贞德被主和的勃艮地公爵俘获,并在被移交英国人后被烧死。但已经受到激励的法军连战连捷,不断收复大片失地。勃艮地公爵也最终在1435年转而开始支持法王。1436年,查理七世进入巴黎,两年后法国教会脱离罗马教廷管辖。至1453年百年战争结束,英国在法国的领地只剩下了加莱。之后的几位法王都致力于法兰西的统一。至1498年路易十二登基时,法国已成为一个统一的强国,能够在对意大利城邦的争夺中与教皇、神圣罗马帝国一争高下,尽管当时收获不大。

公元15世纪的英国,亨利四世(兰开斯特家族)夺取理查二世(约克家族)的王位时埋下了两大家族仇恨的种子。亨利六世在法国战败后,两大家族争权的"玫瑰战争"在1455年正式爆发。1461年,亨利六世被俘并处死于伦敦塔,英格兰进入约克王朝时代。1485年,兰开斯特家族的亨利·都铎又击败约克家族的爱德华五世登基,开启都铎王朝(称亨利七世)。一年后,都铎迎娶爱德华四世之女伊丽莎白为后,结束了两大家族长达30年的内战。亨利七世采取当时欧洲广泛流行的联姻政策,先是让长子娶了西班牙的阿拉贡公主凯瑟琳,后将长女玛格丽特嫁给了苏格兰的詹姆斯四世,使已经几乎退出欧洲大陆的英格兰暂时避免了被强大法国攻击的危险。在鼓励工商业发展方面,亨利七世亦有贤王的美誉。至1603年伊丽莎白一世去世,都铎王朝历118年、五代君主,被认为是英国君主专制的黄金时期。

15世纪的欧洲南部,亚平宁半岛上的意大利城邦在罗马教廷的没落中纷纷摆脱其控制,并通过垄断地中海贸易,以及出租雇佣兵积累了巨额的财富,其中最光彩夺目的无疑是佛罗伦萨。拥有银行、工厂和众多贸易特权的美第奇家族,不但富到足以为欧洲各国提供战争贷款,而且慷慨地资助文化和艺术发展,成就了乔托、达·芬奇等一批文艺复兴巨匠。但政治的不稳定、外来入侵以及教会的道德沦丧阻碍了意大利成为欧洲新时代的开端。教皇英诺森八世1486年为使自己养子能够荣耀地迎娶美第奇家族的女人,抵押了教皇的职位和特权,后期更无耻地兜售赎罪券,成为引发下个世纪宗教改革的导火索。1498年,法国利用意大利城邦间内战夺取了北部的米兰,正在走向统一的西班牙也依靠强大的海军夺取南部的那不勒斯,意大利城邦独立的时代宣告结束,发端于意大利的文艺复兴没能实现意大利的民族复兴。当然,意大利城邦没落的另一个客观因素是奥斯曼帝国切断了东西方贸易的传统通道,使其丧失了贸易中转站的优势地位。历史也因此将引领欧洲开启全新时代的重任交给了西面伊比利亚半岛上的葡萄牙人和西班牙人。

15世纪的欧洲已经积累了大量的知识成就,虽然大部分来源于对宗教的狂热和战争手段的需求。在对天主世界的探索中,人们在仰望星空中发展了天文学,并对地球有了一定的认识。在满足战争需求的过程中,火枪和大炮等杀人武器得到了急速发展。当被困在欧亚大陆最西端的欧洲人无奈地把对东方香料的渴望投向西边浩瀚大海的时候,依靠丰富的航海经验,用枪炮武装起来的葡萄牙人和西班牙人先后开始了寻找新航道的探险,虽然他们选择的方向截然相反。

葡萄牙位于伊比利亚半岛最西端,三面陆地被西班牙所包围。在长期的贸易生涯中,葡萄牙人在意大利和挪威人的帮助下掌握了当时欧洲先进的航海技术和地理学知识,一开始就知道向东航行是达到盛产香料的印度的最近路线。1411年,在与卡斯蒂利亚(西班牙前身一部分)达成和平后,葡萄牙人开始沿着非洲西海岸寻找通往东方的航道,并于1415年攻占了非洲西北角的重要城市休达。此后,在王室的大力赞助和黄金的诱惑下,葡萄牙船长们沿西非海岸线一路向南，1420年发现了马德拉群岛，1431年发现了亚速尔群岛，1445年到达西非最西端的塞拉利昂。1487年，迪亚士幸运地越过了非洲南端的好望角。与冒险家们取得的一连串荣誉相伴的是大批从非洲掠夺的黑人奴隶，以及象牙海岸、黄金海岸等代表掠夺财富的地名。虽然葡萄牙人的船队根本无法与几十年前郑和的船队相提并论，但创造了历史、改变了世界。当达伽马在1498年成功达到印度半岛西南部的卡利卡特港时，跨越大洋的新航道终于被人们发现了。

相对于葡萄牙对于海洋的专注，伊比利亚半岛上的其他王国在本世纪的绝大部分时间里忙于驱逐伊斯兰势力以及相互征伐。1469年，卡斯蒂利亚公主（后称伊莎贝拉一世）与阿拉贡王子（后称斐迪南二世）成婚（并称天主教双王，所之生女胡安娜后嫁哈布斯堡家族的腓力一世），后分别于1474年和1479年登基。两国后在1506年合并成西班牙王国。1492年1月，在取得"收复失地运动"胜利、彻底灭亡半岛上的穆斯林政权以及驱逐犹太人后，葡萄牙人在海洋探险方面取得的成功同样激发了伊莎贝拉一世的欲望。在她的支持下，意大利人哥伦布同年8月踏上了向西探索新大陆的航程，并最终误打误撞地发现了美洲大陆。

1494年，葡西两国为避免因双方冲突分散精力以及阻止后来者参与对世界的掠夺，在罗马教皇的调停下签订了人类历史上第一份瓜分世界的协议：约定教皇有权分配任何不为基督教统治者所拥有土地，葡西两国沿大西洋上一条纵贯南北的经线平分未知世界，并拥有垄断开拓殖民地的权力。此后，葡萄牙人依靠先发优势率先开始了世界范围的扩张，黑奴贸易成为其中的重要支柱。而直到1520年麦哲伦率领的西班牙船队越过了以他名字命名的麦哲伦海峡，西班牙才真正打开了向西，经大西洋、太平洋到达亚洲的新航道。

纵观公元15世纪的世界，对于欧洲来说，南部的巴尔干、亚平宁和伊比利亚三大半岛似乎注定了要渐次开启欧洲文明的三个重要时代。最东端巴尔干半岛上的古希腊在公元前8世纪打开了整个欧洲文明的大门，中间亚平宁半岛上的罗马人从公元前3世纪起奠基了欧洲古代文明的基石，最西端伊比利亚半岛上的葡萄牙和西班牙人在15世纪将整个欧洲带入了大航海时代。此后，葡萄牙人通过建立珠链般的贸易货栈开始积累巨额的财富。西班牙人则直接用杀戮在美洲掠夺了如山的黄金和白银。伊比利亚的太阳点亮了黑暗已久的欧洲，世界也因之向欧洲敞开了一扇全新的大门。对于中华文明来说，虽说此时依旧对欧洲保持着领先地位，但文明发展的速度明显趋缓，宣德炉和官帽椅根本无法承载中华文明快速前行。而对于人类文明发展来说，在经过了数千年的跋涉后，人类在本世纪开始进入了民族和民族国家形成的时代。与之相伴的是，蒙古铁骑杀伐的喧嚣逐渐远去，在短暂和平中喘息的世界开始注意到大海的涛声，蔚蓝色的大海即将替代绿色的草原和黄色的农田描绘人类全新文明更辽阔的图景。

# 明朝的衰落与西班牙哈布斯堡王朝

公元16世纪的世界，东亚的大明王朝虽继续创造着经济、文化的灿烂，但文明的发展在麻木和无视中止步不前。中亚的乌兹别克人虽然建立了自己的汗国，但只是游牧前辈的最后闪光。南亚的莫卧儿王朝虽然创造了地区文明最辉煌的篇章，却有着不能统一印度半岛的失望。西亚的萨法维王朝无疑是宗教建国的又一典范，但也同样面临与乌兹别克人相似的尴尬。地跨欧亚的奥斯曼帝国虽然依旧强大，但贸易要道的萧条也注定了衰落的必然。与他们相比，整个欧洲开始从文艺复兴催生的科技文化进步中获益，并在对天主教的反思中依托辽阔的海洋开始书写人类文明的全新篇章。

公元16世纪的东亚，大明王朝虽涌现出张居正和戚继光等能臣武将，但终被前勤后庸的皇帝们带向衰落。而统一后的日本虽没能取得侵朝战争的胜利，但注定将成为中华文明的强敌。

1505年继位的明武宗（年号正德）以沉湎豹房、恣意放纵著称，随侍的八个宦官更有"八虎"恶名。因而，明武宗虽曾在1517"应州大捷"中大败入侵的鞑靼蒙古人，却使国家管理体系遭到极大冲击。1521年明世宗（年号嘉靖）以亲王身份继位，前期尚能英明苛察、严以驭官、宽以治民，但中后期任用奸佞、妄杀忠良、沉迷道教；尤其是在1540年发生宫女谋杀皇帝的"壬寅宫变"后，长期不临朝理政，纵容严嵩专权20余年，导致吏治败坏、军备废弛、国势日微。1567年继位的明穆宗（年号隆庆）虽然积极巩固边防、发展经济，实施了"隆庆新政"，但在位仅六年。1572年继位的明神宗（年号万历）幼年在张居正和太监冯保等辅佐下采取了考核官吏、清丈土地、清理税负、治理黄河等改革措施，重用抗倭名将戚继光守御北方边疆等，使衰落的大明王朝一度重现生机，但当张居正1582年病死后，不甘被束缚的明神宗先是放逐了太监冯保，后抄没了张居正的家产，使张居正的十年改革成果逐渐化为乌有。随着社会矛盾的日渐突出，民众起义时有发生。

但最令大明王朝头疼的还是东面的倭寇、北面的鞑靼蒙古人和南面的葡萄牙人三大外患。其中，东面的倭寇是以日本人为主的海盗，明初曾大肆劫掠辽东地区，1419年"望海埚之战"遭到明军毁灭性打击后一度销声匿迹。嘉靖后期，由于海防日渐空虚，倭寇再度兴起，常以贸易之名对我东南沿海大肆杀掠，成为明朝数次海禁的原因。1556年起，戚继光在俞大猷等名将的配合下，历时十余年才彻底扫平东南沿海倭患。北面的鞑靼蒙古人对大明的袭扰一直持续到1571年其首领被明穆宗封为顺义王才得以平息。在这件事上，1542年被认定为三世达赖活佛转世的索南嘉措发挥了重要作用，后者还拉近了明王朝与藏区的关系。南面的葡萄牙人虽然对大明王朝的威胁最小，却攫取澳门500多年。早在1514年，葡萄牙舰队就已侵入香港一带，后在1521年和1523年的"屯门之战"和"西草湾之战"中两次被明军击退，1548年被明军从浙江舟山一带驱逐。但葡萄牙人还是在1553年以商船搁浅为由申请在澳门岛上晾晒货物，最终实现了长居澳门的图谋。而此时的西北新疆一带，大致位于天山以南的东察合台汗国在1514年前后被以喀什为中心的叶尔羌汗国取代；瓦剌蒙古人则以四个主要部族的形态（清时称卫拉特四部）活跃于天山以北，在东面鞑靼蒙古人的挤压下逐渐向中亚哈萨克草原游弋。

尽管16世纪的大明王朝经历了太多的内忧外患，但已经在孕育资本主义的萌芽，文化科技空前繁荣，优秀作品和杰出人物大量涌现。王守仁在对理学虚伪的批判中创立了"知行合一"的阳明学派。

# 明朝的衰落与西班牙哈布斯堡王朝

（公元16世纪）

**欧洲—西班牙哈布斯堡**

1516年，卡洛斯继位西班牙；
1519年，兼领神圣罗马皇帝；
1521年，卡洛斯审判马丁路德；
1555年，新教联盟败卡洛斯；
1556年，分神圣罗马西班牙；
1580年，西班牙吞并葡萄牙；
1581年，荷兰北部七省独立；
1582年，格里高利公元纪年；
1588年，无敌舰队败于英荷。

**欧洲—法国**

1517年，终结北非马穆鲁克；
1530年，巴黎建枫丹白露宫；
1556年，卡洛斯隐退法王朝；
1562年，爆发了胡格诺战争；
1589年，开始波旁王朝时代；
1598年，法王宣布南特教令。

**欧洲—英国**

1509年，英王亨利八世继位；
1529年，亨利八世新教改革；
1558年，英王伊丽莎白继位。

**北美洲**

法国探险队1524年首抵加拿大；1534年，深入魁北克；
英国清教徒1584年抵弗吉尼亚；
西班牙探险队1542年抵美国西南。

**中南美洲**

西班牙远征军：
1520年，麦哲伦海峡；
1521年，征服墨西哥；
1532年，灭印加帝国；
1535年，建造利马城；
葡萄牙殖民者：
1567年，建造里约城。

**欧亚分界北部—俄罗斯**

1502年，瓦西里三世夺王位；
1521年，沙俄吞并梁赞汗国；
1547年，伊凡四世加冕沙皇；
1552年，俄罗斯攻陷山汗国；
1556年，灭阿斯特拉罕汗国；
1598年，留里克王朝终结；
1598年，吞并西伯利亚汗国。

**欧亚分界南部—奥斯曼**

1517年，终结北非马穆鲁克；
1520年，苏莱曼大帝继王位；
1526年，苏莱曼大败匈牙利；
1529年，苏莱曼复兵围维也纳；
1533年起，征服北非阿拉伯；
1566年，苏莱曼匈牙利去世；
1571年，攻入并火烧莫斯科；
1571年，舰队被西班牙歼灭。

**西亚—萨法维王朝**

1501年，萨非教团灭白羊；
1511年，击败乌兹别克建国；
1514年，遭奥斯曼人打击；
1587年，阿拔斯一世继位；
1598年，夺奥斯曼巴格达。

**中亚诸国**

1501年，乌兹别克人建国；
1525年，瓦利汗人攻哈萨克；
1561年，改称哈拉汗国；
1599年，布哈拉汗国衰落。

**南亚—莫卧儿王朝**

1526年，巴布尔建立王朝；
1555年，胡马雍复夺王位；
1591年，阿克巴大军南征。

**东亚**

1514年，叶尔羌汗国建；
1517年，武宗应州大捷；
1521年，明大礼仪之争；
1542年，三世赖斯继世；
1553年，葡萄牙居澳门；
1556年，戚继光抗倭寇；
1572年，张居正推改革；
1578年，《本草纲目》成；
1582年，神宗首封封禅；
1587年，神宗深居罢朝；
1592年，日本入侵朝鲜；
1598年，中朝日大海战。

**东南亚及太平洋**

1570年，西班牙夺菲律宾；
1509年，葡萄牙人登陆马六甲。

罗贯中的《三国演义》、施耐庵的《水浒传》和吴承恩的《西游记》也在本世纪相继完成。

公元16世纪的日本处于战国末期。足利幕府1467年因继承人问题分裂成两大派别，日本进入持续150余年的战国时代。1573年，已装备大量火绳枪的军阀织田信长彻底终结足利幕府并着手统一日本，但随后在1582年"本能寺之变"中被谋杀，重臣羽柴秀吉在击败各路竞争者后脱颖而出、基本统一日本，被天皇赐姓"丰臣"，受封"关白"一职。在大明王朝开始走向衰弱和李氏朝鲜也日趋腐朽的情况下，丰臣秀吉把图谋大明海疆的野心由零散的倭寇侵扰升级为举国战争。1592年4月，丰臣秀吉指挥20余万日军攻入朝鲜、挑起壬辰战争，但被中朝联军打败；其五年后再派海陆大军15万侵朝，结果陆军几被全歼，海军也遭重创。此后300余年，日本不敢再觊觎亚洲大陆。1598年，丰臣秀吉病逝，日本分裂为近江（西军）和尾张（东军）两派。1600年，丰臣秀吉重臣之一的德川家康在关原之战中击败西军，夺取政权，1603年开启德川幕府时代。

公元16世纪的中亚，昔班尼于1500年率部南下占领撒马尔罕，次年终结了帖木儿后裔们的战乱，建立昔班尼汗国，至1510年扩张至今伊朗东北部。但昔班尼在与萨法维王朝的交战中战死，汗国一度陷入混乱。阿拉赫二世1534年登基后，重新夺取上述地区并向北侵入哈萨克草原腹地，创造了昔班尼汗国的全盛时代。1561年，汗国迁都布哈拉改称布哈拉汗国。阿拉赫二世1598年去世后，昔班家族绝嗣，汗国再度陷入混乱，今伊朗东部等地再度被开始强大的萨法维王朝夺取。1599年，被沙俄灭亡的阿斯特拉罕汗国王族札尼开启布哈拉汗国的阿斯特拉罕王朝时代，在缓慢发展中逐渐淡出人们的视野。

在乌兹别克人搅乱中亚格局的同时，北部哈萨克大草原上的哈萨克人也相当活跃，疆域一度东至额尔齐斯河、西至里海，且成功击退了昔班尼的进攻。但从1525年开始，哈萨克人在与西迁的瓦剌蒙古人的冲突中一直处于劣势地位，逐渐形成大、中、小玉兹三大部落联盟，直到本世纪末才再度实现短暂统一。南部的阿富汗则大部处于帖木儿后裔的掌控之中，甚至以此为根据地，跃马印度半岛，建立了莫卧儿帝国。在西面咸海南部一带，原来属于花剌子模的地区在1512年萨法维王朝灭亡白羊王朝后，曾有乌兹别克王族建立希瓦汗国，但数度被乌兹别克汗国征服，直至1598年乌兹别克陷入混乱后才获得独立。

公元16世纪初的南亚，印度半岛北部的德里苏丹国处于罗第王朝统治时期，德干高原南部的维查耶纳伽尔王国则处于分裂与混战中，并被上个世纪末到达半岛的葡萄牙人夺取了一小块领地。在这种情况下，原居中亚喀布尔一代的帖木儿五世孙巴布尔因无力阻止乌兹别克人的扩张，开始谋求向印度半岛发展。1526年，2万多装备了火枪和大炮的巴布尔大军将德里苏丹国的10万大军击败，彻底灭亡了德里苏丹国，以德里为都城，建立了有着蒙古人血统的莫卧儿王朝。巴布尔死后，其子胡马雍虽然继承了王位，但他另外两个兄弟则分别占据着西北部的阿富汗和南部的古吉拉特，且两次被这两人击败，一度流亡到西面的波斯萨法维王朝；后以改信什叶萨非教派为代价获取了一支万人的军队，于1545年夺取喀布尔，1555年夺取德里，重建了莫卧儿王朝。1556年阿克巴在胡马雍意外身亡后继位，带领莫卧儿王朝进入黄金时代；1560年起开始统一印度半岛北部，1576年将王朝的西北部边境扩展到阿富汗一带。1591年开始，阿克巴试图南下统一整个印度半岛。而此时南部的维查耶纳伽尔王国已经于1565年在乱战中分裂成无数小邦，但莫卧儿帝国统一印度半岛的梦想直到被英国人灭亡也没有实现。因此，古印度文明实际上只是一个地理概念。即便如此，阿克巴能够在一片从未被统一的土地上取得如此成就也是十分值得尊敬的。而这一切主要得益于他所采取的宗教包容政策，使伊斯兰教、印度教、基督教、耆那教和拜火教都能够在这片神奇的土地上和平共处。但阿克巴同样没有建立起完善的中央集权，只是依靠实施军事采邑和包税人制度获取各地土邦王公的效忠，因而也埋下了被英国人分裂利用并最终集体被殖民的祸根。这恐怕是与阿克巴大帝同时代的小邦英格兰女王伊丽莎白不曾敢想的奢望。

公元 16 世纪的西亚，什叶派萨非教团推翻白羊王朝，建立政教合一的萨法维王朝（1501~1736 年），成为伊朗地区向近代过渡的重要一环；地跨欧亚的奥斯曼帝国则在东征西讨中达到了顶峰。

公元 15 世纪末的伊朗西北地区，什叶派萨非教团在平息当地混乱中迅速崛起，并逐渐发展成一支重要政治和军事力量，其成员以戴红色帽子的土库曼"红头人"为主。1501 年，15 岁的伊斯迈尔一世成为萨非教团教主，自称是穆罕默德女儿法蒂玛的后代，趁白羊王朝内讧之机，攻占大不里士，灭亡了逊尼派的白羊王朝；1511 年将乌兹别克人逐到阿姆河以北后，在包括今伊朗全境、伊拉克大部、阿富汗斯坦西部、乌兹别克斯坦南部和高加索部分地区的辽阔地带建立起什叶派的萨法维王朝。1514 年，已经开始装备火枪和火炮的奥斯曼大军对其发动突袭，当时还以刀剑和弓箭为主要武器的萨法维王朝军队根本无力抵抗，只能通过焦土政策迫使奥斯曼人撤军。伊斯迈尔一世 1524 年死后，他的继任者们长期沦为"红头人"的傀儡，直至 1587 年阿拔斯一世继位，但此时王朝西部的格鲁吉亚和亚美尼亚已被奥斯曼帝国占领，东部一些地区也被乌兹别克人夺取。在对内部反对者进行大规模清洗后，阿拔斯一世在英国人的帮助下，用大炮和火枪组建了一支具有当时先进水平的军队，于 1598 年重新夺回了东部被乌兹别克人占领的土地，后开始对西部强大的奥斯曼帝国发起挑战，夺回了巴格达，成为西亚大国。

萨法维王朝的崛起主要得益于奥斯曼人对欧洲的关注，而这种关注几乎贯穿了奥斯曼帝国的历史，以至于作为其继承者的土耳其人至今仍以欧洲国家自居。1511 年，以残忍著称的塞利姆一世在近卫军的支持下在皇位争夺战中胜出，残酷的"兄弟格杀法"使得那些等待成为新苏丹的王子们个个如待宰的羔羊，也注定了王室的最终没落。1514年起，奥斯曼军队开始向西亚扩张，先是从萨法维王朝手中夺取了土耳其半岛东部及伊拉克一带，后从埃及马穆鲁克军队手中夺取了叙利亚，次年灭亡北非马穆鲁克王朝。1520年苏莱曼一世继位时的帝国已经依靠征服掠夺的财富拥有了一支配备炮兵、火枪和海军的强大常备军。1526年，苏莱曼一世仅用两个小时就用大炮将数万彪悍的匈牙利骑兵杀得尸横遍野，使欧洲彻底失去了东部对抗伊斯兰世界的屏障，随后轻松地征服了巴尔干半岛诸国。1529年，苏莱曼兵围维也纳，只是由于重炮没能及时运到，才使哈布斯堡家族免于亡国的命运。1533年起，相继征服和控制北非阿尔及利亚、突尼斯和今利比亚，以及阿拉伯半岛上的也门、巴林和阿曼，红海沿岸的厄立特里亚与索马里等地区。其甚至在1543年派遣一支拥有110艘船只的舰队访问了马赛，目的是与法国共同对付西班牙哈布斯堡王朝。1566年，苏莱曼一世在征服匈牙利的途中去世，留下了一个北及奥地利，南到亚丁湾，西起地中海，东至里海，横跨欧亚非的庞大帝国，以及一座座兼具伊斯兰和拜占庭风格的巨大清真寺。但苏莱曼大帝用光了奥斯曼人的智慧，他对皇后洛克塞拉娜的宠爱使他在杀光与其他女人的后代后，只留下了两个软弱无能的继承人。1566年，被称作"酒鬼"的塞利姆二世通过阴谋继位，流连于深宫、沉溺于酒色；1571年陆军曾火烧莫斯科但最终被击退，1571年海军在地中海被西班牙和意大利诸邦联合舰队重创。此后的奥斯曼帝国虽然依旧庞大，但开始停止不前并逐渐被欧洲人全面赶超。

公元16世纪的欧洲，教会的贪婪和腐朽最终引发了席卷各国的宗教改革运动。世俗王权的加入导致罗马天主教分裂出马丁路德教派、英国国教派以及加尔文教派等众多分支；与之相伴的是波及整个大陆的宗教仇杀，新教在西北欧诸国和部分德意志邦国的迅速发展，以及现代民族主义的产生。而小国俄罗斯则悄然成长为东正教的领袖。但宗教的争论并没有转移欧洲对掠夺殖民地的专注。

公元16世纪的西班牙和德意志，1506年，"天主教双王"中的阿拉贡国王费迪南二世在妻子（卡斯蒂利亚女王伊莎贝拉一世）和拥有尼德兰的女婿（哈布斯堡家族的腓力一世）相继去世后，宣布替疯女胡安娜监国，成为统一西班牙的开创者。1516年，16岁的卡洛斯一世在外祖父费迪南二世去世后成为西班牙国王，19岁时又从祖父马克西米安一世那里继承了神圣罗马帝国皇帝的称号，因此又称查理五世。其将西班牙和神圣罗马帝国的全部属地和海外殖民地齐聚自己名下，正式开创西班牙哈布斯堡王朝，也因此一生征战不断；对外主要与法国争夺意大利，以保证西班牙与德意志诸国的陆路联系不被切断，曾洗劫罗马并迫使教皇言听计从；还两次击退了奥斯曼人对维也纳的围攻，并在匈牙利国王战死后，帮助兄弟斐迪南一世取得了匈牙利和波希米亚的统治权，使两国成为后来奥匈帝国的重要组成部分，直至第一次世界大战结束。但西班牙海军在1552年遭到了奥斯曼人的毁灭性打击。对内，以卫道者自居的卡洛斯一世竭力阻止新教势力的发展，曾在1521年召集了对马丁·路德的审判，但没能阻止德意志诸侯在1531年组成支持新教的"施马尔卡尔登联盟"。1555年，卡洛斯一世在结束与法国和奥斯曼帝国的作战后，试图扑灭这股新教力量但被联盟击败。

卡洛斯一世更大的成就是探索新航道和开拓美洲；1520年资助麦哲伦成功穿越南美大陆，两年后完成了人类的第一次环球航行，而对科尔泰斯和皮萨罗的支持则使西班牙成为美洲最早和最大的殖民者。先行的科尔泰斯1521年征服了墨西哥一带的阿兹特克王国，后发的皮萨罗1532年征服了中南美的印加帝国。火枪、大炮和战马固然是无坚不摧的利器，但卑劣才是人数极少的西班牙入侵者能够取胜的重要手段。在被盛情款待的时候，科尔泰斯偷袭并抓获了阿兹特克的国王，皮萨罗则干脆直接绑架了印加的国王。群龙无首的两个王国因此丧失了抵抗意志，但如山的黄金也没能换回两位国王的性命，中南美洲大部从此纳入西班牙殖民版图。1535年，西班牙人在太平洋东岸修建了今秘鲁首都利马，后建立了新西班牙总督辖区（设在墨西哥城）和秘鲁总督辖区（设在利马）。西班牙人的另一样秘密武器是疾病，可怜的美洲土著在西班牙人带来的天花面前成批成批地倒下，至死还认为被征服是来自上天的惩罚。在此后百余年里，墨西哥地区人口数量从2500余万直降到265万，秘鲁人口也从900万减少到130万。而西班牙人则掠夺了大量的黄金、白银，并在发展种植园的过程中促使罪恶的"奴隶贸易"蓬勃发展。1556年，提前退位的卡洛斯一世，将神圣罗马帝国的皇冠交给兄弟斐迪南一世（至1564年在位），将西班牙、尼德兰、意大利城邦和海外殖民地留给了儿子腓力二世（至1598年在位）。但就此分离的两国此后一直关系密切，且引发多次王位继承权的战争。

  执政西班牙的腓力二世取消了境内所有王国和城邦的独立权，且继续驱逐穆斯林和犹太人，并将尼德兰地区的大批新教徒送上了火刑柱。1571年，西班牙与罗马教廷和威尼斯、热那亚等意大利城邦组成神圣同盟，在地中海全歼了奥斯曼帝国舰队，随后将魔爪伸向了小巧但富有的邻居——葡萄牙。葡萄牙在发现新航道后，在航行必经的港口都建立了军事要塞，而新型火炮的使用也使他们能够打败任何阻碍他们掠夺的力量。虽然葡萄牙人的海上帝国微不足道，仅包括少数岛屿和沿海据点，却使葡萄牙人得以控制第一条跨越半个地球的商业航线，从而把香料和财富源源不断地运往欧洲。1570年，西班牙从葡萄牙人手中夺取了菲律宾，1580年正式吞并了葡萄牙，将包括巴西、东非和西非、东印度群岛、波斯湾以及印度西海岸的葡萄牙殖民地纳入自己的囊中。1588年，西班牙整合葡萄牙人的力量，组建了一支号称无敌的舰队远征英格兰，但在著名的英吉利海峡遭遇战中被机动灵活的英国海军击溃，残部在返航途中又因风暴而几乎全军覆没。1591年起，腓力二世再次卷入法国宗教战争，但1595年被法王亨利四世击败。此后的西班牙因连年征战以及对掠夺财富的轻易挥霍而走向衰落，曾经点亮了欧洲的伊比利亚太阳开始黯淡无光。

公元16世纪的法国，虽然三面被西班牙哈布斯堡王朝包围，但从未放弃争霸欧洲的雄心。因查理八世和路易十二均无后代，弗朗索瓦一世1515年以宗族身份继承王位，延续了在意大利的扩张，因而与西班牙大战不休，最终在奥斯曼帝国帮助下逼退了西班牙的入侵。在海外殖民地发展上，弗朗索瓦一世也向北美洲派出探险队，于1524宣布纽芬兰为法国王室领地，于1534年扩展到魁北克地区。他对文艺复兴的支持使达·芬奇等一大批文艺巨匠来到法国，卢浮宫也从要塞变成一座艺术博物馆，枫丹白露宫也在1530年左右在巴黎市郊建成。在发展本国经济上，弗朗索瓦一世采取贸易保护政策，积极支持本国工商业发展。而逐渐繁荣的经济也成为其加强中央王权的基础，并因此能够建立起一支忠于国王的庞大军队，进一步削弱了地方领主势力。在宗教改革问题上，弗朗索瓦一世一度为与西班牙抗衡，而积极支持德意志诸侯中的新教势力，但最终还是站在了罗马天主教一边，因为早在1516年法王就已经从教皇那里获得了任命高级神职人员的权力。因此，他后期对新教徒和异教徒实行了残酷迫害，更从1540年起实施了宗教裁判制度。1547年继位的亨利二世专门设立了一个被称为"火焰法庭"的残酷机构。1559年弗朗索瓦二世继位后，法国新旧教派之间的"胡格诺战争"爆发。罗马天主教一派得到了西班牙的坚决支持，新教一派则有英国、德意志诸侯及荷兰等作为后盾。这场战场持续了30多年，其间三位法王病逝、一位法王被刺杀。1589年，亨利四世开启法国波旁王朝时代，但不得不放弃新教信仰才得以入主巴黎。1598年，亨利四世发布"南特敕令"，宣布天主教为国教，同时承认胡格诺教徒享有信仰自由，彻底结束了胡格诺战争。地方贵族势力在这场战争中被极大削弱，使在法国建立中央集权并最终称霸欧洲大陆成为可能。

公元16世纪的英国，亨利八世和伊丽莎白一世对英格兰联合王国的建立和发展做出了巨大贡献。前者使英格兰成功地摆脱了罗马天主教会的束缚；后者击败西班牙"无敌舰队"成为英格兰联合王国崛起的标志。

1509年继位的亨利八世曾是虔诚的天主教徒，据称其之所以转而支持新教是因为他想与原配的西班牙公主离婚，理由是她没能生下一个男性继承人，但此举没有得到罗马教廷的支持，因为罗马教皇当时对西班牙国王卡洛斯一世（凯瑟琳的侄子）充满畏惧。1529年起，亨利八世开始在英国实行彻底的宗教改革，不但更换了主教而且下令教会将税收上缴英王而不是罗马教廷等。在罗马教廷宣布开除其教籍后，亨利八世宣布英王是英格兰教会的唯一至高无上的首脑；1536年起，又采取了发行英文版《圣经》、简化天主教仪式、没收教会土地等一系列措施；不但缓解了自身财政危机，而且通过将部分教会财产赏赐给亲信和贵族，为自己赢得了大量支持者。这种自上而下的改革使英格兰成功避免了德、法等国因为宗教改革而引发的内战。此外，亨利八世于1513年大败苏格兰，杀苏格兰国王，并使自己的妹妹以太后的身份充当詹姆士五世的摄政，在一定时间里保持了北部边境的稳定；同时将威尔士并入英国，使大不列颠的联合又前进了一步。而他着手建立的海军也成为日后英国争夺海洋霸权的基础。

亨利八世在六次婚姻中，第一次生女玛丽一世，第二次生女伊丽莎白，第三次生子爱德华，后三次没有生育。在1547年亨利八世死后的10余年里，他的三个子女先后登上了英格兰的王位，但具有讽刺意味的是都没有后代。最先继位的王子爱德华六世在位仅6年便病逝，长女玛丽接替其成为英格兰第一位女王。玛丽一世是天主教的坚定支持者，因下令残忍地烧死了300余名新教徒而有"血腥玛丽"之称。

1558年，信奉新教的伊丽莎白作为唯一合法继承者，在"血腥玛丽"死后成为英格兰女王。此时已25岁但仍单身的她所要管理是一个只有约 500 万人口的小国，且处在苏格兰和法国的夹击之下。但"独身女王"利用争宠男人们的忠诚迅速地稳定了政局，并利用各国贵族和王室的求婚，为英国争取了生存空间和崛起时间。更幸运的是英国赶上了大航海时代。于是伊丽莎白女王也同样把贪婪的目光对准了海外。当时还很弱小的英国采取了绕开强大西班牙政府，直接与西班牙殖民地进行走私的发展策略，在向西班牙美洲殖民地走私奴隶的过程中积累了原始资本。同时，英国女王通过拉拢海盗迅速建立自己的海军舰队，并以海盗的方式不断抢劫了西班牙运输财宝的货船、袭击西班牙人的港口。极端的利益冲突使双方的决战成为必然，而同样觊觎海洋利益并谋求从西班牙独立出来的荷兰城邦选择站在了英国人一边。1588 年 7 月，由 132 只战船组成的西班牙"无敌舰队"和英荷联军在敦刻尔克海峡展开决战。依靠熟练的海盗战术，英荷联军取得了胜利。但这场大海战的最大受益者却是荷兰。西班牙统治下的尼德兰地区共包括北海沿岸 17 个行省，阿姆斯特丹所在的荷兰省只是其中之一。在上帝和金钱的感召下，包括荷兰在内的北部 7 个省在 1581 年组建联盟并宣布独立（后发展成荷兰共和国，其他地区后发展成比利时）。英国为对抗西班牙对荷兰的独立运动给予了积极支持。海战结束十年后，荷兰人将西班牙人彻底逐出尼德兰北部地区，为最终的独立建国奠定了基础。

公元 16 世纪的沙俄，虽然此时依旧默默无闻，但已悄然完成了统一和扩张，奠定了俄罗斯帝国的基础，尽管第一个封建王朝因无嗣而终。1500 年，使莫斯科公国幸运获得独立的伊凡三世在继承人问题上遇到麻烦。由于在 1498 年将年幼的季米特里加冕为王储，他与拜占庭公主所生的王子瓦西里叛逃了，而其支持者则是正与莫斯科公国交战的立陶宛。1502 年，病重中的伊凡三世出于某种原因又将大公的称号传给了瓦西里，并在三年后病逝。继位后的瓦西里三世延续了伊凡三世的扩张政策，1503 年击败西面的立陶宛，1510 年吞并西北的普斯科夫公国，1514 年不顾南面克里木汗国的入侵夺取斯摩棱斯克，1521年吞并梁赞公国，将莫斯科公国的面积扩展到250万平方公里左右；同时对内采取高压政策，残酷打击贵族和王室中的反对者。1533年，瓦西里三世病逝，大公的称号由年仅3岁的王子伊凡四世继承，但其母也在其7岁时病逝，这使年幼的伊凡四世在贵族和各种利益集团的互相倾轧和谋杀中养成了冷酷、冲动和残忍无情的性格。此时的沙俄虽然幅员辽阔但只有约900万人口，且被传统欧洲视为荒蛮的小国；贵族不但世袭财产、掌控国家军队，而且还垄断了各级行政机构。1547年，伊凡四世正式加冕并使用沙皇的称号，通过把不服兵役贵族的财产赐给中下级军官很快建立起了一支忠于自己的军队，并把扩张的目标首先对准了从金帐汗国分裂出来的四大汗国；1552年灭喀山汗国、1556年灭阿斯特拉罕汗国，征服了整个伏尔加河流域。1563年，伊凡四世自称"全西伯利亚皇帝"，并在1574年授权斯特罗加诺夫家族雇佣哥萨克骑兵向乌拉尔山以东的西伯利亚汗国发起攻击。虽然在南部与奥斯曼帝国、东南部与克里米亚汗国、西部与瑞典的战争中都没有占到多少便宜，甚至在1571年被奥斯曼人火烧了莫斯科，但已经让这些国家不得不正视沙俄的崛起了。由于1565年强迫大量豪门富户举家东迁边疆，1571年将消极执行政策的一个城市屠城，以及1581年失手打死了王储等不胜数计的暴行，伊凡四世获得了"恐怖伊凡"的称号。1584年，令人恐怖的伊凡终于在贵族们惶惶不可终日的期盼中死去了，沙皇的宝座由弱智的儿子费奥多尔继承，大权随后被其舅舅戈东诺夫独揽。值得一提的是，1589年，君士坦丁堡东正教廷正式承认莫斯科教廷独立，此后莫斯科的天主教领袖的全称为全俄及莫斯科东正教大牧首，地位相当于天主教的教皇，只不过天主教的教皇只有一个，东正教的大牧首是按全球几大教区分设的。1598年，费奥多尔无嗣而终，戈东诺夫在争议中被贵族们推举为新的沙皇，俄罗斯第一个封建王朝留里克王朝至此结束。同年，随着西伯利亚汗国在哥萨克雇佣兵的进攻中灭亡，人迹罕至的西伯利亚北部已经什么力量阻挡俄罗斯人东扩的脚步了。

纵观公元 16 世纪的世界，罗马教皇格里高利十三世在 1582 年颁布格里高利历（公历），以耶稣诞生之年作为纪年的开始。而人类文明发展也正是在公元 16 世纪发生了历史性转折。如果仅从中朝与日本、英荷与西班牙的两场海战来看，两者的交战规模和使用的武器并没有太大的差别，说明东西方文明的发展水平已经非常接近，但此后两者的发展方向截然不同。新航线和新大陆的发现使思想被禁锢了几百年的欧洲及时地抓住了大航海时代给予的机遇，急速地冲向世界，荷英两国沿着葡西两国发现的新航道先后称霸海洋。而大明王朝的思想则被禁锢得更加牢固，失去了前进的动力，只能是固守昔日的荣光。当陆地不再是征战的唯一舞台，当辽阔的海洋开始成为争霸的主战场，世界征伐的方向彻底逆转。从东向西奔驰了一千多年的铁骑，被自西向东顺风而行的战船所取代。曾经极其落后的西方世界（西欧）已经把落后于东方的距离彻底赶上，并依靠文艺复兴提供的思想活力开始加速超越东方。而且随着满人入关继续迟滞中华文明前行的脚步、欧洲资产阶级革命进一步加速欧洲的发展，东西方的差距还将进一步扩大。300 年后，在封闭和自满中沉沦的中华文明只能在一声声哀叹中成为任人宰割的羔羊了。

# 满人入关与三十年战争前后的欧洲

公元 17 世纪上半叶的世界，东亚的大明王朝没能在奋发图振的崇祯皇帝手中得到救赎，在一场规模浩大的农民起义中终结了平淡但不乏瑰丽的生命。当女真人乘机入关、建立中国封建社会最后一个王朝时，卫拉特蒙古人建立的准噶尔汗国只能遗憾地以中亚草原为基地与之对抗了。南亚次大陆分裂的土邦几乎无法抵御帖木儿后裔的进攻。只能任由莫卧儿王朝在相对稳定中创造着泰姬陵的奇迹。西亚的萨非波斯王朝和奥斯曼帝国渐渐停止了扩张的脚步，在残酷的王位争夺中开始从荣耀的顶峰滑落。欧洲虽然被基督教黑暗的最后疯狂——三十年战争所席卷，但移民和开拓美洲已成为各国国王和民众的共同梦想。

公元 17 世纪上半叶的东亚，在位长达 48 年的明神宗后期懒政不朝、贪恋酒色，甚至连大臣们的奏章也"留中"不批复，政府运转几乎陷于停顿，党争纷起，终至国势颓微，以致史云"明之亡实亡于神宗"。1620 年，少不得宠的明熹宗（年号天启）侥幸继位，虽曾重用杨涟、左光斗和袁崇焕等文臣武将，但亦沉迷于木匠手艺，将国事悉数托付给太监魏忠贤管理，以至奸佞当道、大批忠臣被冤杀，加之天灾不断，大明王朝逐渐深陷内忧外患之中。曾在中国北方建立大金国的女真人在沉寂 400 余年后再度崛起于关外。1616 年，努尔哈赤在今辽宁新宾建立后金，1618 年以"七大恨"檄文讨明、宣布脱离明朝统治，1619 年在萨尔浒之役大败明军、席卷辽东，后迁都沈阳，击退林丹汗率领驰援明军的东部鞑靼蒙古各部。1625 年，努尔哈赤在进攻今锦州附近的明宁远城时被守将袁崇焕以红夷大炮击退。1626 年，皇太极在努尔哈赤病逝后继位，仿明制建立国家机构，并制定了先征蒙古、再攻明的扩张战略；为此，采取了联姻、劝诱和征讨等多种手段，趁蒙古各部因红黄藏传佛教之争发生分裂之机，屡败林丹汗，大量收服其部众。1634 年，林丹汗病逝于今甘肃一带，其子次年归降皇太极，漠南地区遂并入后金版图。1636 年，皇太极正式称帝，国号"清"，改元"崇德"，改"女真"为"满洲"，定都今沈阳，同年征服明朝藩属国朝鲜。1638 年，漠北喀尔喀蒙古三部"遣使来朝"。至此，大清基本完成了对长城以北地区的控制。在这过程中，皇太极按女真人军制增设汉军八旗和蒙古八旗，政治和军事实力大增。

面对满族人的迅猛崛起，1627 年弟及兄位的明思宗（年号崇祯）虽有中兴宏愿，果断清除阉党、六次下诏罪己，但此时的大明王朝已经积重难返了。1628 年，因灾荒无法生活的陕北农民率先发动起义，各地纷纷响应。1630 年前后，李自成和张献忠先后加入义军，后分别成为两支主要队伍的领袖。可悲的是，崇祯皇帝却在同年因诬告凌迟处死了屡退清军的袁崇焕，致使对清作战彻底陷入被动，对孤悬海外的台湾等更无暇顾及。1622 年荷兰人试图占据澎湖列岛时，明军尚有能力将其驱逐，但到了 1626 年西班牙人侵占台湾时就已经有心无力了，至 1642 年荷兰人击败西班牙人夺取台湾时就更是无力亦无心了。由于精锐部队主要在山海关一带抵御清军且缺粮少饷，明朝虽招安和围剿等手段并用，但终无法扑灭农民起义的烈火。1644 年，李自成在西安建"大顺"政权，随即攻占北京，空怀复兴之志的崇祯皇帝抱恨吊死于煤山。同年，张献忠在成都建"大西"政权，驻守山海关的吴三桂率 20 万明军先投李自成、后降清，大明王朝的江山彻底崩塌。其后的数个南明小皇帝只是进行了 10 多年徒劳的挣扎。此前一年，关外的大清王朝也发生变故，皇太极在没有立储的情况下突然驾崩，其弟多尔衮成功拥立皇太极第九子福

# 满人入关与三十年战争前后的欧洲

（公元 17 世纪上半叶）

## 北美洲

法国人：1608 年，建造魁北克城；1642 年，发现蒙特利尔。

英国人：1607 年，建首个殖民地；1620 年，五月花号到达；1636 年，哈佛大学建立；1637 年，屠杀土著居民。

荷兰人：1626 年，骗购曼哈顿岛。

## 中南美洲

西班牙独占除巴西外的中南美洲。

## 欧洲

1602 年，荷建东印度公司；
1609 年，意伽利略望远镜；
1609 年，荷建股票交易所；
1618 年，三十年战争爆发；
1619 年，德开普勒三定律；
1628 年，哈维血液循环；
1628 年，荷劫西班黄金舰队；
1630 年，瑞典派新军参战；
1632 年，古斯塔夫战死；
1635 年，法军队公开参战；
1640 年，葡萄牙重新独立；
1642 年，英资产阶级革命；
1643 年，法路易十四继位；
1648 年，法巴黎爆发起义；
1648 年，三十年战争终结；
1648 年，荷兰正式独立；
1649 年，英王查理被砍头。

## 欧亚分界北部——俄罗斯

1605 年，俄留里克王朝终结；
1613 年，开始罗曼诺夫王朝；
1619 年，大牧首获沙皇权力；
1632 年，探险队抵推库尔斯克；
1648 年，探险队抵白令海峡。

## 欧亚分界南部——奥斯曼

1631 年，近卫军多次叛乱；
1638 年，重新夺回巴格达。

## 西亚

1602 年，萨法攻占巴林岛；
1605 年，夺西北部大不里士；
1622 年，夺葡占霍尔木兹岛；
1623 年，重占巴比伦达高加索；
1639 年，划定与奥斯曼边界。

## 中亚

1622 年，希瓦汗国爆发内乱；
1628 年，瓦剌人入侵哈萨克；
1643 年，布哈汗国开始强盛。

布哈运汗国在稳定中发展，
喀喀尔不为莫卧儿王朝控制。

## 南亚

1605 年，贾汉吉尔继承王位；
1627 年，莫卧儿沙贾汗继位；
1631 年，开始修建泰姬陵寝；
1638 年，沙贾汗迁都到德里；
1649 年，波斯人攻占坎大哈。

## 东亚

1603 年，德川幕府迁江户；
1616 年，努尔哈赤建后金；
1626 年，西班牙侵占台湾；
1626 年，明王朝宁远大捷；
1627 年，明崇祯皇帝继位；
1628 年，明崇祯义大爆发；
1628 年，徐光启农政全书；
1630 年，袁崇焕被处凌迟；
1633 年，日正式闭关锁国；
1636 年，皇太极建国大清；
1637 年，宋应星《天工开物》；
1639 年，顾炎武《肇域志》；
1640 年，准噶尔汗国建立；
1642 年，荷兰人侵占台湾；
1643 年，清顺治皇帝继位；
1644 年，李自成攻克北京；
1650 年，清顺治皇帝亲政。

临为帝,并夺得辅政大权。在接到吴三桂的请降后,多尔衮率领被阻关外 20 多年的清军大举入关,击败称帝仅 80 天的李自成,迎年仅 6 岁的顺治皇帝迁都北京,1644 年改元顺治,开启中华文明的大清时代。其后,多尔衮在吴三桂、洪承畴等前明降将帮助下横扫中原地区,分别在 1645 年和 1646 年追杀李自成和张献忠至死,确立了大清王朝的统治地位。1650 年,多尔衮去世,13 岁的顺治皇帝提前亲政。

在当时中国的西北地区,在清朝建立的同时,天山以南的叶尔羌汗国由于伊斯兰黑山和白山两大教派间的矛盾内乱不止。天山以北直至中亚则活跃着主要由和硕特、准噶尔、杜尔伯特、土尔扈特四大部落组成的卫拉特蒙古人(即明时的瓦剌蒙古人)。1628 年,因不满日益强大的准噶尔部挤压,部分土尔扈特及和硕特部众出走中亚伏尔加河下游(1771 年后部分东归,滞留当地的后被称作卡尔梅克人)。1635 年,和硕特部首领固始汗应五世达赖和班禅四世之请,以保护藏传佛教格鲁派的名义率部南下占据青海。1640 年,准噶尔部首领巴图尔召开卫拉特四部首领大会,在今新疆霍博克赛里筑城为都,颁布《卫拉特法典》,正式建立准噶尔汗国。1641 年,和硕特部兴兵入后藏,1642 年掌握西藏地方政权,屡次遣使结交尚在关外的大清。1646 年,卫拉特四部首领在清定都北京后联名奉表纳贡,清廷则赐以甲胄弓矢抚慰。此后,准噶尔汗国在中亚地区四处出击,尤其是在向东面的漠北草原扩张中与喀尔喀蒙古各部征战不断,迫使后者完全归附于大清王朝,并因之对大清王朝的发展产生了重大影响。

公元 17 世纪的日本,从本世纪起进入长达 260 余年的德川幕府时代,直至明治维新,归政天皇。由于未参加丰臣秀吉指挥的侵朝战争,德川家康的军事实力得以保存,并因此在丰臣秀吉死后,于 1600 年击败主要对手石原三成,进军大阪,三年后正式在江户(今东京)设立德川幕府;1615 年攻破大阪、杀死蜷缩在城堡里的丰臣秀赖，彻底清除了丰臣秀吉家族的残余。1616 年，德川家康病逝，其子德川秀忠继位，8 年后让位长子德川家光。此时，通过对反对派的征伐，德川家族已经控制了日本一半以上的财富，并效法军队管理体制来管理国家，从思想和行为上对贵族和贫民实行严密控制，提倡孝顺和服从的儒学受到大力推崇，其他一切外部影响则遭到严格禁止；1618 年起对通商传入的基督教信徒进行大规模迫害，1633 年正式闭关锁国。至 1651 年德川家光去世，除了少数荷兰人外，日本几乎隔绝了与外部的一切联系。相较于清朝，日本对外部的影响更为恐惧。

公元 17 世纪上半叶的中亚，主要存在有三个国家，彼此间的边界变动剧烈。中东部的布哈拉汗国阿斯特拉罕王朝在这一时期政治经济相对稳定。西面的希瓦汗国则陷入乌兹别克与土库曼两大族群的长期争斗，直至 1643 年巴哈杜尔夺取汗位才走向稳定。北面的哈萨克汗国则仍经常遭到卫拉特蒙古人的侵扰，不得不与叶尔羌汗国联合对抗准噶尔汗国的扩张。南面的阿富汗此时被莫卧儿王朝和波斯萨法维王朝东西分占，且坎大哈遭到两者拉锯式争夺。

公元 17 世纪上半叶的南亚，阿克巴大帝的子孙们，一方面不断扩展着王朝的版图，一方面创造着莫卧儿帝国的辉煌。贾汉吉尔 1605 年继承王位后，对艺术的喜爱，以及由之衍生的对美女的倾心和多情，一度导致外戚专权。1627 年，一度篡位失败逃亡的其子沙·贾汗终于成功夺取王位，但几乎延续了其父的做法，在一次次镇压反叛和扩张的同时，同样多情且对绘画和艺术钟爱有加。1631 年起，沙·贾汗用 22 年的时间和国力为早逝的爱妻修建了举世闻名的泰姬陵，成为莫卧儿王朝的象征。除 1649 年曾被波斯萨法维王朝攻占坎大哈之外，在沙·贾汗统治的 30 余年里，印度半岛从未被外敌入侵。

公元 17 世纪上半叶的西亚，波斯萨法维王朝和奥斯曼帝国都因残酷的王位争夺而后继乏人，一个个在皇宫中胆战心惊长大的皇帝都无力延续王朝的辉煌。

东部的萨法维王朝，由于在英国人的帮助下组建了以格鲁吉亚雇佣兵为主的新军，昔日对王朝建立做出决定性贡献的土库曼"红头人"影响迅速下降，王朝开始向波斯本土化过渡。1602年，阿拔斯一世依靠已经装备大炮和火枪的新军成功夺取了1507年被葡萄牙人占领的巴林；1622年，又在英国海军配合下从葡萄牙人手中夺取了波斯湾中的霍尔木兹岛，进一步扩大了与英国东印度公司和荷兰东印度公司的贸易关系。此间，东部乌兹别克人的骚扰逐渐减弱，阿拔斯一世将主要精力用于同西部的奥斯曼帝国争夺伊拉克地区，1605年重新夺回了早期的都城大不里士，1623年重占巴格达及高加索一代。两国之间的战争直到1639年最终划定边界才告一段落。阿拔斯一世统治时期是萨法维王朝的巅峰，疆域大致包括今天的伊朗、伊拉克、亚美尼亚、阿塞拜疆、格鲁吉亚以及部分中亚地区。但由于怀疑可能在地方军阀的怂恿下谋反，阿拔斯一世杀死或弄残了所有儿子。因此在其1629年去世时，王位只有由长孙萨非继承。1642年继位的阿拔斯二世虽然在位24年，但他打击腐败的努力最终让位于对奢侈生活的追求。尽管如此，依靠阿拔斯一世奠定的基础，萨法维王朝又延续了100多年。

西部的奥斯曼帝国，在王位继承人方面发生的问题更为严重，在短短50年里居然更换了七位皇帝，而曾经所向披靡的近卫军竟成为国家动乱的元凶。1603年穆拉德三世去世后，继位的艾哈迈德一世在任14年间被萨法维王朝夺取了西亚的大片领地，欧洲部分不仅被迫放弃了奥地利人向其缴纳贡款的权力，还不得不向法国、威尼斯、荷兰等国提供贸易优惠待遇。在经过弱智穆斯塔法一世的短暂过渡后，奥斯曼二世1618年继位，但仅四年后便因试图削减近卫军的影响而被谋杀。再次经过弱智的穆斯塔法一世过渡后，只有11岁的穆拉德四世在1623年继位，其母垂帘听政，国家陷入无政府状态；外有萨非波斯人侵入伊拉克，内有禁卫军1631年闯入皇宫大开杀戒，甚至杀死了宰相，阿拉伯半岛北部则骚乱不止。1632年，穆拉德四世在平息了叛乱后，重新组建了新军，情况有所好转。在平定地中海东岸的叛乱后，穆拉德四世于1638年再度攻占巴格达，后与萨法维王朝正式划分了两国延续至今的边界。1640年，年仅28岁的穆拉德四世因病去世，他被怀疑精神失常的弟弟易卜拉欣一世继位，八年后被罢免。易卜拉欣一世年仅六岁的儿子穆罕默德四世继位，奥斯曼帝国彻底走向衰落。

17世纪上半叶的欧洲，虽然被"三十年战争"的战火所笼罩，却也因此开始摆脱基督教的羁绊，以美洲为主的海外殖民地开拓则成为其称霸世界的起点。

随着西欧各国纷纷加入了海外殖民的队伍，截至1627年，偌大的美洲大陆基本被瓜分完毕。西班牙人在寻找黄金的过程中逐步占据了今美国西部各州和南部的佛罗里达、卡罗来纳以及墨西哥及其以南大部。荷兰和英国新教徒将今美国东部各州作为开拓的据点。法国通过与印第安人签订欺骗性契约，占据了南至佛罗里达北抵北极圈的北美内陆大部。新西班牙、新尼德兰、新英格兰和新法兰西等一系列称呼，已经充分反映出欧洲各国对美洲大陆寄予的期望。只不过这种对于侵略和掠夺的期望从一开始就注定充满血腥。1607年到达弗吉尼亚的英国人面对荒凉的土地，不得不靠啃噬伙伴才熬过第一个严冬。1620年乘坐"五月花号"到达马萨诸塞州普利茅斯的英国清教徒幸运地在印第安人帮助下学会了渔猎和种田。为感谢印第安人的帮助，幸存下来的欧洲人创造了感恩节。但后来这种感恩只是感谢上帝了，因为为争夺生存空间，这些清教徒不久就对曾帮助过他们的印第安人展开了无情的杀戮。一位神父用"在一个小时内，这些野蛮人中的500~600人从负载他们的地方消失了"，这样平静到残忍的语言记载了当时发生的一切。而这种杀戮相对于此后200多年的种族灭绝只能是小巫见大巫了。殖民者之间的杀戮则以另外一种表现形式保存至今天。荷兰人在1626年将用60

荷兰盾从印第安人手中购买的曼哈顿岛命名为新阿姆斯特丹（New Amsterdam）。1651 年，英国人在用四艘战舰迫降荷兰人后将其更名为纽约（New York，新约克郡）。如此林林总总、不一而足。尽管如此，17 世纪上半叶的美洲殖民地除黄金白银外，还只能为欧洲大陆提供毛皮和鳕鱼等初级产品，欧洲各国争霸的中心依然集中在欧洲大陆，且集中表现为因新教与天主教势力冲突激化引发的"三十年战争"（1618~1648 年）。

"三十年战争"最初只是神圣罗马帝国内部德意志诸侯间的一场内战，只是由于其他国家的不断介入才逐步席卷整个欧洲，并按照宗教信仰划分为两大阵营，一方是神圣罗马帝国中信仰新教的德意志诸侯以及英格兰、瑞典、丹麦和荷兰，一方是神圣罗马帝国中站在皇帝（此后简称德皇，仍由哈布斯堡家族出任）和罗马教皇一边支持天主教的德意志诸侯，以及与哈布斯堡关系密切的西班牙。原本对宗教改革持包容态度的法国后来出于争霸欧洲的考虑也加入新教的阵营，从而使"三十年战争"大体上分为三个发展阶段。

第一个阶段（1618~1624 年）的战争主要是在波希米亚（以下称捷克）人与德皇之间进行。捷克曾在 200 年前爆发过"胡斯战争"，是欧洲宗教改革的发源地。1618 年，时任捷克国王斐迪南二世（次年成为德皇）公开压制新教，引发了"布拉格扔出窗外事件"和大规模民众起义。起义军在巴拉丁选帝侯的带领下一度攻入奥地利、兵围维也纳，但由于德皇用巴拉丁选帝侯的职位拉拢了巴伐利亚公爵，加之起义军内部贵族的临阵退缩，第一个阶段的内战以德皇的完胜告终。

第二阶段（1625~1635 年）的战争主要表现为英国、丹麦和瑞典等在法国的怂恿下加入了神圣罗马帝国的内战。1625 年，丹麦渡海攻入德国西北，英国从西面进攻捷克，德意志新教诸侯从东面进攻奥地利和巴伐利亚，但先后被华伦斯坦指挥的德皇军队击败。1630 年起，瑞典的加入将第二阶段的战争推向了高潮。1611 年，当年仅 17 岁的古斯塔夫二世继位时，瑞典内有反对派叛乱、外与丹麦、波兰和俄罗斯三国征战不断。1617 年，古斯塔夫二世在正式加冕后，采取了吸引外资、增加税收等一系列强国措施；尤其是率先对军队进行了近现代改革，在军队列阵和武器使用等方面进行了大胆创新，用义务兵替代雇佣兵并统一着装，极大地提高了军队的纪律性和战斗力。其后几年，古斯塔夫在与波兰的战争中逐步完善了战场指挥技术。1630 年，古斯塔夫率领 1.3 万瑞典军队在德国登陆，在勃兰登堡和萨克森等德意志诸侯的支持下连战连胜，直逼天主教联盟的大本营巴伐利亚，赢得"北方雄狮"美誉。但在 1632 年的吕岑会战中，瑞典虽然获得了战役的最终胜利，却付出了国王古斯塔夫阵亡的巨大代价，并最终在 1634 年被德皇太子指挥的军队击败。第二阶段的战争以萨克森等德意志新教诸侯纷纷与德皇议和而告终。

第三个阶段（1635~1648 年）的战火因法国等的加入扩展至几乎整个欧洲。1635 年，一直躲在幕后的法国趁各交战国精疲力竭之机对西班牙宣战，"三十年战争"的两大交战阵营彻底形成。交战之初，西班牙军队一度从南北两面攻入法国，法国和瑞典联军则在东线连续重创德皇军队。1643 年，法瑞联军开始在多个战场击败西班牙人，并攻入了奥地利和巴伐利亚，无力再战的德皇和西班牙被迫求和。1648 年，瑞典因背后遭丹麦偷袭、法国因国内爆发民众起义均无意再战，交战各方最终签署了《威斯特伐利亚和约》。主要内容包括承认各国宗教信仰自由并绝不因宗教再战，以及承认尼德兰联省共和国和瑞士为独立国家，德皇割让给法国、瑞典和部分帝国内新教诸侯领地等。"三十年战争"期间，各参战国均因无力支付军费而纵容雇佣兵掠夺城市、杀戮平民，给欧洲带来了极大的破坏，政治版图也因血雨腥风而重新洗牌。

法国无疑是"三十年战争"的最大受益者，不但极大地扩张了东部边界，而且激发了太阳王路易十四称霸欧洲乃至世界的梦想。1610 年，开创波旁王朝并终结了法国宗教战争的亨利四世被刺身亡，其子年仅 9 岁的路易十三继位；其拥有西班牙公主身份的母后一度摄政，并试图通过联姻等手段与西班牙交好。1617 年，母子关系激化，红衣主教黎塞留在调停两者关系的过程中逐渐得到路易十三的信任。其后，红衣主教开始在法国政治舞台发挥重要影响。"三十年战争"爆发后，法国最初虽未出兵，却用金钱支持丹麦、瑞典，直到各方都筋疲力尽时才依靠军事和外交手腕成为这场旷日战争的最大赢家，将阿尔萨斯和洛林等地划入自己的版图。但路易十三并没有看到这一成果。1643 年，路易十三在得力助手红衣主教黎塞留去世一年后离世，年仅 5 岁的路易十四继位，得到太后宠信的红衣主教马萨林出任首相并成为法国的实际统治者。由于长期支持甚至直接加入了"三十年战争"，马萨林不得不采取各种极端手段搜集战争经费，引发社会各阶层的不满。1648 年 8 月，巴黎等地爆发大规模民众起义，路易十四在 10 月逃离巴黎，为平息众怒一度流放了首相马萨林，并在 12 月匆匆签署了标志"三十年战争"终结的《威斯特伐利亚和约》。1649 年 1 月，闻悉英王查理一世在英国资产阶级革命中被砍头的法国贵族匆匆与国王达成和解，亲王孔代统率从前线撤回的法军包围巴黎，一年后彻底镇压了民众起义。

　　荷兰是"三十年战争"的另一大赢家。荷兰虽然在 1581 年宣布独立，并在 1588 年与英国一起歼灭西班牙"无敌舰队"，但其独立一直没有得到西班牙的承认。1602 年，9 个富有的荷兰商人宣布成立拥有发动战争权力的荷兰东印度公司，意图垄断全部海上香料和其他产品贸易，1609 年在阿姆斯特丹建立了世界上最早的期货和股票交易所，1616 年为开拓美洲、向西班牙和葡萄牙殖民地走私黑人奴隶又成立荷兰西印度公司，1642 年夺取了西班牙人侵占下的中国台湾，并在"三十年战争"结束后迫使西班牙正式承认其为独立国家。此后，依靠遍布世界、数量庞大的商船，荷兰以"海上马车夫"的称号成为继西班牙之后 17 世纪世界最大的殖民国家。但在对外扩张的同时，荷兰的共和国政体也一度遭遇挑战，掌握军权的奥兰治家族一直试图恢复君主政体。这一危机直到奥兰治家族的威廉二世在1650年去世才被暂时缓解。

在其他的一些战胜国中，瑞典依靠新式军队在战争中的出色表现一跃成为北欧强国，获得了德意志北部沿海地区、芬兰湾、里加湾等大片领地。

英国虽然是"三十年战争"的战胜国，但因战争激化了社会矛盾，查理一世在新兴资产阶级和贵族争取权力的过程中被以"革命"的形式送上了断头台。由于伊丽莎白一世1603年去世时无后，英格兰国王的头衔只能由当时已担任苏格兰国王20余年的詹姆斯六世（在英格兰称詹姆斯一世）继承，因为他的母亲是伊丽莎白一世的姑姑。詹姆斯一世虽然为英格兰和苏格兰带来了短暂的和平，却挥金如土，令早已无权擅自增税权的英格兰王室难以支撑，而他的各种增税企图也遭到了分别由贵族和新兴资产阶级组成的议会上下两院的共同抵制。虽然詹姆斯一世在1621年以解散议会的手段一度迫使议员们屈服，却为国王和议会冲突的升级埋下了祸根。1622年，同样挥金如土的太子查理一世继位，1625年出兵加入"三十年战争"，但被击败。1629年，当已经对王室失去信任的议会再次拒绝增税时，盛怒之下的查理一世下令解散了议会。在解散议会11年后，查理一世1640年为获取资金重建用于镇压苏格兰起义的军队，不得不再度召开议会，在遭到拒绝后再度解散议会并坚持同苏格兰开战、结果遭到惨败。长期遭到查理一世打击的新教徒率先起义但遭镇压。1642年，伦敦民众在查理一世试图逮捕持不同意见议员时发动起义，逃跑后的查理一世北上约克城组建王党军队，准备武力镇压议会，议会随即组建议会军与之对抗，英国资产阶级革命正式爆发。战争之初，国王的军队一度略占上风。但随着克伦威尔率领由农民训练组成的"新模范军"在1644年参战后，形势发生逆转。1646年，"新模范军"打败由德意志雇佣兵组成的王党军主力，1647年攻占支持查理一世的苏格兰首都爱丁堡。1649年，查理一世被只有

60 余人的"残缺议会"以叛国罪砍下的脑袋,成为英国君主立宪制最坚固的一块基石。但查理一世之死拉开的只是英国资产阶级革命的序幕。

神圣罗马帝国和西班牙是"三十年战争"的最大输家,《威斯特伐利亚和约》以法律的形式将德意志地区分裂成 314 个大大小小的邦国,其中瑞士成为独立国家,只是因为欧洲各国认为需要有人来维持德意志人的稳定才允许哈布斯堡家族继续保留神圣罗马帝国的皇冠。此后的 100 多年,神圣罗马帝国主导欧洲的角色被法国人所取代。而与神圣罗马帝国曾经一体的西班牙也加速衰落。1598 年登基的西班牙国王腓力三世终日沉溺于享乐和挥霍,一生为宫廷宠臣所操控,只将一个虚弱的西班牙和"三十年战争"留给了 1621 年继位的腓力四世。1628 年被荷兰人劫掠黄金舰队、1640 年葡萄牙重新独立、1642 年被荷兰人逐出中国台湾,以及战后割让洛林等尼德兰南部地区给法国,无奈承认荷兰为独立国家等一系列外部打击和国内危机,彻底动摇了西班牙在欧洲的大国地位,且其独占美洲的局面也被打破,只是在地中海地区还具有一定影响。

17 上半叶的俄罗斯虽然已经拥有庞大身躯,却被瑞典和波兰隔绝在欧洲之外,但也因此得以避免被"三十年战争"的战火所波及。1605 年,取代俄罗斯第一个王朝——留里克王朝的戈东诺夫暴死,沙俄陷入长达八年的"空位时期"。在此期间,无论是冒充的,还是波兰人出任的沙皇都遭到了俄罗斯人的驱逐。1613 年,罗曼诺夫家族的米哈伊尔被贵族们推举为新沙皇,开启沙皇俄国的罗曼诺夫王朝时代,直至 1917 年在第一次世界大战中灭亡。但当时的米哈伊尔只是个傀儡,或为其父亲操控或让权于贵族,1619 年曾授予东正教大牧首与其同等的权力,1633 年甚至将权力交给了逼宫的贵族。尽管如此,沙俄还是多次击退了波兰的进攻,并通过谈判与瑞典达成了和平,虽然失去了在波罗的海的出海口。1645 年,其 16 岁的长子阿列克谢开始学习如何管理这个桀骜不驯的国家。虽然沙皇的地位在这50年里还十分虚弱，但在灭亡西伯利亚汗国之后，西伯利亚各种珍贵的毛皮开始成为沙俄版图东扩的原动力，大量猎人、军人和富商沿着遍布西伯利亚的水系奔向东方，用火枪野蛮地征服了一切敢于反抗的原始部族，且沿途修建了一系列要塞和城堡作为补给和前进的基地。至1711年征服堪察加半岛，沙俄已经侵占东到太平洋、北达北冰洋、南到贝加尔湖的狭长地带，且将亚洲中南部的农牧区作为侵略扩张的下一个目标。

纵观公元17世纪上半叶的世界，"三十年战争"虽然残酷，却使欧洲彻底解脱了基督教的数百年羁绊；英国资产阶级革命虽然血腥，却是人类文明前进路上的必然。当欧洲殖民者的战船以"上帝和金钱"的名义、在商业原罪的驱动下竞相冲向海洋，当沙俄冒险家在对毛皮的追求中穿越了贝加尔湖北部的严寒，欧洲时代的来临也就成为历史必然。与之相比，大清帝国、莫卧儿王朝、萨法维王朝和奥斯曼帝国在对历史千年不变的简单重复中了无生机，几乎停止了前进的脚步。

# 康熙大帝与太阳王路易十四的雄心

公元17世纪下半叶的世界，东亚大清帝国的内外征战是整个亚非传统帝国的唯一亮点，中亚诸国在停滞中依旧混战不休，南亚莫卧儿帝国在统一半岛失败后再无生机，西亚的萨法维王朝全无发展动力，奥斯曼帝国的最后扩张也以失败告终。相比之下的欧洲，奥地利屡败奥斯曼人后称雄中欧，普鲁士王国的独立成为德意志统一的序曲，法王路易十四用"太阳王"宣誓了图霸的雄心，英国在宗教冲突中确立了君主立宪政体，沙皇俄国在驰骋西伯利亚的同时开始面向西方，只有荷兰渐失了海上马车夫的光环；更重要的是，现代科学的出现对于人类文明的发展影响极其深远。

17世纪下半叶的东亚，顺治和康熙二帝克服种种内忧外患，开始奠定大清帝国的基本框架。

1651年，亲政后的顺治先是迅速剪除多尔衮的势力，后"罢诸王、贝勒、贝子管理部务"，成为名副其实的皇帝。但此时全国反清声势依然浩大，尤其是南明的永历政权在得到李自成和张献忠余部的支持后，一度夺取江南大部及川陕等地。面对严峻形势，顺治充分利用对手的内部分裂，征讨与招安并举，终于灭亡了南明永历政权（仅存福建沿海的郑成功尚未归附）。其间，西藏的五世达赖喇嘛在1652年奉召进京，得到顺治隆重礼遇；天山南麓的叶尔羌汗国也在1657年遣使称臣。然而在满汉关系方面，顺治虽然也曾阻止满人圈地，但总体上以维护满人利益为主。1660年董鄂妃去世后，据传顺治一度看破红尘、剃度出家，次年被神秘地宣布病逝，遗诏索尼、苏克萨哈、遏必隆和鳌拜四位大臣辅政三子玄烨继位（次年改元康熙）。而此时的清政府面临的内外形势依然严峻，不仅朝内的四位辅政大臣激烈内斗，东南的郑成功在 1662 年从荷兰人手中夺回台湾后又对沿海地区造成严重威胁，西南的吴三桂、耿精忠和尚可喜三位藩王也拥重兵割据，此外还有西北的准噶尔汗国四处扩张，北方的俄罗斯人开始从东中西三个方向对大清王朝步步紧逼。即便是在 1667 年亲政后，时年 14 岁的康熙也一度被大权独揽的鳌拜架空。这一危局直到康熙 1669 年智擒鳌拜、亲揽朝政才逐渐改变。

1673 年，康熙以"藩镇久握重兵，势成尾大，非国家利"为由下令撤藩。割据云南的吴三桂随即打起"反清复明"的旗号反叛，福建的耿精忠和广东的尚可喜亦起兵呼应，但因三者皆是亡明罪臣而响应者寥寥，最终在 1681 年被康熙平定。随后，康熙开始将主要精力用于对付割据闽台的郑成功余部，最终在 1683 年武力收复台湾，彻底平定各地叛乱。但此时，两个更强大的对手已对大清的北疆构成严重威胁，一个是远道而来的俄罗斯人，一个是几乎与大清同时建国的准噶尔汗国。康熙选择了先解决俄罗斯人问题。进入 17 世纪下半叶，已经横越西伯利亚的沙皇俄国大致沿三个方向入侵我国，东路主要是在黑龙江流域进行抢劫和杀戮，中路主要是想通过征服喀尔喀蒙古各部夺取贝加尔湖以南广大地区，西路主要是想通过支持准噶尔汗国图谋天山南北。其中，东路早在 1657 年就已经在今满洲里西北的尼布楚河与石勒喀河合流处，建立了雅克萨与尼布楚两座城堡作为其劫掠的根据地。1685 年起，清军两次围攻雅克萨城，迫使索菲娅摄政时期的沙俄同意谈判划分边界。在双方 1689 年签订的《尼布楚条约》中，大清王朝首次使用了"中国"的名称，虽然放弃了西部包括贝加尔湖的广大西伯利亚地区，但明确了包括库页岛在内的黑龙江和乌苏里江流域属中国领土，在此后 170 余年里成功遏制了沙俄在东北亚的侵略扩张。在解决完东路俄罗斯人的问题后，康熙集结重兵专心应对已在西北做大的准噶尔汗国。1653

年，准噶尔大汗巴图尔去世后，其第五子僧格继承汗位，但1671年在内乱中被杀死，汗国因僧格的三个儿子年幼而濒临分裂。在这种情况下，僧格正在西藏学习佛学的弟弟噶尔丹迅速回国夺取汗位、平定叛乱，后在西路俄罗斯人的支持下对外大举扩张：先是于1680年南下灭亡南疆的叶尔羌汗国，后于1683年入侵中亚哈萨克汗国但被击退，1685年再击中亚布哈拉汗国亦被击退，后来又将目标对准了东面漠北的喀尔喀蒙古人。1690年，噶尔丹趁喀尔喀蒙古各部集结兵力阻止北方中路俄罗斯人入侵时大举东征，连败喀尔喀蒙古诸部，康熙大帝随即率军亲征迎战。在今赤峰附近的乌兰布通大战中，噶尔丹的弯刀被清军的大炮击败。此时已经长大了的僧格长子策妄阿拉布坦则趁机夺取了准噶尔汗国西部，并从后方夹攻噶尔丹。1695年，噶尔丹在俄罗斯人支持下，弃后方于不顾，再率3万铁骑东征喀尔喀蒙古，结果被康熙20万大军击败，后在走投无路的情况下服毒自杀。1698年，策妄阿拉布坦遣使献上噶尔丹尸体，卫拉特蒙古人的叛乱暂告一段落。次年，策妄阿拉布坦正式称准噶尔大汗。而康熙也初步实现了"我朝施恩于喀尔喀，使之防备朔方，较长城更为坚固"的战略目标。在进行一系列内外征战的同时，康熙通过鼓励垦荒、停止圈地、整修运河等措施使经济迅速恢复；通过开"博学鸿儒科"、广纳贤才等有效缓和了满汉矛盾。另外，康熙还下令解除了为打击郑成功势力而实施的海禁，设立海关发展对外贸易，为康乾盛世奠定了坚实基础。

公元17世纪下半叶的日本，依旧是国门深锁。

公元17世纪下半叶的中亚，俄罗斯人的东侵和南下对各国都构成了严重威胁，准噶尔汗国的西征亦使各国损失惨重。其中，北部哈萨克汗国大、中、小玉兹三部虽然勉强维持着最后的统一，但失去了东部大片草原。中部一度政局稳定、经济繁荣的布哈拉汗国，在内乱中频繁遭到周边几乎所有国家的入侵，并因此日趋衰落、趋于分裂。西部的希瓦汗国因阿布勒哈兹·巴哈杜尔汗成功团结乌兹

# 康熙大帝与太阳王路易十四的雄心
（公元17世纪下半叶）

## 北美洲
1663年，密西西比河流域成功法王直辖领地。
1664年，英国从荷兰人手中夺并命名纽约。

## 中南美洲
西班牙在美洲殖民地大量开辟种植园。

## 欧洲
1652年，英荷爆发第一次战争；
1653年，克伦威尔独裁；
1660年，英王查理二世复辟；
1660年，日耳曼人获得独立；
1661年，法王路易十四亲政；
1664年，英荷爆发第二次战争；
1665年，胡克发明了显微镜；
1667年，遗产战争法攻打荷兰；
1672年，法英联合攻打荷兰；
1683年，奥斯曼兵围维也纳；
1685年，英王詹姆斯被驱逐；
1687年，牛顿万有引力定律；
1688年，普鲁士烈三世继位；
1688年，法国向东攻奥地利；
1697年，英国爆发光荣革命；
1697年，反法大同盟战争终；
1699年，奥地利再胜奥斯曼。

## 欧亚分界北部—俄罗斯
1654年，俄吞乌克兰东部；
1660年，罗曼东正教大牧首；
1682年，索菲亚摄政七年；
1689年，中俄尼布楚签约；
1689年，彼得夺权后亲政；
1696年，彼得建欧洲游学。

## 欧亚分界南部—奥斯曼
1656年，奥斯曼最终女枝时代；
1663年，国攻维也纳被击退；
1676年，一次俄土战争战败；
1683年，再兵围维也纳败逐；
1697年，二次俄土战争战败；
1699年，割匈牙利给奥地利。

## 南部非洲
1652年，荷兰在好望角兴建贸易据点。

## 西亚
1666年，波斯萨法维王朝阿拔斯二世去世后衰落。

## 中亚
俄探险队亚洲北部东进；
哈拉拉和萨克等衰落；
准噶尔人屡次袭扰中亚；
布瓦汗国渐强攻布哈拉。

## 南亚
1658年，奥朗则布夺王位；
1668年，法国建贸易货栈；
1681年，征南郡德干高原；
1698年，英国建殖民据点。

## 东南亚及太平洋
1688年，英丹皮尔到达澳大利亚；1697年，出版《一次新环球旅行》。

## 东亚
1650年，俄占雅克萨城；
1652年，五世达赖进京；
1657年，叶尔羌称臣；
1658年，南明内乱灭亡；
1660年，顺治神秘病逝；
1662年，郑成功收复台湾；
1662年，康熙大帝登基；
1673年，康熙下令削藩；
1681年，噶尔丹夺汗位；
1681年，平定三藩之乱；
1683年，清朝收复台湾；
1685年，清军反击沙俄；
1690年，首次败噶尔丹；
1698年，平噶尔丹叛乱。

别克各部、共同打击土库曼反叛势力而走向强盛,且多次出兵侵入布哈拉汗国。

公元17世纪下半叶的南亚,莫卧儿帝国虽然登上了巅峰,但最终还是败给了拥有数千年分裂历史的现实,永远失去了统一半岛的机会,使"印度"在摆脱英国殖民前只能是个地理名词。

1658年,奸诈残忍但具有军事才能的奥朗则布在杀死3个兄弟后成功篡位。其父沙·贾汗在被囚禁八角宫内八年后忧郁而死。至1687年,奥朗则布通过一系列的征战,将帝国的版图扩张到西起伊朗、东至孟加拉、北达克什米尔、南至科佛里河的庞大地区。在这过程中,以穆斯林君主典范自居的奥朗则布极力推行伊斯兰教法、广建清真寺和宗教学校,同时对印度教徒等采取了驱逐出政府机构、加收关税和人头税、捣毁寺庙和学校等一系列歧视政策,不断引发贾特人、锡克人和马拉塔人等的强烈反抗和起义。1681年开始,奥朗则布用时20余年亲征南部德干高原,非但没有彻底征服马拉塔人,反而耗尽了国力;且长期在外征战导致帝国腐败丛生,地方势力竞相割据。1707年,奥朗则布死于北归途中,只留下一个四分五裂并被马拉塔人、锡克人等强大势力包围的莫卧儿帝国。法国人则于1668年在半岛的东南端建立了首个贸易货栈,后占据本地治里等城市。

公元17世纪下半叶的西亚,东西方贸易陆路通道的萧索,使萨法维王朝和奥斯曼帝国都已了无生气,只是默默地在灭亡边缘徘徊。

东部的萨法维王朝自我拯救的努力在1666年阿拔斯二世去世后彻底终止。其子苏莱曼一世继位后对政事没有兴趣,致使宦官当道、贪腐成风、军备松弛;即便是面对死敌奥斯曼帝国在1683年维也纳之战的惨败,也全无落井下石之意。1694年继位的长子侯赛因甚至被称作酒鬼。王朝只能在灭亡的等待中延续。

西部的奥斯曼帝国(后亦称奥斯曼土耳其帝国),延续着向中东欧扩张的既定战略目标,也因此与奥地利和沙俄均进行了持续200

多年的"奥土战争"和"俄土战争",且因鲜有胜绩而最终被拖垮并灭亡。

由于穆罕默德四世1648年继位时年仅六岁,这使他的两个兄弟苏莱曼二世和艾哈迈德二世得以避免必须被残杀的厄运,甚至有机会登上皇位。穆罕默德四世在位的最初八年,政务全部交由后宫处理,其祖母柯塞姆和太后杜亨·哈提婕先后摄政,国家腐败丛生、叛乱不断,史称苏丹女权时代(其中柯塞姆苏丹在1651年被政敌刺杀)。1656年后,柯普吕律家族的人开始连续出任首相,混乱的政局才一度有所改观。但1657年击败威尼斯、完成对克里特岛的征服只能是帝国最后的荣耀了,因为它的扩张开始遭到奥地利和沙俄的强烈反击。1663年,奥斯曼人在进攻奥地利时被中欧联军击败。1676年,奥斯曼人曾从波兰手中夺取黑海北岸乌克兰的部分领土,并欲吞并整个乌克兰,但在"第一次俄土战争"中被沙俄击退、未能如愿。1683年,奥斯曼人再次出动大军围攻奥地利首都维也纳,但再次被以波兰为首的中欧联军击败。沙俄则趁机在乌克兰发起攻击,穆罕默德四世因此在同年被废黜。长期被"囚禁"在皇宫中的苏莱曼二世登基后,成功阻止了奥地利向塞尔维亚的进军,粉碎了保加利亚发生的起义,但在夺回东匈牙利的努力失败后逝世。1691年艾哈迈德二世继位,但在位仅四年便同样因连续败给奥地利和被逐出匈牙利等一连串打击而力尽气竭。1695年,穆罕默德四世之子穆斯塔法二世继位,面对四面楚歌的情况不得不妥协让步,1697年在"第二次俄土战争"中战败割让亚速海的要塞给沙俄,1699年割让匈牙利等给奥地利、割让摩里亚给威尼斯,并部分撤出了波兰。

公元17世纪下半叶的欧洲,战争并没有随"三十年战争"的终结而终结,只是没有了原来新旧教派相对清晰的阵营划分。贸易、扩张、殖民地、宗教争斗以及王位继承等统统都成了各国内战和外战的理由。

17世纪下半叶的神圣罗马帝国,在德意志诸侯四分五裂的状态下，奥地利因成功击败奥斯曼帝国而称雄中欧。位于中欧的匈牙利在 1526 年被奥地利吞并后，成为奥地利与奥斯曼土耳其帝国争夺的焦点。自 1529 年苏莱曼大帝第一次兵围维也纳之后，奥地利在双方交锋中长期处于下风，甚至一度只能以金钱换取和平。但这种局面随着奥斯曼人的衰落而逐渐逆转。1664 年，奥地利在中欧联军帮助下成功击退了奥斯曼人对匈牙利西部的进攻，并迫使其签署了为期 20 年的和约。1683 年，奥军在波兰、巴伐利亚、萨克森等国联军帮助下，不但再次击退了奥斯曼人对维也纳的包围，而且在次年反攻中夺取了匈牙利和今罗马尼亚大部，迫使奥斯曼土耳其帝国在 1699 年签署的《卡尔洛维茨和约》中割让包括匈牙利、罗马尼亚和克罗地亚在内的广大地区，永久阻止了奥斯曼人向欧洲中西部的扩张。此后的奥地利使哈布斯堡家族在 1806 年彻底放弃皇冠前，能够以奥地利帝国的疆域延续神圣罗马帝国的生命，及至后来组建庞大的奥匈帝国，虽然在一战后收缩为今日的奥地利共和国。

在奥地利人重振神圣罗马帝国的同时，普鲁士人的独立使德意志的统一成为可能。普鲁士位于今德国东部，在始于公元 12 世纪的天主教东扩运动中被德意志条顿骑士团征服并进行了大量移民，当地人则在被强迫使用德语后逐渐消失。公元 15 世纪，由于连续被波兰击败，但泽和马林堡一带被波兰夺取（即西普鲁士），条顿骑士团保留的其他部分（即东普鲁士）也成为波兰的附庸国。1512 年，来自勃兰登堡侯国（都城柏林）的阿尔伯特当选为东普鲁士条顿骑士团首领，1525 年宣布条顿骑士团世俗化，断绝了与罗马教廷的关系，改名为普鲁士公国，但仍臣服于波兰。普鲁士公国后与勃兰登堡合并称勃兰登堡-普鲁士公国，但位于两者之间的西普鲁士依然被波兰所占据。1660 年，东普鲁士因帮助波兰战胜了瑞典而使波兰放弃了宗主权。1688 年，腓特烈在继位勃兰登堡选帝侯兼普鲁士公爵（时称腓特烈三世）后，开始加强其分散的领地之间的联系，为日耳曼王国的建立寻找时机。

而曾经与神圣罗马帝国一体的西班牙，在本世纪已经沦为任人宰割的羔羊了。

17世纪下半叶的法国，通过三场大战成功取代神圣罗马帝国，称霸欧洲大陆。其中，法国与西班牙的战争直到1659年才以法国夺取两块土地而告终。1661年，23岁且已登基18年的路易十四在红衣主教兼宰相马萨林死后决定不再任命宰相，搁置由教士、贵族和平民组成的三级会议，以太阳王自称，独裁一切：一方面无情镇压任何反叛行为，另一方面用凡尔赛宫的奢靡享乐削弱地方诸侯的反抗意志，推行贸易保护主义、发展本国经济。在海外殖民地扩张上，先后占据了印度的本地治里和非洲的马达加斯加，将新法兰西（加拿大）纳为国王直接管辖，并从英国和西班牙人手中夺取了密西西比河流域的广大地区。其后，为争霸欧洲大陆，法国又先后进行了"遗产继承战争""法荷战争"和"大同盟战争"三场大战。1661年，西班牙国王腓力四世去世，路易十四以其女婿的名义要求继承西属尼德兰的遗产。1667年，法国不顾英国、荷兰和瑞典的联合围攻，悍然发动"遗产继承战争"，硬是从西班牙手中夺取了尼德兰南部部分地区。1672年，路易十四又联合英国发动"法荷战争"，并在1674年英国退出后独战荷兰，最终迫使其在1688年割让了部分领土。1688年，当奥地利成功反击并攻入奥斯曼土耳其帝国的时候，出于遏制神圣罗马帝国重新崛起的目的，法国从西面对奥地利发起了进攻。法国这种对异教徒明目张胆支持的做法，导致英国、西班牙和勃兰登堡、萨克森、巴伐利亚等迅速结成反法同盟，不但在欧洲大陆与法国形成乱战，且首次将交战战场扩大到海外殖民地。英、法两国在北美战场上互攻魁北克和波士顿不克，在地中海战场上英国海军取得了胜利，法国在印度和西非等殖民地也遭到了英国、荷兰和勃兰登堡等的围攻。1697年，"大同盟战争"仅以法国归还少量占领土地而告终，太阳王自此名震欧洲，将波旁王朝推上了欧洲封建社会的顶峰。

17世纪下半叶的英国，在1649年砍下查理一世的脑袋后，取缔了由世袭贵族组成的议会上院；"残缺议会"宣布英格兰、威尔士、爱尔兰和被刚刚被征服的苏格兰成立"英吉利共和国"，但"新模范军"和"残缺议会"之间因是否与荷兰开战的问题而矛盾不断加深。荷兰在1650年奥兰治亲王威廉二世死后，虽然一直处于"无执政时期"的群龙无首状态，但依然能够依靠遍及世界的发达贸易体系称霸海洋，且试图用武装手段对付任何竞争对手。这无疑不能为同样觊觎海洋利益的英国新兴资产阶级所容忍。在此情况下，英国"残缺议会"在1651年发布《航海条例》，试图打破荷兰的垄断。1652年起，"第一次英荷战争"在世界范围内开战，实力强大的荷兰海军一度攻入英国内河。1653年，克伦威尔在"新模范军"的支持下驱散"残缺议会"，后自任"护国公"从而终结了英吉利共和国，开始了长达五年的军事独裁：对内先后平息了王党骚乱，粉碎了反护国起义；对外成功对荷兰实行了海上封锁，迫使其在1654年签订和约，承认英国在东印度群岛拥有同等的贸易权，并割让了大西洋上的圣赫勒拿岛和支付战争赔款等。1658年，克伦威尔病逝。两年后，流亡法国的查理二世成功复辟，对内努力缓和宗教矛盾，对外于1664年从荷兰人手中夺取了北美的纽约并染指西非的奴隶贸易，从而引发了"第二次英荷大战"。由于得到法国的支持，重振军备的荷兰舰队再度攻入泰晤士河并偷袭伦敦，于1667年迫使英国放弃了在第一次战争中获得的绝大部分权益。同年，荷法两国因争夺尼德兰南部地区开战，英国于1672年加入法国阵营、试图与之共同瓜分荷兰，引发"第三次英荷战争"。面对英法的联合进攻，奥兰治亲王威廉三世临危受命、被推选为荷兰执政，在陆地上用决海堤淹城的办法击退了法军，在海上集中力量击败了英国舰队，并迫使其在1674年退出战争。但实力不足的荷兰最终还是以放弃尼德兰南部部分地区的代价与法国签署和约。在此期间，英国的政局再度陷入动荡，1685年，詹姆斯二世在其兄长查理二世死后继位，置大多数国民为新教徒的国情于不顾，企图重新奉天主教为国教，且强行镇压反对派、解散议会，以致众叛亲离。1688年，在对天主教心怀恐惧的英国议会支持和策划下，妻子是英国公主的荷兰执政威廉三世率军登陆英格兰，不流血地驱逐了詹姆斯二世，与其妻玛丽一起被奉为英国国王，使英国结束了自1640年资产阶级革命以来的阵痛，开始了世界上第一个长期稳定的君主立宪制政权，因此史称"光荣革命"。当英、荷两国因共用一王而形成自然联盟的时候，英国面对的最直接竞争对手只剩下拥有欧洲最强大陆军的法国了。荷兰由于多次与西班牙、英国和法国大战而耗尽了财力和军力，加之欧洲各国纷纷开拓自己的海外殖民地贸易，只是由松散贸易城邦组成的"海上马车夫"开始走向衰落，唯一的安慰是他们的奥兰治亲王终于以英王的身份成为欧洲王室中的一员了。

　　公元17世纪下半叶的俄罗斯，在不断从西伯利亚南下侵略亚洲各国的同时，加快了在欧洲的扩张脚步。两次"俄土战争"的胜利不但打开了南方通往黑海的大门，更向欧洲预告了一个全新强者的即将到来。1649年开始亲政的阿列克谢用法律的形式进一步强化了农奴制度，并借鉴西欧先进经验积极推进沙俄军队的近现代改革，发展枪炮制造等军火工业。他的做法对后来的彼得大帝产生了重要影响。在扩张领土方面，乌克兰的东西分裂为沙皇俄国南下黑海提供了千载难逢的机会。黑海北岸的乌克兰基辅地区曾在公元11世纪前后建立了东北欧第一个王朝——基辅罗斯，13世纪后相继被蒙古金帐汗国、立陶宛和波兰等国所统治，此时已成为沙俄南下黑海的最大障碍。1653年，乌克兰东部的哥萨克人申请加入俄罗斯，沙皇阿列克谢立即出兵，次年击败波兰后吞并乌克兰东部。其后，阿列克谢试图借机收复17世纪上半叶被瑞典夺取的波罗的海沿岸地区，但在1656年攻陷里加后迫于瑞典军队的强大而不得不撤军。1660年，阿列克谢罢免了试图将神权凌驾于皇权之上的东正教大牧首，成功避免了曾发生在西欧的教皇与皇帝争权的闹剧。但连年战争的负担和对农奴的残酷剥削还是先后了引发 1662 年的莫斯科"铜币暴动"和 1670 年的顿河一带哥萨克"拉辛农民起义"。1676 年，阿列克谢的长子费奥尔多继位，但朝政由纳雷什金家族把持。同年，因刚刚从波兰手中夺取乌克兰西部的奥斯曼土耳其帝国企图进一步吞整个乌克兰，"第一次俄土战争"爆发。虽然这一次两国最终在 1681 年签订了和约，并沿第聂伯河划定了边界，但其后又大战十次之多，持续 240 余年；战场也逐步扩大到高加索、巴尔干、克里米亚等地区。相对于奥斯曼土耳其帝国的四面出击，专心南进的沙俄在多数情况下都取得了胜利，直至沙俄被苏联取代、奥斯曼土耳其帝国衰落为现在的土耳其共和国。1682 年，在位仅 6 年的费奥尔多病逝。老沙皇阿列克谢曾生有 16 个子女，第一任妻除长子费奥尔多外，还育有长女索菲亚和次子伊凡五世，第二个妻子则育有彼得一世。由于伊凡五世病弱低能，经过复杂和血腥的内部平衡，各方一致同意在索菲娅担任摄政的情况下，由 10 岁的彼得一世和 17 岁的伊凡五世担任共治沙皇。但此后 7 年摄政索菲亚大权独揽，彼得一世和其母亲甚至被逐出了皇宫。其间，由于奥斯曼人在 1683 年兵围维也纳，俄国随后在 1686 年加入了由奥地利、波兰和威尼斯组成的"反土同盟"，两国之间因此爆发了"第二次俄土战争"（1686~1700 年）。1689 年，17 岁的彼得在近卫军支持下，囚禁了姐姐索菲亚夺回权力，后分别于 1695 年和 1696 年对臣属于奥斯曼人的克里米亚汗国进行了远征。虽然一直渴望拥有一支海军的彼得一世从克里米亚汗国夺取了在亚速海的黑海出海口，但深感军队落后的他还是在战后开始了为期两年的欧洲游学，成为沙俄全面融入欧洲的起点。1698 年，彼得大帝因国内射击军叛乱而匆匆回国，在血腥平定了叛乱和解散了射击军后按照西方模式新组建了沙俄军队。如果说这时的沙俄在欧洲人眼里还只是野蛮、无知和落后的代名词，那么下个世纪的整个欧洲就都不得不用钦佩的目光看待这位年轻的彼得大帝了。

纵观公元17世纪下半叶的世界，相对于遍及世界的战火，现代科学在欧洲的遍地开花对于人类文明的发展更具影响。继意大利人伽利略1609年发明了天文望远镜、德国人开普勒1619年公布开普勒第三定律、英国人哈维1628年绘制出人体血液循环图之后，欧洲在现代科学领域又取得了一系列历史性成就：荷兰人虎克1665年发明了显微镜，英国人牛顿1687年发表《自然哲学的数学原理》。而同期的中华文明则明显落后太多。对此，1954年出版《中国科学技术史》的英国科学史学家李约瑟曾提出了这样一个疑问，为什么近代科学技术没有出现在拥有四大发明的中国，而是出现在曾经长期处于落后状态的欧洲。要从根本上回答这个问题只能从"稳定"和"不稳定"这两个自然界的基本状态来寻找答案。"稳定"虽然在初期有利于文明形成并在很长时间内能够促进文明的发展和繁荣，但最终会导致发展动力的不足和僵化。"不稳定"虽然在前期会阻碍文明的产生和发展，但最终在汲取其他文明的基础上会在动荡中为现代科学的出现提供更多的机会。但这两种相对对立的状态是不断转化的，"稳定"会因外力的出现而不再稳定，"不稳定"会随着外部阻力的消失而转入稳定状态。

可悲的中华文明的稳定能力超乎人们的想象，从秦统一六国到大清王朝灭亡，封建制度竟然延续了2200多年。满族入主中原后建立的大清王朝几乎与秦汉帝国一模一样。这种超长的稳定，虽然在前期有力支撑了中华文明的发展，但至明清则成了阻碍社会发展的羁绊。欧洲虽然长期被战争的硝烟所笼罩，但本世纪终于在战乱的"不稳定"中碰撞出现代科学的火花且蕴含了巨大的力量，而且将在下个世纪将人类文明带入机器轰鸣的工业时代。

此后的200余年，中华文明风光不再，欧洲开始成为世界的主宰。

# 千年纵横之漠北草原上西行的族群

在人类文明发展过程中，游牧民族相对于农耕文明常以破坏者身份出现并扮演反面角色，在掠夺中辉煌，在融合中消亡。由于幅员辽阔且历史悠久，在中华文明发展史上，这一点表现得尤为突出。

创造中华文明的中华民族是一个跨越时空的集合，不仅包括现在生活在中华大地上的各个民族，也包括那些曾经在这片土地上生活但已经消失于历史中的群体。这个集合的每个组成部分都为中华文明的形成做出了自己的贡献。从商代甲骨文中的羌、鬼方，到周代的戎、狄，到秦汉的匈奴、丁零、铁勒，到五胡乱华的鲜卑、柔然，到唐代的突厥、回鹘，到宋代的契丹、党项，到建立金朝的女真，到建立元朝的蒙古，到明代的鞑靼，再到建立清朝的女真（满族），无论是忽隐忽现于各种史料，还是显赫一时建立王朝，北方游牧民族一直与中华文明相伴而行，共同书写了中华文明的历史，甚至影响了整个世界。

中国北方游牧民族有两个主要来源。其中占据绝对多数的是华夏民族的分支，他们趟过漫漫的历史长河来到漠北草原，并在那里发展出自己的特质，如《史记·匈奴列传》就有"匈奴，其先祖夏后氏之苗裔也，曰淳维"的记载。还有一小部分是外来族群，而最早见之于文字记载的恐怕要数商周甲骨卜辞中提到的"鬼方"了。仅从字面上看，那些部族极可能是因为"红发碧眼"才有此称谓的。如果以公元前1600年商朝建立为时间参照，"鬼方"在中国北方出现的时候，也正是开始于公元前2000年前后的欧亚大陆中部无数雅利安族群大规模外迁的后期。如果其中一部分沿天山北麓迁徙到中国漠北草原也是可能的。继鬼方之后在历史上还有赤狄、丁零、铁勒、粟特、回纥、回鹘和突厥等诸多称谓，其具体的人种组成也因漫长的迁徙而难以绝对区分。这些族群有的也混入了华夏的血脉，如南北朝的昭武九姓和隋唐时期的突厥等。

无论是来自于内陆的中原，还是来自于遥远的西域，在长期的冲突和融合过程中，当一个部族强大到足以凌驾于其他部族之上，便把自己部族的名称和特征强加给被征服的部族，而被其征服的部族混合体便以这个部落的名字命名了。因此北方游牧民族在秦汉时期多被称作匈奴，在唐多被称作突厥，而成吉思汗也能够仅仅依靠一个小小的部落——黄金家族就瞬间在漠北草原扬起蒙古族的大旗了。在那些曾经霸行草原的身影中，匈奴、突厥、契丹和蒙古四大族群因为他们西行以及给世界带来的巨大影响而声名远播。

这四大族群中，匈奴、契丹和蒙古人都是纯粹华夏裔族群；突厥在这里是广义的称谓，是外来族群与华夏裔的混合体。

匈奴人在陈胜吴广揭竿而起、大秦帝国落下帷幕的时候也处于崛起的阶段。冒顿单于为击败另一北方强大游牧民族——东胡，采用骄纵之计，甚至把老婆也送给了人家，终于找准时机长途奔袭，一举击败东胡，从而使匈奴的名字成为那个时代北方草原游牧民族的统称，也成就了汉武帝大破匈奴的盖世武功。契丹和蒙古人的祖先同是被匈奴人击败的东胡。在被匈奴击败后，东胡的两个支分别逃到了东北方的乌桓山和鲜卑山，后来分别繁衍形成乌桓和鲜卑两个部族。东汉时期，乌桓族在汉匈冲突中站在了汉朝的一边，后南迁逐渐融入中原。鲜卑族则趁机填补了匈奴战败和乌桓南迁后留下的空白、称雄塞北。公元4世纪，西晋灭亡后，鲜卑族的主体南下参与中原五胡十六国南北朝的争霸，陆续在华北地区建立前燕、代国、后燕、西燕、西秦、南凉、南燕及北魏等国，而漠北草原的霸权则留给了被称作柔然人的其他鲜卑族群。公元552年，柔然人被突厥人所击败，主体再分裂成南北两支。南支发展成为契丹族，北支逃至大兴安岭一带发展成室韦，即蒙古族祖先。

关于突厥人的来历众说纷纭。其中一种说法是，即北迁到贝加尔湖一带的匈奴人与东迁到那里的中亚突厥语系人种发生了融合，最终形成了突厥人在我国北方的主要分支阿史那族群。当匈奴人在公元1世纪被东汉王朝击败并向西遁去之时，以阿史那氏族群为核心的突厥人与丁零、铁勒等其他中亚部落一起南下进入漠北高原，掌握炼铁技术的他们成为当时称霸草原的柔然人的"锻奴"，专门为柔然人打造刀剑的，并最终在南北朝后期取代了柔然人，把"突厥人"的称谓冠之于所有被其征服的草原部族头上。于是，一个强大的突厥王庭在隋唐之际突然出现于中国北方。事实上，突厥语系的更大群体至今广泛散布在欧亚草原上。在唐代以后的近千年时间里，这些部族与逃离中国北方的突厥部族一道驰骋于中亚、西亚，乃至东欧和北非，成为世界文明的重要组成部分。

令这四大族群闻名于中国历史的是他们与中原王朝的激烈冲突，甚至入主中原的伟业。

最早的匈奴人曾迫使秦始皇在统一六国后令蒙恬率领30万大军戍边，并重新修筑了万里长城；后又率40万铁骑把汉高祖围在了"白登山"，使刚刚夺取天下的刘邦吓得魂飞魄散，不得不献出公主与之联姻以求和平。公元前57年，在汉武帝等的坚决打击下，匈奴分裂成南北两支。北支继续据有漠北，南支则在内乱中投靠了西汉。公元48年，由于争夺单于王位的内斗，北支匈奴再次分裂为两部，一部再度南下归附东汉称为南匈奴，被汉朝安置在河套地区。公元89年到91年，留居漠北的北匈奴在南匈奴与东汉联军的夹击下被迫西迁，从此在中国的历史中消失了。公元311年，南匈奴贵族刘渊建立的"前赵"成为灭亡西晋的主要力量。

突厥人在500年后闻名的最大原因，在于他们成就了李世民"天可汗"的荣光。很多草原游牧民族都比突厥强大，甚至在中原地区建立了自己的政权，但历史上的名气都难望突厥人项背。这主要是因为突厥人的巅峰恰恰赶上了中原王朝的再度崛起。公元6世纪，突厥人击败柔然，开始称霸北方草原。鼎盛时期，突厥人的影响区域东至大兴安岭，西抵咸海，北越贝加尔湖，南接中亚阿姆河南。但此时我国的中原地区已经逐渐结束了西晋、东晋和南北朝的战乱，开始走向统一和强大，客观上没有给突厥人留下继续南侵并入主中原的机会。突厥人先是被刚刚统一中原的隋朝击败并东西分裂，西突厥远遁中亚乃至西亚。留在北方的东突厥后来又遇到了如日初升的大唐王朝。公元630年，唐灭东突厥。其后，在唐军和回纥人的联合打击下，已经西遁但滞留在帕米尔高原一代的西突厥王庭灭亡。余部或散落于中亚或继续西行，与那里的突厥语系族群一道，在大唐和阿拉伯帝国之间摇摆，直到皈依了伊斯兰教，并在阿拉伯帝国的余晖中等待自己的辉煌。

与前两者相比，契丹人和蒙古人都有着在中原建立王朝的骄傲。唐朝末年，耶律阿保机于公元907年统一鲜卑契丹各部、继位可汗，于公元916年正式建立契丹国。公元947年，辽太宗率军南下攻克后晋首都开封，灭亡后晋，占领黄河以北大部分地区，并改国号为辽。北宋建立后，辽与北宋形成北南对峙，开启中华文明第二次南北分裂时代。南宋后期，铁木真在38岁时统一漠北草原蒙古各部，被尊为"成吉思汗"，后建立了声名赫赫的蒙古帝国。

从他们的发展脉络可以看出，无论是匈奴人、突厥人、契丹人，还是蒙古人，当草原上霸主的名称不断更替的时候，生存在那里的族群并没有发生根本性变化。因此，我们可以用描述中原朝代演变的说法，把匈奴、突厥、契丹和蒙古等称呼看作北方草原上不同历史时期的不同王朝，甚至说是帝国。而西行并影响世界则是这四大族群的另一大共性。

匈奴人是哭泣着踏上西行之路的，因为毕竟中国北方草原是他们的故乡。公元1世纪，北匈奴人一步一回头地踏上了漫长的西迁之路。人们不知道在漫长的历史时空中，哪片草原上曾经留下他们的篝火，也不知道哪片丛林曾经响彻过他们的鸣镝。人们只知道300年后，匈奴人的后裔以迅猛之势再次聚焦了世界的目光。只不过，经过漫长的西迁、征伐和融合，此间的匈奴人就如当初来到中国北方草原的突厥人一样，早已不再是纯粹的华夏裔族群了，只是一个具有匈奴人特征的族群混合体，也因此有嚈哒人和白匈奴等多种称谓。在中西亚，纵横驰骋的他们成为诸多王朝的梦魇；在欧洲，他们的快马利箭将日耳曼人赶出丛林。尤其是"上帝之鞭"阿提拉，数次横扫东西罗马帝国，屡次兵临君士坦丁堡和罗马，加速了两者的衰弱和灭亡，硬是生生地将奴隶社会的欧洲打进了封建时代。然而作为一个少数族群，西行的匈奴人最终永远地消失在遥远西方的民族海洋之中了。当然，我们不否认有特例的存在，或者说有匈奴族基因相对集中的地区存在。比如有人说现在的匈牙利人就是匈奴族的后代。果真如此，更准确的说法应当是那里的人们只是具有相对明显的匈奴人特征罢了。

突厥人的西行之路更确切地说是还乡。公元7世纪，败于大唐的突厥残余西逃并散居中亚和西亚，与当地部落一起建立了无数突厥部落或者说汗国，与"白匈奴"一样，对地跨欧亚的拜占庭帝国和西亚波斯萨珊王朝都产生了巨大影响。尤其是进入11世纪后，源自中亚的塞尔柱突厥人于1037年宣布独立建国，后于1055年起创造了阿拉伯帝国的塞尔柱王朝时代，并加速了拜占庭帝国的灭亡。1250年，以雇佣军身份出现的突厥人在北非埃及建立了立国200余年的马穆鲁克王朝。而在蒙古帝国解体之后，1299年建国的奥斯曼突厥人虽然几乎被帖木儿灭亡，但最终建立了地跨欧亚非三大洲、立国600余年的庞大奥斯曼帝国，直至第一次世界大战后才彻底被欧洲人肢解。可惜的是，现在的突厥人后裔只能在《古兰经》声中回想祖先驰骋欧亚非大陆的骄傲了。

契丹人无疑是背负最重的西行者。1125年，辽国被女真人的大金国灭亡后，余部逃往新疆北部，仿辽制建立西辽；通过鲸吞高昌回鹘和东喀喇汗两国、灭西喀喇汗王国、臣服花剌子模等一系列征伐，称霸东起土拉河、西尽咸海的辽阔中亚，对当地社会经济和文化的发展起了积极作用。虽然在 1218 年被成吉思汗灭亡，但契丹余部于 1224 年在波斯境内建立的后西辽政权直到 1306 年才最终被伊儿汗国所吞并。

蒙古人是唯一咆哮着冲向西方的，因为在他们的眼里马蹄踏过的地方都是家乡。1219 年起，怀着征服一切的霸气，蒙古人先后发动了三次大规模的西征。第一次西征后，成吉思汗硬是把偌大的亚洲分成了属于自己儿子的四大汗国。第二次西征，蒙古人再一次让欧洲领略到什么是"黄祸"。第三次西征，地中海的海水并不能解决蒙古战马的饥渴。强大！强大！强大的蒙古帝国最终被自己的庞大拖垮了。但留给今人的是，没有人能够争夺旭烈兀灭亡阿拉伯帝国的武功，先有帖木儿的猝死才有奥斯曼帝国的重生，印度的泰姬陵供奉的是蒙古后人的爱情，即便是今日俄罗斯的庞大身躯上也仍残留着金帐汗国的骄傲，中亚各族的面庞则依旧洋溢着蒙古人的自豪。

对于蒙古帝国，国内外史学界普遍存在一种扭曲的共识，即刻意地割裂。中国的狭隘民族主义者在叙述中华文明史时，只攫取蒙古帝国的一部分"元朝"，极不情愿地将其作为秦汉唐宋元明清中的一个衔接；而且只把成吉思汗称为元太祖，无视其蒙古帝国大汗这一更准确的称谓。在"驱除鞑虏，恢复中华"的口号影响下，很多人忘记了中华文明本身就是无数民族融合的结晶。中国学者在这方面的代表人物当属柏杨了。他在《中国人史纲》中明确写到"四大汗国跟中国无关，我们不再叙述"。即便是当代正统的史书也只是对蒙古帝国的全貌一笔带过，只割裂地重点描述了元朝。对此我只能说，狭隘已经使国人的视线难以再逾越西北高原了。正因如此，国人除了偶尔会激动于蒙古大军的饮马多瑙河，对于什么是蒙古帝国竟茫然不知了。国外学者的态度倒十分明确，即中华文明与蒙古帝国彻底割裂开来，全面诋毁中华文明的一切骄傲。但蒙古族是中华民族重要组成部分这一重要事实是无法抹杀的。因为，即便是几大汗国并存时期，各汗国也完全奉最东边的"汗庭"为宗主，王旗令到莫不服从。无论是伊儿汗国的奉"汗庭"调迁派兵协助灭南宋，还是察合台汗国与"汗庭"一道征讨拨都窝阔台汗国的反叛，还是各大汗国接受"汗庭"的册封都充分地证明了这一点。只不过这个"汗庭"在中国历史上称为"元朝"罢了。因此，蒙古帝国从根本上来讲就是中华文明的组成部分，是中华文明在一定历史时期的延伸和扩张。

　　匈奴、突厥、契丹和蒙古人所建立的草原帝国，之所以能够迅速崛起是因为他们曾经有无以比拟的飞奔战马和舍我其谁的勇气，之所以空前荣耀是因为他们的铁骑踏遍了欧亚非大地，之所以迅速衰落是因为他们的文化中包含了太多杀戮，之所以被人们淡忘是因为他们在任何地方都只是轻轻飘过。于是，相对于农耕文明，草原文明只能是过眼云烟。相对于海洋文明，草原文明只能是与现代社会渐行渐远。当疾风暴雨过后，大地上剩下的是农耕文明的遗址，响彻海洋的是欧洲人征服世界的汽笛！

世界历史
六千年

SURVEY
THE
WORLD

# 第六个千年
(公元 1700 年至 1925 年)

# 殖民的世界

| | |
|---|---|
| 雍正王朝与德意志人的普鲁士时代 | *359* |
| 锁国的乾隆与美利坚合众国的建立 | *370* |
| 中英鸦片战争与日不落的大英帝国 | *383* |
| 中日甲午战争与被列强瓜分的世界 | *398* |
| 中华民国与第一次世界大战的世界 | *414* |
| 六千年纵横之延续至今的中华文明 | *429* |

# 世界历史
# 六千年

SURVEY THE WORLD

随着海洋时代的到来，殖民主义在这个千年展现出前所未有的贪婪。从康乾盛世到闭关锁国，到百年屈辱，到抗战胜利，再到建立新中国，中华文明的顽强令人惊叹。与之相比，南亚地区永久留下了英法殖民者的印记，驰骋中亚大草原的族群大多并入了俄国的版图，西亚取代萨法维王朝的伊朗巴列维王朝被列强所操纵，偌大的奥斯曼帝国"一战"后被肢解成数十个国家，包括埃及在内的非洲在地图上被无耻瓜分，南美洲至今使用着欧洲人的语言。与之相对，资本主义在欧洲和北美取得了巨大成就，但在推动现代科学发展的同时，也在殖民掠夺和彼此争斗中将人类拖入世界大战的深渊。

# 雍正王朝与德意志人的普鲁士时代

18世纪上半叶的世界，从太阳王路易十四"西班牙王位继承战"后的夕阳残照，到彼得大帝疾风暴雨式改革造就的"彼得堡"胜利，再到腓特烈大帝新式军队统一德国的渴望，被现代科学诞生刺激的欧洲在思想启蒙运动的推动下，在争霸欧洲和殖民地霸权的战争中开始聚焦全世界的目光。然而面对世界即将发生的巨变，懵懂不觉的亚洲各国依然处于停滞或衰退状态之中。南亚奥朗则布死后陷入军阀割据的莫卧儿王朝在来自四面八方的入侵中进入半殖民地状态，占据伊朗的萨法维王朝无声无息地被阿富汗籍将领颠覆，地跨欧、亚、非的奥斯曼帝国在郁金香改革中开始更多地被称作奥斯曼土耳其帝国，东亚的大清王朝在雍正雷厉风行的改革的维护下固执地保持着稳定。而更可悲的美洲大陆只能以被欧洲殖民的形式进入人类文明的视野。

18世纪上半叶的东亚，大清王朝康雍乾三帝一脉相承，先定西藏、再平青海、后败新疆准噶尔汗国，在共同创造"康乾盛世"的同时，为今日中国的疆域做出了历史性贡献。

康熙大帝虽然在1698年击败了噶尔丹，但准噶尔汗国对大清王朝在西北统治的威胁一直没有解除，且突出表现为和硕特及准噶尔两部蒙古人的叛乱。盘踞青海的和硕特蒙古人虽名义上臣服于大清，但实际独立且不断强化其在西藏的统治地位。固始汗之孙拉藏汗1701年继位后，先是于1705年袭杀在拉萨擅权的五世达赖的摄政，后又连续废立两位六世达赖，引起社会动荡。占据新疆的准噶尔部蒙古人则长期与清政府对立，且在策妄阿拉布坦成为部族首领并再度兴盛后，先是再征哈萨克汗国大中小玉兹三部，后数次抗击沙俄的入侵，亦数度东侵喀尔喀蒙古。西藏动乱发生后，策妄阿拉布坦1717年出兵拉萨、杀拉藏汗，夺取整个西藏，次年击败了清军的第一次讨伐。1720年，康熙为团结藏军和青海各少数民族册封塔尔寺的格桑嘉措为六世达赖（后称七世达赖），同时以护送六世达赖为名再次出兵西藏，驱逐准噶尔叛军，为格桑嘉措在布达拉宫举行坐床大典，派兵长期驻藏并组建西藏地方政府，第一次将西藏正式纳入中央政府直接管辖之下。格桑嘉措被册封后，他的家族就随他进入西藏，被政府封为公爵，逐渐成为西藏第一大贵族。

雍正皇帝在1722年继位后，因勤政、推行火耗归公、摊丁入亩以及设立军机处等一系列改革措施，部分消除了康熙末年积累的社会弊端而闻名，但他平定和硕特蒙古人在青海叛乱的功绩却少有人提及。早在1713年，清政府已经给青海的五世班禅加封了"额尔德尼"的尊号，并颁金册金印授予其驻扎什伦布寺、管理青海藏区（后藏）的权力。但在雍正继位次年，青海和硕特蒙古首领罗布藏丹津因对清政府直接管辖西藏不满，在准噶尔蒙古人的支持下发动叛乱，结果不到一年便被雍正果断平定，并通过设立西宁办事大臣将青海也正式纳入清政府的直接管辖之下；通过在西南实行"改土归流"、任命钦差办事大臣等措施，使大清王朝避免了军阀割据和地方自治等乱象的发生。其间。清政府还在1727年与沙俄签订《恰克图条约》，正式确认喀尔喀蒙古为中国领土。故有学者认为："满清……而未沦为立国百年而亡的异族王朝，此当归功于雍正一朝的改革。"但由于屡兴文字狱和打压异己，雍正也为自己留下了诸多恶名。相比之下，1735年继位的乾隆则要幸运得多，因为此时割据新疆的准噶尔部已经形单影只，虽多次东侵但均为清军所败、精锐尽失，对大清已不再构成威胁。1739年，准噶尔汗国与清廷议和，后致力于收复被沙俄霸占的领土，但在1745年因争夺汗位陷入内乱。

# 雍正王朝与德意志人的普鲁士时代

（公元 18 世纪上半叶）

## 欧洲

1700 年，西班牙王位继承战；
1701 年，普鲁士公国改王国；
1702 年，英荷奥西黄金舰队；
1707 年，爱尔兰苏格兰合并；
1711 年，查理六世奥地利王；
1713 年，普鲁士迎现代化军队；
1714 年，西班牙王位继战终；
1714 年，德汉诺威侯任英王；
1715 年，太阳王路易十四死；
1719 年，《鲁滨孙漂流记》出版；
1726 年，《格列佛历险记》出版；
1733 年，波兰王位继承战争；
1740 年，奥地利王位继承战；
1745 年，普鲁士夺西里西亚；
1748 年，《论法的精神》出版。

## 北美洲

法国在魁北克及周边的新法兰西与英国争夺不休。
1733 年，佐治亚成为英北美第 13 州。

## 中南美洲

墨西哥及中南美大部被称作新西班牙。
1718 年，南美洲被西班牙分成格林纳达和拉普拉塔两大总督区。

## 欧亚分界北部—俄罗斯

1700 年，加入北方战争；
1703 年，建新都彼得堡；
1710 年，击败瑞典黄金舰队；
1725 年，首位女皇继位；
1728 年，越过白令海峡；
1741 年，伊丽莎白女皇。

## 欧亚分界南部—奥斯曼

1703 年，开始郁金香时代；
1711 年，第三次俄土战争；
1718 年，进行西方化改革；
1730 年，郁金香时代结束；
1735 年，第四次俄土战争。

## 南部非洲

荷兰移民等与土著融合形成布尔人。

## 西亚

1736 年，立国 60 余年的阿夫沙尔王朝建立；
1747 年，阿夫沙尔王朝在大汗被刺后陷入内乱。

## 中亚

1717 年，希瓦汗国击退俄；
1742 年，中小玉兹称臣俄；
1743 年，哈萨克恢复统一；
1747 年，浩罕汗国独立建国；
1747 年，杜兰尼王朝建立。

## 南亚

1707 年，奥朗则布病逝；
1717 年，英祖加尔各答；
1739 年，波斯人破德里；
1742 年，法建殖民武装。

## 东亚

1701 年，拉藏汗治西藏；
1705 年，拉藏汗乱西藏；
1709 年，康熙建圆明园；
1713 年，赐封五世班禅；
1717 年，准噶尔占西藏；
1720 年，大清直管西藏；
1722 年，雍正继位改革；
1724 年，平定青海叛乱；
1727 年，签恰克图条约；
1735 年，乾隆皇帝继位；
1739 年，与准噶尔暂和；
1745 年，准噶尔国内乱。

公元 18 世纪上半叶的中亚，由于俄罗斯人依托自乌拉尔至西伯利亚的一连串军事要塞大举南下，加之短暂兴盛的波斯萨法维王朝北征东伐，动荡局势进一步加剧。北面的哈萨克汗国因三部争权一度分裂，大中小玉兹首领为自保均曾向沙俄效忠，后由中玉兹的阿布赉汗在 1743 年再度完成统一，并暂时阻止了沙俄吞并哈萨克的企图。中部的布哈拉汗国在 1747 年的波斯萨法维王朝入侵中分裂，东部的费尔干纳盆地（包括今塔吉克斯坦和吉尔吉斯斯坦）独立建立浩罕汗国，曾一度向大清称臣，但后又屡次侵入新疆，并最终在 1876 年被左宗棠击败。西面的希瓦汗国虽在 1717 年击退了俄罗斯人入侵，但在 1740 年被波斯萨法维王朝征服，后在其灭亡后恢复独立，但内乱严重。

公元 18 世纪上半叶的南亚，在奥朗则布 1707 年死后，其继位时已经 63 岁的儿子又勉强将莫卧儿王朝维持了几年。其后，北部不断遭到来自波斯萨法维王朝的入侵，首都德里曾在 1739 年被其攻破，王位在王朝分裂中不断易主。其中的一位皇帝在 1717 年以每年 3000 卢比的价格将东部孟加拉邦的加尔各答租借给了英国东印度公司，法国东印度公司则从 1742 年起开始武装所有贸易货栈并开始介入印度人之间的纷争，尽管此时的法国人更专注欧洲。再之后的印度半岛只能是一个任由包括英国人在内的外族宰割的羔羊了。

公元 18 世纪上半叶的西亚，波斯萨法维王朝在衰落中被阿夫沙尔王朝取代并分裂，奥斯曼土耳其帝国则试图通过变法获得新生。

东部的波斯萨法维王朝，在本世纪初不断遭到来自西北阿富汗普什图人和东南半岛阿拉伯人的洗劫，甚至在 1722 年被阿富汗普什图人围攻并占领了伊斯法罕。"红头人"首领纳迪尔沙阿在成功驱逐阿富汗人后，成为王朝的实际统治者，并于 1736 年夺取王位，建立了仅存在 60 余年的阿夫沙尔王朝；后四处出击，征服阿富汗大部、洗劫印度莫卧儿帝国都城、令布哈拉汗国分裂。1747 年，纳迪尔沙阿被刺杀，其侄子夺取王位，禁卫军首领艾哈迈德谋反不成逃亡，在阿富汗一带建立了延续至 1842 年的杜兰尼王朝，而阿夫沙尔王朝则在王位争夺中陷入战乱。

西部的奥斯曼土耳其帝国，近卫军在 1703 年罢免了企图通过变法恢复苏丹权力的穆斯塔法二世。继位的艾哈迈德三世在政局不稳的情况下，在结束于 1711 年的"第三次俄土战争"中击败亲征的彼得一世，收复了亚速海部分失地，但已不能阻止帝国的衰落；1716 年后屡败于奥地利军队，不得不割让匈牙利和塞尔维亚部分地区。1718 年起，奥斯曼土耳其帝国在传统盟友法国的支持下开始西方化改革，引进先进技术、改组军队，甚至包括生活方式。因艾哈迈德三世酷爱郁金香，所以这一时期也称"郁金香时代"。1730 年，艾哈迈德三世在近卫军发动的政变中被废黜。继位的马哈茂德一世则利用"郁金香改革"的成果，在"第四次俄土战争"中独战沙俄和奥地利，重新夺回塞尔维亚，但与东部伊朗一带阿夫沙尔王朝的战争则长期陷入僵局。此时的奥斯曼土耳其帝国尽管已经衰落，但依然是一个亚洲占据土耳其半岛、阿拉伯半岛和地中海东岸，北非占据今阿尔及利亚、突尼斯、利比亚和埃及，欧洲占据希腊、保加利亚、塞尔维亚、摩尔多瓦及黑海沿岸地区的庞然大物。

公元 18 世纪上半叶的欧洲，所呈现出的活力远非亚洲各传统帝国所能及。"西班牙王位继承战"后，法国、西班牙、瑞典以及奥地利等昔日的强者相继衰落，普鲁士和沙皇俄国通过一次次的大战成为欧洲顶级强国，英国则趁欧洲乱战谋取了更多海外利益。

1700 年，在奥地利哈布斯堡家族复杂近亲联姻中诞生的西班牙国王卡洛斯二世，在不能生育的情况下病逝，遗嘱传位给亲缘较近的法王路易十四之孙安茹公爵腓力，同时规定法、西两国不得合并。但同样拥有相似亲属关系的奥地利皇帝也企图让他的次子查理大公继承西班牙王位。因此，卡洛斯二世的这一安排也就成为"西班牙王位继承战"的导火索。1701 年，法王路易十四宣布腓力为西班牙国王（称腓力五世），同时再次向尼德兰南部地区扩张。不能容忍法国独霸欧洲且拥有共同国王的英、荷两国随即结成反法联盟，支持奥地利查理大公的普鲁士等部分德意志诸侯亦先后加入，西班牙和巴伐利亚、科隆等其他德意志诸侯则出于遏制奥地利的想法选择了与法国结盟。1701年3月"西班牙王位继承战"正式爆发（至1714年结束），战场主要集中在意大利、尼德兰、德意志和西班牙。欧洲的政治格局也因此再次发生巨变。

法国虽然最终获取了西班牙的王位，但其在欧洲的霸主地位却开始动摇。在战争前期，法军曾多次被联军击败，甚至一度退出战场；西班牙则被英国夺走了直布罗陀，被奥地利查理大公于1706年和1710年两次攻入马德里。法、西联军后来虽然在局部战场取得了胜利，但在四面夹击下逐渐不支。但之后，随着沙俄在1710年击败北欧强国瑞典，以及查理大公在1711年因兄长亡故而同时继承了奥地利国王和神圣罗马帝国皇位（称查理六世，至1740年在位），反法同盟各国的态度开始发生改变。因为，无论是英国、荷兰还是普鲁士都不愿意看到一个强大神圣罗马帝国的重现，所以不再支持查理大公对西班牙王位的要求，同时各国对庞大沙皇俄国的崛起也十分忌惮，所以先后与法国罢兵言和。尽管如此，"西班牙王位继承战"还是导致法国濒临破产，且大量海外殖民地被英国夺取，自此在与英国的争霸中开始处于下风。1715年，在位长达72年的太阳王路易十四病逝，王位由他只有5岁的曾孙路易十五继承（至1774年在位）。为避免再次近亲结婚，路易十五于1725年与一位波兰公主举行了婚礼，次年任命红衣主教弗勒里为首相组成"主教内阁"，并通过改善交通和支持海外贸易等措施逐渐恢复国力。但由于1733年和1741年先后卷入"波兰王位继承战争"和"奥地利王位继承战争"并没有得到任何回报，法国经济再度面临崩溃。加之路易十五生活上的大量丑闻以及在之后"七年战争"中的战败，法国大革命最终在1789年爆发。

路易十四的孙子腓力五世在西班牙的王位上坐了46年，以穷奢极欲著称。虽然西班牙在"波兰王位继承战争"中,于1734年夺取那不勒斯和西西里两个王国,后期也成功阻止了英国在加勒比海地区的扩张,但终因连年战争在1739年宣布破产。此后的西班牙不再吸引世人的目光。

英国在"西班牙王位继承战争"中所再次展现出的狡诈,充分暴露了其外交的根本原则,即采取一切手段阻止任何一个国家在欧洲做大,并通过挑起事端坐收渔翁之利。1701年,出于对威廉三世双王身份的担忧,英国议会通过了《王位继承法》,除了规定威廉三世的妻妹安妮为继承人外,还规定今后任何天主教徒不能继承英国王位,任何英王不得与罗马天主教徒结婚等。1702年,英、荷联合打劫了西班牙运送从美洲掠夺来的财宝的"黄金船队"。同年,安妮公主在威廉三世去世后继承英国王位,1707年将苏格兰和英格兰两国议会合并,1713年出于遏制沙俄和奥地利的目的退出了"西班牙王位继承战争"。其间,托利党(今英国保守党前身)与辉格党(今英国自由民主党前身)之间争斗不断。1714年,安妮女王无嗣而终,英格兰斯图加特王朝时代终结。由于根据1701年制定的《王位继承法》,众多信奉天主教的继承人不能继承王位,与英国王室有血缘关系的德意志汉诺威选帝侯乔治·路德维格在辉格党人的支持下成为英国国王,称乔治一世(至1727年在位),开启延续至1901年的汉诺威王朝。由于乔治一世不会讲英语且长期居住在其在德国的领地汉诺威,英国王权进一步衰落,但同时促进了议会制的成熟。1727年,其子乔治二世继位(至1760年在位),因同时兼任汉诺威选帝侯,不但在"奥地利王位继承战争"中支持奥地利,而且亲自率军与法国作战。1745年,流亡欧洲的詹姆斯二世的孙子试图重新夺回王位,但被乔治二世击败。

然而对于当时的欧洲来说,刚刚获得独立的普鲁士人才是"西班牙王位继承战争"的最大受益者。1701年,腓特烈三世以在"西班牙王位继承战争"中支持神圣罗马帝国(亦即奥地利)为条件,迫使其升格勃兰登堡－普鲁士公国为拥有分封贵族权力的普鲁士王国，且自称腓特烈一世。这一巨大收获无疑极大地激发了普鲁士人称霸的雄心。1713年继位的威廉一世，更是组建了世界上第一支现代意义上的军队。当骨子里流淌着德意志条顿骑士团血液的普鲁士人着装统一且整齐地前进、卧倒和射击的时候，整个欧洲都为之震惊。至1740年腓特烈二世（至1786年在位）继位，普鲁士已经拥有了一支8万人训练有素的大军。而神圣罗马帝国皇帝（亦即奥地利国王）查理六世在同年的去世，则为腓特烈二世提供了展示军事才能的良机。出于削弱奥地利的共同想法，法国与巴伐利亚、萨克森等德意志诸侯，一致反对由查理六世之女玛丽亚·特蕾西亚大公继承皇位，腓特烈二世更是亲率普鲁士大军冲在了最前面，直接挑起了"奥地利王位继承战争"。面对领土十倍于己且军队规模更为庞大的奥地利，腓特烈二世依靠训练有素的军队和高超的军事指挥艺术，苦战五年最终打败了强大的对手，夺取了富饶的西里西亚，使普鲁士王国的领土和人口均大幅增加，腓特烈大帝的称号随之响彻欧洲，尽管此时的西普鲁士仍然为波兰所占有。但真正使腓特烈名扬天下的是18世纪下半叶的"七年战争"，以及其为德国最终统一奠定的基础。

18世纪上半叶的俄罗斯，彼得大帝依靠"大北方战争"中的胜利同样赢得了"大帝"的荣誉。17世纪末，丹麦和挪威联盟在对外扩张中率先挑起"大北方战争"，后遭瑞典沉重打击。1700年，被欧洲各国海外掠夺所刺激的彼得大帝亦加入其中，目的是从瑞典手中夺取通向大西洋的出海口，使沙俄真正成为临海国家。而此时的瑞典不但通过上个世纪的"三十年战争"，成为包括德意志北部和丹麦、挪威部分领土的北欧第一军事强国，而且已经击败了与沙俄结盟的丹麦和挪威联盟。因此，彼得一世的这次冲动成为一次羞辱性的战败，他的新军被数量远少于自己的瑞典军队打得溃不成军。恼羞成怒的彼得一世下令，熔化教堂的大钟制造大炮，以重新武装部队。其间，瑞典国王查理十二世又在击败波兰和萨克森后于1708年攻入俄罗斯，后由于乌克兰一带的哥萨克表示愿意投靠，而鬼使神差地南下围攻今乌克兰境内的波尔塔瓦要塞，最终因缺乏后援在1710年被缓过气来的彼得一世击败，查理十二世最终只能逃亡奥斯曼土耳其帝国寻求庇护。之后，"大北方战争"又在波罗的海沿岸国家之间延续了10年，国力耗尽的瑞典最终在1721年与沙俄签订和约，彻底退出了欧洲强国的行列。而沙俄则如愿以偿地得到了波罗的海东岸的大片地区，于1721年正式迁都彼得堡。在对外扩张的同时，彼得一世在国内也采取了大量激进的西化改革，在极短时间内使沙俄实现了由奴隶社会向半封建、半资本主义社会的跨越式发展。1725年病逝的彼得大帝给俄罗斯留下了延续至今的世界军事强国地位和永远的扩张欲望。但之后的十四年，沙俄宫廷政变迭起，两任女沙皇和两任小沙皇交替登基。尽管如此，沙俄还是在1733年的"波兰王位继承战争"中，成功击败法军，将亲俄的奥古斯特二世扶上了波兰王位。1741年，在罗曼诺夫家族再无男性继承人的情况下，彼得大帝之女伊丽莎白·彼得罗芙娜通过政变成为沙俄第三位女沙皇（至1761年在位、生子沙皇彼得三世），对内恢复了彼得大帝的所有改革措施，进一步巩固了君主专制；对外于1743年再胜瑞典并通过调停"奥地利王位继承战争"进一步扩大了沙俄在欧洲的影响。

公元18世纪上半叶充满机遇的美洲，相对于硝烟弥漫的欧洲，成为欧洲殖民者的乐园；以杀戮、驱逐和奴役原始土著为共性，同时存在原始资源掠夺、奴隶制庄园经济和早期资本繁荣等殖民形态。其中，北美主要被西班牙、法国和英国三国所瓜分。

西班牙虽然最先到达并一度沿今日美国西海岸到达阿拉斯加，但由于只对黄金和白银感兴趣，且更乐于掠夺那些只需要征服而不需要费力去开发的地区，所以并没有在北美投入太多的精力，也因此任由后来的英、法两国建立了各自的势力范围。

法国北美殖民地也称新法兰西，是一位意大利导航员在1524年献给法王弗朗索瓦一世的礼物。但法国人直到 17 世纪初才开始正式在北美建立殖民地，1663 年被路易十四改为国王直属行省，由殖民贸易公司实际管理，鼎盛时北起哈德逊湾，南至墨西哥湾，包含圣罗伦斯河及密西西比河流域的广大地区。新法兰西虽然幅员辽阔，但由于法国人更关心争霸欧洲大陆，所以除毛皮贸易之外，殖民地的各个方面都发展缓慢，且与英属北美殖民地的征战不断。

与前两者相比，英国人虽然在本世纪初还只占据今日美国东海岸中部的狭长地带，但在殖民地经营方面呈现出三种主要形态。北部以马萨诸塞为代表的新英格兰地区是由 1620 年到达那里的新教徒建立的，资本主义工商业发展较快，冶金、造船、纺织等均十分发达；同时也以在北美、拉丁美洲和非洲之间从事罪恶的甜酒、蔗糖和黑奴"三角贸易"而闻名。中部以今纽约为中心的区域是英格兰人从荷兰人手中夺取的，后被英王赐予了殖民地贵族，虽然面积不大，但以"面包殖民地"著称。南部地区最早是由一些英国商人以股份制的形式组建的弗吉尼亚公司在 1607 年建立的；在追求最大利润的过程中，奴隶制种植园经济占据主体，白人契约奴隶后来完全被黑人奴隶所取代。至 1733 年，英国移民以英王乔治二世的名字命名为佐治亚，至此，英属北美殖民地已经发展到了 13 个州。

虽然北美移民来自欧洲多个国家，但在频繁的贸易交往中，英语逐渐成为共同语言。从 17 世纪 30 年代开始，以传播新教为目的建立的哈佛，及后来的耶鲁、普林斯顿等大学对殖民地文化形成发挥了重要作用，并在 18 世纪下半叶争取北美 13 州独立的过程中发挥了重要影响，但殖民地的不同属性和经济特点也决定了美国内战的必然。

中南美洲依然是西班牙一家独大，最早曾分为以墨西哥为中心的新西班牙和以利马为中心的秘鲁两大总督区。1718 年起，秘鲁总督区后又分出分别以波哥大和布宜诺斯艾利斯为中心的新格拉纳达总督区和拉普拉塔总督区。在这过程中，在掠夺黄金和白银的高潮过后，奴隶制种植园经济也得到了快速发展。只不过与北美不同，当地土著居民依然占据最大比重，且欧洲生白人、美洲生白人、各种混血人、土著人和黑奴等级划分鲜明。这也决定了南美独立解放的特殊性。葡萄牙人占领下巴西的情况也与之相似。

纵观公元18世纪上半叶的世界，人类在通过探究自然法则创造现代科学的同时，开始全面探究人类社会的运行法则。"思想"也随着对基督教的疑问和对封建集权的反抗在欧洲广泛传播，并被称作思想启蒙运动；"要敢于认知"（歌德）代替了对宗教、政治和社会习惯的盲目绝对服从，孟德斯鸠在1748年发表了《论法的精神》。如果说17世纪诞生的现代科学还只是在无意中触动了欧洲基督教统治的根基，那么兴盛于18世纪的思想启蒙运动则是对欧洲封建统治的全面宣战。当路易十四盛赞孟德斯鸠的时候，当腓特烈大帝将伏尔泰奉为座上宾的时候，人们还无法预见这场运动的巨大影响，直到1789年法国大革命的爆发、路易十六的脑袋被砍下才使人们真正领略到"思想"的力量。思想启蒙运动也在血腥中结束了对自由、平等、博爱的百年探索，伏尔泰、孟德斯鸠和卢梭等一系列熠熠生辉的名字则赋予了人类文明一些全新的属性。

# 锁国的乾隆与美利坚合众国的建立

公元 18 世纪下半叶的世界，东亚大清帝国虽然创造了康乾盛世，却实行了闭关锁国的政策。中亚地区依旧持续着动荡，昔日东西驰骋的铁骑逐渐在相互厮杀中被世界遗忘，与之类似的还有西亚王朝更迭不断的伊朗。南亚莫卧儿王朝在内斗中被英国所征服，殖民者的语言竟成为印度当今参与国际社会的财富。地跨欧亚，曾经四处征伐的奥斯曼帝国一次次尝试着跟上西方变革的脚步，但军队的干政终成永远无法摆脱的桎梏。当欧洲的政治格局被"七年战争"所改变时，挑起战争的普鲁士虽然暂时受挫，但通过参与瓜分波兰已经依稀看到了统一德意志的希望；西向的沙俄不但左右了战争的走向，而且在瓜分波兰、臣服瑞典后开始在欧洲发挥重要的影响；战败的法国则陷入了资产阶级大革命的波涛中，虽然民主、自由和平等更多的只是新兴资产阶级虚伪的口号；英国虽然因战争失去了北美洲的大片领地，但依靠工业革命的力量依然能够在世界插满殖民的战旗。美利坚合众国的独立无疑有着最大的历史性影响，与生俱来的贪婪将使其成为未来世界的终极霸主。当战争的硝烟短暂散去，浩瀚的太平洋在英法两国的探险竞赛中不再辽阔。

公元 18 世纪下半叶的东亚，"康乾盛世"虽是大清王朝的巅峰，却也是走向衰落的开始。

作为一个被盛赞的皇帝，乾隆政治上宽严相济、整顿吏治、厘定典章制度，经济上奖励垦荒、兴修水利、豁免钱粮，军事上开疆扩土，这些举措都无疑加速了社会经济的发展，也为今日之中国做出了历史性贡献。但无论是 1772 年开始编修的《四库全书》，还是西跨葱岭、西北达巴尔喀什湖、北接西伯利亚、东北至外兴安岭和库页岛、东临太平洋、东南包括琉球和台湾及附属钓鱼岛、赤尾屿等，南至南海诸岛（不含 1689 年《尼布楚条约》割让给沙俄的领土）的《乾隆内府皇舆全图》，都无法掩盖其大兴文字狱、焚毁文物古籍、实施思想禁锢等对科技文化进步带来的重大影响，更何况此时的康乾盛世实际上已经危机四伏了。在西南，驻藏大臣在 1750 年虽设计杀死了阴谋叛乱的藏王，但也被其余党攻杀，清军不得不再次入藏协助七世达赖喇嘛（原受封为六世）平定叛乱；1751 年，制订《西藏善后章程》，废除藏王制度；授命达赖喇嘛作为政教合一的代表，与驻藏大臣共治西藏。在南方，云贵川等地的边民起义直到 1776 年才被平定，清政府为此付出了巨大的代价。在此期间，清军还不得不同时与缅甸作战。自 1762 年缅甸入侵云南普洱至 1769 年双方停战，令大清损失惨重的"清缅战争"只是让缅甸在名义上表示臣服。1788 年至 1789 年同样损失惨重的"清越战争"更只是以越南西山王朝主动请和收场。在西北，虽然 1755 年在伊犁大败准噶尔部，1757 年联合哈萨克汗国彻底灭亡准噶尔汗国，1759 年平定南疆喀什大小和卓之乱，控制了天山南北的广阔区域，并令哈萨克汗国和浩罕汗国等表示臣服，但汇集了各股反清流亡势力的浩罕汗国一直是大清王朝的潜在隐患。

与以上相比，来自东南沿海的威胁则更令乾隆寝食难安，并最终促使其下达了关闭大清国门的谕令。康熙时期对西方传教士的活动管理曾极为严格，只许"自行其教"而不得"开堂"传教。但至乾隆时期，"西洋人私赴各处传教者日众"，"绘图测镜、消息潜通"，甚至勾结官府、鱼肉民众。同时，英国武装商船曾多次违反清政府规定驶至浙江沿海，大肆走私纺织品且觊觎盛产茶叶和丝绸的江浙地区，大有"移市入浙"、使宁波有成为另一个澳门的趋势。所有这些最终促使乾隆皇帝在 1757 年下令"一口通商"，即封闭闽、浙、江三海关,仅保留粤海关对外通商。同年,以贸易为名盘踞加尔各答的英军洗劫了印度孟加拉邦的国库。如果从这一事件来看,乾隆的做法倒也事出有因。但"闭关锁国"之举终使与世隔绝的大清再也看不到世界的变化,使中华文明与科技进步和工业革命失之交臂,并在停滞中进一步落后于世界。1793年,乾隆再次拒绝了英国使者提出的在京设馆、开放口岸、求占海岛、自由传教等请求,后再下令"守土文武必不令其停留,立时驱逐,勿谓言之不豫"。但其晚年宠信大贪官和珅,导致吏治败坏、弊政丛出,军队腐化、武备废弛,社会矛盾激化,大清帝国事实上已无力阻止英国等国的渗透了,鸦片在纺织品的掩护下大量输入中国。而大清的子民们只能在"十全老人"的孤芳自赏中茫然地等待百年屈辱的厄运了。因此,1784年出版的《红楼梦》更像是一曲中华文明的挽歌,昔日的灿烂只能在林黛玉的梨花带雨中被一锹一锹地埋葬了。1799年离世的乾隆在长达64年的皇权生涯中虽然经历但也无视了18世纪世界的巨变,只留下百年盛世的虚名。

公元18世纪下半叶的中亚,虽然因沙俄专注于欧洲而放缓了入侵的脚步,但依然保持着部落联盟习俗的五国内乱外战不断。其中,位于中间的布哈拉汗国在混乱中于1753年被大臣篡位,建立曼吉特王朝。东面的浩罕汗国在1760年上表臣服于大清。南部阿富汗的杜兰尼王朝数次与莫卧儿帝国大战并侵入印度半岛北部;1756年占领并劫掠德里,1761年战胜了马拉塔邦国,间接地为英国东印度公司征服整个印度半岛扫清了道路。西面的希瓦汗国再次落入乌兹别克人的掌控之下。北面的哈萨克汗国在1757年协助大清灭亡准噶尔汗国后上表内附,大汗阿布赉在1771年被乾隆正式敕封;但同年在沙俄挑唆下对渥巴锡汗带领下从伏尔加河下游东归的卫拉特蒙古土尔扈特部进行了疯狂阻截,致使双方均损失惨重。此后,阿布赉成功周旋于中俄之间,保持了哈萨克汗国的统一和独立;在击退了浩罕汗国的入侵后,确定了今天哈萨克斯坦与吉尔吉斯斯坦之间的国界。

# 锁国的乾隆与美利坚合众国的建立

（公元18世纪下半叶）

## 北美洲加拿大

1749年，英国开始修据点；
1754年，华盛顿被法停房；
1759年，英占法属魁北克；
1760年，英军克蒙特利尔；
1766年，英与土著签约；
1791年，划分上下加拿大；
1799年，俄占有阿拉斯加。

## 北美洲美国

1773年，波士顿倾茶事件；
1775年，北美独立战争；
1776年，华盛顿任总司令；
1778年，欧各国组中立国；
1781年，英残军宣布投降；
1783年，英承认美国独立；
1786年，退伍的士兵起义；
1789年，现美国正式建立；
1792年，华盛顿连任总统。

## 南太平洋

1768年前后，法国人到达塔布提等南太平洋诸岛。

## 欧洲

1756年，普挑七年战争；
1762年，卢梭社会契约；
1763年，签署停战和约；
1764年，英改纺织机；
1765年，美国工业革命；
1769年，瓦特皮蒸汽机；
1778年，法国宣战英国；
1783年，教学家欧拉死。

1784年，康德思想启蒙；
1786年，威廉二世普王；
1789年，法爆发大革命；
1793年，砍头路易十六；
1798年，拿破仑征埃及；
1799年，伏达发明电池。

## 欧亚分界北部——俄罗斯

1757年，俄加入七年战争；
1762年，彼得三世任沙皇；
1762年，叶卡捷琳娜政变；
1774年，镇普加乔夫起义；
1783年，吞克里米亚汗国；
1794年，第三次瓜分波兰；
1796年，保罗一世沙皇。

## 欧亚分界南部——奥斯曼

1774年，五次俄土战败；
1789年，奥斯曼欧化改革；
1792年，六次俄土战争败；
1798年，一度失去埃及。

## 西亚

1796年，恺加王朝取代阿夫沙尔王朝。

## 中亚

1753年，布哈拉曼吉特王朝；
1756年，杜兰尼王朝破德里；
1757年，哈萨克夫攻准噶尔；
1760年，浩罕汗国臣服大清。

## 南亚

1771年，乾隆册封哈萨克汗；
1781年，哈萨克臣服俄罗斯。

## 南亚

1750年，遭阿富汗王朝入侵；
1757年，被英军洗劫孟加拉；
1760年，英法在此七年战争；
1761年，法国军向英军投降；
1764年，英印儿帝国皇投降；
1767年，迈索尔人奋起反抗；
1774年，英国任命首位总督；
1799年，迈索尔人终被征服。

## 东亚

1750年，西藏贵族爆发叛乱；
1751年，西藏开始政教合一；
1757年，联哈萨灭准噶尔；
1759年，平定南疆大小和卓；
1762年，缅甸入侵云南普洱；
1762年，设伊犁将军治新疆；
1771年，土尔扈特部族东归；
1771年，大小金川边民起义；
1782年，四库全书首部完成；
1784年，《红楼梦》终成书；
1793年，英国使者觐见乾隆；
1793年，金瓶掣签转世灵童；
1799年，嘉庆皇帝正式亲政。

## 东南亚及大平洋

英库克船长1768年抵达澳大利亚，南太平洋诸岛；1774年，到达南极圈；1777年，发现夏威夷；1778年，到北极。
1788年，英国开始在澳流放囚犯。
1799年，荷兰在印尼建殖民政权。

但在阿布赉大汗 1781 年去世后，哈萨克汗国陷入内战，中玉兹完全接受了沙俄的控制。

公元 18 世纪下半叶的南亚，莫卧儿王庭虽然依旧存在，但与之并存的是数百个独立或半独立的土邦，如孟加拉、奥德、马拉特联盟、迈索尔、海德拉巴和旁遮普等。与大清帝国的危机四伏相比，此时的莫卧儿王朝可以形容为已经被洪水淹没了。在西北方向，阿富汗的杜兰尼王朝从 1750 起持续入侵，先后征服旁遮普和克什米尔等地，并在 1756 年再次劫掠了首都德里。在半岛东部，英法两国东印度公司早在"奥地利王位继承战争"期间就曾为了争夺马德拉斯和本地治里等沿海殖民据点而开战，大量接受了欧式训练和武装的当地雇佣兵参与其中。之后，法国人通过介入当地王公之间的内斗、扶持傀儡政府，以及威胁敲诈等手段获得了大量土地和金钱。英国人不但随即效法，而且在英国政府的支持下对法国人主动发起进攻，屡败得不到政府和海军支持的法属东印度公司。1757 年，因武装驱逐了在加尔各答修建要塞、训练军队的英国人，数万孟加拉土邦军队与区区 900 名英军在普拉西展开会战，结果因内奸被收买而溃败。英国人随即劫掠了孟加拉的国库，财富之巨甚至超过了侵略者的想象，也因此更激发了英国人的贪婪。1760 年，英法两国因"七年战争"再度在印度开战，结果以法国人投降和失去全部殖民地而告终；只是根据 1763 年的《巴黎条约》，法国才在印度沿岸保留了五座不设防的城市。1764 年，皇帝沙·阿拉姆二世在布克萨尔战役中投降后，莫卧儿王朝彻底沦为英国殖民者的附庸，名义上存在到了 1858 年。之后，英国人在分化瓦解的基础上，或通过收买培植代理人里应外合，或挑起冲突各个击破，或直接武装征服，逐一吞并了印度半岛分裂中的一个个土邦。其中，半岛西南部的迈索尔人曾几度在法荷等国的支持下将英国人逼入绝境，但在经历了四次"迈索尔战争"（1767~1799 年）后，该地区还是因为内部分裂而被英国人最终征服。在完成独霸了印度半岛后，英国人对被征服的地区进行了残酷的掠夺。其中，孟加拉邦国因之几乎丧失了基本生产能力，仅一次灾荒中就死亡 1000 余万人，后又不得不屈从殖民者的意志从事鸦片生产，成为使中华民族沦为"东亚病夫"的毒源。

公元 18 世纪下半叶的西亚，占据伊朗的阿夫沙尔王朝在本世纪末被恺加王朝所取代，奥斯曼土耳其帝国则在屡屡战败的同时，尝试进行近代改革。

东部伊朗一带的阿夫沙尔王朝在纳迪尔沙 1747 年被刺杀后陷入残酷的王位争夺战，被弄瞎双眼的纳迪尔沙之孙沙鲁克·阿夫沙尔成为部落首领们操纵的傀儡，各路波斯诸侯纷纷称王自立。1796 年，北部的突厥恺加部落首领阿迦·穆罕默德统一伊朗，以德黑兰为都建立恺加王朝，于 1921 年灭亡。

西面的奥斯曼土耳其帝国在马哈茂德一世 1754 年去世后，连续由三位被监禁于后宫几十年的皇帝继位。虽然躲过了"七年战争"的战火，但在其后爆发的"第五次俄土战争"（1768~1774 年）和"第六次俄土战争"（1787~1792 年）中，陆海军都连遭重创，不得不彻底割让克里米亚汗国和格鲁吉亚给沙俄。1789 年即位的塞利姆三世，在战争后进行了帝国历史上最大规模的西化改革，包括在内政上强化了中央集权、改军事采邑为包租制、鼓励创设民办学校，在外交上在欧洲主要国家设立使馆，在军事上创办各种新式军校、仿效欧洲军制组建新军等。但在这些改革措施转化为现实成果之前，拿破仑率领的法军已在 1798 年入侵了帝国的北非殖民地，塞利姆三世不得不依靠与英俄的结盟才夺回了埃及；而且塞利姆三世的革新行动也使其面临来自大封建主和军队的威胁，毕竟军队在帝国有着特殊的地位和擅杀皇帝的传统。

公元 18 世纪下半叶的欧洲，奥地利试图重新夺回被普鲁士占领的西里西亚，垂涎东普鲁士的沙俄和贪婪波美拉尼亚（当时属普鲁士）的瑞典随即表示支持。而早已视西里西亚为囊中之物的普鲁士一方面向英国求助，一方面积极备战。出于希望在欧洲大陆拖住法军主力，以利于其夺取法国海外殖民地的考虑，英国站在了普鲁士一边。而按照必须与英国对立的原则，法王路易十五选择了支持旧敌奥地利。分裂中的神圣罗马帝国其他诸侯国，则根据自身的考虑分别加入两大阵营。1756年，"七年战争"正式爆发，因之引发的北美独立战争和法国大革命则影响了整个世界。之后，伴随着英法在太平洋探险中的竞技，世界不再辽阔。

在"七年战争"的欧洲战场，普鲁士独战奥、法、俄等强国。1756年8月，普鲁士以获取缓冲区为由，突袭了萨克森并成功击退了驰援的奥军。1757年5月，普军攻入捷克、兵围布拉格但被奥军击退。此时，法国兵分两路从西线向普军发起攻击，但被普军集中兵力在11月的罗斯巴赫会战中击败。此时，5月份才开始集结的俄军加入了战争，从东面攻入东普鲁士，但未趁机扩大战果。罗斯巴赫会战中获胜的普军则挥师东进，于12月将攻入西里西亚的奥军击退。1758年，反普同盟总兵力进一步增加，但彼此间协调不力。普军先是包围了奥军主力驻守的奥尔米茨，后在8月北上迎击俄军并与之战平，但10月再遭奥军偷袭、伤亡惨重。进入1759年后，战事愈发对普军不利，俄军在全面占领东普鲁士后准备与奥军合攻柏林，并在击败普军的阻击后在8月与奥军会师法兰克福，在著名的库纳斯多夫会战中重创普军，只是由于冬季来临才暂停攻势。1760年，由于俄奥两国分兵且各自为战，普军获得短暂喘息。但到了1761年，普军彻底陷入被三面围攻的绝境，法军从西面直逼汉诺威，奥军在南面完全占领了西里西亚，俄军则从北面于12月夺取了科尔贝格，更雪上加霜的是英国也停止了对普鲁士的资金援助。但就在腓特烈二世绝望到几乎要自杀的时候，对其极度崇拜的沙皇彼得三世在1762年初继位，不但宣布沙俄退出战争、归还所占领的土地，而且与普鲁士结盟，战场形势随之逆转。在成功将法军赶出国境后，疲惫不堪的普鲁士和奥地利终于在1763年签署停战协议。虽然在"七年战争"中成功保住了西里西亚，并一跃成为欧洲五大巨头，但战后的普鲁士已是满目疮痍。

在"七年战争"的海外战场，主要是英法两国间捉对厮杀。由于注意力被普鲁士吸引在欧洲大陆，且相对弱小的法国海军屡屡被英国舰队击败，缺少后援的法军只能依托先前开拓的一些殖民据点抵御英国远征军的倾力进攻，因而几乎全面溃败。在北美战场，战斗主要在今加拿大境内的蒙特利尔一带进行。早在1749年，英军就已积极准备夺取法属北美殖民地，在今哈利法克斯等地修建了进攻据点。对此，法国人在印第安盟友的支持下对进犯的英国人采取了驱逐行动；后成为美国总统的华盛顿当时在英国军队中服役，1754年曾被法军俘虏。1755年，英军为削弱法军实力，以涉嫌通敌为由驱逐了住在该地区的大批法印混血阿卡迪亚人。"七年战争"爆发后，英军仰仗充足的后勤补给逐渐占据优势，先是在1759年攻占法属魁北克，后于1760年占领蒙特利尔。根据1763年签订的《巴黎条约》，法国在把法属加拿大全部割让给英国的同时，协商西班牙割让佛罗里达给英国，而法国则割让密西西比河以东法属路易斯安那等地给西班牙作为补偿，以防止英国独霸北美大陆。1766年，英国与印第安人签署了一个和平条约承认在魁北克边界线以外的地区为印第安人的保留地。印度战场的情况与北美相似，英军于1757年在普拉西战役中打败了亲法的孟加拉邦国，并洗劫了它的国库；至1761年控制了印度半岛大部，只给法国人留下了几个可怜的贸易据点。在西非、南非和西印度群岛等战场，英军也都无一例外地打败法军以及其他殖民者，极大地扩展了自己的殖民地疆域。

"七年战争"结束后的普鲁士，腓特烈二世致力于改善农民生活状况，兴修水利，并推行重商主义，使经济得到较快发展，因此也被后人尊为"腓特烈大帝"。1786年，腓特烈·威廉二世继位后，通过参与瓜分波兰，夺取了西普鲁士，将东普鲁士等与其他国土连成一片，但因后来参加反法同盟并败于法军，被迫在1795年将莱茵河以西的领土割让给了法国。与之相比，奥地利虽然连续两次在争夺西里西亚的战争中被普鲁士击败，但女大公玛利亚·特蕾西亚依然手握奥地利、匈牙利和捷克三顶王冠，而且短暂旁落的神圣罗马帝国皇冠也戴在了其丈夫弗朗茨一世的头上（至 1765 年在位），分裂中的意大利的绝大部分也处于其家族统治之下。只是，后来成为神圣罗马帝国皇帝的弗朗茨一世居然在"七年战争"期间，通过向对手腓特烈二世走私军火而使自己的继承人成为欧洲首富，神圣罗马帝国在 40 年后被彻底解散也就情有可原了。

沙俄政坛因"七年战争"风云迭起。彼得三世虽以一己之好恶改变了"七年战争"的结局，但由于强行推广路德教等举措招致整个社会的不满，在位仅半年便在皇后叶卡捷琳娜发动的政变中被囚禁（几天后神秘死亡）。而有着德意志血统的后者则在情夫们的帮助下成为俄国第四位女沙皇，在外征内伐中将沙俄带入了另一个巅峰：先是在 1763 年通过操纵波兰选王会议将情夫扶上波兰国王的宝座，后在 1772 年、1791 年和 1794 年三次联合普鲁士等国彻底瓜分波兰。在此期间，沙俄还通过第五、六次俄土战争吞并了金帐汗国残存的克里木汗国，并打败了瑞典对俄国波罗的海舰队的偷袭，使之成为沙俄的附庸；1774 年残酷镇压了普加乔夫领导的农民起义，通过给予贵族更多更大权力进一步强化了农奴制度。1796 年叶卡捷琳娜去世后，其子保罗一世对其政策进行了大量改革，但在军事和对外政策上反复无常；先是加入反法同盟，于 1798~1800 年派地中海舰队成功地在意大利登陆，先后攻克那不勒斯和罗马，陆军也成功从北部进入意大利境内。但在取得一连串胜利后，保罗一世又转而与法国接近，甚至准备组建俄法联合军夺取英属印度半岛，更在缺乏军需和弹药的情况下独自向印度进军，招致疲于奔命军事将领们的公开反对。

英国虽然是"七年战争"的最大赢家并成为其后百年殖民世界的唯一霸主，但在缔造了日不落帝国传奇的同时，也昭示了殖民主义时代顶峰的到来和末日的开始。"英属北美殖民地解除边境威胁后，将不再需要宗主国的帮助。如果后者再试图将战争的花费转嫁到殖民地，殖民地将宣布独立予以反击"。法国人沃基尼斯的精确预言在"七年战争"结束后不久便成了现实。1760年，乔治三世继位（至1820年在位）后，随着珍妮纺纱机在1764年的发明，英国率先拉开了工业革命的序幕。伴随着纺织业的飞速发展，"羊吃人"的悲剧也随之上演：大量破产农民被赶出家园，开始廉价地为资本家创造财富，抑或加入掠夺他国的远征军中，因为资产阶级制定的法律不允许失业，否则就要被判刑甚至剥夺生命。为弥补被连年战争掏空了的国库，英国议会先后颁布了《糖税法》和《印花税法》，而13个英属北美殖民地则以"无代表不交税"为由表示抵制。虽然后来议会取消了这两部法律，但代之以对殖民地产品收取进口税，再次招致了北美殖民地的反对，甚至引发了暴乱。1773年，英国议会无奈之下宣布只象征性地保留茶叶税，但给予英国东印度公司免税特权。出于对这种垄断行为的不满，北方的波士顿人同年组成"茶党"，不但拒绝卸载到港的东印度公司茶叶，甚至在当地议会的鼓动下将东印度公司的茶叶全部倾入海中，史称波士顿倾茶事件。恼羞成怒的英国政府随即宣布封闭波士顿港，取消马萨诸塞州的自治。早有独立企图的北美13州随即召开第一次大陆会议，表示共同抵制北美和英国之间的贸易，不但组织起民兵武装，甚至对亲英人士进行了清洗。英国政府则随即派出主要由3万德意志"黑森雇佣兵"组成的远征军前去镇压。1775年4月，北美独立战争在"莱克星顿"民兵的枪声中爆发了。

北美独立战争之初，独立派领导人亚当斯为使南方殖民地各州能够与北部站在一起，在1776年6月召开的第二次大陆会议上，推举南方弗吉尼亚最大的庄园主和奴隶主——华盛顿为北美大陆军总司令。虽然华盛顿率军在偷袭战中取得了一些胜利，但在强大的英国正规军面前只能通过游击战来消耗英军。在经历一次次的失败后，欧洲殖民者的后代发现单靠自己的力量不足以与欧洲宗主国抗衡，于是许诺给予土著人和黑人奴隶,以及所有被他们掠夺和压迫的人种以更多的权利和自由。在这种情况下,就如当年早期欧洲殖民者欺骗印第安人一样,被谎言再次欺骗的印第安人和黑人奴隶加入了欧洲殖民者后代们的"独立"战争。但真正发挥决定性作用的是法国等的加入。由于不能容忍"七年战争"带来的屈辱和英国独霸北美,法国后来不但给北美大陆军提供了大量的资金和武器,甚至还派出陆海军直接参战。1778年,看到英国大势已去的西班牙、沙俄、荷兰、普鲁士、丹麦和瑞典等国也组成武装中立团,以保护本国商船免遭英国海军攻击为由加入反英战争。1781年,最后一支英国军队在约克镇被北美大陆军和法军包围、投降。两年后,英国正式承认北美13州独立。美国由此成为殖民地国家兴起的标志,但其骨子里继承的侵略和掠夺本性,以及其对未来世界的影响是当时的人们所无法预见的。当时最直接的表现是奴隶还是奴隶,曾帮助美国取得独立的印第安人在战后被驱赶到了"保留地"——一处处没有围栏的集中营。即便是下层的白人也没能分享独立的成果。1786年,战后贫困无助的士兵和贫民在谢司上尉的领导下发动了起义,但不久便被强大的资产阶级镇压。1789年,仅包括东部13州的美利坚联邦政府正式成立,华盛顿成为美国首届总统并在1792年连任。其间,美国曾试图将英国占领下的魁北克地区纳入自己的版图,但被英国驻军击退。1791年,在大量英国人涌入的情况下,英国政府为避免冲突将魁北克地区划分成讲英语的上加拿大和讲法语的下加拿大两个省。

"七年战争"结束后的法国一度依靠在南太平洋的探险为自己重新赢得了荣誉。虽然西班人和荷兰人也曾到达过包括澳大利亚在内的一些岛屿,但这时的南太平洋对于欧洲来说总体上还是一个未知且神秘的世界。1763年,法国贵族布罗西斯率先踏上了探索太平洋的航程,1764年到达福克兰群岛(马尔维纳斯群岛),1768年相继到达南太平洋诸岛和澳大利亚的大堡礁,1769年回国时带回了大量动植物标本。但不久爆发的大革命使法国再也无暇顾及南太平洋的探险活动。与之相反，在布罗西斯返回法国仅1个月后，库克船长率领的英国探险船队也到达了塔希提岛。在其历时12年的三次大规模探险中，先于1768年到达并命名澳大利亚及南太平洋诸岛，后于1774年到达南极，于1777年发现夏威夷，于1778年到达北极圈，至1779年被夏威夷土著杀死，完成了探索太平洋的壮举，世界从此不再辽阔。

而之后的法国则被资产阶级大革命所席卷。1789年，当路易十六试图为增税召开被废止了125年的三级会议的时候，法国大革命在贫民的饥饿和资产阶级的不满中爆发。这场巨大社会变革之所以被称作资产阶级革命，是因为新兴资产阶级在这场持续10年变革的每个阶段都是最大受益者，而普通民众只是被利用了一腔热血。1789年民众起义并攻占巴士底狱后，新兴资产阶级旋即控制制宪会议，虽然在《人权宣言》中提出了自由、平等和三权分立等口号，但"私有财产神圣不可侵犯"的主张实际上维护了贵族和新兴资产阶级的利益，而普通民众除了空洞的自由根本没有享受到平等参政甚至参军的权利，资产阶级也只是用对奥地利的宣战来转移民众的不满。1792年，奥地利和普鲁士联军在击退法军后攻入法国，试图重新恢复封建君主制度，巴黎民众因此再次起义并逮捕国王，直到此时资产阶级才宣布建立法兰西第一共和国，并依靠民众的热情击退了外国干涉军。1793年1月，路易十六被以叛国罪的名义送上了断头台。新兴资产阶级中，以丹东为首的一派随即对英、荷、西三国宣战，宣称要将法国扩张到天然疆界。但由于只顾疯狂掠夺财富且无视普通民众利益，法国在对外扩张中连连败北，再次被反法同盟击败。面对危局，新兴资产阶级中以罗伯斯庇尔为代表的另一派通过承诺分配逃亡贵族土地、无条件废除一切封建义务和烧毁地契等再次换取了普通民众支持，并夺取政权，将外国军队赶出边境，并荡平王党军队叛乱；但随后进行的内部清洗致使数万人被残杀，直到 1794 年罗伯斯庇尔自己也被砍头才逐渐停息。其后，由五名督政官组成资产阶级督政府开始用武力镇压民众的不满。在 1793 年土伦港之战中成名的拿破仑，在 1795 年因镇压民众有功而被任命为巴黎卫戍区司令，后率军以"输出革命"为由侵入意大利北部，1797 年击败奥地利、迫使第一次反法同盟解体。1798 年，受到都政府排挤的拿破仑率军远征北非埃及。但随着第二次反法同盟在欧洲接连获胜，拿破仑 1799 年抛弃被英军围困在北非的远征军回国，在资产阶级支持下发动"雾月政变"，为法国资产阶级革命画上了句号。

纵观公元 18 世纪下半叶的世界，虽然以现代科学为基础的思想启蒙运动在法国进行了一场社会领域不完美的实践，但现代科学引发的工业革命却对人类文明的发展做出了巨大贡献，欧洲以及北美在大量修建桥梁、铁路和运河网的过程中开始向资本主义社会过渡。只不过，这个过渡的结果是新兴资产阶级与封建君主之间的妥协。当"自由、平等、博爱"完成了推翻封建君主专制的历史使命，新兴资产阶级转而支持拿破仑的军事独裁，甚至复辟也就成为其逐利主义的必然，法兰西第一共和国也因此将被法兰西第一帝国所代替。当欧洲为社会变革的洪流所激荡，空间足够辽阔的北美开始为欧洲移民编织"美国梦"，以天朝自居的大清则试图以锁国维护陈旧的繁荣。

在差异化的发展中，殖民主义即将更深远地影响世界。

# 中英鸦片战争与日不落的大英帝国

公元19世纪上半叶的世界，当拿破仑用皇帝的头衔为法国资产阶级大革命画上句号，民族独立解放运动在封建君主们的恐惧中席卷欧洲，西班牙南美殖民世界的解体则被赋予更广泛的涵义。当英国依靠工业革命的力量将殖民的战旗插满世界，印度在四分五裂中彻底沦为仆从，奥斯曼土耳其帝国只能在被肢解的苦痛中无奈地摇曳着虚弱的残躯，埃及的自强努力在外敌干涉中化为乌有，澳大利亚成为天然的监狱，南部非洲等地血流成河，意欲紧闭国门的大清也在"鸦片战争"后全无了"康乾盛世"的孤傲。与此同时，俄罗斯的大炮轰响了中亚草原，新生的美利坚合众国也开始伸出贪婪与扩张的利爪。

公元19世纪上半叶的东亚，大清王朝在"第一次鸦片战争"中不但彻底丧失了天朝大国的尊严，而且在加速坠亡中拉开了中国近代史的帷幕。

1795年便已登基，但直到1799年才真正亲政的嘉庆皇帝平庸无为，虽然采取了惩治贪官和珅和整顿吏治等措施，但既没有直面已经突出的社会矛盾，也没能睁眼看世界，依旧盲目闭关锁国，以致内乱频仍、外患渐逼。于内，1795年发端于川楚一带的清代白莲教起义一直持续到了1804年，事实上宣告了"康乾盛世"的终结。1810年东南沿海再发蔡迁起义，1813年中原地区爆发天理教起义，成为更大规模太平天国和捻军起义的序曲。于外，英、法、俄等国已从陆地和海上对东亚形成合围之势：沙俄在1807年劫掠了日本的北海道，英国军舰 1808 年在澳门登陆、同年抵达日本长崎。1820 年，继位的道光皇帝虽曾试图振衰除弊，并采取了以海运代替河运、整肃两淮盐政、解除矿藏开采禁令等措施，但所有这些仍只是"守其常而不知其变"，未能从根本上阻止大清王朝的衰落，中国历史在此彻底转折。已在南亚站稳脚跟的英国开始用鸦片和大炮轰击大清的国门。道光虽然多次下谕查禁鸦片，但整个社会已经腐败，内外勾结使所有禁令都形同空文。在沙俄吞并哈萨克汗国前后，英国也加入了在中亚的扩张，支持张格尔等势力于 1820 年发动叛乱，并以浩罕汗国为根据地为祸新疆长达八年之久。1834 年，英舰以通商遭拒为由首次炮轰虎门，强盗嘴脸已经昭然若揭。1839 年，英国人以林则徐"虎门销烟"为由发动了"第一次鸦片战争"，1840 年 6 月起自南向北侵袭中国沿海的广州、厦门等地，7 月攻占舟山，8 月炮轰天津大沽口，1841 年 1 月攻占虎门、占据香港、进攻广州，逼迫清政府签订了历史上第一个不平等的条约——《广州条约》。轻易获得的赔偿巨款和通商承诺无疑刺激了英国人的侵略欲望，次年便撕毁和约，连破镇海、宁波等地，进逼南京，逼迫清政府再签《南京条约》，割让香港岛，赔款 2100 万洋银圆，开放广州、福州、厦门、宁波、上海五口通商，并给予英国一系列严重损害中国主权的特权。更严重的是，"第一次鸦片战争"使西方列强乃至东方岛国日本都看清了大清王朝"沉睡的雄狮"的虚弱本质，从而极大激发了更大的掠夺贪婪。接踵而来的美、法两国乘机在 1844 年索取特权，沙俄则在 1850 年夺取了黑龙江的入海口。此后，在一系列更大规模的侵略战争中，中华民族开始了百年任人宰割的苦难。

公元 19 世纪上半叶的中亚，英、俄等外部势力的渗入进一步加剧了该地区的动荡，传统汗国在相互征伐中相继衰亡。在趁机夺取了垂涎已久的中玉兹后，沙俄 1822 年以颁布《西西伯利亚吉尔吉斯人条例》的形式，正式灭亡已延续 360 余年的哈萨克汗国；残酷镇压哈萨克人的武装反抗，将大量不堪奴役的哈萨克人赶入中国新疆，

# 中英鸦片战争与日不落的大英帝国
（公元19世纪上半叶）

## 北美洲
1814年，英军烧美白宫；
1822年，墨西哥获独立；
1823年，美提门罗主义；
1836年，墨属得州独立；
1845年，美国吞并得州；
1846年，美入侵墨西哥；
1848年，西部发现黄金。

## 中南美洲
1804年，黑人海地独立；
1806年，英入侵阿根廷；
1811年，委内瑞拉独立；
1820年，葡属巴西独立；
解放者——玻利瓦尔示：
1819年，建大哥伦比亚；
1824年，任秘鲁总裁官；
1825年，玻利维亚独立。
保护者——圣马丁：
1816年，使阿根廷独立；
1817年，解放智利独立；
1820年，解放秘鲁利马。

## 南部非洲
1806年，英国占领开普敦；
1820年，英开始移民南非；
1838年，祖鲁人的血河之役；
1849年，英探险南非。

## 欧洲
1803年，法卖路易斯安那；
1804年，拿破仑法国称帝；
1805年，三皇会战役获胜；
1807年，法军侵入西班牙；
1812年，法军攻入莫斯科；
1814年，拿破仑首次流放；
1815年，法军兵败滑铁卢；
1822年，希腊人宣布独立；
1825年，史蒂芬逊试火车；
1831年，法里昂工人起义；
1832年，法国手摇发电机；
1834年，德意志关税同盟；
1837年，英爆发宪章运动；
1844年，普属西里西亚起义；
1848年，法建第二共和国；
1848年，《共产党宣言》出版。

## 欧亚分界北部——俄罗斯
1806年，挑第七次俄土战争；
1809年，征服北欧小国芬兰；
1815年，俄普奥组神圣同盟；
1815年，灭亡波兰华沙公国；
1828年，挑第八次俄土战争；
1848年，助奥镇匈牙利起义。

## 欧亚分界南部——奥斯曼
1805年，阿里任埃及总督；
1807年，埃及人驱逐英军；
1817年，奥斯曼重启改革；
1821年，巴尔干希腊起义；
1827年，英法俄土埃战；
1830年，法占阿尔及利亚；
1830年，承认了希腊独立；
1838年，阿里宣埃及独立；
1840年，土英联军败埃及。

## 西亚——伊朗恺加王朝
1801年，俄占格鲁吉亚；
1813年，俄夺阿塞拜疆；
1826年，王朝臣服于俄；
1844年，巴布新教起义。

## 中亚
1808年，浩军征服大玉兹；
1822年，俄吞并哈萨克汗国；
1836年，阿富汗王朝现更迭；
1839年，俄侵希瓦汗国兵败；
1839年，英首侵阿富汗；
1842年，浩军被哈萨克运灭亡；
1842年，英国从阿富汗撤军。

## 南亚——英国人
1804年，首败马拉塔人反抗；
1818年，再败马拉塔人反抗；
1824年，首侵缅甸代价巨大。

## 东亚
1804年，平定白莲教起义；
1807年，俄侵入日北海道；
1808年，英舰队抵达长崎；
1808年，英军占澳门炮台；
1813年，天理教起义爆发；
1820年，清道光皇帝继位；
1828年，张格尔叛乱就平；
1834年，英军舰炮轰虎门；
1839年，清广州虎门销烟；
1840年，第一次鸦片战争；
1842年，魏源《海国图志》；
1843年，英正式殖民香港；
1844年，中美《望厦条约》；
1844年，中法《黄埔条约》；
1850年，俄占黑龙江海口。

## 东南亚及太平洋
1815年，英移民澳洲；
1819年，英购新加坡；
1840年，英占新西兰。

并趁机侵占了大片土地。1839年，俄军在再次入侵西部的希瓦汗国未能得逞后，开始将侵略方向转到比邻哈萨克的浩罕汗国，沿锡尔河修建了一系列军事要塞对中亚其他国家步步紧逼。毗邻中国的浩罕汗国，一度依托贸易优势异军突起，东面不断向中国新疆渗透、与英国人一道支持张格尔等各种势力，西面连续进攻布哈拉和希瓦两个汗国，北面于1808年征服了哈萨克汗国的大玉兹，但在1842年一度被布哈拉汗国灭国。

公元19世纪上半叶的南亚，英国人完成了世界殖民史上的巅峰之作，征服印度之所得足以弥补北美殖民地独立带来的损失。在1799年征服迈索尔后，曾经数度站在英国人一边且由几个半独立王国组成的马拉塔人联盟成为英国东印度公司向半岛中西部扩张的最大障碍。为此，英国人无礼要求马拉塔人联盟诸国，必须以割让土地或提供军费的形式换取英军的武装保护。对此，马拉塔人最大的土邦佩什瓦首领巴吉·拉奥曾明确表示反对，但自己在内讧中被赶下台后，又最早与英国人在1802年签订了《巴塞因条约》，彻底放弃了邦国的独立地位，其他马拉塔土邦曾试图组建联盟，依靠法国人帮助训练的新军对英国人的入侵进行反击，但再次被得到南部迈索尔等已臣服土邦支持的英军各个击破，不得不在1804年先后接受英国人的屈辱条件，在削弱自己的同时进一步增强了英国人的军力。对这一结果大喜过望的东印度公司总督黑斯廷斯，在1813年进一步提出了"要使英国政府实际掌握最高权位，并要将其他各土邦作为实质上的藩属"的殖民目标。忍无可忍的马拉塔人在1817年进行了最后一次集体反抗，但被已拥有庞大雇佣兵军团的英军在次年彻底击败，印度半岛再无有实力抵御英国殖民的力量。在这过程中，印度雇佣兵成为英国东印度公司侵略的主要力量，至1824年发展到170个团之巨，占英军总数的90%多。这支庞大的力量不但帮助英国人在1856年征服了整个印度半岛，更成为其进一步向亚洲乃至世界各地侵略的工具。印度半岛也在被掠夺的疯狂中成为英国女王皇冠上的一颗硕大明珠。

在征服印度的同时，英国人于 1824 年发动了第一次侵缅战争，虽夺取部分领土，但代价巨大。第一次侵阿战争也狼狈收场。本世纪初，阿富汗的杜兰尼王朝在内乱中被推翻，但巴拉克扎伊王朝（至 1973 年）直至 1836 年才重新完成统一。1839 年，英军侵入阿富汗，并一度攻占坎大哈和喀布尔，扶持杜兰尼王朝短暂复辟。但由于阿富汗人依托险峻的山地不断袭击哨所、切断交通补给，英军惶惶不可终日。1841 年，喀布尔民众发动起义，英军只有 1 人安全逃出。1842 年，英军报复性地攻入喀布尔，但在救出人质后同样仓皇逃离。

公元 19 世纪上半叶的西亚，伊朗恺加王朝在沙俄的持续入侵中危如累卵，奥斯曼土耳其帝国只是由于欧洲列强尚未就瓜分达成一致才得以暂时维持已经腐朽了的统治。

东部的伊朗恺加王朝，曾成功阻止格鲁吉亚独立，但面对俄罗斯人近现代化的军队却全无招架之力。1801 年，作为向中西亚扩张的重要组成部分，沙俄在兼并格鲁吉亚后逐步占领了高加索南部地区，并在 1812 年大败伊朗恺加王朝，迫使其割让了包括巴库油田在内的北部大片领土，放弃了对格鲁吉亚和达吉斯坦等地的主权要求，撤出了在里海的海军。1826 年，俄罗斯人再次用大炮击溃了恺加王朝的圣战骑兵，随后攻入阿塞拜疆，占领大不里士等地，伊朗人被迫接受以阿拉斯河为界分割阿塞拜疆及其他不平等要求，事实上沦为沙俄的半殖民地，本已激化的国内政治和社会矛盾也进一步升级。1844 年，巴布教徒在北部地区发动起义，虽然最终被镇压，但恺加王朝的统治已彻底动摇。

西面的奥斯曼土耳其帝国，则被曾经令欧洲闻风丧胆的近卫军彻底拖入了崩溃的深渊。在联合英军击退了法国对埃及的入侵后，积极倡导改革的塞利姆三世在 1807 年，被已腐败无能但又疯狂维护自身利益的近卫军罢黜并暗杀，继位的穆斯塔法四世不久也在军队的骚乱中被废黜并被杀死。马哈茂德二世登基后，前十年由其母摄政，直到1817年才亲政并重启被打断的改革，但所有拯救帝国的努力都为时晚矣。帝国的北非和欧洲地区已经开始失去控制，北非埃及的总督阿里甚至拥有比帝国还强大的军力。1821年，在席卷欧洲的民族独立解放运动影响下，巴尔干半岛上的希腊首先爆发独立起义，虽然马哈茂德二世在1826年彻底解散了近卫军、组建近现代化新军，但其与埃及的联军还是在1827年被英、法、俄联合击败，不得不在1830年承认了希腊的独立。同年，法国占领了业已事实独立的阿尔及利亚，奥斯曼帝国被肢解的序幕从那时就已经被拉开。迈吉德一世在1839年继位后（至1861年在位），奥斯曼土耳其帝国还不得不应对属国埃及发动的内斗，且连战皆败，只是依靠英国人的帮助才避免了立即崩溃的命运。

　　公元19世纪上半叶的非洲，北非的埃及虽然在反抗英法的入侵中踏上了近现代化的道路，但最终也没能摆脱被殖民的厄运。英国则成功取代荷兰，在血流成河中成为南部非洲的主人。只有中部非洲还暂时寂静，因为欧洲殖民者还需要通过更多的探险，为全面瓜分非洲进行图纸准备。

　　在北部非洲，埃及在1517年被奥斯曼土耳其帝国征服后，仍由马穆鲁克雇佣兵实施统治，处于半独立状态。贯穿18世纪的内部混战使埃及人口剧减，著名的亚历山大港竟沦为破落的城镇。尽管如此，其沟通大西洋和印度洋的重要地理位置还是引来了欧洲殖民者的垂涎。1798年，法军率先侵入埃及，在拿破仑用大炮轰掉狮身人面像的鼻子后，被埃及宗主国奥斯曼土耳其和英国联军击退。在这过程中，出生于阿尔巴尼亚的穆罕默德·阿里成为奥斯曼土耳其帝国在埃及的高级将领，并在1801年法军撤走后，利用埃及民众的支持，先后驱逐马穆鲁克雇佣兵和奥斯曼土耳其苏丹派来的总督，在1805年被拥立为埃及总督（至1849年在位）。对此，奥斯曼土耳其帝国苏丹不得不承认了这个既定的事实。1807年，阿里再次成功击退英军的入侵，并将统治埃及长达500多年的马穆鲁克雇佣兵彻底清洗，之后进行了一系列使埃及迈向近现代化的改革；在政治方面，完善官僚体系、废除包税制度、将没收的土地分封给亲信和无地的农民；在农业方面，兴修水利、推广先进耕作技术、减轻农民赋税；在工业方面，创办了包括造船和军火工业在内的一批近代工厂；在科技文化方面，创办了专科学校、积极选派留学生等；在军事上，组建了一支包括23万陆军、1.5万海军和32艘战舰，装备了新式火器的强大军队。但超出其宗主奥斯曼土耳其帝国的国力也激发了阿里的野心。在1811年出兵镇压阿拉伯半岛的叛乱后，阿里以割让叙利亚和克里特岛为交换条件，于1825年出兵支持奥斯曼土耳其帝国镇压希腊的独立起义。虽然由于英、法、俄等国的干预，不得不承认希腊的独立，但阿里依旧要求奥斯曼土耳其帝国履行承诺，并以此为借口于1832年出兵夺取了叙利亚和克里特岛，只是由于英、法、俄的再次干预才在1833年停止了向土耳其半岛的进攻。1838年，阿里宣布埃及独立，已经彻底腐朽了奥斯曼土耳其帝国立即出兵镇压，但陆军在叙利亚被击败、海军则叛逃埃及。不能容忍埃及崛起的英、俄等在1840年直接出兵干涉，先是切断了埃军的海上交通线，后击败了在叙利亚一带的埃军，并试图在亚历山大港登陆。面对强敌，阿里被迫归还了奥斯曼土耳其的舰队和叙利亚、利比亚等地，宣布继续臣服和纳贡，海陆军也被大幅裁减。1841年，积郁成疾的阿里（1849年去世）宣布由长子易卜拉欣摄政。虽然埃及的近现代化进程后因逐渐沦为英、法两国半殖民地而受阻，但西方思想和技术的传播还是使其自此成为阿拉伯世界进步分子的摇篮。

在非洲南部，荷兰东印度公司1652年在开普敦海湾建立了最早的供应站，为往来船只提供后勤补给。之后，依靠先进的武器，荷兰人开始全面向南非内陆扩张，霸占土地、发展农业，大批黑人被掠为奴隶。在这过程中，早期欧洲殖民者与其他人种逐渐形成"布尔人"。1806年，英国人夺取开普敦，次年宣布终止奴隶贸易。此举与其说是文明的进步，不如说是工业革命的成功已经使英国人的需求从廉价的劳动力变为更广阔的市场，辽阔而广袤的非洲只是其目标之一。1820 年，在对土地的贪婪驱使下，首批 5000 名英国贫民移民非洲南部进行殖民开拓。由于不甘接受英国人的统治，布尔人带着大批奴隶向北部内陆迁徙。在这个过程中，土著黑人根本无力抵御手拿先进武器的英国人和布尔人的双重入侵，只能徒劳地付出鲜血。在 1838 年的"血河之役"中，3000 名祖鲁族战士被布尔人仅以 3 人受伤的代价射杀。非洲南部沦为英国人和布尔人角逐的战场。在此之后，英国探险家利文斯通 1840 年到达非洲，1849 年穿越非洲南部沙漠，1855 年在赞比西河发现并以英国女王的名字命名了维多利亚瀑布。更多的冒险家追随他的脚步深入非洲内陆，而 40 年后欧洲列强对非洲的瓜分，野蛮且简单到只需在柏林的一张地图上进行了。

公元 19 世纪上半叶的欧洲，拿破仑短暂 15 年的征伐成为民族国家建立的催化剂，并影响了整个世界。

拿破仑在 1800 年成为第一执政后，面对第二次反法同盟的进攻，先是将奥地利逐出意大利并在 1801 年与之实现陆地媾和，后于 1802 年 3 月与英国达成海上和约，为法兰西第一共和国争得了宝贵的喘息时间。同时通过制定法典、创建警察体制、开办学校和整修公路等措施迅速恢复国内秩序，通过借高利贷，甚至将北美路易斯安那卖给美国等措施迅速缓解了经济和财政压力，使法国重新恢复了和平与稳定。对此不甘的英国人在 1803 年 5 月再次向法国宣战。而法国人则在 1804 年 5 月，以高票批准拿破仑成为法兰西第一帝国皇帝，将整个国家绑上了一辆疯狂的战车。

1805 年，当拿破仑准备率 12 万大军渡海远征英国的时候，狡猾的英国首相皮特成功说服沙俄和奥地利与其组成第三次反法同盟。不甘腹背受敌的拿破仑暂时放弃进攻英国的计划，挥师东进，在 12 月的"三皇之战"中，以少胜多，击败俄奥两国皇帝亲自指挥的军队，迫使奥地利皇帝永远放弃了神圣罗马帝国皇帝的称号，只保留奥地利皇帝的头衔。但法国海军几乎被纳尔逊指挥的英军歼灭。因此，此后的拿破仑只能是陆地雄狮了。在这个过程中，1797年继位的普鲁士国王威廉三世一直采取中立态度，并从拿破仑那里获得汉诺威等领地的回报。但当拿破仑1806年试图将300余个德意志小邦统一在自己的"莱茵同盟"之下的时候，深感恐惧的普鲁士和沙俄再次在英国资金资助下组成第四次反法同盟。交战的结果是，拿破仑先是在1806年10月以闪击战击溃普鲁士20万大军，后于1807年7月再胜沙俄。同年7月，普鲁士在已被法军占领全境的情况下，被迫割让包括普属波兰的绝大部分领土等，只保留东普鲁士、勃兰登堡、波美拉尼亚和西里西亚四个地区并赔偿巨款。拿破仑将在波兰新建立的华沙公国，以及其他占领区分封给了他的兄弟约瑟夫、路易、热罗姆等。之后，拿破仑为封锁并最终灭亡英国，侵入了伊比利亚半岛，但也因之陷入了被其称之为"西班牙溃疡"的消耗战。1809年，奥地利和普鲁士组成第五次反法同盟。在再次击败奥地利后，拿破仑决心远征不配合他封锁英国的沙俄。1812年12月，拿破仑率领从欧洲各国征召的60多万大军攻占了莫斯科。但最终，由于严寒、饥饿和俄军的袭击，拿破仑几乎是只身逃回了巴黎。面对尾随而至的第六次反法同盟，拿破仑匆忙组织起的50万新军根本无力抵挡。1814年3月，拿破仑在巴黎被攻陷后第一次宣布退位，被流放到意大利厄尔巴岛。欧洲的封建君主们终于如愿以偿地帮助路易十八实现了复辟。1年后，拿破仑成功逃出并在法国民众的欢呼声中返回巴黎，建立百日王朝。但在1815年7月进行的滑铁卢战役中，早已今非昔比的拿破仑大军再也没能创造以少胜多的奇迹。面对英国人的顽强抵抗，当普鲁士人的战旗出现在遥远天际的时候，同样渴望援军的拿破仑彻底绝望了。对于拿破仑的短暂辉煌，马克思和恩格斯认为"拿破仑是充分表现了1780年新形成的农民阶级的利益和幻想的唯一人物。农民阶级把他的名字写在共和国的门面上，宣布要对外国进行战争,在国内要为自己的阶级利益进行斗争。拿破仑在农民眼中不是一个人物,而是一个纲领。隐藏在拿破仑战争背后的实际是一场农民战争"。但拿破仑的征服毕竟是不义之战,最终失败也就成了历史的必然,但其对欧洲乃至世界的影响却极其深远。被拿破仑征服彻底撼动了权威的封建君主们,不得不同时面对新兴资产阶级争取自身权益的革命和被民主、自由、平等激发的民族独立解放烽火。

在合力击败拿破仑后,俄罗斯、普鲁士和奥地利三国1815年发起成立"神圣同盟",致力于共同打击一切民族主义、自由主义和革命运动,曾合力镇压了意大利和西班牙的民众革命。但当1821年希腊爆发独立起义、法国1830年"七月革命"推翻复辟的波旁王朝,以及比利时在同年宣布脱离荷兰独立之后,神圣同盟在内部分歧中名存实亡。1848年,革命的浪潮席卷整个欧洲大陆。法国巴黎饥饿的民众发动"二月革命",推举拿破仑的侄子——路易·拿破仑·波拿巴成为法兰西第二共和国的总统。普鲁士首都柏林爆发民众起义,但成果被资产阶级夺取,并因1840年继位的威廉四世拒绝议会将其推选为统一德意志帝国皇帝无果而终。奥地利首都维也纳及捷克和匈牙利等也纷纷爆发大规模民众义,但最终都被"神圣同盟"联合镇压。意大利的民族独立运动也随着威尼斯被法国和奥地利等联军攻破而宣告终结。在对革命的恐惧中,欧洲各国在君主们与新兴资产阶级的妥协中全面向君主立宪制过渡,因为他们必须面对一个全新的共同敌人——伴随着工业革命逐渐成长壮大起来的无产阶级。1831年和1844年,法国里昂和普鲁士王国西里西亚先后爆发纺织工人起义。值得一注意的是,1834年组建的德意志关税同盟为德国的统一提供了基础。

英国虽然在1837年爆发了产业工人争取自身权益的宪章运动,但总体上依然沉浸在殖民掠夺的喜悦中。1801年,在合并爱尔兰后,英国正式名称成为"大不列颠及北爱尔兰联合王国"。至1820年驾崩，英王乔治三世在其长达 60 年的统治生涯中，既见证了上个世纪"七年战争"的胜利和美国独立战争的战败，也目睹了本世纪拿破仑在欧洲的驰骋，以及更多英属殖民地的诞生。其后继位的乔治四世和威廉四世也较好地延续了君主立宪制度。至 1837 年仅 18 岁的维多利亚女王登基时（至 1901 年在位），英王更多的是作为国家的象征而存在。而遍布欧洲王室的 9 个子女和 37 个曾孙，则使维多利亚女王赢得了"欧洲老祖母"的尊称。而这一切的背景是，资本原始积累阶段的创造力在贪婪中得到了充分激发。英国依靠蒸汽机提供的强劲动力，持续战争创造的巨大市场需求，财富掠夺效应带来的相对稳定，以及强大海军提供的有力保护，不但成为欧洲反法同盟的领袖，更继西班牙之后成为第二个"日不落帝国"，即便是还十分荒凉的大洋洲也有其侵略的足迹。仅用了 20 年时间，英国人便几乎杀光了土著的塔斯马尼亚人，将那里开辟成流放英国囚犯的天然监狱。负责看押囚犯的新南威尔士军团有着"朗姆酒军团"的恶名，军官们依靠犯人的劳动积累了大量的财富。1815 年起，对土地的贪婪同样使澳大利亚成为英国民众的主要移民之地。但当越来越多的移民渴望得到土地的时候，殖民政府开始限制荒地开发，目的只是想通过出卖土地获得更大收益，并迫使穷人成为富人的雇工。1830 年左右，羊毛开始成为澳大利亚的支柱性产业。1840 年，英国将新西兰等诸多岛国也纳为自己的殖民地。

俄国沙皇保罗一世 1801 年在政变中被杀，继位的亚历山大一世立即纠正了保罗一世的一些偏激行为，后进行了细化政府职能、鼓励自由耕种等改革。但如同以往的所有沙皇一样，亚历山大一世同样不遗余力地扩张领土，多次参加反法同盟，虽然在 1805 年和 1807 年两次被拿破仑击败，但在东欧和亚洲的扩张却取得了极大收获。俄国相继在 1801 年吞并了格鲁吉亚、1809 年征服芬兰、1812 年在"第七次俄土战争"中吞并比萨拉比亚、1813 年占领阿塞拜疆、1815 年灭亡拿破仑建立的华沙公国。其间，俄军于 1812 年在库图佐夫元帅指挥下主动撤出并火烧了严冬中的莫斯科，成功击退拿破仑大军。在1814年攻陷巴黎后，亚历山大一世以反法联军总司令的身份举行了盛大的入城仪式。1815年，亚历山大一世与普鲁士和奥地利组成"神圣同盟"，试图维护欧洲封建秩序，并因企图干涉拉丁美洲的独立运动，而招致美国抛出了维护自身利益的"门罗主义"，即你们在欧洲怎么干都行，就是别惹我。但由于被法国资产阶级大革命所感染，一批俄国年轻军官立志推翻落后的专制政府，成为后来著名的"十二月党人"。1825年11月，亚历山大一世神秘去世，尼古拉一世在"十二月党人"的起义中继位（至1855在位），在残酷镇压起义后，对落后的农奴制度进行了有限度的改革。1828年，他以支持希腊独立的名义发动了"第八次俄土战争"，与英法和奥斯曼土耳其等国继续争霸黑海和高加索地区。之后，尼古拉一世重新扛起"神圣同盟"的大旗，先后协助奥地利镇压捷克和匈牙利争取民族独立的起义，也因而获得了欧洲宪兵的称号。

公元19世纪上半叶的美洲，虽然被大西洋所隔离，但同样被拿破仑的大战所波及。

在北美，拿破仑在欧洲大陆的征战间接导致了美英国之间的战争以及墨西哥的独立。1807年起，为阻止美国与拿破仑法兰西帝国之间的贸易，英国大规模袭击美国商船，并以加拿大为基地支持印第安人与美国作战。1812年，美正式对英宣战，并在巴西海域成功击败英国海军。1814年，在第一次流放了拿破仑之后，英国增兵北美，一度占领华盛顿并放火焚毁了白宫和国会大厦。由于拿破仑在欧洲东山再起，心有旁骛的英国远征军1815年被美军彻底击败。而墨西哥人则乘西班牙被拿破仑入侵之机，于1810年发动独立起义。1822年5月，西班牙保皇军北方司令——墨西哥人伊图尔比德与起义军联合赶走了西班牙人，建立墨西哥帝国，后成为只做了10个月的皇帝。而1824年恢复了共和国的墨西哥，则开始成为美国的侵略目标。得克萨斯地区先是在美国支持下于1836年宣布独立，后在

1845年成为美国第28个州。1846年,美国更是直接发了动对墨西哥的侵略战争,次年攻陷墨西哥城。根据1848年达成的和约,美国从墨西哥夺取了现在加利福尼亚、内华达、犹他、科罗拉多、亚利桑那、新墨西哥和怀俄明等各州的全部或部分土地,总计230万平方公里,一跃成为地跨大西洋和太平洋的大国,自此成为世界新的列强。

在南美,当伊比利亚半岛被拿破仑大军横扫时,西班牙和葡萄牙在南美洲的殖民统治一度陷入真空状态。虽然西班牙努力恢复在殖民地区的权威,但已是有心无力了,使中南美洲各国取得独立解放的胜利成为可能。

由于欧洲殖民者的入侵,以及屠杀印第安土著和大量引入黑人奴隶,中南美洲人种结构变得非常复杂,存在各种混血人种。位于这个结构最顶端的是在欧洲出生的白人,他们把持了整个殖民地的上层政权。而那些在美洲出生的白人(克里奥尔人)虽拥有巨大的财富,甚至成为富甲一方的奴隶主,却没有任何政治地位可言。为争取自身的地位和权益,这些殖民者的后代们发动了反抗欧洲宗主国的战争。这也使南美独立解放运动与北美独立战争有着相同本质。如1783年出生的西蒙·玻利瓦尔,就拥有大片种植园、金矿、糖厂、房产和上千名奴隶。这使他即是压制人者,又是被压制者;在其数十年的军旅生涯中,他的身边也从未离开过奴隶的身影。在目睹了1804年拿破仑登基的盛况之后,玻利瓦尔萌生了建立一个强大的南美国家、包括成为一名独裁者的想法,并在1811年成为南美洲独立运动的最初领导人之一。

南美独立运动以秘鲁为分界线,大致分为南北两大部分。玻利瓦尔是北部西班牙格林纳达总督区的主要领导者之一,参加并领导了1810年的加拉加斯大起义,建立了委内瑞拉第一共和国。在经历了无数次的失败和逃亡之后,玻利瓦尔在1819年成功率领2000人翻越安第斯山脉,将西班牙军队彻底击败,解放了包括今哥伦比亚、委内瑞拉、厄瓜多尔在内的广大地区,建立"大哥伦比亚共和国",玻利瓦尔被选为总统和最高统帅,赢得了"南美解放者"的称号。1824 年,玻利瓦尔又从西班牙人手中解放了秘鲁全境,并把秘鲁北部以自己的名字命名了一个新的国家"玻利维亚"。但他的独裁式统治遭到不同利益集团和自由主义者的坚决抵制,最终不得不在 1830 年辞去了总统职位,"大哥伦比亚共和国"也随之四分五裂成如今的各国,各路军阀亦厮杀不断。圣马丁是南部西班牙秘鲁总督区的主要领导者之一。同为白人的何塞·德·圣马丁对于南美独立解放运动同样功不可没。1812 年,曾在西班牙军队任职的圣马丁领导了南美洲南部地区的独立战争,先后使阿根廷、智利和秘鲁在 1816 年、1817 年和 1820 年获得独立,享有"南美保护者"的美誉。但与强势的玻利瓦尔不同,圣马丁因不愿与玻利瓦尔争夺秘鲁的领导权,在 1822 年隐退法国。

必须再次强调的是,即便是在南美洲各国获得独立之后,奴隶制度还存在了很长时期,但取消奴隶制度的时间要早于美国。与以上各国相比,海地和巴西则以自己独特的方式走出了截然不同的独立道路。

海地在 1492 年被哥伦布发现后,1502 年成为西班牙殖民地。西班牙人的屠杀和带来的天花使海地原土著居民全部死光,非洲黑奴逐渐成为海地的主要劳动力。1697 年被割让给法国后,法国 1789 年爆发的大革命也波及这个遥远的加勒比岛国,最先拿起武器的是争取政治权利的黑白混血人。但当白人与混血人之间的争论吸引了殖民当局全部注意力的时候,20 万黑人奴隶在 1791 年发动起义,几乎杀光了所有白人。1804 年,海地宣告建立黑人共和国,成为拉丁美洲最先获得独立的国家,后为玻利瓦尔等"克里奥尔人"的南美独立解放运动提供了大量援助。

巴西的"独立"完全是葡萄牙殖民者自导自演的闹剧。葡萄牙王室在 1807 年拿破仑入侵伊比利亚半岛后集体逃亡到巴西,在

1820年拿破仑战败后又迁回里斯本。葡萄牙王子佩德罗则留在巴西摄政，两年后宣布独立并建立巴西帝国，完成了巴西不流血的虚假独立；葡萄牙王朝的体制和贵族势力原封未动，大庄园制和奴隶制依然存在。只不过经过葡萄牙人的数百年殖民统治后，白人、黑奴和土著等融合成了今天的巴西人。

纵观公元19世纪上半叶的世界，英国人的身影几乎无处不在且所到之处充满了战火。整个欧洲虽然被民族独立和解放的革命所席卷，但在相互妥协中，封建君主依靠资产阶级的支持保住了王位，新兴资产阶级依托封建君主的支持获取了更大政治和经济利益，这也成为无产阶级必须革命的根本原因。伴随着工业革命的飞速发展，大量被剥夺了土地的农民和城市贫民，在机器高速旋转的重压下沦为被残酷剥削的产业工人。一个全新的阶级——无产阶级在欧洲尤其是英国迅速形成。而无产阶级与资产阶级天生的矛盾注定将为革命赋予更新的内涵。1848年，马克思用《共产党宣言》深刻地预言了无产阶级和资产阶级在革命路上的分道扬镳，建设无产阶级政权成为新的"革命"目标。伴随着欧洲殖民主义的发展，世界上更多的国家和地区则开始沦为殖民地、成为被掠夺和压迫的对象，一场对世界的更大规模瓜分将在19世纪下半叶上演。昔日强大的奥斯曼帝国和昌盛的大清王朝则开始被称为西亚病夫和东亚病夫，落后和愚昧成为被侵略国家和被压迫民族苦难的唯一解释。

# 中日甲午战争与被列强瓜分的世界

公元 19 世纪下半叶的世界，东亚大清王朝经历了整整五十年的噩梦，昔日小邦的日本居然收获最多。中亚诸国全部被俄罗斯的铁骑踏碎，昔日蒙古人的骄傲只剩下一曲曲挽歌。南亚的印度半岛虽然实现了统一，但只是英国女王皇冠上的一颗明珠。西亚奥斯曼帝国的所有西化努力都成为泡影，只能以"西亚病夫"的角色感受被瓜分的苦痛。当德国通过普法战争确立了欧洲的全新格局，在谈判桌上被瓜分的偌大非洲竟然茫然不知。当"自由女神"1886年在屠杀印第安人的枪声中落户美国纽约，自由成为对这个时代最大的嘲讽。

公元 19 世纪下半叶的东亚，大清王朝在沦为半封建半殖民地的过程中，所经历的打击只能用触目惊心来形容。人们在怒其腐败无能的同时，既应对其生命力顽强抱有几分感佩，更应对中华民族没有被彻底分裂而感到几分幸运。

"第一次鸦片战争"不但使大清帝国国门洞开，巨额战争赔款更加剧了已有的社会矛盾。1843 年，洪秀全自称耶稣之弟、创"拜上帝教"，其描绘的"理想天国"对绝望中的人们充满了诱惑。1851 年，咸丰皇帝在风雨飘摇中继位；洪秀全等则领导了一场加速大清王朝灭亡的"太平天国起义"，1853 年，攻克南京，建立太平天国。张乐行、龚得树等人则于 1852 年在长江以北领导了持续 17 年的捻军起义，与太平军形成南北呼应，顷刻间颠覆了大清的半壁江山。就在清军全力应对农民起义之际，英法 1856 年再以"亚罗号事件"

及"西林教案事件"为借口,趁火打劫地挑起了"第二次鸦片战争",1857年攻陷广州,1858年在美俄支持下攻陷天津大沽口,迫使清政府签订《天津条约》和《瑷珲条约》,1859年攻占北京、洗劫并焚毁了圆明园。1861年咸丰在承德病逝,年仅6岁的载淳继位,慈禧太后除掉八位"顾命大臣"垂帘听政,次年改元"同治"。在西方列强要钱、太平天国要命的情况下,慈禧太后选择了与英法俄签订丧权辱国的《北京条约》,除承担巨额赔款外,还割让东北及西北共150多万平方公里领土给沙俄。此后,一个为了自身统治,一个为了巨额赔偿,清廷与西方列强携手镇压太平天国等起义,虽然此前英法等曾以天主教兄弟的名义对太平天国起义予以支持。太平军虽然能够把此时已毫无战斗力的八旗兵打得丢盔卸甲、溃败千里,但其主张毕竟触动了在中国存在了几千年的地主阶层利益。因此,当满族人的大清束手无策的时候,曾国藩和李鸿章等先后组织起湘军和淮军,再加上为谋取在华最大利益而参战的外国洋枪队,以及太多的内乱最终使太平天国灭亡。1864年,洪秀全在南京吞金自尽。捻军最后的主力也在1868年被李鸿章的淮军绞杀。而持续到1873年的甘陕回民起义,后来演变成大规模的民族冲突。回民首领白彦虎等人在沙俄支持下,经新疆远逃至今吉尔吉斯斯坦,成为现在东干人的先祖。此后的清朝政府试图通过洋务运动派实现"富国强兵",中国近代工业因之得到快速发展。至1894年甲午战争爆发之前,持续30余年的洋务运动初现成效:1874年福建水师成军,1878年左宗棠抬棺入疆平定张格尔叛乱,1885年冯子材云南大败法军,1888年号称亚洲第一的北洋水师成军。大清王朝此时似乎即将恢复朝气,但中兴之路却再次被列强瓜分世界的狂潮所终止。

最先的打击来自法国。法国虽然在"普法战争"中战败,并彻底失去欧洲霸主地位,但依靠庞大的海外殖民地依然继续着世界范围的扩张:先是1884年迫使越南签订《顺化条约》,取得了对越南的"保护权",随后挑起"中法战争",在侵犯中国云南边境的同时偷袭了福建水师，使成军仅10年的福建水师一日之内灰飞烟灭。虽然清军后来取得"镇南关大捷"，但还是在1885年被迫签订了《中法会订越南条约》。大清王朝的西南门户从此洞开。

紧随而至的打击来自日本。大清在被西方列强入侵中所表现出的懦弱无能，直接激发了日本的野心，使其敢于在1894年挑起"甲午战争"。而使"闭关锁国"的日本走上强国之路的"明治维新"虽几乎与大清的"洋务运动"同时开始，却取得了截然相反的结果。1853年，当四艘美国炮舰侵入东京湾的时候，根本无力抵抗的德川幕府被迫签订《神奈川条约》、开放口岸，并给予美国最惠国待遇等。1864年爆发倒幕运动后，1867年即位的明治天皇趁机下诏"讨幕"，迫使德川家族1867年"大政奉还"。其后，日本在大久保利通等人的规划下开始近现代化改革，史称"明治维新"。通过全盘西化，至1889年正式确立君主立宪政体、完成资产阶级革命，日本通过引进人才和技术、实施大规模国有化和鼓励工商业发展等措施奠定了近现代工业的基础。"明治维新"能够取得成功的根本原因在于，其实质是被虚设了数百年的天皇从幕府将军手中的夺权过程，也因此成为一场彻底的社会变革，能够自上而下地进行彻底改革，而不用背负沉重的历史包袱，这是大清王朝所不能做到的。在实施变革维新的同时，日本一直试图搭上殖民扩张的末班车：1874年入侵中国台湾，1875年入侵朝鲜，1879年改琉球为冲绳县。在这期间，以侵略中国和朝鲜为主要目标的大陆政策基本形成。至甲午战争前夕，日本已经建立起强大的陆军，海军实力也已与大清旗鼓相当。而慈禧太后在1875年光绪继位后依然牢牢地把握着手中的权力。

1894年春，朝鲜爆发"东学党"农民起义，作为传统保护国的大清政府派兵协助镇压，日本也觅得出兵朝鲜的借口。同年，日本海军突袭并击沉大清运兵船"高升"号，陆军在"平壤之战"中大败清军，占领朝鲜全境，随即攻入中国辽东半岛。清军虽然屡次组织反攻，但最终只能把战线暂时稳定在辽河以西。北洋水师虽然在

# 中日甲午战争与被列强瓜分的世界

（公元 19 世纪下半叶）

## 北美洲

1867 年，加拿大邦自治。
1860 年，林肯当选总统；
1863 年，华工到达北美；
1865 年，南北战争结束；
1865 年，美西部大开发；
1867 年，购俄阿拉斯加；
1879 年，爱迪生造电灯；
1895 年，电影正式出现；
1897 年，吞夏威夷王国；
1898 年，美西战争爆发。

## 中南美洲

1854 年，秘鲁废奴表制；
1860 年，阿根廷成和国；
1879 年，南太平洋战争；
1886 年，哥伦比亚建国。

## 欧洲

1851 年，英国万国博览会；
1852 年，法兰西第二帝国；
1859 年，达尔文物种起源；
1862 年，雨果《悲惨世界》；
1864 年，伦敦开第一国际；
1866 年，普奥战胜奥地利；
1867 年，奥匈大帝国建立；
1867 年，马克思《资本论》出现；
1870 年，普法战争法战败；
1870 年，意大利统一独立；
1871 年，德意志帝国建立；
1871 年，巴黎公社大起义；
1882 年，德奥意三国同盟；
1896 年，首届现代奥运会；
1897 年，无线电报机发明。

## 欧亚大陆北部——俄罗斯

1853 年，第九次俄土战争；1858 年，割我国东北 60 余万平方公里；
1855 年，被英法联合击败；
1861 年，俄开始农奴改革；
1864 年，割我国西北 44 万平方公里；
1867 年，吞并高加索地区；1865 年，俄罗斯在今海参崴建基地；
1867 年，俄售美阿拉斯加；1868 年，阿古柏率军入侵新疆
1873 年，俄普奥三皇同盟；1876 年，趁布哈拉汗攻浩罕灭哈布拉
1877 年，第十次俄土战争；1885 年，俄罗斯物底灭亡浩罕汗国
1894 年，尼古拉二世继位。1896 年，俄征服土库曼入布哈瓦汗国
获授权修建中国东清铁路。

## 欧亚分界南部及非洲

1866 年，南非发现钻石和黄金；
1869 年，苏伊士大运河通航；
1876 年，奥斯曼巴尔干起义；
1878 年，奥斯曼东欧散分割；
1881 年，法宣布保护突尼斯；
1882 年，英国侵入独霸埃及；
1884 年，柏林会议瓜分非洲；
1887 年，英国灭黑人祖鲁国
1890 年，意独立厄立特里亚；
1899 年，南非英布战争爆发。

## 南亚

1856 年，英征服整个半岛；
1857 年，印度雇佣兵起义；
1858 年，东印度公司解散；
1876 年，英王加印度皇冠
1881 年，英夹撤出阿富汗；
1885 年，印度国大党成立；
1886 年，英宣布吞并缅甸。

## 东亚

1851 年，江南太平天国起义；
1853 年，美破日本闭关锁国；
1856 年，二次鸦片战争爆发；
1859 年，英法火烧圆明园；
1863 年，法国殖民地束埔寨；
1864 年，太平天国运动终结；
1865 年，清办江南制造总局；
1867 年，英直接统治新加坡；
1867 年，日本爆发明治维新；
1881 年，中俄《伊犁条约》；
1884 年，法军偷袭福建水师；
1884 年，越南沦为法殖民地；
1888 年，英军侵入中国西藏；
1888 年，文莱沦为英保护国；
1893 年，老挝沦为法保护国；
1894 年，中日甲午战争爆发；
1896 年，俄国强占中国东北；
1897 年，德国强占山东青岛；
1898 年，英国强租山东威海；
1898 年，美夺西班牙菲律宾；
1900 年，八国联军攻进北京；
1900 年，俄制造逼兰泡惨案。

"黄海海战"中与日本海军战成平手,但在日本陆军攻占旅顺港后就深藏于威海卫港内避战不出,被日本陆军从今山东荣成登陆包围。于是,大清帝国"洋务运动"的最大成果——北洋舰队全军覆没,被俘的大清舰只则成为日本海军的战利品。无心再战的清政府被迫本签订《马关条约》,赔款白银二亿三千万两(据称相当于日本三年财政收入的总和),割让辽东半岛、澎湖列岛和台湾等,使日本一跃成为亚洲第一强国。而中国三十余年洋务运动的成果则化为乌有,失去了走资本主义道路的最后机会。虽然在俄、德、法等国的联合干涉下,日本被迫把辽东还给中国,但那只是强盗之间分赃不均的结果。1896年沙俄强占旅顺,1897年德国强占青岛,1898年英国强租威海卫。同年,康有为、梁启超等希望通过归政于皇帝(光绪),效法日本使中国走上君主立宪的现代化道路。但慈禧太后以残酷手段迅速镇压了仅进行了103天的"戊戌变法",并因此迁怒于支持变法的西方各国。而随着领土被列强侵占,传教士亦大量涌入,修建教堂、与民争地,一时间"教案"频发。1900年,河北、山东等地民众发起声势浩大的反抗外国势力入侵的民间起义,后演变成"扶清灭洋"的"义和团运动"。在希望借助民众力量抵御外侮的慈禧太后支持下,义和团不久进军天津和北京、围攻外国使馆。6月,光绪皇帝正式向11国列强宣战。但各省督抚在外国势力的支持下纷纷宣布中立,张之洞、李鸿章和盛宣怀等封疆大吏更私下与各国达成协议、实行"东南互保",坐拥东南、死不奉诏;拥有先进武器拱卫京师的荣禄亦按兵不动甚至私下助敌。8月,以日本为主的八国联军攻陷北京,大肆洗劫、烧杀、奸淫,暴行骇人听闻。9月,慈禧太后挟光绪帝出逃西安,命奕劻、李鸿章与列强谈判,并下令剿除义和团;次年与11个国签订《辛丑各国和约》,总计以海关税收赔款白银9.8亿两、惩办主战官员及允许各国驻军北京到山海关铁路沿线等。中国彻底沦为半殖民地半封建社会。

公元19世纪下半叶的南亚,印度半岛在分裂传统的作用下彻底沦为英国的附庸。

英国在第二次鸦片战争中与宿敌法国联手的一个重要原因，是当时其大部分精力被牵制在了印度半岛。由于英国人的野蛮吞并、大肆掠夺和肆意侮辱，穆斯林雇佣兵1857年5月以英军发放涂抹了猪油的子弹为由发动了起义。但23万人之众的雇佣兵团面对只有3.7万的英国军却陷入多重的教派分裂；且除部分农民和被剥夺了权利的王公外，那些殖民统治的既得利益者并不支持起义。在报复性地杀死了一个城市中的几百名英国人后，只想把莫卧儿王朝末代皇帝重新推上王位的起义军也没有更多的政治诉求和行动，最终在1858年被英国人、锡克教徒和廓尔喀雇佣军联合绞杀。以此为借口，英国在1858年宣布解散东印度公司，将英属印度殖民地列为英王私有财产，正式终结莫卧儿王朝。1876年，维多利亚女王宣布自己为印度女王，驻印度总督为其私人代理，印度半岛也在被殖民中实现了第一次统一。至此，西方列强以贸易为掩盖的掠夺扩张时代宣告终结，一种全新的殖民形式开始出现，英国在印度完成了封建君主与掠夺资本的完美结合。数百个土邦王公被赋予特权，成为英国实施殖民统治的基石。大量涌入的英国工商业资本，促进了印度资本主义的发展和新兴资产阶级的产生。随之出现的一批影响印度未来的精英阶层也通过对印度教进行改革等，试图实现古老印度向现代文明的过渡。

在努力维护印度半岛殖民统治的同时，英国与沙俄在亚洲展开全面殖民角逐。在毗邻中国的南亚，英国于1886年宣布正式吞并缅甸；1888年第一次入侵西藏，迫使清政府先后签订《藏印条约》和《藏印续约》，割让锡金、开放亚东，以及享有治外法权等。在东亚，英国除发动了1856年的第二次鸦片战争外，先是在1894年支持日本发动"甲午战争"，后在1900年派兵加入八国联军，以及支持日本在1904年发动"日俄战争"。在毗邻中国的中亚，英国是最早承认叛乱的阿古柏在我国南疆建立汗国的国家之一；1878年还分兵三路侵入了阿富汗，虽因遭到强烈反抗而被迫在1881年撤出，但还是在1893年强行将阿富汗东南部的普什图族聚居区划归英属印度殖民地，为此后阿富汗和巴基斯坦的领土之争埋下了隐患。其殖民掠夺的高效可谓惊世骇俗。

公元19世纪下半叶的俄罗斯，作为"神圣同盟"的创始国，暂时抑制了向西欧扩张的冲动，把侵略亚洲作为首选。虽其在西亚与奥斯曼土耳其的"克里米亚战争"中一度战败，但在东亚和中亚地区的扩张却收获极丰。

在东亚，沙俄在对北太平洋沿岸的探险中一度侵入日本北部。1858年趁第二次鸦片战争之机，逼迫清政府签订《瑷珲条约》，割占乌苏里江流域60余万平方公里土地；1860年又以成功促使英法联军撤出北京为由，占领更广泛区域，建城符拉迪沃斯托克（海参崴），大致形成今日中俄边界。1894年，沙俄趁中日因"甲午战争"虚弱之机，一方面迫使日本将辽东半岛归还中国，一方面逼迫大清王朝在1896年签订密约，授权其修建中东铁路（中国东清铁路）、强占旅顺港；两年后更是趁义和团起义之机全面占领中国东北。对中国东北的争夺成为"日俄战争"的起因。

在中亚，沙俄对于大清采取步步紧逼的策略：先是在1860年占领托克玛克（附近为碎叶古城）和比什凯克（今吉尔吉斯斯坦首都），后于1864年利用回民起义逼迫清政府签订《中俄勘分西北界约记》等，割占中国44万余平方公里的土地，使天山汗腾格里峰成为今日中哈两国的疆界。1870年支持阿古柏在南疆叛乱，1871年以追剿逃亡的哈萨克人名义一度攻占伊犁，1881年迫使清王朝签订《中俄伊犁条约》等，割占及强占霍尔果斯以西大片中国领土，仅包含其中的今吉尔吉斯斯坦就接近20万平方公里。对于其他中亚诸国，沙俄则采取要塞围堵和各个击破的方式；通过挑起地区冲突，以及利用武器上的优势，在1869年前后征服了浩罕汗国和布哈拉汗国。1881年，亚历山大二世被刺身亡后，继位的亚历山大三世在1885

年彻底吞并西面的希瓦汗国，至1892年夺占了中亚390多万平方公里的土地，涵盖今哈萨克、乌兹别克、吉尔吉斯、土库曼和塔吉克斯坦中亚五国广大区域。

在西亚，沙皇尼古拉一世与法国争夺圣地耶路撒冷的管辖权为由，在1853年以东正教大牧首的名义遣使奥斯曼帝土耳其，提出要保护其境内的所有东正教臣民，且无理要求土军撤出正爆发革命的门的内哥罗（相当于今黑山），在遭到拒绝后悍然发动"第九次俄土战争"（克里米亚战争）。但当其刚刚攻占摩尔多瓦和瓦拉几亚，不愿俄国进一步扩张的英、法等国便相继对俄宣战，第九次俄土战争旋即升级为一场争夺巴尔干和黑海的国际战争。1854年，英法联合舰队在黑海连续重创俄军，攻占黑海要塞塞瓦斯托波尔。1855年，沙皇尼古拉一世突然去世，沙俄被迫签署和约、声明放弃所有占领地区。继位的亚历山大二世一方面宣布废除农奴制度、试图缓解国内矛盾，一方面加速在东亚和中亚的扩张，一方面在1877年发动了"第十次俄土战争"。

奥斯曼土耳其帝国第31位皇帝迈吉德一世最大的成就是在"第九次俄土战争"中击败了沙俄，也因此使奥斯曼土耳其帝国在1856年被正式承认为欧洲国家。他的兄弟阿布杜勒阿齐兹1861年继位后（至1876年在位），延续了其父兄的改革，并成为第一位出访西欧的皇帝，但所有这些已经不能阻止帝国的衰落。1876年巴尔干地区爆发起义，沙俄趁机发动"第十次俄土战争"，连续取得多场胜利，阿布杜勒阿齐兹在民众的不满中被罢免。在经过一个精神病皇帝的三个月过渡后，阿卜杜尔哈米德二世继位。1878年，俄军在罗马尼亚、塞尔维亚和保加利亚等国军队的支持下逼近伊斯坦布尔，并占据了今格鲁吉亚的巴统。英国再次适时派出舰队，以不惜决战的姿态迫使俄军放弃了对伊斯坦布尔的进攻。根据同年签订的俄土密约，奥斯曼土耳其帝国被迫承认保加利亚成为自治国家，黑山、塞尔维亚和罗马尼亚三国完全独立，允许波斯尼亚和黑塞哥维那等地区自治，并归还了在"第九次俄土战争"中夺取的沙俄领土,允许俄罗斯等黑海沿岸国家军舰在博斯普鲁斯海峡自由通行等。但该条约随即遭到英、奥等国的强烈反对。沙俄在重压下被迫与上述国家重新签订《柏林条约》,在收回被占领土后,放弃了其他大部分要求。而英国则以调停有功为由迫使奥斯曼帝国割让塞浦路斯。新条约同时剥夺了今波黑共和国的自治权利,将其划归奥匈帝国统治。这一原则性改变成为第一次世界大战爆发的导火索。而部分亚美尼亚人在俄土战争期间谋求建立独立建国的努力也成为其下个世纪初民族灾难的因由。至19世纪末,奥斯曼帝国昔日地跨欧、亚、非三大陆的庞大身躯几乎缩小了一半。法国在1881年宣布成为突尼斯的保护国,刚刚实现独立的意大利则在1890年将其从埃塞俄比亚夺取的领地命名为厄立特里亚。尽管如此,奥斯曼土耳其帝国却得到了新兴德国的青睐。1898年,德国皇帝威廉二世造访了伊斯坦布尔,甚至计划修建柏林至巴格达的铁路,并通过提供贷款使奥斯曼土耳其帝国在下个世纪爆发的第一次世界大战中成为德国人的盟友。但也因此,奥斯曼土耳其帝国最终彻底被肢解。

公元19世纪下半叶的欧洲,在普鲁士人统一德意志、奥地利更名奥匈帝国和撒丁独立意大利的背后,依稀可见的昔日神圣罗马帝国的身影,以及三国在对海外殖民地的垂涎中,与试图维持既得利益的英、法、俄等国形成的尖锐对立。

普鲁士国王威廉四世之所以在1848年拒绝出任统一德意志皇帝,是因为当时普鲁士并不具备相应的实力。1861年威廉一世继位后,任命俾斯麦为首相兼外交大臣,开始了武力统一德意志的进程:先后在1864年和1866年击败丹麦和奥地利,建立"北德意志联邦",取得了领导德意志统一的地位。但南部的巴登、黑森、符腾堡和巴伐利亚等德意志城邦还在以法国为后盾、处于割据状态。普鲁士因此认为只有击败法国才可实现德国的统一,并确立统一后德国在世界的霸主地位。

在普鲁士努力向统一德国迈进的同时，长期被奥地利、法国等分割的意大利也在进行着民族独立的努力。1861年，意大利城邦中唯一的王国——撒丁王国在法国支持下成功从奥地利手中收复部分领土，建立意大利王国；1870年又趁法国在普法战争中战败之机收复罗马，完成了意大利的统一并迫使教皇退居梵蒂冈。

奥地利在被迫放弃神圣罗马帝国皇帝称号和失去意大利诸城邦之后，为保住在捷克和匈牙利的统治地位，率领其他德意志诸侯完成了向奥匈帝国的过渡。1849年，匈牙利在遍及欧洲的民族解放运动中曾试图建立自己的共和国，但被俄国和奥地利联合镇压。1867年，奥地利宣布与匈牙利联合组成奥匈帝国，但有各自的首府（奥地利在维也纳、匈牙利在布达佩斯），两者之上还有一个哈布斯堡家族皇帝领导下的中央政府。《茜茜公主》就是以合并前的奥地利和匈牙利关系为背景拍摄的。"美丽的茜茜公主"用自己的"善良"赢得了匈牙利贵族的信任，为奥地利"吞并"匈牙利组建奥匈帝国铺平了道路。

法国在19世纪下半叶发生的转变耐人寻味。1852年，已经两次推翻封建帝制的法国人再次高票批准路易·拿破仑·波拿巴为法国皇帝，称拿破仑三世，用法兰西第二帝国（至1870年）取代了存在不到五年的第二共和国。全无拿破仑智慧的拿破仑三世对外政策既好战又反复无常：先是在1853年挑动沙俄发动"第九次俄土战争"，后又联手英国将沙俄击败；1859年先是支持撒丁王国与奥地利开战、建立意大利王国，后又单独与奥地利议和；曾先后插手波兰和墨西哥事务，但又中途改变立场，令法兰西第二帝国名誉扫地；在亚洲积极扩张殖民地，并在占领越南后携手英国挑起"第二次鸦片战争"。在普鲁士1866年击败奥地利后，以欧洲霸主自居的拿破仑三世认为必须遏制普鲁士的崛起。

1870年7月，法国率先以西班牙王位继承问题为由向普鲁士发难，但被早有准备的普军迅速击溃。拿破仑三世及12万法军在色当要塞被围并最终投降。9月，巴黎民众推翻第二帝国，宣布建立法兰西第三共和国（至1940年）。1871年1月，资产阶级共和派与保王派联合组成的政府与普鲁士签订停战协定，普鲁士国王威廉一世随后在法国凡尔赛王宫宣布德国统一，并就任德意志帝国皇帝。根据《凡尔赛合约》，法国赔款德国50亿法郎，并割让矿藏丰富的阿尔萨斯和洛林两地。同年3月，巴黎民众爆发起义，成立"巴黎公社"，2个月后被残酷镇压。丰硕的战争收获极大地促进了德国工业的发展，使其一跃超过英法，成为仅次于美国的世界强国。更重要的是，战争的胜利更加坚定了德国对外侵略扩张的野心。1882年，德意志帝国与曾经同属神圣罗马帝国的奥地利和意大利结成三国同盟，第一次世界大战的策源地在欧洲中心形成。为与之抗衡，法、英、俄也逐渐形成协约国。两大军事集团的疯狂扩军备战最终导致了第一次世界大战的爆发，并为第二次世界大战埋下祸根。而在屈辱中诞生的法兰西第三共和国并没有改变侵略的本性，1884年悍然发动"中法战争"，虽在镇南关被清军击败，但通过偷袭令大清福建水师烟消云散，使北洋水师在甲午战争中只能孤军奋战，并最终灭亡。

英国在此期间并没有太多地介入欧洲事务，依靠掠夺的财富，保持着政局相对稳定和经济快速发展。1851年，伦敦举办"万国工业博览会"，进一步确立了大英帝国世界工厂的主导地位。工业的快速发展也使英国成为世界无产阶级的活动之心。1864年，英、法、德、意四国工人代表在伦敦开会成立"第一国际"，马克思曾作为德国工人代表参加，"科学社会主义"理论在英国开始酝酿。在对外殖民方面，除亚洲外，英国依旧在非洲北南两端进行着持续扩张。在北部非洲，英、法两国在总督阿里死后，对埃及政治经济等领域进行了全面渗透。1851年，英国获得在开罗和亚历山大港之间修建铁路的特权；1856年，法国获得开凿苏伊士运河的特权并历时10年将其开通，但埃及政府的44%股权于1875年被英国人廉价买下。此后，英法成功使埃及政府破产并乘机掌握财政大权，彻底控制了埃及的经济命脉,大批资本随之涌入,兴办银行、工厂、公共事业和航运。1878年,英、法更成立所谓"欧洲内阁",以太上皇的姿态使埃及总督形同虚设。1879年起,主张埃及独立自主、反对欧洲内阁的阿拉比等爱国军官成立"祖国党",并在1881年发动起义成功夺回政权。由于当时法国被德国击败,英军1882年独自侵入埃及,通过收买贝都因酋长以及官僚地主和部分军官,击败起义者、攻进开罗、完成了对埃及的独霸,并将触角伸到了苏丹和索马里。在南部非洲,英国人在1887年用60余年的残酷战争彻底灭亡了黑人的祖鲁国(1966年独立成为今日的莱索托)。不甘接受英国人统治的布尔人在向北迁徙的过程中,逐渐建立起两个新殖民地——德兰士瓦共和国和奥兰治自由邦。

公元19世纪下半叶的北美,美国在"美墨战争"之后,通过购买以及其他方式将边境从北美中部扩展到太平洋东岸,现在的西部各州开始出现。美国政府当时与土著印第安人签订协议,并划分了彼此的界线。但在1848年于加利福尼亚发现黄金后,美国掀起移民西部的狂潮,拉开西部大开发的序幕。而南北各州一开始就在黑奴问题上形成了尖锐的对立。以贸易和资本为中心的北方人普遍认为,南方人在西部大开发竞争中依靠不用支付工资奴隶的行为是不公平的。而以农业为中心的南方人则认为奴隶是其唯一依仗的优势。双方在是否废奴问题上的争执逐渐升级成骚乱,两派在中部一些州分别建立政府,组织武装,暗杀对方首脑人物。南方各州甚至开始讨论脱离美利坚合众国的可能。在剑拔弩张的气氛中,林肯于1860年当选美国总统。南方七州随即宣布脱离联邦政府,成立南方联盟,后来又有几个州宣布加入。双方在西部大开发中的利益冲突,最终导致南北战争的爆发。当时的北方各州拥有生产武器和军需物资的优势,且占据了自由和平等的道德高地,而南方的大奴隶主们则拥有维护自己利益的坚强决心,并积极从国外购买武器,寻求英国的支持。此后两年,战势虽然胶着,但以农业为主的南方损失更大。

为加速战争进程，林肯在1862年9月颁布《解放黑人奴隶宣言》，大约13万黑人奴隶因此加入北方军。但黑人在参战初期并没有享受与白人同等的薪酬，且总是因冲锋在前而伤亡惨重。尽管如此，南方各州的失败也只是时间问题了。1865年4月，饥饿的南方军宣布投降，林肯则被南方同情者暗杀。奴隶制虽然废除了，但自由了的奴隶们却"自由"到一无所有，公民权也被严重限制。三K党等极端种族组织更是在极长时间里对黑人实行了恐怖杀戮。在解决了在奴隶问题上的分歧后，美国南北方在清除西部大开发另一"障碍"的方式上达成了一致。祖祖辈辈生活在那里的土著印第安人被残酷驱逐和杀戮，"保留地"成为幸存者的唯一选择。到19世纪末期，美国真正的印第安人从1000万骤减至200余万。由于"南北战争"的爆发，美国才没有直接参与侵华的"第二次鸦片战争"。1863年起，大批中国劳工远赴重洋，加入横跨美国东西的太平洋中央铁路的建设中，其中包括大量参加太平天国起义的战士。此后，美国开始新一轮对外扩张，首个目标是没落殖民贵族——西班牙。

公元19世纪下半叶的中部非洲，当所有内部矛盾通过战争得以暂时缓解之时，一场瓜分非洲的闹剧在欧洲上演。在英国1882年完成对埃及、苏丹和索马里部分地区的占领后，中部非洲这最后一块"没主"的"黑暗大陆"开始集聚欧洲各国所有的贪婪。小国之主的比利时国王利奥波德二世表现得最为积极。位于尼德兰南部的比利时直到1830年才脱离荷兰而成为独立王国。1865年，利奥波德二世继位后，推行自由贸易政策，使比利时搭上了工业革命的快车。1876年，利奥波德曾邀请欧洲各国在布鲁塞尔举行"国际地理会议"。而刚刚在普法战争中取胜并完成统一的德国则同样急不可耐。1884年11月，在德国铁血宰相俾斯麦的倡议下，包括欧洲各国和奥斯曼土耳其帝国、美国在内的14国在柏林召开会议，商讨以国家的名义对非洲进行瓜分，成为帝国主义时代的开始。从1879年开始，比利时国王的代理人斯坦利就在刚果河流域进行了一系列活动，并诱使当地酋长签订了大量条约，建立了众多"商站"，在地图上划占了刚果河流域大片土地，对此不满的英、法、葡等国因此提出"势力范围"和"有效占领"两种瓜分原则。"势力范围"即当一国控制非洲沿岸一定区域后，其权益还可以无限向内陆深入，主要是为了承认此前欧洲各国对非洲沿岸地区的占领。这种瓜分形式后来也出现在中国，如扬子江流域成为英国的势力范围，广东、广西和云南成为法国的势力范围，福建成为日本的势力范围，山东则先后成为德国和日本的势力范围等。"有效占领"就是只有当占领国在殖民地建立管理机构并能够实施有效控制的时候（如保护自由贸易和交通运输），才可以被视作真正占有，否则其他国家有进入和占领的权利。这主要是针对比利时等只通过派出一些探险队，便宣布和圈定殖民地的"无赖"做法制定的。

在上述原则指导下，在1884年的"柏林会议"桌上，欧洲殖民者仅仅用尺子和铅笔就在不太精确的地图上开始了对非洲大陆的瓜分，而此时的中部非洲只有部分沿海地区掌握在欧洲殖民者手中，80%的土地还处在传统意义上的当地部族控制之下。至1912年，96%的非洲土地被瓜分完毕，只有埃塞俄比亚和利比里亚保持了相对独立。就"势力范围"而言，前期派出了大量探险队的英国和法国面积最大，德国、比利时和意大利紧随之后。其中，相当于比利时本国76倍的刚果盆地成为比利时国王利奥波德二世的私有财产。会议的东道主德国以"不是你们的就都是我的"的逻辑获得非洲西南部。意大利则依靠距离非洲最近的地缘优势占领了西北部非洲，并与法国"严谨"地依据北回归线划分了利比亚和阿尔及利亚的边界。欧洲列强笔下的线条是如此无情地整齐，以至于被划分的边界有的甚至直接穿过许多部族的聚居地，丝毫不顾及非洲的历史、文化、民族和语言等因素。它带来的严重后果直到今天仍然在折磨着非洲大陆，成为混乱和战火的主要根源。1886年10月，在21响礼炮声中，一座祝贺美国独立百年的雕像被竖立在纽约港。但这位照耀世界的自由女神却有着这样的铭文"不似希腊伟岸铜塑雕像，拥有征服疆域的臂膀"，使其不但更像是座歌颂殖民主义的纪念碑，而且也是对"自由"的最大嘲讽。

在"柏林会议"的谈判桌上，高擎自由火炬的美国并没有与英、法、德等强国争夺非洲，而是忙于在太平洋和大西洋上的扩张：先是在1894年趁日本专注甲午战争之机扶持亲美势力推翻夏威夷王国，建立夏威夷共和国，后于1897年将夏威夷并入美国。此时已经衰落的西班牙仅剩下拉丁美洲的古巴、波多黎各和亚洲的菲律宾等少数海外殖民地，且在民族独立的起义中风雨飘摇。1898年，美国以军舰在古巴哈瓦那港被炸为由向西班牙宣战，与之相隔万里的美国舰队仅用数小时便全歼了西班牙在菲律宾的舰队，随后违背承诺、血腥镇压了菲律宾人的起义。几乎同时，在古巴的美国海军先是依靠数量优势歼灭了西班牙舰队，后与在菲律宾的背信弃义一样，独享了胜利果实。根据美西《巴黎和约》，西班牙放弃全部古巴，将波多黎各和关岛等殖民地割让给美国，并以2000万美元把菲律宾卖给了美国。"美西战争"之后的美国才有了更大的野心——整个世界。1899年，美国提出"门户开放"和"利益均沾"等政策，要求欧洲各国在各自的"势力范围"内，对他国船只、货物运费等不得征收高于本国的费用；在高调宣示自己崛起的同时，露骨地表现出这位新兴殖民主义者希望与老牌殖者在世界范围内享有平等掠夺权利的迫切愿望。而中国则成为美国实施这项政策的第一个受害国家。由此人们不难看出那时还年轻的美国的处心积虑和图霸雄心。

纵观19世纪下半叶的世界，"瓜分"作为这一时代的最大特征，其实质是对生存空间的争夺，涵盖其中的既有强者之间的对抗，更有强者对弱者的侵掠。这一结论虽然直白却贯穿人类文明发展的始终。在这过程中，殖民主义完成了从简单掠夺、到建立殖民地、到提出"利益均沾"的演变，及至今日"民主"成为堂皇的借口。而所有的腐朽和落后都成为被瓜分和掠夺的理由，懵懂和无知更只能成为"自由"的牺牲品。

虽然依靠瓜分的收获，欧洲完成了资本主义的原始罪恶积累，使工业革命的成果光辉灿烂，美利坚合众国亦在对印第安人的杀戮中创造着众多的美好，但地球的空间毕竟有限，在享受完瓜分的盛宴之后，对所获成果的不满最终在20世纪上半叶将两次"大战"强加给了整个世界。

# 中华民国与第一次世界大战的世界

1900~1925年的世界，东亚的中国在辛亥革命中终结了延续2000多年的封建帝制，北洋政府虽然混乱却是全新的开始；日本趁欧美各国深陷"一战"无法抽身，不仅收获了军事上的自信，而且实现了经济上的腾飞。南亚的印度半岛虽然没有摆脱被英国殖民和宗教分裂的痼疾，但已被民族独立的渴望所刺激。中亚五国彻底并入苏联、放弃了游牧民族的骄傲，只有阿富汗在抗击英军的入侵中依旧能够立马横刀。西亚的伊朗虽然开启了全新的巴列维王朝，但政变实质是英国殖民者的圈套；当土耳其顽强地撑起奥斯曼帝国的残躯，四周响起的却是阿拉伯人独立的号角。欧洲德国称霸的努力虽然被各国合力击败，但依旧保留了再战世界的潜力；当奥匈帝国裂解成当今中东南欧各国，哈布斯堡家族彻底结束了王朝的古老；法国虽然在战后依旧保有大国的荣誉，但已经无法掩饰其无力的身躯；英国虽然笑到了最后，但透支的是称霸世界的生命；全新的苏联虽然还十分虚弱，但已足以让崇尚资本的人们对共产主义充满了恐惧。没有遭受战火的美洲有着与日本同样的战争收获和经济机遇，疆域的辽阔使美国更具称雄世界的实力。贯穿着一切的是第一次世界大战的烽火。

1900~1925年的东亚，大清王朝终于在辛亥革命中终结了任人宰割的苦痛，北洋政府虽然软弱无能，但毕竟开启了中华文明的民国时代。而日本不但通过"一战"确立了军事强国地位，经济上也通过填补欧洲衰退形成的真空实现了飞跃式发展。

大清帝国的东北在 1900 年的"义和团运动"中被沙俄 20 余万大军占领。但沙俄此举使早有同样图谋的日本怀恨在心，也触动了英国的殖民利益。1902 年，英日两国在瓜分中国这点上结成了对抗沙俄联盟。1903 年 11 月，英国率先行动，第二次侵入西藏，次年在江孜宗山城堡战役中击败手持原始武器的藏军，占领拉萨，强迫西藏地方政府签订《拉萨条约》，除赔款和增开商埠外，还特意增加了不准他国干涉西藏事务等条款。作为与英军的呼应，日本 1904 年 2 月以偷袭旅顺港俄国舰队的形式挑起"日俄战争"。双方数十万大军战场遍及辽东半岛。次年 1 月，日军依靠人海战术攻占旅顺港，迫使俄远东舰队投降。1905 年 9 月，由于国内连续爆发起义和革命，加之增援的舰队在对马海峡遭日军伏击、全军覆没，沙俄与日本在美国签订《朴次茅斯和约》；私下将旅顺、大连及附近领土领海的租借权让给日本，承认朝鲜为日本的保护国。而只剩下空架子的清政府只能坐视日俄在中国境内肆意厮杀并殃及国人。面对中华民族的苦难，孙中山 1905 年在日本成立"中国同盟会"，用三民主义拉开了中国资产阶级革命的序幕。从 1906 年 12 月的湖南萍浏醴起义，到 1911 年 4 月的广州黄花岗起义，同盟会领导的十余次武装起义虽均以失败告终，但彻底动摇了大清王朝的统治。其间，光绪帝和慈禧太后 1908 年先后驾崩。1911 年 10 月，清政府新军发动武昌起义，"辛亥革命"随即席卷全国。1912 年 1 月，孙中山在南京成立中华民国政府。2 月，清宣统皇帝颁布退位诏书。大清帝国在历经了 268 年的风雨后终于无奈地退出了历史舞台。但仅 2 个月后，北洋军阀首领袁世凯便以劝清帝退位有功为由逼迫孙中山辞职，自己就任中华民国大总统并迁都北京。中国进入延续至 1928 年的中华民国"北洋政府"时代。但随后而至的第一次世界大战却给中华民国带来了更多主权沦丧的屈辱与无奈。

"一战"爆发后，日本立即以英国盟友的身份对德宣战；在英军配合下于 1914 年 11 月攻占青岛、迫降德军；次年 1 月，向袁世凯提出"二十一条"，要求继承德国在山东的一切特权。急于称帝的袁世凯接受了日本的要求并在12月正式称帝，蔡锷等随即在云南发动"讨袁护国战争"。袁世凯于1916年在举国声讨中暴毙后，各省军阀在背后列强支持下展开混战、轮番控制北京的北洋政府。1917年8月，段祺瑞主导的北洋政府应英法要求对德奥宣战，派出约14万劳工奔赴欧洲战场，以弥补协约国劳动力的不足。以此换来了战胜国的身份，其后的屈辱由来也就可想而知了。收复外蒙失地应该是北洋政府少有的历史功绩。1911年11月，外蒙在沙俄支持下宣布建立大蒙古国。1919年，北洋政府乘俄国十月革命之机，派徐树铮出兵外蒙古并设法收复东北失地。但这一成果最终由于中国的内乱和苏联的崛起而化为乌有。"巴黎和会"丧权辱国的消息传来后，北京学生率先掀起"五四运动"。打倒军阀、结束军阀割据成为当时中国的首要任务。1919年10月，孙中山改组中国国民党，1921年5月在广州就任非常国会大总统。同年7月，中国共产党在"第三共产国际"支持下在上海成立。1924年1月，国民党确定了联俄、联共、扶助农工的三大政策，与共产党第一次正式合作并组建黄埔军校。同年11月，孙中山应奉系军阀张作霖和直系军阀冯玉祥之邀北上北京，但次年3月病逝，中国失去了一次和平统一的良机。值得一提的是，与世界其他所有没有被"一战"波及的地区相似，由于列强忙于"一战"且对华输出的商品骤减，中国民族工商业在"一战"至1937年抗日战争全面爆发前这段时间里迎来了发展的"黄金时代"。

  日本的崛起首先得益于数次从中国掠夺的巨额财富，这使其有能力在1904年挑战沙俄，1910年吞并朝鲜。"一战"中，日本又以极小的代价战胜德国，且通过对外贸易实现了经济的飞速发展，从而理直气壮地以战胜国的身份在巴黎和会上与西方列强平起平坐，并获得了德国在太平洋赤道以北的所有殖民权益，一举成为世界政治、经济和军事强国。1918年，日本还趁俄国"十月革命"之机出

# 中华民国与第一次世界大战的世界

（公元 1900 至 1925 年）

## 北美洲

1906 年，旧金山大地震；
1910 年，好莱坞初形成；
1913 年，福特T型汽车；
1913 年，钨丝灯泡发明；
1915 年，旧金山博览会；
1917 年，美国对德宣战；
1918 年，出兵西伯利亚；
1921 年，美国粮食援苏；
1922 年，召开裁军会议；
1923 年，经济危机爆发；
1925 年，三K党大游行。

## 中南美洲

1903 年，美助巴拿马独立；
1914 年，巴拿马运河通航。

## 欧洲

1900 年，普朗克量子论；
1905 年，德奥义相对论；
1907 年，法英俄协约国；
1908 年，奥匈吞并波黑；
1912 年，英开始建航母；
1914 年，世界大战爆发；
1916 年，凡尔登绞肉机；
1916 年，日德兰大海战；
1917 年，美对德宣战；
1918 年，世界大战结束；
1919 年，德魏玛共和国；
1919 年，巴黎和会召开；
1920 年，国联首次会议；
1921 年，南爱尔兰独立；
1922 年，墨索里尼掌权；
1923 年，希特勒被夫押。

## 欧亚大陆北部

1903 年，布尔什维克派成立；1905 年，日俄战争中俄战败；
1914 年，沙皇俄国加入一战；1917 年，无产阶级十月革命；
1918 年，俄国退出世界大战；1919 年，莫斯科开第三国际；
1922 年，苏俄正式更名苏联；1922 年，中亚五国并入苏联。

## 欧亚分界线南部北非西亚

1908 年，青年土耳其党起义；1905 年，孟加拉邦分治；
1911 年，意大利夺取利比亚；1906 年，穆斯林联盟成立；
1912 年，被巴尔干各国击败；1913 年，泰戈尔诺贝尔奖；
1914 年，奥斯曼加入同盟国；1918 年，出重兵加入一战；
1915 年，英军进攻加里波利；1919 年，阿姆利则大屠杀；
1916 年，阿拉伯人发动起义；1920 年，甘地不合作运动；
1917 年，犹太国贝尔福宣言；1921 年，英军兵败阿富汗；
1918 年，奥斯曼人宣布战败；1924 年，国大党穆盟分裂
1920 年，凯末尔组建新政府；
1921 年，伊拉克共和国建立；
1923 年，土耳其共和国建立；
1925 年，伊朗建巴列维王朝。

## 南部非洲

1902 年，英获胜英布战争；1910 年，英建立南非联邦；
1961 年，南非共和国建立；1966 年，莱索托国王建立。

## 东亚

1903 年，英国侵入西藏；
1904 年，日俄大战东北；
1905 年，孙中山同盟会；
1910 年，日本吞并朝鲜；
1911 年，辛亥革命爆发；
1912 年，中华民国建立；
1914 年，日本对德宣战；
1914 年，英攻克马德盟成立；
1915 年，袁世凯称皇帝；
1917 年，中国对德宣战；
1919 年，五四运动爆发；
1921 年，今国民党建党；
1921 年，中共正式建党；
1924 年，国共首次合作；
1924 年，黄埔军校成立；
1925 年，孙中山京病逝。

## 东南亚及太平洋

1901 年，澳大利亚联邦成立；
1911 年，美国夺取马来西亚。

兵西伯利亚，直到 1922 年才撤离。但日本的迅速崛起也引起了英美等国的忌惮，海军规模因此受到了严格限制。1925 年，日本通过的《治安维持法》，对马克思主义等"危险思想"进行打压，成为军国主义的开始。值得注意的是，日本民众在资本原始积累过程中也付出了惨痛的代价，大量破产家庭的女儿被迫卖身于欧洲殖民者统治下的南洋。

1900~1925 年的南亚，英国殖民统治下的印度半岛，主要有印度国民大会党（国大党）和全印度穆斯林联盟（穆斯林联盟）两大政治派别。国大党成立于 1885 年，由信奉印度教的西化和富有的精英组成，最初只是希望争取平等参政的权利。1905 年，英殖民政府将穆斯林占据绝对多数的孟加拉分离出来，并任命一名印度教总督进行管理，半岛教派之间的对立骤然加剧，促使穆斯林联盟在 1906 年成立，并以保护穆斯林教派利益作为最高目标。1916 年，两党就合作争取自治达成一致。"一战"爆发后，120 多万印度雇佣兵在法国和中东战场进行厮杀。但此举并没有改变英国殖民当局在半岛的高压政策，甚至在 1919 年屠杀了数百名集会的印度教徒，制造了阿姆利则惨案，直接促使甘地在 1920 年发起"非暴力不合作运动"，并一度得到穆斯林联盟的支持，给已在战争中遭受重创的英国经济造成沉重打击。但从 1924 年起，在英国殖民政府惯用的分而治之手法挑唆下，穆斯林联盟提出自己是印度伊斯兰教徒唯一代表的主张，两党为争取半岛自治进行的合作开始分裂。

1900~1925 年的中亚，已被沙皇俄国征服的各大汗国在"十月革命"爆发后，分成两大对立的阵营。支持白军的部分哈萨克地区在 1917 年 12 月建立了阿拉什自治共和国，后在 1920 年白军战败后被红军解散，建立了苏维埃政权、成为今哈萨克斯坦的前身。其他地区在沙皇时代被称作"突厥斯坦总督区"，后组成"突厥斯坦苏维埃社会主义自治共和国"，支持苏维埃政府平定白军叛乱和外国武装干涉，并在 1924 年按民族分别建立土库曼、乌兹别克、塔吉克和吉尔吉斯等社会主义共和国。与南面印度半岛毗邻的阿富汗巴拉克扎伊王朝则取得了第三次抗击英军入侵的胜利，迫使英国在1921年签署和约，维护了国家主权和民族独立。

1900~1925年的西亚，伊朗恺加王朝虽然没有卷入第一次世界大战，但同样没能逃脱被殖民的命运。而地跨欧亚的奥斯曼土耳其帝国则在内外力作用下彻底裂解。

东部的伊朗恺加王朝在1907年就被英俄南北瓜分，并在1908年成为中东第一个产油国。俄国爆发十月革命后，英国曾试图通过1919年的《英伊协定》独占伊朗，在被拒绝后转而支持军队将领礼萨汗·巴列维发动政变。1921年，礼萨汗·巴列维推翻恺加王朝、组建新政府并出任陆军大臣。1925年10月，礼萨汗·巴列维宣布建立巴列维王朝（至1979年），次年4月成为伊朗巴列维王朝首任君主（至1941年在位）。

西面地跨欧亚的奥斯曼土耳其帝国在此期间努力进行着自我救赎。1908年，青年土耳其党军官通过政变和另立苏丹掌控了政权，虽然采取了恢复海军、组建空军等强军措施，但已经无法阻止帝国走向衰亡。1911年9月，北非的黎波里和昔兰尼加被蓄谋已久的意大利夺取，帝国迫于法俄压力只能接受这一结局，使之成为今天的利比亚。"意土战争"尚未结束，保加利亚、塞尔维亚和希腊等便组成同盟，在1912年8月发起"第一次巴尔干战争"，迫使帝国在1913年5月宣布放弃除君士坦丁堡外所有在巴尔干半岛的领地，阿尔巴尼亚也在俄英法德等国监督下获得了独立。仅1个月后，不满自己所得的塞尔维亚再联合希腊和罗马尼亚对保加利亚发起了"第二次巴尔干战争"，奥斯曼土耳其帝国亦加入其中；在击败保加利亚后，对马其顿进行了重新瓜分。而塞尔维亚在两次巴尔干战争中的迅速扩张，则成为其与波黑宗主国奥匈帝国交恶的重要原因。"一战"爆发后，奥斯曼土耳其帝国于1914年10月加入德、奥组成的同盟国，主要在东线战场高加索一带与俄军作战，但遭到沉重打击。虽然在 1916 年 1 月击退了英军对加里波利半岛的进攻，但帝国在西亚地区的统治却因阿拉伯大起义开始崩溃。其间，土耳其半岛东北部的 100 多万亚美尼亚人因有勾结俄军嫌疑遭到了种族大屠杀。

在奥斯曼帝国的阿拉伯半岛和地中海东岸地区，"一战"爆发后，协约国中仅英国在今伊朗、科威特和也门等地驻有小规模殖民军。为在最大程度上削弱奥斯曼土耳其人，英国先是在 1916 年支持阿拉伯半岛上哈希姆家族的侯赛因领导了阿拉伯大起义，并许诺支持其在叙利亚建立王国；后在 1917 年以《贝尔福宣言》的形式，将犹太复国主义作为打击奥斯曼土耳其人的武器。1916 年，侯赛因领导的起义军在夺取阿拉伯半岛大部后建立汉志王国，次年 7 月派其子费萨尔率兵北上攻入叙利亚、后攻占大马士革。"一战"结束后，根据青年土耳其党政府 1920 年 8 月签订的《色佛尔条约》，奥斯曼土耳其帝国被迫割让了在欧洲伊斯坦布尔以西的全部领地，东北部的西亚美尼亚人独立建国、后与格鲁吉亚和阿塞拜疆等并入苏联；叙利亚（含黎巴嫩）和美索不达米亚（今伊拉克）获准建立独立国家，前者由法国委任统治，前期攻占大马士革的费萨尔遭到了驱逐；后者以及巴勒斯坦地区（含约旦）由英国托管，但阿拉伯人强烈反对犹太人建国。昔日奥斯曼土耳其帝国的庞大身躯仅残存一隅。即便如此，土耳其半岛西部也从 1918 年 11 月起遭到希腊的入侵。国家危亡之际，凯末尔 1920 年 4 月在安卡拉成立临时政府，并着手独立组建军队，抵抗外敌入侵，历经两年多的血战将侵入土耳其半岛的 20 万希腊军队全部肃清，迫使世界各国承认其为奥斯曼土耳其帝国的唯一合法代表。1923 年 7 月，安卡拉政府与协约国集团签订《洛桑条约》，废除了《色佛尔条约》的部分内容。10 月，凯末尔在安卡拉正式宣布废黜帝制、建立今土耳其共和国并当选首任总统。

1900~1925 年的欧洲，至第一次世界大战爆发前罕见地出现了 30 多年的和平，经济得到了空前发展。但这一切对于统一不久的德国来说来得太晚了。德国虽然主导了 1884 年瓜分非洲的柏林会议，但所获得的太平洋上的几座岛屿和非洲几块近乎荒芜的土地，不但无法与英、法相提并论，也难以与荷兰、葡萄牙和比利时等小国相比。因此，在对工业化所需的原料和市场的渴望中，重新瓜分世界成为对现状极度不满的德国政治家们的梦想。同样，统一不久的意大利也已急不可耐地想在已经十分拥挤的世界中伸展昔日罗马帝国的身躯。此时的奥匈帝国虽然依旧拥有当时欧洲最庞大的版图，但长期被裂解的苦痛已经使之沦为德国的附庸，且对于塞尔维亚在东南欧的崛起充满恐惧。为此，三者早在1882年就结成军事同盟，决心挑战被英、法、俄主导的世界。1896年，德皇威廉二世曾声援南非的布尔人（阿非利卡人）反抗英国人的统治，后在1906年和1911年的两次"摩洛哥危机"中与法国争夺在非洲的权益，因而与英法等国交恶日深。而德国自己则在1906年对西南非洲纳米比亚的最大部族进行了狩猎般的虐杀，致使百多万赫雷罗人最终所剩无几。为准备即将爆发的世界大战，德国海军在1900年就制订了庞大的造舰计划。对此，英国宣称要继续保持双倍的数量优势，且联合法俄在北海、地中海和波罗的海分别对付德、奥两国海军。根据德军参谋总部1905年制订的作战计划，德国将先集中兵力击败西线法国、再进攻东线机动性较差的俄国，为此将陆军的数量增加到87万之众。1907年，英、法、俄三国组建协约国。在各国激烈的军备竞赛中，世界大战急切搜索着爆发的起点；而科技带来了机枪、大炮、飞机，甚至坦克等各种大规模杀伤武器。

两次巴尔干战争胜利后，意欲称霸巴尔干半岛的塞尔维亚和1908年吞并波黑的奥匈帝国已成极端对立之势，只是由于德国认为还没有准备好，奥匈帝国才暂缓了对塞尔维亚的开战。1914年6月28日，奥匈帝国王储在波黑首都萨拉热窝被塞尔维亚族激进分子暗杀。7月28日，奥匈帝国正式向塞尔维亚宣战，第一次世界大战终于在各方势力的焦急等待中在"巴尔干火药桶"打响了。至8月12日英国向奥匈帝国宣战，交战各方迅速形成包括德国、奥匈帝国、保加利亚和奥斯曼土耳其的同盟国，和以英、法、俄为首的协约国两大阵营。曾经加入同盟国的意大利在战争爆发后加入了协约国一方。上述国家之间的混战使欧洲成为第一次世界大战的主战场。与之相比，世界其他战场的交战规模都不大。其中东亚的德军开战不到半年便被日军击败。德国在今西非多哥、喀麦隆，以及今西南非纳米比亚等地的殖民地也在战争爆发不久便被英国和南非军队夺取。只有包括今布隆迪、坦桑尼亚和肯尼亚一带的德属东非殖民地，成功击退了英国印度雇佣兵团的进攻，创造了以弱胜强的奇迹，且一直坚持到"一战"结束。

欧洲主战场上的德军虽早已经制订作战计划，但由于英国迅速参战、奥匈帝国军队软弱无能、意大利临阵倒戈，奥斯曼土耳其帝国被牵制在西亚，不得不同时在东、西、南三条战线作战，且军队在东西两线频繁调动，极大地影响了作战效果，加之后来美军的参战，德国的战败也就成了必然。

1914年，德国最初将主力集中在了西线，在闪击卢森堡和比利时后连败法军，但由于不得不分兵应对攻入东普鲁士的俄军，丧失了在8月底前攻克巴黎的良机。随后，德军与法军在西线展开了令双方都感到绝望的消耗战，工业革命的成就则加剧了战争的残酷。在9月中旬结束的马恩河战役中，数以万计的士兵往往在一次冲锋中就倒在了密布重型机枪和大炮的坑道前面，双方的损失都高达数十万之众。在双方包抄对方运输线的努力均遭失败后，西线战事陷入胶着状态。土军10月份对高加索俄军的进攻也被击退且损失惨重。

1915年，双方交战的重点转到了东线。包括新西兰和澳大利亚在内的50万英军于2月在达达尼尔海峡发起"加里波利战役"，试图在攻占伊斯坦布尔后与俄军一道从东面合围德、奥两国，但血战11个月之后不得不撤兵。尽管如此，土军由于被俄军和阿拉伯大起义牵制在高加索一线和地中海东岸，没能更深地卷入欧洲战场。决心彻底摆脱东西两线作战困局的德军从5月起集中主力对俄军发起猛攻，虽重创俄军且占领大片领土，但持续半年多的战役并没有实现消灭俄军主力、逼迫俄国投降的战略目的。而英法联军则趁机在西线发起攻势，虽然双方损兵都高达百万之巨，但丝毫没有改变战局。其间，意大利在 5 月向同盟国宣战，虽然交战之初即损失近 30 万人，但将奥匈帝国的主力拖在了南线，减轻了协约国的压力。9 月加入同盟国的保加利亚则出兵 30 万、配合德奥联军攻占塞尔维亚，算是同盟国在南线的收获。

1916 年，德国再次将主力调回到西线，从春季开始与法军在凡尔登地区展开历时 7 个多月的会战，双方损失均极其惨重。其间，俄军在南线击溃奥匈帝国军队，迫使德军再次抽兵填补战线漏洞。在双方各损兵百万后，俄军逼退德奥联军、攻入奥匈帝国。而 8 月向同盟国宣战的罗马尼亚则被德奥联军击败并占领了大部分土。西线的英法联军趁机发起"索姆河战役"，并首次使用坦克向德军发起反击，但只是增加了双方 100 多万人的伤亡。在陆战的同时，英德海军在 5 月底进行了著名的"日德兰海战"，德国海军虽然以少胜多，但最终被占据数量优势的英国舰队一直封锁在港内。而德国为封锁大西洋运输采取的"无限制潜艇战"后则成为美国参战的借口。

1917 年，俄国爆发的"二月革命"一度使德国看到了希望，再次集中主力在东线对俄军发起猛攻。西线法军趁机在 4 月发起反击，但伤亡 10 万人后未获任何进展，士兵拒绝再战，防线只能交由英军负责。4 月 6 日，美国向德国宣战。得到美国装备补充的英军在西线又组织了几次大规模的猛攻，但同样一无所获。

1918 年，交战双方在西线的战斗决定了"一战"的结局。在俄国爆发"十月革命"并退出战争后，德军再次集中主力于西线，意图在美军到达前击败英法两国，但在又损兵数十万后不得不在 7 月底前终结了最后一次攻势。8 月起，协约国反攻的大军中开始出现美军的身影。9 月，德军在兴登堡的防线被攻破后节节败退，同盟国军队全线崩溃。至 10 月底，保加利亚、奥匈帝国和奥斯曼土耳其帝国相继宣布投降。德国海军因拒绝出战在10月29日发生兵变，至11月8日占领了德国西部的大部。11月9日，威廉二世宣布退位并出逃荷兰。同日，社会民主党人和共产党人先后在柏林宣布建立共和国。10日，得到了德军高层暗中支持的社会民主党人与从工人阶级分离出来的独立社民党人组成人民代表议会，在共产党人拒绝加入的情况下于11日宣布德国无条件投降。12月，独立社民党中的左翼分子宣布脱离联合政府，与李卜克内西等正式组建德国共产党，并在1919年1月发动武装起义，但遭到残酷镇压，李卜克内西等人15日惨遭杀害。转移到魏玛的新政府19日召开国民议会、颁布宪法，成为非正式名称的"魏玛共和国"的开始。4月，巴伐利亚建立苏维埃共和国的努力也遭到了残酷镇压，德国无产阶级革命在内外部势力的联合打击下彻底失败。6月，魏玛政府与协约国签署《凡尔赛条约》，交出所有殖民地、割让领土且承担巨额战争赔款，军队规模和装备也遭到严格限制。但威廉二世只是被实行了流亡的惩罚，且德国依然拥有当时欧洲最强大的经济实力。唯一感受到苦难和屈辱的只有德国普通民众，并后来为德国纳粹党所利用。1923年，希特勒发动了未遂政变，在8个月的牢狱生活中完成了臭名昭著的《我的奋斗》。

奥匈帝国在1918年11月3日宣布投降，11日哈布斯堡家族的末位皇帝宣布退位，次日奥地利宣布建立共和国。曾经构成奥匈帝国主体的奥地利和匈牙利作为不同的国家分别只剩下了残存的一隅。其他小公国或地区或民族，大体上形成了捷克斯洛伐克（现又分成捷克、斯洛伐克）、南斯拉夫（现在分成塞尔维亚、黑山、克罗地亚、斯洛文尼亚、波黑、马其顿和科索沃）等国家和地区。波兰、罗马尼亚和意大利则瓜分了奥匈帝国的其他领土。战败的保加利亚则失去了爱琴海出海口并需赔偿巨款。

意大利在"一战"胜利后，民族主义热情空前高涨。1919年，墨索里尼利用民众热情组建了"战斗的法西斯"，1922年在"向罗马进军！向罗马进军！"的叫嚣中成为意大利的总理，他的黑衫军也成为后来德国党卫队的先驱。

法国虽然是战胜国，但因与德国的血战遭受了致命的打击，不但人员伤亡惨重，而且整个东北部的工业基础设施成为废墟，自此沦为二流国家；尽管如此，依靠规模庞大的殖民地依旧保有大国的虚名。

英国在战前一直在持续进行着殖民扩张且不择手段，其中又以在非洲南端收获最大。1899年，英国出于对黄金和钻石的贪婪对南非布尔人建立的两个政权发动了"英布战争"，最终在1902年将顽固坚持奴隶制度的布尔人并入大英帝国，但承认布尔人拥有与英国人等同的地位，而无数无辜的黑人则成为两者妥协的牺牲品。不仅如此，英属南非联邦在1910年建立后，白人令人发指的种族隔离政策影响至今。"一战"爆发后，英国本土虽然没有被战火所波及，但同样付出了巨大的人力、物力和财力代价，其对殖民地的控制力也因此而大大减弱，近在咫尺的爱尔兰南部在1921年宣布独立；更主要的是，严重的经济衰退使其不得不将世界金融中心的地位让给了美国。之后有心无力的英国在德国问题上更多地采取了"绥靖政策"。

1900~1925年的俄罗斯，社会主义苏联的诞生和第三国际的成立宣告了无产阶级革命时代的到来。

长期的对外扩张给俄罗斯民众带来了深深的苦难。19世纪末开始的取消农奴制改革和疯狂的工业化催生了工人这个庞大的无产阶级群体，为马克思主义学说的传播提供了肥沃的土壤。1903年，列宁在"资本主义最薄弱的环节"俄国组建了布尔什维克派（多数派），在俄国社会民主工党中占主导地位。而在"日俄战争"中遭到重创的沙俄又仓促卷入"一战"，致使国内工农业生产遭到极大破坏，阶级和民族矛盾进一步激化，工人罢工和农民起义此起彼伏。1917年2月起，已经独立的布尔什维克党领导了一次次声势浩大的工人和士兵起义，彻底动摇了沙皇的统治。但资产阶级抢先在3月与沙皇尼古拉二世达成退位协议，完成了所谓的"二月革命"，试图重现欧洲资产阶级成功夺取革命果实的一幕。同年11月（俄历十月），列宁和托洛茨基领导了著名的"十月革命"，武装推翻了资产阶级临时政府，同时也彻底灭亡了统治俄国长达300多年的罗曼诺夫王朝。1918年3月，新生的苏维埃政权以放弃波兰、乌克兰和波罗的海三国及支付巨额赔款的巨大代价与德国达成停战协议，宣布退出第一次世界大战。但境内各种反对势力随即联合组织起数量庞大的白军，在极其广阔地域内对新生政权发起攻击，少数民族地区纷纷趁机宣布独立，建立了乌克兰、白俄罗斯、西乌克兰和格鲁吉亚等主权国家。在新生苏维埃组建"红军"进行反击的过程中，英、法、日、波、美等国出于对无产阶级革命的恐惧，组织起14国军队对俄国革命进行了武装干涉。北洋军阀统治下的中华民国趁机收复了外蒙。由托洛茨基一手组建的红军在近4年的内外战中，先后击败了来自东部西伯利亚、南部高加索地区和西南波罗的海三个方向、得到外国武器和军事顾问支持的数十万白军的围攻，消灭了所有独立政权，并成功迫使所有外国干涉势力撤军，在世界各国共产党的支持下取得了内战的最终胜利。1919年3月，共产国际（第三国际）在莫斯科成立，号召各国工人阶级为实现无产阶级专政、为夺取政权而斗争，世界各国共产党随后相继成立，将国际共产主义运动推向了高潮。1921年起，列宁在国内实行新经济政策、迅速稳定了已经崩溃的经济，次年，改国名为苏维埃社会主义共和国联盟（简称苏联）。1924年，列宁逝世，苏联进入斯大林时代。

1900~1925年的北美是"一战"的最大受益者，不但经济实现了跨越式腾飞，而且成功地建立了跨越大西洋的全新世界政治中心，逐步引领世界进入美国时代。

来自世界各地、怀揣着淘金梦想的移民为美国提供了廉价劳动力，在促进经济发展的同时，也创造了一个个财富传奇。摩根银行和洛克菲勒石油公司等垄断企业通过控制原料供给、划定最低薪酬标准等方式攫取了巨额财富；不惜动用军队对罢工者进行杀戮，完成了罪恶的资本原始积累，也使美国成为世界上最富有的国家。与此同时，美国在领土和殖民地扩张方面也收获颇多。在亚洲，美国在1898年从西班牙人手中买下菲律宾，后武装镇压了菲律宾人的反抗。在拉丁美洲，美国在1903年通过制造叛乱，将巴拿马从哥伦比亚分离出来，从而垄断了1914年开通的巴拿马运河所有权。"一战"爆发后，美国经济一度由于欧洲各国将全部资源投入"一战"而陷入衰退，但不久又因战争带来的庞大需求而快速增长。1915年5月，德国潜艇击沉一艘美国客轮，但在战争带来的巨大经济利益诱惑下，美国总统威尔逊竟宣称"美国不屑一战"。直到1916年11月，交战各国再也无力购买美国商品的时候，美国的态度才开始转变。1917年4月，当德国再次击沉美国商船时，美国认为是时候对德宣战了。1918年3~10月，200万美军先后登陆法国，为"一战"画上了句号。通过"一战"，美国不但财富剧增，而且进一步强化了世界第一强国的地位。而与各国的损失相比，美军仅伤亡5万余人的数字简直不值一提。即便如此，美国对于巴黎和会的结果并不满意。1922年，美国主导召开"华盛顿会议"，目的就是削弱正在崛起的日本，并最终迫使接受日本压缩战舰数量和放弃在中国山东省的大部分殖民权益等，进一步强化了自己在太平洋的霸主地位。1924年，美国通过《约翰逊·里德法案》（1924年移民法案），限制日本等国家移民。所有这些加上之前的吞并夏威夷，都成为日本在第二次世界大战中必须向美国开战的因由。但战争带来的繁荣和过渡膨胀不久就演变成一场恐怖的经济衰退，种族主义乘机抬头。1925年8月，4万名身穿白袍的三K党成员在华盛顿举行了震惊世界的游行。

　　北美的加拿大作为英属殖民地也向欧洲战场派出了军队，虽然数量较少、作用不大，但因1917年成功地占领了一处英法军队久攻不克的高地，为加拿大赢得荣誉以及巴黎和会上的一个独立席位和在1921年加入了国际联盟的权利，且经济得到了发展。

1900~1925 年，中南美洲各国也曾向同盟国宣战，但只是在名义上增加了交战国的数量和世界大战的战场。没有卷入战火中的南美洲同样利用"一战"的机遇加速了经济的发展，当然也曾有熠熠闪烁的共产主义星火。

纵观 1900~1925 年的世界，第一次世界大战无疑是资本主义在资本原始积累阶段殖民扩张模式发展的必然结果，工业革命只是平添了更多的残酷；虽然在大战的衰落中同时存在着稳定发展的奇迹，但有限的地球空间注定再也不能同时满足所有贪婪的欲望。而这一问题恰恰是殖民者建立的"国际联盟"所无法解决的，国家归属感和民族主义开始沦为发动战争的理论依据。在这种情况下，无论共产主义在当时还多么的稚嫩，其"世界大同"的主张已经触动了帝国主义和极端民族主义者敏感的神经，社会主义的苏联以及其他地区的社会主义尝试因此都遭到了疯狂的进攻。墨索里尼通过鼓吹侵略性的民族主义，成为世界法西斯主义的鼻祖。希特勒则将极端民族主义理论化，将达尔文自然界的"适者生存"极端成社会达尔文主义，主张以战争手段为优等的日耳曼民族夺取生存空间。日本也同样在"大和民族至上"的名义下疯狂地进行着世界大战的准备。以分赃为主要目的的巴黎和会也就不可能创造真正的和平，只能是在战胜国与战败国之间、战胜国与战胜国之间，以及殖民地和半殖民地与帝国主义之间埋下更多的仇恨。法国福煦元帅就此清醒地指出："这不是和平，这是二十年休战！"因而，随着极端国家和民族主义在第一次世界大战的硝烟中弥漫至整个世界，所有对现状的不满已经在等待下一场世界大战了。而日美两个新兴大国的出现无疑将使这场大战更加广泛和残酷。

# 六千年纵横之延续至今的中华文明

印度河文明公元前 2000 年左右就早早地埋藏于河底，尼罗河文明公元前 6 世纪就被波斯帝国征服，两河文明公元前 4 世纪就被亚历山大大帝用利剑劈成碎片，只有中华文明在 5000 多年后依然延续，不但成为人类四大古代文明中心的唯一幸存者，而且在今天更加多彩的世界中愈发璀璨。

中华文明之所以能够延续至今，特殊地理位置和地理条件发挥了至关重要的作用，使中华文明能够在极长的历史时间内独立发展并免遭外部力量的侵扰。西南的青藏高原和喜马拉雅山脉使中华文明从未在那个方向被其他文明所打扰，即便是孤独存在很久的吐蕃王朝也最终以融入中华文明。东面和南面的大海对于人类早期文明来说无疑是天然的屏障。中华文明的最大威胁来自北方。那里不但有中国北方少数民族，更有从欧亚大陆中心沿成吉思汗大军西征路线向东方迁徙的，包括突厥人在内的其他人种。但是，虽然万里长城没能成为真正的屏障，那些来自北方的威胁最终只能是在融入的过程中使中华文明更加丰富多彩。

与之相比，两河文明和尼罗河文明彼此是如此接近，以至于他们的创造者中就包含了很多共同成分，而且从赫梯帝国与古埃及王朝、亚述帝国与古埃及王朝，到波斯帝国灭古埃及王朝，两者之间就以冲突的形式不断进行着交流，并以两河文明的胜利而告终。但地处欧亚大陆中部的两河文明，它的诞生本身就是与周边不断冲突的结果，文明的道路也因此不断被野蛮所打断，当然也包括其自身文明的对外扩张。最终，当亚历山大大帝挥师东进，两大文明都宣告终结。印度河文明虽东有喜马拉雅山、南有印度洋作为天然屏障，但西面两河文明的征伐和来自北方中亚草原族群的迁徙，自始至终都没有停止过对它的影响。更重要的是印度河文明本身就十分脆弱，否则不会被一场洪水所终结，也不会被雅利安人的迁徙侵蚀得无影无踪。

值得注意的是，相对封闭性虽然令中华文明能够独存并走出了独特的发展道路，但也使中华文明在 5000 年后经历了刻骨的痛苦。当进步使人类可以轻松地越过那些曾经的天然屏障，威胁也就开始来自四面八方。但相对于太久的孤独，中华文明能够延续至今还是因为存在很多内在因素。

相对优越的自然条件使中华文明能够以农耕文明为主体，并在极强的稳定中发展延续。作为中华文明主要发源地，东部沿海地区自北向南一马平川，土壤肥沃、气候湿润，为发展农耕文明提供了优越条件。其中虽然不乏山川大河大江，但其总体上对农耕文明发展弊少利多。当然这其中也包括大禹、李冰等无数先人的聪明和智慧。发达的农耕文明使中华文明逐渐形成了守土为安的生活习惯和文化特征。在长期稳定的共同生活中，人与人之间逐渐形成了坚实牢固的宗族纽带，以至于很难被其他外部势力所打破，即便是被打破也能很快得到恢复。这种整体稳定性促进了大统一思想的形成和发展，使中华文明能够一脉相承、绵延不绝。

与之相比，两河文明、尼罗河文明和印度河文明，要么被万里黄沙所包围，要么水患不决，都缺乏安居乐业的地理环境和气候条件；最终逐渐失去了稳定存在的基础，或如沙尘般漂浮或掩埋于淤泥之下。而其他游牧文明或海洋文明，都对故土和亲情少了许多眷恋，多数时间都是在为了自己的利益四处冒险；或者消灭了别人，或者被别人消灭。国家也就谈不上稳定，文明也就在漂浮中成为历史的浪花。

中华文明之所以能够延续至今，汉字所形成的强大民族凝聚力同样非常重要。虽然语言的产生早于文字，但其对于文明形成和传承的作用却无法与文字比拟。同一文明内部不同地方的人，虽然可能由于高山与河流阻隔语言未必相通，却可以使用共同的文字进行交流，统一的文明也才能够形成和发展。人类文明早期发明的文字都是象形文字，中国殷墟发现的甲骨文、刻在神庙墙壁上的古埃及象形文字、刻在泥板上的苏美尔楔形文字，以及刻在印章上的古印度符号莫不如此。但随着历史的发展，其他文明的象形文字或因外力消失，或演变成拼音文字。而拼音文字在使用过程中不可避免地会受到方言的影响，使用的范围越大，由拼音构成的文字差异也越大，直至导致发生分裂，并逐渐发展出更多的语言和文字体系。这种语言和文字差异造成的隔离，甚至会使同一种族形成不同的民族，并导致不同的文化认同和国家认同。这种情况最典型的就是欧洲了。欧洲许多不同语言都是由一个语系经过漫长的分化形成的。以语言依托的拼音文字，因方言的存在而导致文字的分化。分化的文字又影响了统一文化的形成，最终导致欧洲分裂成众多的国家。因此，当象形文字被拼音文字所取代，逐渐分裂的文字也逐渐使文明弱化和分裂。被弱化和分裂的文明也最终由于文字被取代或消失而终结。

中华文明之所以能够顽强地走到了今天，很大程度上得益于汉字作为象形文字的稳定性。现在世界上公认中国最早的文字是甲骨文，目前发现存在和使用时代大约是殷商后期。但如果从文字成熟程度和传承关系看，汉字产生的历史应该更为遥远。汉字在发展演变的过程中，最大限度地保留了甲骨文原有的象形元素，包含了能够被绝大多数中国人广泛认同的原始信息，所以能够在极广大的地域和历史时间跨度内被人们所使用和认知。而随着汉字的不断丰富和被越来越广泛地使用，中华大地上不同地区的人们通过汉字，实现了相互交流，并超越语言（方言）的障碍共同形成了统一的中华文化。虽然从简单的象形到甲骨文、金文、大篆、小篆、隶书、草书、行书、楷书，汉字的形体也多有变异，但都一脉相承地忠实记录了中华文明的发展历程。从传统思想学术上的先秦诸子、两汉经学、魏晋玄学、隋唐佛学、宋明理学、清代朴学，到古代文史典籍中的楚辞汉赋、二十四史、唐诗宋词、明清小说莫不仰仗古今一脉的汉字系统才得以保全。更重要的是，由于汉字所形成的强大凝聚力，中华文明虽屡遭入侵却都最终将侵入者兼容，直至推动了中华文明的主体民族——汉族的形成。因此，作为中华文明之光，汉字在照亮了中华文明前行的每一个历史脚步同时，更使中华文明绵延不绝、生生不息。

与之相比，最早消失的印度河文明与大洪水导致的文字消失有极大关系，以至于没有留下任何有关其文明的记载。随后消失的尼罗河文明则源于外部的侵略，在先后希腊化和罗马化的过程中，古埃及自身的语言和文字被新统治者的语言和文字所取代，古代尼罗河文明也就走到了历史的终点。随后消失的两河文明根本就没有统一文字，也就没有形成统一的文化，因此在被亚历山大征服后，虽然没有被彻底地希腊化，但文明也由于文字载体的分裂而只能成为历史。古希腊文明的第二阶段虽然借鉴古巴比伦人的象形文字重新创造了自己的文字，然而只是借鉴了字形，只把它当成拼音符号来使用。因此，尽管亚历山大大帝征服并终结了两河文明和尼罗河文明，但由于没有统一的语言和文字，他建在一堆散沙上的帝国在经历短暂的历史风雨之后便分崩离析了。取代古希腊文明的古罗马帝国虽然继承了古希腊文明的诸多精华，但同样使用拼音文字，始终没有使罗马成为一个真正统一的帝国、一个真正的统一文明：东西罗马分裂的内因是希腊文化和拉丁文化的分裂。

中华文明能够延续至今的另一个因素是"士"文化的存在。文字只是传承文明的工具，它的继承和传播最终必须依靠人的力量。从最早的巫师、祭司到现在的专家、学者，甚至更广泛的群体，掌握知识的"士"在文明的连续发展过程中发挥了不可替代的作用。

尤其是在人类文明早期，当以文字为代表的各种知识还只是被少数人所掌握时，这一点表现得更为明显。

在中华文明中，以天下为己任的担当和士贵王贱的个性使"士"成为一个独立于统治阶层且广泛存在的群体，并以入世性和避世性的双重特质，承担起传承中华文明的重任。在入世性方面，从春秋的孔子周游列国，到战国时代的邹忌讽齐王纳谏，以天下为己任的"士"便积极参与国家政治，以至于各诸侯国均以尊贤养士为荣。此时的"士"已经不仅仅是文化或知识的载体，更成为国家统治机器的核心。"士"的一番言论甚至可以改变关系国家命运的一场几十万人战争的结果。秦汉以后的中华文明，各个王朝也无不将"士"视为国家的中坚。在避世性方面，中国古代的"士"拥有"士贵王贱"等不同于其他文明的特质，自视清高，隐于民间，从而能够在社会上作为一个独立的阶层而存在。以至于成为自秦汉以后成为士农工商组成的四流品社会中之第一流品。而"小隐隐于野、中隐隐于市、大隐隐于朝"则充分说明了其存在的广泛性。入世性使"士"所承载的中华文明要素对历代的统治者都产生了巨大的影响，以至于任何外来力量不得不被中国文明所同化，不得不依靠"士"的文化力量来维护自己的统治。于是历史上不但有了大秦帝国擅长书法的丞相李斯、大唐王朝刚正耿直的宰相魏徵，也有了辅佐忽必烈修建北京城的刘秉忠和皇太极手下第一位汉臣范文程等。而且避世性也使"士"能够避免集体被战火或其他因素所吞没，使中华文明文明能够不随王朝的更替而有所改变，且能够在更广阔的范围内保持了文化的多样性。因此虽经"焚书坑儒"和"独尊儒术"，中华文明仍然得以保全并悠远绵长。对此，历史学家钱穆语："中国文化即在中国人身上，而主要即在士；中国文化有与并世其他民族文化绝对相异之一点，即在中国社会有此一士的传统。"

与之相比，其他古老文明的消失都与"士"的集体消失有着密切关系。而造成集体消失的共同原因在于"士"的相对集中,且严重依附于统治阶层而存在,或其本身就是统治阶层的重要组成部分。统治阶层为了维护自己的特权地位对包括文字在内的"知识"实施垄断,以及文明初期"知识"的弱小是出现这种情况的主要原因。在这种情况下,当战争或者自然灾难来临的时候,往往会发生"士"与统治阶层一起被"清除"的情况。而文明也随着"士"的消失而消失了。人们虽然还不能给出古印度河文明消失的确切答案,但从现有的考古发现以及文明消失的彻底性来看,极有可能是公元前2000年左右的一场突如其来的大洪水将文明和文明的持有者一起埋葬了。古希腊文明的第一阶段之所以在公元前12世纪左右突然消失,甚至整个希腊半岛回归原始状态,根本原因就在于掌握文字的贵族集团作为"士",或死于对伊利亚特城的战争,或死于本土爆发的"无知"奴隶起义。即便是还有一些零星的幸存者,也已经无力重燃文明的巨火。尼罗河文明和两河文明在公元前4世纪相继被亚历山大征服后,整个西亚和地中海沿岸开始了希腊化进程。原本的统治阶层和"士"或被消灭,或不得不接受希腊文化,两大文明独具的特征也随之消失。曾经在中美洲丛林中辉煌一时的玛雅文明则是在8世纪左右消失于内部战争。当"士"因与统治阶层紧密联系而存在,并在其他原始部族的进攻中被全部杀戮,玛雅文明也就戛然而止,直至被人们遗忘。

  中华文明能够延续至今还有一个重要原因,那就是异常严格的宗法制度。拥有近千万平方公里土地的中国在欧亚大陆的东端,总面积为1016万平方公里的欧洲各国在欧亚大陆的西端。但就是这样两个在同一个大陆上且大小相似的地域,在漫长的历史演变过程中,虽然有着无数相似的脚步,却截然不同地踏上了两条相反的发展道路。中国虽几经合久必分、分久必合的循环,但终归一统;欧洲虽也几经分久必合的努力,但最终走向极端的分裂。与中华人民共和国五星红旗高高飘扬、一枝独秀形成鲜明相比,由几十个国家和地区组成的欧洲各国旗帜应该算是色彩纷呈了。在造成这种截然相反结果的众多历史、地理、文化因素中，截然相反的继承制度在其中发挥了重要作用。沿袭了几千年的宗法制度奠定了大一统中国的传统文化基础，与之相对的则是欧洲合后必分的往复循环，直至现在的"群雄割据"。

中国的宗法制度虽以"三纲五常""夫唱妇随"为人民所熟知，但其内容实质上非常广泛，几乎涉及人们生活的各个方面，甚至已经成为遗传基因伴随着中国人的血脉延续和传承。

早期的宗法制度是由氏族社会父系家长制演变而来的，是王公贵族按血缘关系分配家国权力，以便建立世袭统治的一种制度性安排。其特点是宗族组织和国家组织合二为一，宗法等级和政治等级完全一致。这种制度实际上早在"黄帝王朝"就已有雏形，位列五帝的颛顼、帝喾都是黄帝的后代。随着禹在死后传位于儿子夏启，并建立中国历史上第一个奴隶制国家夏，宗法制度开始粗具雏形。但代夏的商依然同时存在"王位弟承"和"王位子承"两种王位继承形式，宗法制度也在其间徘徊了1000余年。直到公元前11世纪，周代商之后，中国宗法制度才得到快速发展和完善。周公在奉周成王之命平定"武庚之乱"后，在武王分封的基础上再次大规模分封诸侯。同时，为使国家在王位继承中保持稳定，同时避免其他人对王位的觊觎，明确规定王位只传嫡长子，而且是"传嫡不传庶，传长不传贤"。自此，初步建立了以"嫡长子继承制"为核心的、较为完备的封建宗法制度。其后的历代中国王朝在王位传承上也基本沿袭了嫡长子继承制度。周朝时天子及诸侯的嫡长子，都统称作太子或世子。秦朝延续了这种称谓。到了汉朝，为突出天子嫡长子的地位，改称皇太子。虽然后来中国历史上出现了很多把非嫡长子立为皇太子的情况，但这已经不能够从根本上动摇"嫡长子继承制"的影响。因为，无论哪个儿子一旦被确认为太子，自然成了兄弟们之"长"了。由于周以后历代封建王朝统治者的不断完善改造，宗法制度逐渐形成了由政权、族权、神权、夫权共同组成的一种文化体系。

宗法制度的最大作用是保证王朝在皇权交替的过程中始终只有一个合法继承者,并对国家具有唯一的,也是绝对的支配权力。当然,王朝被推翻是例外。虽然为了这个"合法身份",中国历史上曾经发生过无数次的血腥杀戮。但在更多的历史时间里,除非有特殊情况发生,我国历代王朝都是按照宗法制度进行皇权交替的;否则,登基者往往被冠以恶名。一个突出例证就是王莽篡汉。可怜的王莽明明建立了一个新的国家,甚至还取了个名字"新",却被后世历史公认为只是汉朝的一个阶段,并以窃国者遗臭2000余年。堂堂挟天子以令诸侯的曹丞相至死也未敢越雷池一步。唐太宗李世民的"玄武门事变"也因杀兄夺位成为其辉煌一生中永远的"污点"。开启大明王朝永乐盛世的明成祖朱棣,也不得不为自己叔夺侄位的"不光彩"的登基,而煞费苦心地寻找各式各样的合理理由。为大清王朝建功卓著的多尔衮则始终没敢在摄政王的位置上前进一步。后来的恭亲王奕䜣在其兄咸丰死后,也没有勇气觊觎大宝。由此可见,在几千年的发展过程中,宗法制度已经逐渐发展成为人们的一种道德规范,并在维护中国传承和统一方面发挥了巨大作用。

与之相比,欧洲虽然也是按父系进行皇权传承,但从来没有出现过与中国相似的宗法制度。欧洲的历代王朝当权者"似乎"更具"爱心",更愿意把国家公平地分配给自己所有的儿子。结果是欧洲虽然在历史上也曾出现过几次较大王朝的短暂"统一",但往往是先王死后,帝国就立即被儿子们分裂了。其他小的城邦,封建侯国也多采取这种做法。如果不是在这个过程中,时刻进行着无数次的征伐和并吞,现在的欧洲一定还会存在更多的国家。

人们一般把罗马帝国作为欧洲社会发展的起点。因为希腊文明时的整体欧洲还不能被称为文明的欧洲,直到罗马人继承了希腊人的衣钵,欧洲才坚冰解冻般逐渐步入文明社会。而这已经是公元元年前后的事情了。不知出于什么原因,古罗马帝国统治者总是喜欢,甚至是一直把王位传位给自己的继子,最具代表性的莫过于屋大维。他就是以恺撒继子的身份夺取古罗马共和国统治权,并随后建立了古罗马帝国。屋大维之后,由于王位继承的无序,古罗马帝国每一次王权交替都伴随着血腥的杀戮和强者为王。如果仅从这点看中国历史上的统治者似乎更聪明、更成熟。毕竟和平是百姓的最大幸福。但尽管如此,古罗马帝国还表面上勉强维持着强大的统一。

最早开启欧洲分国先河的是最后一任统一罗马帝国的皇帝——提奥多西。公元395年,提奥多西死时,他把帝国分给了两个儿子,古罗马帝国被人为地分成了东西两部分。西罗马帝国灭亡后,日耳曼人在其废墟上建立了许多小王国,但只有法兰克王国得以发展壮大。至6世纪初,法兰克王国的势力范围已经几乎囊括了所有欧洲国家。公元511年,缔造了强大法兰克王国的克洛维在去世时把王国分给了四个儿子,但四个王国随后陷入了混乱的相互攻伐,直到公元681年被身为宫相的矮子丕平重新统一、建立加洛林王朝。但丕平死后,他的两个儿子再次平分了国土。其长子查理曼在武力兼并了其弟的领土后,通过四处征伐在西欧建立起强大的查理曼帝国。但懦弱的查理曼之子在位期间就被三个儿子联合击败,帝国再次被一分为三,即东法兰克、中法兰克和西法兰克,后渐逐渐形成现在的德国、意大利和法国等。其后,奥托一世开创的神圣罗马帝国虽然名义上再次统一欧洲大部,但实际上只不过是无数封建诸侯国的集合体。而更加虚弱的奥地利哈布斯堡家族甚至不得不在拿破仑的逼迫下主动放弃神圣罗马帝国皇帝的称号。再后来,拿破仑和希特勒一统欧洲的努力,也因其违背传统和崇尚杀戮而均遭失败。以上只是几次欧洲分裂的大致脉络,与之伴随的,是发生在一些较小王国上的类似事情。终于,现在的欧洲成为众多国家和地区的合称,同时也造就了当今欧洲众多王室的存在。2009年,首位"欧盟总统"(全称为"欧洲理事会常任主席")的隆重诞生也许是欧洲人对于统

一、强大的欧洲的一丝期盼。毕竟，现在的世界只有强大才有发言权和生存权。但祖宗们留下的遗产注定使欧洲不会有机会再次成为一个统一的整体。

皇权继承制度的不同使中国和欧洲走上了统一和分裂的不同道路。统一给中国带来的最大利益莫过于稳定。分裂给欧洲带来的最大弊病是始终没有安全感。但一切的利弊都在历史发展进程中进行着相互转化。几千年的相对稳定，在初期保证了中国能够在相对和平的环境中快速发展，使中华文明成为世界文明中唯一延续至今的一朵奇葩。但是相对稳定也使中国人逐渐失去了进取心，直至原地踏步数百年、几乎被列强瓜分。千余年持续的战乱，使欧洲人时刻保持着紧张，虽然在前期的乱战中消耗了太多的能量，社会发展也落后于欧亚大陆东端的中国，但后期因战乱而使战争技术得到持续不断的发展和完善。当世界向曾经被封闭的他们敞开了一个前所未知的空间——海洋和新大陆时，欧洲人凭借其磨砺了数百年的战争利器迅速称霸世界。

世事轮回，各领风骚数百年。21世纪的今天，欧洲人正在为维护自己祖辈侵略遗留下来的高福利而进行着罢工和示威游行，因为掠夺带来的稳定和安逸已经成为一种不可剥夺的权利，虽然这种权利已经带来了深刻的社会危机。只有美国人依然疯狂地在世界各地用武力和所谓的民主努力维护自己的利益，尽管事实上已是强弩之末。与之相反，百年苦难后的中国正重新审视自己5000多年的历史，正默默地再次踏上新的征程。

浩浩荡荡5000多年！历史让尼罗河文明、两河文明和印度河文明成为过去，我们庆幸于中华文明的独存。反思中华文明发展的每一个细节和瞬间，在充满骄傲的同时，我们只能百倍珍惜今天！中华文明在2008年的北京奥运会上将汉字"和"作为礼物奉献给了世界。这个象形文字不但代表了中华文明的精华，也以其几千年风雨的历程为世界指明了未来。

# 主要参考文献

1. 《全球通史》,吉林文史出版社,2010。
2. 张延玲等主编《世界通史》(图鉴版),南方出版社,2000。
3. 〔美〕斯塔夫里阿诺斯:《全球通史》,北京大学出版社,2006。
4. 〔英〕乔·韦尔斯:《世界史纲》,吴文藻、谢冰心、费孝通等译,广西师范大学出版社,2001。
5. 吴于廑、齐世荣主编《世界史》,高等教育出版社,2011。
6. 夏遇南:《罗马帝国》,中国国际广播出版社,2014。
7. 〔瑞士〕雅各布·布克哈特:《世界历史沉思录》,金寿福译,北京大学出版社,2007。
8. 〔法〕费尔南·布罗代尔:《论历史》,刘北成、周立红译,北京大学出版社,2008。
9. 柏杨:《中国人史纲》,山西人民出版社,2008。
10. 〔美〕威廉·M.马尼奥:《捷克和斯洛伐克史》,陈静译,上海东方出版中心,2013。
11. 〔英〕尼古拉斯·杜马尼斯:《希腊史》,屈闻明、杨林秀译,东方出版中心,2012。
12. 〔英〕约翰·朱利叶斯·诺威奇:《地中海史》,殷亚平等译,东方出版中心,2011。
13. 〔英〕J.M.罗伯茨:《全球史》,陈恒、黄公夏、黎海波译,东方出版中心,2013。
14. 〔法〕勒内·格鲁塞:《草原帝国》,曾令先译,江苏人民出版社,2011。

15. 杨军、吕净植：《鲜卑帝国》，中国国际广播出版社，2013。
16. 马大正、成崇德主编《卫拉特蒙古史纲》，人民出版社，2012。
17. 〔英〕海伦·尼科尔森：《十字军》，刘晶波译，上海社会科学院出版社，2013。
18. 〔美〕本杰明·吉恩、凯斯·海恩斯：《拉丁美洲史》，孙洪波、王晓红、郑广新译，张家哲译校，东方出版中心，2013。
19. 〔美〕约翰·R兰普：《南斯拉夫史》，刘大平译，上海东方出版中心，2013。
20. 〔苏〕耶日·卢克瓦斯基、〔苏〕赫伯特·扎瓦德斯基：《波兰史》，常程译，上海东方出版中心，2011。
21. 郑寅达：《德国史》，人民出版社，2014。
22. 张建华：《俄国史》，人民出版社，2014。
23. 陈文海：《法国史》，人民出版社，2014。
24. 〔美〕卡罗尔·帕金、克里斯托弗·米勒等：《美国史》，葛腾飞、张金兰译，东方出版中心，2013。
25. 〔美〕迈克尔·C.迈耶、威廉·H.毕兹利：《墨西哥史》，复旦人译，东方出版中心，2012。
26. 肖平：《古蜀文明与三星堆文化》，四川人民出版社，2002。
27. 〔美〕罗伯特·E.勒纳等：《西方文明史》，王觉非等译，中国青年出版社，2003。
28. 朱龙华：《世界历史》，北京大学出版社，1991。
29. 〔美〕J·H·布雷斯特德：《文明的征程》，李静新译，燕山出版社，2004。
30. 米辰峰：《世界古代史》，中国人民大学出版社，2001。
31. 刘文鹏：《古代埃及史》，商务印书馆，2005。
32. 许鼎新：《希伯来民族简史》，金陵协和神学院发行科，1998。
33. 周有光：《世界文字发展史》，上海教育出版社，2003。
34. 卞敏：《魏晋玄学》，南京大学出版社，2009。

# 后　记

　　进入 21 世纪以来，经济飞速发展的中国已经开始全方位地融入世界。全面清晰地看清人类所有文明的过去，树立中国人自己的全球史观，对于中华民族正确地认知现在，以及更好地走向未来都具有重要意义。

　　余自幼喜爱历史，但随着阅历增长和知识积累，逐渐对许多历史问题产生了困惑，主要为对人类文明发展宏观层面的认知。由于国内没有这方面的适合专著，我只能求助于斯塔夫里阿诺斯的《全球通史》、汤因比的《历史比较》、布克哈特的《世界历史沉思录》等国外名著，他们开阔的视野和对人类文明的宏观思辨曾经给了我极大启迪。但随着研究的深入，我发现由于作者所站角度的不同以及历史局限性，这些著作大多以欧洲文明发展为中心，对于东亚、中亚、南亚和西亚等其他文明往往只取所需且零碎无序，部分对中华文明的描述更是有失公允，没有描绘出真正完整的世界历史画卷，在很大程度上影响了人们对于人类文明整体发展的认知。于是，我决心站在中华文明的角度，撰写一本属于中国人的全球通史。如果说 150 多年前的中国是被迫看世界，那么今天的我们不能再犯同样的错误。从 1996 年开始构思，到 2009 年正式动笔，到 2016 年最终结稿，在阅读了大量国别史、民族史，考证了无数历史人物、事件和时间后，我终于完成了这部《世界历史六千年》。

　　因为站在了巨人的肩膀上，本书与其他全球通史类书籍相比有着很多的不同，亦可称之为创新。第一，以千年、百年为单位的分篇方法为读者提供了更直接的时间概念,有效避免了古代、古典和中世纪文明等模糊提法给人们带来的困惑,对于描述所有文明也更为公正。第二,由于每篇文章都严格按照从东到西的地域顺序、逐一介绍了同一时代的所有人类文明,更有利于读者研究和分析不同文明之间的差异和联系。第三,虽然字数不多,但每个千年、每个百年的篇头寄语和篇后总结,无疑为读者在短时间内把握人类文明发展的宏观趋势提供了便利。第四,由于本书所有标题都以中华文明发展为主轴,兼顾同期其他文明,对于中国读者来说更容易接受和理解。

所有这些创新的目的只有一个,那就是在全球视野下对所有历史信息同时进行时空定位。只有这样,人们才能彻底打破对世界各个地区、各种文明和事件的孤立、分散认知,才能真正从全球整体的大视角去研究世界历史,才能从世界历史的整体发展和统一性出发来考察历史,才能全面探讨世界历史各个时期的时代特征、发展主流和总体趋势,才能看清不同文明之间的相互关联和渗透,才能形成每个人自己的全球史观。才能在了解各个时期世界上所有重大历史事件的同时,分析其关联性、对比其差异性,从而形成每个人自己的全球史观。诚如中国传媒大学刘笑盈教授所言,因过于追求便捷和宏观,本书内容高度浓缩,读者在阅读时可能会缺少了一些轻松感。值得一提的是,虽然我力求公正,但拳拳赤子之心往往使我在写作时不自主地对中华文明有所偏爱。

由于每篇文章都需要收集大量的史料,从中梳理出一条相对清晰的线索,同时还要兼顾不同文明的发展脉络,时间和事件的衔接,以及全书的整体布局等,这本书的写作实在是一项繁复的庞大工程。因主要利用业余时间写作,夜晚就成了我写作研究的黄金时段,以至于奔驰的思绪每每只能被天际的晨光所打断,白天也需随时记下那些突然迸发但又可能转瞬即逝的灵感,偶有错过伤心不已,可以说此书耗尽了我半生的心智。如果此书能够帮助读者形成自己的全球史观将是对我最大的安慰。如今,《世界历史六千年》终于成书了。欣喜之余,我感谢中国传媒大学刘笑盈教授能够在百忙中为此书更名(原名《纵横世界》)并不吝作序,感谢北京大学阎步克先生和国防大学马骏先生的肯定和鼓励,感谢社会科学文献出版社郑庆寰博士的执着和为此书顺利出版倾注的巨大心血,感谢张玉萍女士和马晓峰先生的信任和帮助,感谢我所有的家人多年来对我的默默付出。

谨以此书献给我天堂的父亲和母亲,以表达我终生的愧疚!

张 禹<br>2016年10月于威海

图书在版编目（CIP）数据

世界历史六千年 / 张禹著 . -- 北京：社会科学文献出版社，2018.4（2020.6 重印）
ISBN 978-7-5201-0543-9

Ⅰ.①世… Ⅱ.①张… Ⅲ.①世界史 – 研究 Ⅳ.①K107

中国版本图书馆 CIP 数据核字（2017）第 063435 号

## 世界历史六千年

著　　者 / 张　禹

出 版 人 / 谢寿光
项目统筹 / 郑庆寰
责任编辑 / 郑庆寰　高振华

出　　版 / 社会科学文献出版社·历史学分社（010）59367256
　　　　　　地址：北京市北三环中路甲29号院华龙大厦　邮编：100029
　　　　　　网址：www.ssap.com.cn
发　　行 / 市场营销中心（010）59367081　59367083
印　　装 / 三河市尚艺印装有限公司

规　　格 / 开　本：787mm×1092mm　1/16
　　　　　　印　张：28.5　字　数：380千字
版　　次 / 2018年4月第1版　2020年6月第6次印刷
书　　号 / ISBN 978-7-5201-0543-9
定　　价 / 69.00元

本书如有印装质量问题，请与读者服务中心（010-59367028）联系

▲ 版权所有　翻印必究